Gabriele Volgnandt
Dieter Volgnandt

Exportwege neu

Wirtschaftsdeutsch

Kursbuch 2

Sprachniveau A2 · B1

Bitte schreiben Sie nicht in das Buch hinein. Nach Ihnen möchten auch andere das Buch noch lesen!
Danke!
Ihre Stadtbibliothek

SCHUBERT Verlag

Zusätzliche Übungen zum Sprachniveau A2/B1 finden Sie unter:

www.aufgaben.schubert-verlag.de

Das vorliegende Lehrbuch beinhaltet zwei CDs zur Hörverstehensschulung.

1.2 Hörmaterial auf CD (z. B. CD 1, Track 2)

⇨ G 1 Verweis auf andere Aufgaben/Übungen im jeweiligen Kapitel

Layout und Satz: Andrea Schmidt

Zeichnungen: Janina von Niebelschütz

Die Hörmaterialien auf der CD wurden gesprochen von:
Burkhard Behnke, Claudia Gräf, Judith Kretzschmar, Axel Thielmann

4.	3.	2.	1.
2013	12	11	10

Die letzten Ziffern bezeichnen Zahl
und Jahr des Drucks.

Alle Drucke dieser Auflage können im Unterricht
nebeneinander verwendet werden.

© SCHUBERT-Verlag
1. Auflage 2010
Alle Rechte vorbehalten
Printed in Germany
ISBN: 978-3-941323-02-5

Inhaltsverzeichnis

Kursübersicht 4
Vorbemerkungen 6

Kapitel 1 • Eine Geschäftsreise

A Die Vorbereitung einer Geschäftsreise ... 7
B Hotelsuche und Reservierung 10
C Die Reise nach Stuttgart 13
D Die Region Stuttgart 14
G Grammatik 18
Ü Übungen 20

Kapitel 2 • Der Kaufvertrag

A Handeln und Verhandeln 27
B Produktpräsentation 28
C Preisstellung und Lieferbedingungen ... 33
D Lieferbedingungen deutscher Unternehmen 36
G Grammatik 38
Ü Übungen 42

Kapitel 3 • Das Bankwesen

A Frankfurt und die deutschen Banken ... 51
B Zahlungsweisen im Außenhandel 57
C Zahlungsbedingungen 60
D Zahlungsschwierigkeiten 62
G Grammatik 66
Ü Übungen 67

Kapitel 4 • Wirtschaftsregionen

A Wirtschaftsregionen in Deutschland 79
B Die Geschichte der *Hannover-Messe* ... 83
C Der Maschinenbau in Deutschland 84
D Unternehmensformen 89
G Grammatik 93
Ü Übungen 96

Kapitel 5 • Reise mit Hindernissen

A Einladung zum Firmenjubiläum 109
B Am Flughafen 110
C In der Apotheke 116
D Kleiderkauf: Business-Outfit 119
E Die *Lufthansa* 122
G Grammatik 123
Ü Übungen 125

Kapitel 6 • Das Firmenjubiläum

A Vorbereitung eines Firmenjubiläums 131
B Interview mit Mitarbeiterin Fa. *TRUMPF* 132
C Präsentation der Produktion 134
D Firmengründungen 139
G Grammatik 143
Ü Übungen 145

Kapitel 7 • Bildung und Ausbildung

A Schule und Lernen 153
B Das Bildungswesen 157
C Schulleben in Deutschland 165
G Grammatik 168
Ü Übungen 169

Kapitel 8 • Berufsausbildung und Bewerbung

A Wege in den Beruf 175
B Studium in Deutschland 177
C Bewerbung und Einstellung 181
D Die Bewerbung 187
E Frauen und Karriere 191
G Grammatik 195
Ü Übungen 197

Kapitel 9 • Vorbereitung der Messe

A Vorbereitung einer Messebeteiligung ... 201
B Überlegungen zum Messestand 206
C Von Goethes Küche zur Einbauküche .. 209
D Deutsche und ihre Wohnung 214
G Grammatik 216
Ü Übungen 219

Kapitel 10 • Der Messeauftritt

A Schein und Sein: Zur Funktion des Designs 227
B Messeaktivitäten 232
C Vom Projekt zum Produkt 234
D Medien in Deutschland 239
G Grammatik 243
Ü Übungen 245

Unregelmäßige Verben 251

Kursübersicht

Kapitel 1 — Eine Geschäftsreise

- Themenbereiche: Die Vorbereitung einer Geschäftsreise • Hotelsuche und Reservierung • Die Reise nach Stuttgart • Die Region Stuttgart
- Sprachliche Handlungen: Eine Geschäftsreise vorbereiten • Hotels beschreiben • Eine Hotelreservierung vornehmen • Sich beschweren • Etwas über Stuttgart erfahren
- Grammatikthemen: Nebensätze: *dass*-Sätze • Das Präpositionalobjekt • Das Präpositionaladverb (Pronominaladverb) • Infinitivsätze • Deklination der Adjektive nach Nullartikel

Kapitel 2 — Der Kaufvertrag

- Themenbereiche: Handeln und Verhandeln • Produktpräsentation • Preisstellung und Lieferbedingungen • Lieferbedingungen deutscher Unternehmen
- Sprachliche Handlungen: Ein neues Produkt vorstellen • Verkaufsverhandlungen hören und führen • Über Lieferbedingungen/Zahlungsbedingungen sprechen • Fragen mit Interrogativpronomen bilden • Über Veranstaltungen sprechen
- Grammatikthemen: Interrogativpronomen: lokal und temporal • Interrogativpronomen mit Präposition • Präpositionaladverb (Pronominaladverb) • Interrogativpronomen: *welcher/welche/welches* • Nebensätze: Konditionalsätze • Bildung der Komparativ- und Superlativformen • Die Steigerung des Adjektivs (Komparation): Komparativ und Superlativ • Der Vergleich

Kapitel 3 — Das Bankwesen

- Themenbereiche: Frankfurt und die deutschen Banken • Zahlungsweisen im Außenhandel • Zahlungsbedingungen • Zahlungsschwierigkeiten
- Sprachliche Handlungen: Dialoge in einer Bank verstehen und führen • Wichtige Formulare kennenlernen • Über Zahlungsbedingungen sprechen • Grafiken beschreiben • Über Mahnungen sprechen • Tipps zur Verbesserung der Zahlungsmoral formulieren • Über die Börse sprechen • Etwas über Frankfurt erfahren
- Grammatikthemen: Kausalsätze • Die Modalverben *müssen/nicht müssen – dürfen/nicht dürfen – nicht brauchen zu* • Die verschiedenen Bedeutungen von *lassen* • Funktionsverbgefüge

Kapitel 4 — Wirtschaftsregionen

- Themenbereiche: Wirtschaftsregionen in Deutschland • „Made in Germany": Die Geschichte der *Hannover-Messe* • Der Maschinenbau in Deutschland • Unternehmensformen
- Sprachliche Handlungen: Wichtige Industriezweige kennenlernen • Eine Produktanfrage erstellen • Eine Rangfolge beschreiben • Unternehmensformen in Deutschland kennenlernen • Über zeitgeschichtliche Ereignisse sprechen • Begriffe erklären
- Grammatikthemen: Verbformen im Präteritum • Der Gebrauch des Präteritums • Der Relativsatz • Das Relativpronomen

Kapitel 5 — Reise mit Hindernissen

- Themenbereiche: Einladung zum Firmenjubiläum • Am Flughafen • In der Apotheke • Kleiderkauf: Business-Outfit • Die *Lufthansa*
- Sprachliche Handlungen: Ein Gespräch am Flughafenschalter hören • Szenen am Flughafen spielen • Sich beschweren – jemanden beruhigen • Sich in einer fremden Stadt orientieren • Einen Weg beschreiben • Über Krankheiten/Beschwerden sprechen • Im Bekleidungsgeschäft einkaufen, einen Kunden beraten • Einen Standpunkt vertreten, einem Standpunkt widersprechen
- Grammatikthemen: Indirekte Fragesätze • Konjunktiv der Höflichkeit – Konjunktiv II • Konjunktiv II der Modalverben *können, dürfen, müssen, mögen, sollen* • Konjunktiv II der Verben *sein* und *haben* • Konjunktiv: Umschreibung mit *würde* + Infinitiv

Kursübersicht

Kapitel 6 — **Das Firmenjubiläum**

- Themenbereiche: Vorbereitung eines Firmenjubiläums • Interview mit einer Mitarbeiterin der Firma *TRUMPF* • Firmenjubiläum – Präsentation der Produktion • Firmengründungen
- Sprachliche Handlungen: Eine Firma vorstellen/präsentieren • Ein Firmenjubiläum vorbereiten und Einladungen entwerfen • Die Präsentation einer Firma hören und verstehen • Über eine Besichtigung sprechen • Nachfragen/sich vergewissern • Dialoge auf einer Hausmesse führen • Etwas über Existenzgründungen erfahren • Über Gründe für die Selbstständigkeit sprechen • Ein Interview vorbereiten und führen • Glückwünsche und Trinksprüche formulieren
- Grammatikthemen: Aktiv und Passiv • Die Bildung des Passivs • Das Passiv mit Modalverben • Das Passiv im Nebensatz

Kapitel 7 — **Bildung und Ausbildung**

- Themenbereiche: Schule und Lernen • Das Bildungswesen in Deutschland, Österreich und in der Schweiz • Schulleben in Deutschland
- Sprachliche Handlungen: Karikaturen beschreiben • Über Schulbildung sprechen • Das Bildungswesen verschiedener Länder kennenlernen und vergleichen • Eine Radiosendung hören und verstehen • Über Erwartungen an den „deutschen Lehrer" sprechen • Einen Text mit eigenen Worten wiedergeben • Nationalitäten und Vorurteile besprechen • Statistiken vergleichen
- Grammatikthemen: Je … desto/umso … • Die Doppelkonjunktion: einerseits … andererseits

Kapitel 8 — **Berufsausbildung und Bewerbung**

- Themenbereiche: Wege in den Beruf • Studium in Deutschland • Bewerbung und Einstellung • Die Bewerbung • Frauen und Karriere
- Sprachliche Handlungen: Ausbildungsberufe vergleichen • Über die Konjunktur sprechen • Eine Diskussionsrunde vorbereiten • Über eine Grafik sprechen • Informationen über Universität und Fachhochschule erhalten • Aufgaben eines Personalchefs kennenlernen • Stellenanzeigen besprechen • Sich um eine Stelle bewerben: telefonisch und/oder schriftlich
- Grammatikthemen: Verben mit Präpositionalobjekt von A bis Z • Wortbildung • Relativpronomen

Kapitel 9 — **Vorbereitung der Messe**

- Themenbereiche: Vorbereitung einer Messebeteiligung • Überlegungen zum Messestand • Von Goethes Küche zur *Frankfurter Küche* • Deutsche und ihre Wohnung
- Sprachliche Handlungen: Eine Messe beschreiben und über Trends sprechen • Statistiken analysieren und interpretieren • Messeziele formulieren • Kosten kalkulieren • Etwas über die Erfinderin der modernen Einbauküche erfahren • Informationen über einen Deutschen und seine Wohnung sammeln
- Grammatikthemen: Einfache Substantivierungen und Ableitungen • Substantivierungen und ihre Auflösung • Das Plusquamperfekt • Temporale Beziehungen

Kapitel 10 — **Der Messeauftritt**

- Themenbereiche: Schein und Sein: Zur Funktion des Designs • Messeaktivitäten • Vom Projekt zum Produkt • Vom Ereignis zur Information: Medien in Deutschland
- Sprachliche Handlungen: Gegenstände beschreiben • Einen Standpunkt beziehen • Einen Vortrag für eine Produktpräsentation entwerfen • Interviews hören und verstehen • Designpreise kennenlernen • Etwas über Zeitungen und Zeitschriften erfahren • Zitate in indirekter Rede wiedergeben
- Grammatikthemen: Der Konjunktiv I • Die indirekte Rede

Vorbemerkungen

Exportwege *neu* ist ein Lehrwerk für Wirtschaftsdeutsch, das sich an Lernende mit keinen oder geringen Deutschkenntnissen wendet, die beruflich mit deutschen Geschäftspartnern zu tun haben, sich auf ein wirtschaftsbezogenes Studium in Deutschland vorbereiten oder ein Aufbaustudium absolvieren wollen.

Exportwege *neu* basiert auf dem im WOLF VERLAG DÜRR & KESSLER erschienenen Lehrwerk „Exportwege", das völlig neu bearbeitet, erweitert und ergänzt wurde.

Exportwege *neu* besteht aus drei Teilen. Jeder Teil umfasst ein Kursbuch mit zwei beigefügten CDs sowie ein Arbeitsbuch. Die Kursbücher enthalten jeweils 10 Kapitel, die sich in mehrere Teile gliedern:
- Themen und Situationen – Abschnitte A, B, C usw., die in ein bis zwei Unterrichtseinheiten behandelt werden können. Sie enthalten die Texte und Materialien, die für den Lernfortschritt besonders wesentlich sind.
- Grammatik – Abschnitt G: Zusammenstellung wesentlicher Übersichten zur Grammatik zum bewussten Verständnis grammatischer Zusammenhänge und zur Erleichterung der selbstständigen Arbeit mit dem Lehrbuch
- Übungen – Abschnitt Ü: Der Übungsteil dient zur Vertiefung des in den vorangegangenen Abschnitten Gelernten und zum Selbststudium.

Exportwege *neu* geht bei der Auswahl und Darstellung der Themen und Situationen von der Außenperspektive aus. Nicht der Wirtschaftsalltag in einem deutschen Unternehmen, sondern die „kommunikativen Schnittstellen", bei denen ausländische Geschäftspartner auf deutschsprachige Partner treffen, stehen im Mittelpunkt. Die auf dieser Basis gewählten Themenschwerpunkte erstrecken sich in der Regel oft über mehrere Kapitel. Dabei sind die Lernenden nicht Beobachter, sondern Teil der Handlung. Eigenständig oder im Team lösen sie Aufgaben und recherchieren dabei auch mithilfe moderner Medien.

Exportwege *neu* liegt eine zyklische Progression zugrunde. Grammatische und inhaltliche Themen werden gezielt wieder aufgenommen, so dass sich der Lernende mit demselben Phänomen wiederholt, aber mit erhöhter Sprachkompetenz auseinandersetzen kann. Um sowohl Lernenden als auch Lehrern individuelle Erarbeitungsmöglichkeiten anzubieten, sind die Kapitel v. a. in den Bänden 2 und 3 nach einem Modulsystem aufgebaut. Die Teile A, B, C usw. können, müssen aber nicht in allen Fällen in der vorgegebenen Reihenfolge erarbeitet werden.

Exportwege *neu* beinhaltet neben wirtschaftsbezogenen Schwerpunkten auch vielfältige Themen aus Kultur, Geschichte und Gesellschaft, der Tatsache Rechnung tragend, dass kulturelles Verständnis des Gesprächspartners für den Erfolg beruflicher Kommunikation wesentlich ist.

Exportwege *neu* orientiert sich an den Anforderungen des Europäischen Referenzrahmens für Sprachen. Teil 1 umfasst Sprachniveau A1 und einen Teil des Sprachniveaus A2, Teil 2 Sprachniveau A2 und einen Teil des Sprachniveaus B1, Teil 3 Sprachniveau B1 und B2. Das Lehrwerk bereitet auf die Prüfungen Zertifikat Deutsch und Zertifikat Deutsch für den Beruf vor. Es eignet sich aber auch für Sprachkurse, die auf die Deutsche Sprachprüfung für den Hochschulzugang (DSH) und Test-DaF vorbereiten.

Exportwege *neu* beinhaltet zu jedem Teil zwei CDs mit vielfältigen Hörtexten und Sprechübungen, die den Kursbüchern beigefügt sind. Die Arbeitsbücher zu den einzelnen Bänden enthalten weiterführende Übungen zu den Kapiteln, Glossare, Lösungen zu Übungen aus dem Lehr- und Arbeitsbuch sowie die Transkriptionen der Hörtexte. Zusätzliche Übungen und Aufgaben zum jeweiligen Sprachniveau werden auf den Aufgabenseiten des SCHUBERT-Verlages im Internet unter *www.aufgaben.schubert-verlag.de* bereitgestellt.

Bei allen beteiligten Firmen, Institutionen und Personen möchten wir uns für die großzügige Unterstützung recht herzlich bedanken. Wir wünschen Ihnen viel Spaß und Erfolg mit **Exportwege** *neu*.

Gabriele und Dieter Volgnandt

1 Eine Geschäftsreise

Themen: **A** Die Vorbereitung einer Geschäftsreise **B** Hotelsuche und Reservierung **C** Die Reise nach Stuttgart **D** Die Region Stuttgart

A Die Vorbereitung einer Geschäftsreise

A1 Eine Überraschung zum Arbeitsbeginn

Die junge Frau auf dem Bild ist Dottoressa Angela Bellavista. Sie arbeitet in der Exportabteilung von *Celestini* in Fabriano. Dort ist sie die Assistentin des Abteilungsleiters, Fini. Sie studiert gerade einen Stadtplan und einen Hotelführer, als das Telefon auf ihrem Schreibtisch läutet.

Angela: *Celestini*, Bellavista. Pronto! – Ah, Axel. Wie schön, dass du anrufst. Ich wollte dich auch gerade anrufen und dir sagen, …

Axel: …

Angela: Nein, aus unserer Fahrradtour im Mai wird nichts. Ich kann den Urlaub nicht mehr nehmen.

Axel: …

Angela: Aber nein, ich mache keine Witze. Ich finde das auch schade. Aber ich kann wirklich nicht. Weißt du, gerade in dieser Woche muss ich für die Firma nach Stuttgart.

Axel: …

Angela: Aber ich weiß es doch erst seit heute Morgen. Deswegen wollte ich dich ja anrufen. Das ist blöd, aber den Termin kann ich nicht verschieben. Und dann ist es meine erste Geschäftsreise.

Axel: …

Angela: Aber natürlich habe ich nicht vergessen, dass du am 7. Geburtstag hast. Jetzt hör' mal zu: Unser Verkaufsleiter, Herr Fini, hat heute Morgen einen Unfall gehabt. Und jetzt soll ich Herrn Longhi, den Geschäftsführer, begleiten.

Axel: …

Angela: Wer ist Fini? Aber das weißt du doch! Herr Fini ist der Leiter der Exportabteilung, mein Chef. Und der hatte heute Morgen einen Autounfall.

Axel: …

Angela: Nein, er ist nicht schwer verletzt. Herr Longhi war schon im Krankenhaus. Die Ärzte glauben, dass er bald wieder gesund ist.

Axel: …

Angela: Aber natürlich mache ich das. Jetzt sei doch nicht gleich so sauer. Du weißt doch, dass ich erst seit sechs Monaten in der Firma bin. Da kann ich doch dem Chef nicht einfach sagen, dass ich keine Lust habe. Und das ist doch die Chance!

Axel: …

Angela: Das weiß ich nicht. Wir können die Radtour doch verschieben. Du kannst ja nach Stuttgart kommen: Der 25. Mai ist in Baden-Württemberg ein Feiertag, Fronleichnam. Das ist ein Donnerstag. Da kannst du doch am Mittwochabend kommen. Und ich kann am Freitag vielleicht frei nehmen. Dann haben wir vier Tage für uns.

Axel: …

Angela: Gut. Dann überleg's dir. Ich kümmere mich schon mal um ein Zimmer für uns. Also dann, tschau.

Axel: …

Angela: Quatsch. Da ist nichts. Longhi ist nur mein Chef. Er interessiert sich nur für seine Dunstabzugshauben. Außerdem hat er eine sehr nette Frau und zwei kleine Kinder. Also, bis dann.

● Richtig oder falsch?

	ja	nein
1. Bei dem Anruf handelt es sich um ein geschäftliches Gespräch.	☐	☐
2. Der Anruf kommt aus Deutschland.	☐	☐
3. Angela muss einen geplanten Urlaub verschieben.	☐	☐
4. Angela war für die Firma schon oft im Ausland.	☐	☐
5. Herr Longhi, ihr Chef, hat am 25. Mai Geburtstag.	☐	☐
6. Axel kommt auch nach Stuttgart und Angela reserviert schon das Zimmer.	☐	☐

● Was erfahren Sie über die Personen? Machen Sie sich Notizen.

Angela
....
....

Axel
....
....

Fini und Longhi
....
....

A2 Was hat Axel zu Angela gesagt?

Sie haben nur Angelas Stimme gehört. Ergänzen Sie die Sätze an den passenden Stellen im Dialog A 1.

Ich werde mir die Sache überlegen …

Warum sagst du mir das erst heute?

Also, ich freue mich auf die Radtour im Mai.

Und wer ist Herr Fini?

Zwischen Longhi und dir ist hoffentlich nichts.

Dann wünsche ich ihm gute Besserung!
Aber eines sage ich dir: Du hast nie Zeit für mich!

Hoffentlich ist er nicht schwer verletzt.

Wann können wir dann meinen Geburtstag feiern?

Das ist wohl ein Witz!

Aber ich habe doch am 7. Mai Geburtstag.

A3 Geschäftsreisen und Privatleben ⇨ G 1, Ü 1

Was hat Axel gedacht, gesagt, gehofft …?

▶ Vermutlich hat Axel gesagt, dass … er sich auf die Fahrradtour freut.
▶ Wahrscheinlich glaubt/denkt er, dass …
▶ Vielleicht hofft er, dass …

● Hat Angela sich richtig verhalten oder soll Axel auf dem gemeinsamen Fahrradurlaub zu seinem Geburtstag bestehen?

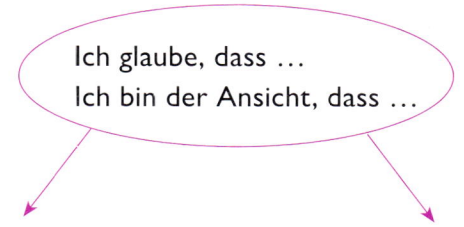

> Ich glaube, dass …
> Ich bin der Ansicht, dass …

… das private Glück vor der eigenen Karriere stehen muss.

… Männer ihre Frauen nicht zur Aufgabe ihrer Karriere zwingen dürfen.

A4 Die Geschäftsreise vorbereiten ⇨ G 2–4, Ü 2

Angela muss die Geschäftsreise vorbereiten. Woran muss sie denken?
Bilden Sie Sätze entsprechend den Mustern.

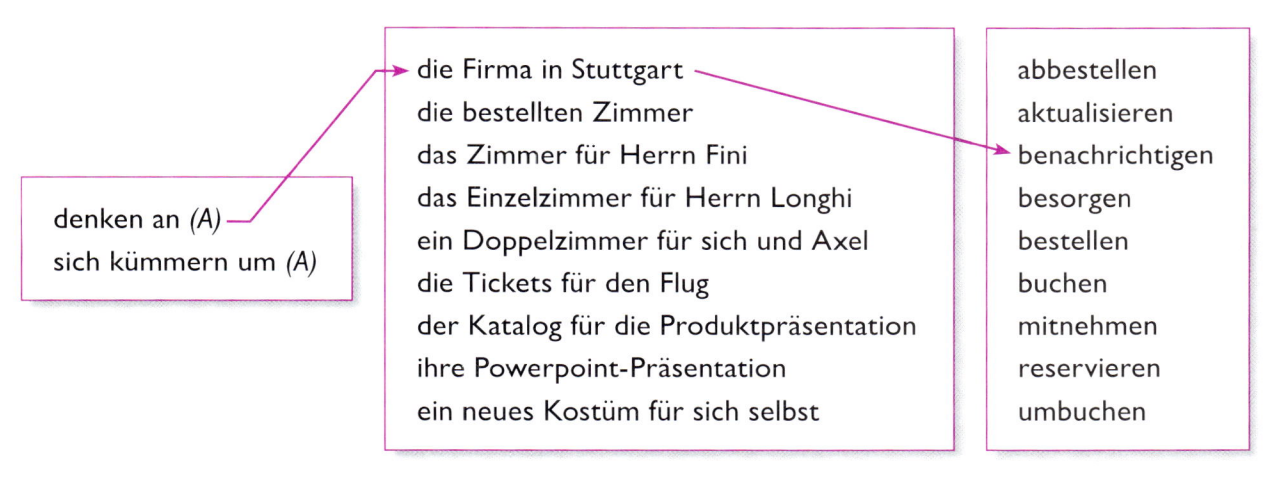

die Firma in Stuttgart	abbestellen
die bestellten Zimmer	aktualisieren
das Zimmer für Herrn Fini	benachrichtigen
das Einzelzimmer für Herrn Longhi	besorgen
ein Doppelzimmer für sich und Axel	bestellen
die Tickets für den Flug	buchen
der Katalog für die Produktpräsentation	mitnehmen
ihre Powerpoint-Präsentation	reservieren
ein neues Kostüm für sich selbst	umbuchen

denken an (A)
sich kümmern um (A)

▶ Angela denkt an die Firma in Stuttgart.
Sie muss daran denken, dass sie die Firma in Stuttgart benachrichtigen muss.
Sie muss daran denken, die Firma in Stuttgart zu benachrichtigen.

▶ Angela kümmert sich um die bestellten Zimmer.
Sie muss sich darum kümmern, dass sie die bestellten Zimmer umbuchen muss.
Sie muss sich darum kümmern, die bestellten Zimmer umzubuchen.

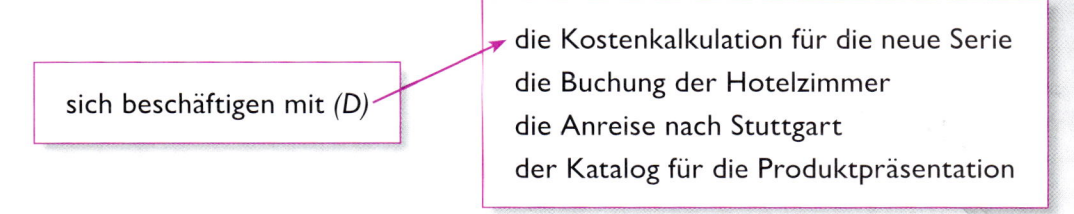

sich beschäftigen mit (D)

die Kostenkalkulation für die neue Serie
die Buchung der Hotelzimmer
die Anreise nach Stuttgart
der Katalog für die Produktpräsentation

▶ Angela beschäftigt sich mit der Kostenkalkulation für die neue Serie.
Angela beschäftigt sich damit.

B Hotelsuche und Reservierung

B1 Hotelsuche in Stuttgart

Herr Fini hat schon ein Hotel in der Nähe von *Koch-Küchen* bestellt. Angela muss dort anrufen und umbuchen. Aber zuerst informiert sie sich im Internet. Sie möchte wissen, wo das Hotel ist. Vergleichen Sie die Angebote. Was meinen Sie: In welchem Hotel muss sie anrufen? Finden Sie in den Beschreibungen Hinweise für die einzelnen Kategorien.

Hotel Rieker
am Hauptbahnhof Stuttgart

Fühlen Sie sich ruhig wie zu Hause.
61 Komfortzimmer, davon 40 Nichtraucherzimmer; mit Bad oder Dusche, WC, Kosmetik-Spiegel, Fön, Minibar, SAT-TV, Radio, WLAN und Schallschutz-Fenstern

Unser Service für Ihr Wohlbefinden:
- ✓ Rezeption rund um die Uhr besetzt
- ✓ 24-Stunden-Café/Bar
- ✓ reichhaltiges Gourmet-Frühstücksbüfett
- ✓ hoteleigene Stellplätze und Parkhaus
- ✓ Wäsche- und Bügelservice
- ✓ Kopier- und Faxmöglichkeit
- ✓ Lift
- ✓ WLAN
- ✓ SAT-TV
- ✓ Fahrrad- und Smartverleih
- ✓ Reservierungen für Musical, Varieté usw.

STEIGENBERGER HOTEL GRAF ZEPPELIN STUTTGART

Lage: im Stadtzentrum
Umgebung: Hauptbahnhof (100 m), Neue Messe (15 km), Flughafen Stuttgart (15 km)

Hoteleinrichtung
- 24-h-Zimmerservice
- Reinigungsservice
- Gepäckservice
- kostenlose Zeitungen
- WLAN
- Internet-Terminal
- Autovermietung
- Ticketservice
- Garage

Zimmer und Suiten
- 174 Zimmer und 15 Suiten
- Klimaanlage
- schallisoliert
- Telefon mit Voicemail
- Fax-, PC- und Modemanschluss
- Multimedia-TV
- Nichtraucheretagen
- behindertengerechte Zimmer
- Haustiere erlaubt

City Hotel Stuttgart

Lage: im Stadtzentrum

Umgebung
- Staatstheater
- Staatsgalerie
- Altes und Neues Schloss
- Schlossgarten
- Einkaufsmeile Königstraße
- Marktplatz
- Markthalle

Hoteleinrichtung
- 31 Zimmer
- Dusche/WC
- Kabel-TV
- Radiowecker
- Minibar
- Fax
- kostenlose Parkplätze

Le Méridien Stuttgart

Lage:
- gegenüber dem Schlossgarten
- 500 m zum Stuttgarter Bahnhof

Hoteleinrichtung:
- 281 Zimmer und 25 Suiten
- 3 Zimmer behindertengerecht
- Arbeitsbereich, Internetzugang, Minibar, Satellitenfernsehen, Pay-TV und Plasmabildschirme
- zehn Konferenzräume
- 438 m² großer Festsaal für Konferenzen und Feierlichkeiten

Unser Hotelservice:
- Weckdienst
- 24-Stunden-Zimmerservice
- Aufdeckservice

Mercure Hotel Stuttgart-Bad Cannstatt

Lage: Bad Cannstatt
Umgebung: Stadtzentrum (ca. 1,5 km)
Mineralbad Bad Cannstatt (gegenüber)
Restaurants + Weinlokale in der Nähe
Hoteleinrichtung: 156 Zimmer, Fitnessbereich, Whirlpool, Restaurant, Bar, Terrasse, Tagungsräume, gebührenpflichtige Parkmöglichkeiten in der Tiefgarage, Haustiere erlaubt

---

Lage	Service	Wellness/Erholung

Zimmerausstattung

B2 Jetzt sind Sie gefragt.

→ G 5, Ü 3

Beschreiben Sie einem Touristen die Hotels in Stuttgart. Verwenden Sie dazu die folgenden Redemittel.

● *Redemittel:* **Hotelbeschreibung**

Lage	Service und Ausstattung
Das Hotel befindet sich/ist in … zentraler, verkehrsgünstiger Lage *(D)*. Das Hotel liegt … … in der Nähe des Bahnhofes *(G)*. … gegenüber dem Schlossgarten *(D)*. Das Hotel ist 500 m vom … entfernt.	Das Hotel bietet … *(A)* Das Hotel stellt … *(A)* zur Verfügung. Das Hotel verfügt über … *(A)* Das Hotel hat … Im Hotel gibt es … *(A)* Die Zimmer sind mit … *(D)* ausgestattet. Das Hotel ist ideal für Tagungen *(A)*. Das Hotel ist ideal als Tagungsstätte *(N)*.

▸ Ich kann Ihnen das … Hotel empfehlen.
▸ Das *Mercure Hotel* verfügt über zahlreiche Tagungsräume …
▸ Das *Steigenberger Hotel* befindet sich in zentraler Lage …
▸ Es bietet …

● Wie sieht Ihr Traumhotel aus? Beschreiben Sie es.

B3 Eine Hotelreservierung vornehmen

→ Ü 4–6

Hotel	Zimmer-anzahl	Preis EZ*/ Nacht	Preis DZ*/ Nacht	Frühstück	Bad/Dusche	Tagungs-räume	Parkmög-lichkeiten	Haus-tiere
Rieker am Hauptbahnhof Friedrichstr. 3 ▪ 70174 Stuttgart Tel.: (07 11) 22 13 11 Fax: (07 11) 29 38 94	61	ab 80 €	ab 108 €	inklusive	Bad/Dusche	–	kostenlos	–
Steigenberger Graf Zeppelin Arnulf-Klett-Platz 7 ▪ 70173 Stuttgart Tel.: (07 11) 20 48-0 Fax: (07 11) 20 48-592	174	235 €	260 €	21 € p. P./Tag	Bad/Dusche	12	kosten-pflichtig (16 €/24h)	✓ (15 €/Nacht)
City Hotel Stuttgart Uhlandstr. 18 ▪ 70182 Stuttgart Tel.: (07 11) 21 08 10 Fax: (07 11) 2 36 97 72	31	79–85 €	99–115 €	inklusive	Dusche	–	kostenlos	–
Le Méridien Stuttgart Willy-Brandt-Str. 30 ▪ 70173 Stuttgart Tel.: (07 11) 2 22 10 Fax: (07 11) 22 21 25 99	281	ab 155 €	ab 255 €	inklusive	Bad/Dusche	10	kostenlos	–
Mercure Hotel Stuttgart Bad Cannstatt Teinacher Str. 20 ▪ 70372 Stuttgart Tel.: (07 11) 9 54 00 Fax: (07 11) 9 54 06 30	156	199 €	219 €	15 € p. P./Tag	Bad	7	kosten-pflichtig	✓

* EZ = Einzelzimmer, DZ = Doppelzimmer

● Wählen Sie ein Hotel aus und nehmen Sie die Reservierung für die folgenden Daten vor:

1. ein Doppelzimmer, Frühstück, 24.9.–26.9.
2. ein Einzelzimmer mit Bad/Dusche, eine Übernachtung mit Frühstück, 4.4.
3. zehn Einzelzimmer für eine Tagung
4. ein Einzelzimmer mit Bad, Frühstück, 1.5.– 8.5.

● *Redemittel:* **Reservieren**

reservieren	Ich hätte gern ein Einzelzimmer vom … bis … Können Sie mir ein … vom … bis … reservieren?
Erkundigung nach Details	Wie viel kostet die Übernachtung/das Einzelzimmer? Welche Tagungstechnik haben Sie? Ist das Frühstück inklusive/im Preis inbegriffen? Wie hoch ist der Preis für die Halbpension/Vollpension? Gibt es einen (bewachten) Parkplatz?
verhandeln	Geben Sie/Räumen Sie einen Firmen-/Wochenendrabatt ein? Der Preis ist zu hoch. Geben Sie einen Nachlass?

B4 Das Hotelzimmer umbuchen

Angela ruft das Hotel an und korrigiert die Reservierung.

Rezeption: Schönen guten Tag, *Hotel Mercure*, Stuttgart. Olga Gersbach am Apparat.

Angela: Guten Tag. Bellavista, Firma *Celestini*. Wir haben für den 22. Mai ein Zimmer gebucht.

Rezeption: Einen Augenblick bitte. – Auf welchen Namen haben Sie denn reserviert?

Angela: Celestini.

Rezeption: Tut mir leid. Ich kann hier nichts finden. Haben Sie das Zimmer vielleicht in unserem Partnerhotel in der Heilbronner Straße reserviert?

Angela: Nein, bestimmt nicht. Das Zimmer ist für einen Herrn Fini.

Rezeption: Ah, ja. Jetzt habe ich es: Ein Einzelzimmer für Herrn Brunello Fini, Firma *Celestini*, vom 22. bis zum 24. Mai. Herr Fini hat über das Internet gebucht. Ist das richtig?

Angela: Ja, stimmt. Wir müssen die Reservierung ändern.

Rezeption: Aber selbstverständlich. Was kann ich denn für Sie tun?

Angela: Wir brauchen das Zimmer erst ab dem 23. Mai, für Herrn Longhi. Und dann möchte ich noch ein Doppelzimmer vom 22. bis zum 27. Mai.

Rezeption: Gern. Also ein Doppelzimmer für Herrn und Frau Longhi vom 22. bis zum 27. Mai. Das sind sechs Nächte.

Angela: Nein, nicht für Herrn und Frau Longhi. Mein Name ist Bellavista.

Rezeption: Oh, Verzeihung, da habe ich Sie wohl nicht richtig verstanden. Dann ein Einzelzimmer und wahrscheinlich für Herrn Longhi ein Doppel-…

Angela: Entschuldigung, Frau Gersbach. Ich brauche ein Doppelzimmer, aber mein Freund kommt erst am 24. Mai. Herr Longhi braucht das Einzelzimmer.

Rezeption: Aber dann nehmen Sie das Doppelzimmer erst ab dem 24. Mai. Das ist billiger.

Angela: Gut, dann zuerst ein Einzelzimmer und ab dem 24. Mai ein Doppelzimmer. Gibt es da einen Wochenendrabatt?

Rezeption: Aber selbstverständlich. Sie erhalten denselben Internetrabatt wie Herr Fini. Herr Fini hat ein Nichtraucherzimmer gebucht. Gilt das auch für Sie und Herrn Longhi?

Angela: Ja, Nichtraucherzimmer nach Möglichkeit.

Rezeption: Gut. Ich fasse zusammen: Sie buchen für die Firma *Celestini* ein Einzelzimmer für Herrn Longhi vom 23. auf den 24. Mai. Und für Sie selbst habe ich ein Einzelzimmer vom 22. bis zum 24. Mai, also für zwei Nächte gebucht. Und im Anschluss reserviere ich für Sie persönlich ein Doppelzimmer vom 24. bis zum 27. Mai. Da gilt dann auch unser spezieller Wochenendrabatt. Alles Nichtraucherzimmer. Ist das richtig?

Angela: Stimmt ganz genau.

Rezeption: Ich habe die Zimmer vorgemerkt. Ich faxe Ihnen die Reservierung gleich zu. Würden Sie mir bitte die Fax-Nummer geben?
Angela: 0039-07…
Rezeption: Herzlichen Dank. Auf Wiederhören, Frau Bellavista.

● Stimmt das? Kreuzen Sie an.

		ja	nein
1.	Herr Fini hat das Zimmer online gebucht.	☐	☐
2.	Angela kann die Reservierung rückgängig machen.	☐	☐
3.	Frau Gersbach kann die Reservierung für Fini sofort finden.	☐	☐
4.	Frau Gersbach versteht Angela sofort und ohne Probleme.	☐	☐
5.	Angela bekommt kein Doppelzimmer.	☐	☐
6.	Frau Gersbach räumt Angela einen Wochenendrabatt ein.	☐	☐

C Die Reise nach Stuttgart

C1 Angelas erste Geschäftsreise ⇨ Ü7

Beschreiben Sie zuerst die Bilder einzeln. Schreiben Sie dann eine zusammenhängende Bildergeschichte.

C2 An der Rezeption im Hotel

Hören Sie den Dialog und ordnen Sie dann die Informationen zu.

1.4
1. Zimmernummer: ……   Etage: ……………
2. Schlüssel: ………………………………
3. Frühstückszeiten: ………………………
4. Öffnungszeiten des Hotelrestaurants: ……………………
5. Besprechungsraum: ……………………
6. Stadtplan: ……………………

D Die Region Stuttgart

D1 Schwaben – eine Region von Tüftlern und Denkern ⇨ Ü9, Ü10

Informieren Sie sich über die Region.

Stuttgart ist die wichtigste Stadt Schwabens. Schwaben rühmt sich, das Land der Dichter und Denker zu sein. Die Leute im Südwesten sind aber auch Tüftler und Spintisierer und als Folge davon oft genug erfolgreiche Erfinder, die nicht selten Firmen gegründet haben, die heute Weltgeltung besitzen. „Vom Daimler" könnte man da sprechen oder „vom Bosch", wie die beiden Firmen von vielen ihrer Mitarbeiter in herzlich-familiärem Ton genannt werden. Diese beiden stehen für viele andere, besonders für die zahlreichen kleinen und mittleren Unternehmen (KMU), die in der württembergischen Wirtschaft eine wichtige Rolle spielen.

Tüftler
tüfteln = grübeln, etwas Schwieriges herauszubringen suchen, im Kleinen sorgfältig und genau arbeiten
Herkunft: wahrscheinlich von der Gaunersprache (Rotwelsch) beeinflusst (diftelen = geschickt stehlen)

Grübler
grübeln = lange und genau über etwas nachdenken, sich mit quälenden Gedanken herumschlagen
Herkunft: von althochdeutsch grubilon = bohrend graben

Spintisierer
spintisieren = grübeln, nachdenken
Herkunft: vielleicht zu italienisch spinta = Anstoß gehörend (einen Gedanken beginnen)

Der Stuttgarter Raum gehört zu den wirtschaftsstärksten Regionen Europas. Hier leben 2,6 Millionen Menschen. Beharrlichkeit und Leistung haben dieses Land weit nach vorn gebracht. Qualität geht hier vor Quantität, Kontinuität vor raschem Erfolg. Dabei war es Württemberg eigentlich gar nicht in die Wiege gelegt, ein erfolgreiches Industrieland zu werden. An Bodenschätzen fehlt es hier fast ganz. So mussten sich die Schwaben von Anfang an darauf verlegen, zu verarbeiten, zu verfeinern, zu erfinden. Und dafür waren sie offenbar genau die Richtigen. Denn sie basteln und tüfteln gern. Sie halten viel vom Ausprobieren und vom Selbermachen.

Der Erfinder der ersten Handbohrmaschine (1895), Emil Fein, stammt aus Ludwigsburg. Im Nordschwarzwald (Waldachtal bei Freudenstadt) hat Artur Fischer 1958 seinen Dübel aus Polyamid erfunden.

Die Region Stuttgart ist mit mehr als 4 000 Beschäftigten im Fahrzeugbau je 100 000 Einwohner vor allem als Standort für die Automobilindustrie (*Daimler, Porsche*) sowie für den Maschinenbau und die Elektronikindustrie bedeutsam (*Bosch, Bauknecht*).

Kunden in aller Welt schätzen die Produkte und Dienstleistungen aus der Region Stuttgart. Sie ist wie die Region München sehr exportstark. Grundlage für die Exporterfolge sind nicht nur hochwertige Produkte und Dienstleistungen, sondern auch sehr effiziente und präzise Produktionsverfahren.

Man bezeichnet die Region auch als „Innovationsregion". Innovation und Technik und damit der Technologietransfer spielen eine wichtige Rolle. Zahlreiche Initiativen, Kompetenzzentren und Technologieparks bieten Kooperationsmöglichkeiten in Forschung und Entwicklung. In der Region sind 17 der 69 Hochschulen Baden-Württembergs angesiedelt. Darüber hinaus gibt es zahlreiche wissenschaftliche Einrichtungen, wie die Max-Planck-Institute für Festkörper- und Metallforschung. Die Fraunhofer-Gesellschaft unterhält sechs Forschungseinrichtungen in Stuttgart. Die Unternehmen im Stuttgarter Raum investieren viel in Forschung und Entwicklung. Kein Wunder, dass die Region Stuttgart neben München die meisten Patentanmeldungen aufweist. Nicht nur die großen Unternehmen wie die *Daimler AG* und *Bosch*, sondern auch die KMU sind dabei sehr erfolgreich.

● Was haben Sie über die Region Stuttgart und die Schwaben erfahren?
Ergänzen Sie die Notizen.

1. Charakter der Schwaben
   ▶ Die Schwaben sind *Tüftler* … (Nomen)
   ……………………………………………………………………………
   ……………………………………………………………………………
   ▶ Die Schwaben sind *beharrlich* … (Adjektiv)
   ……………………………………………………………………………
   ……………………………………………………………………………

2. Was machen die Schwaben?
   ▶ Sie erfinden ………………………………………………………………
   ……………………………………………………………………………
   ▶ Sie gründen ………………………………………………………………

3. Warum gibt es ausgerechnet in Schwaben so viele Erfinder?
   ……………………………………………………………………………
   ……………………………………………………………………………

4. Beschreiben Sie die Wirtschaftsregion Stuttgart.
   ▶ In der Region leben und arbeiten ……………………………………
   ▶ Die Region ist ……………………………………………………………
   ▶ Die wichtigsten Branchen sind …………………………………………
   ……………………………………………………………………………
   ▶ Gründe für den Exporterfolg sind ……………………………………

5. Warum nennt man die Region eine „Innovationsregion"?
   Nennen Sie fünf Gründe.
   ▶ ……………………………………………………………………………
   ▶ ……………………………………………………………………………
   ▶ ……………………………………………………………………………
   ▶ ……………………………………………………………………………
   ▶ ……………………………………………………………………………

Exportwege neu, Kursbuch 2, Kapitel 1

D2 Ein Gespräch im Cannstatter Kurpark

Das *Mercure Hotel* befindet sich am Cannstatter Kurpark. Cannstatt ist ein Stadtbezirk von Stuttgart. Angela hat sich auf eine Bank gesetzt. Ein älterer Herr spricht sie an und verwickelt sie in ein Gespräch. Hören Sie einen Ausschnitt.

1.5

Herr: Sie sind aber nicht von hier. So wie Sie reden, kommen Sie bestimmt – lassen Sie mich mal raten – aus …

Angela: Italien.

Herr: Aha. Ja, hoffentlich gefällt es Ihnen dann auch hier.

Angela: Doch, doch. Stuttgart gefällt mir sehr gut.

Herr: Hier sind wir aber in Bad Cannstatt. Für einen waschechten Cannstatter ist es fast eine Beleidigung, wenn man Stuttgarter zu ihm sagt.

Angela: Oh, Entschuldigung. Ich …

Herr: Aber das macht doch nichts. Und was machen Sie denn hier? Ich will ja nicht neugierig sein, aber fragen darf man schon, oder?

Angela: Ich bin auf einer Geschäftsreise für meine Firma.

Herr: So, auf Geschäftsreise sind Sie. Und ich habe Sie fast für eine Studentin gehalten.

Angela: Oh, vielen Dank. Aber so lange ist es auch noch nicht her, dass ich mein Studium beendet habe.

Herr: So, studiert haben Sie. Alle Achtung. Dann wissen Sie auch, dass wir hier im Kurpark sind. Und dass man hier in der Nähe das erste Auto gebaut hat.

Angela: Tatsächlich?

Herr: Ja, wenn ich es Ihnen sage. Da drüben hat es der Gottlieb Daimler zusammengeschraubt. Und gefahren ist es dann in der Taubenheimer Straße vor über 100 Jahren.

Angela: Das erste Auto, sagen Sie. Ich habe gedacht, dass das Werk in Untertürkheim ist.

Herr: Stimmt schon. Aber erfunden hat er das Automobil hier bei uns. Kommen Sie, ich zeige es Ihnen. Es ist nicht weit. Hier im Kurpark hat Gottlieb Daimler seine Villa gehabt und im Gartenhäuschen war seine Werkstatt. Heute befindet sich da ein kleines Museum. Kommen Sie.

Angela: Das ist sehr nett. Aber ich möchte Sie wirklich nicht aufhalten.

Herr: Sie halten mich überhaupt nicht auf. Ich bin Rentner, da habe ich doch nichts zu tun. Ich habe mein ganzes Leben beim Daimler geschafft. Gruppenmeister war ich, in Untertürkheim im Motorenwerk. „Schaffen, schaffen Häusle bauen und nicht nach den Mädchen schauen", so heißt das bei uns Schwaben. Jetzt schafft mein Sohn beim Daimler, und der Enkel geht hoffentlich auch bald hin. Sehen Sie, hier war das.

Angela: Wenn man sich vorstellt, dass hier alles einmal mit einem Auto angefangen hat.

Herr: Und zwar mit einem Heidenkrach.

Angela: Verzeihung, aber das verstehe ich nicht.

Herr: Ja, was glauben Sie denn, wie laut die Motoren waren? Der Daimler hat da nachts zusammen mit seinem Freund Wilhelm Maybach im Gewächshaus an der Zündung herumgebastelt. Sie können sich vorstellen, dass die Nachbarn manchmal fast aus dem Bett gefallen sind.

Angela: Nachts???

Herr: Niemand durfte erfahren, dass er an einem neuen Motor arbeitet. Schließlich haben auch andere versucht, solche Motoren zu entwickeln. Er durfte sich also nicht so in die Karten gucken lassen. Auf jeden Fall hat Daimlers Gärtner geglaubt, dass der Daimler in seinem Gartenhäuschen nachts heimlich Geld drucken will, und hat ihn angezeigt.

Angela: Dass er was?

Herr: Dass er ein Geldfälscher ist …

Angela: Hat die Polizei ihn verhaftet?

Herr: Nein. Die Polizei ist gekommen – und was hat sie gefunden? Nur Maschinenteile und Räder. …

● Was erfährt Angela über den alten Mann und über die Erfindung des Automobils?
Bilden Sie *dass*-Sätze.

▶ Der alte Mann erzählt ihr, dass er aus Bad Cannstatt kommt.
▶ Angela erfährt, dass Daimler in der Nähe des Kurparks das erste Automobil erfunden hat.
▶ …

D3   Die Gottlieb-Daimler-Gedächtnisstätte in Bad Cannstatt

Gottlieb Daimler – der Vater des Automobils

Die Gottlieb-Daimler-Gedächtnisstätte befindet sich in Bad Cannstatt am Rande des Kurparks. In einem ehemaligen Gewächshaus hatten Gottlieb Daimler (1834–1900) und Wilhelm Maybach 1882 eine Werkstatt.

Gottlieb Daimler wird 1834 in Schorndorf geboren. Er macht zunächst eine Lehre als Büchsenmacher, studiert an der Polytechnischen Schule in Stuttgart Maschinenbau und unternimmt Studienreisen nach Frankreich (Paris) und England (Leeds, Manchester und Coventry).

1865 wird Daimler Leiter der Maschinenfabrik des „Bruderhauses", eines Waisenheims in Reutlingen (Württemberg). Dort lernt er Wilhelm Maybach kennen. Dies ist der Beginn einer lebenslangen Freundschaft und Zusammenarbeit. 1867 heiratet Daimler Emma Kurz, die Tochter eines Apothekers. Aus dieser Ehe gehen fünf Kinder hervor.

Als technischer Direktor der Gasmotorenfabrik Deutz in Köln (1872–82) arbeitet Daimler mit dem Konstrukteur Wilhelm Maybach zusammen. Dieser bringt den ersten Viertaktmotor, den „Otto-Motor", zur Serienreife.

Im Jahr 1882 Jahr erwirbt Daimler seine Villa in der Taubenheimstraße in Cannstatt und entwickelt dort im Gewächshaus mit Maybach den ersten schnell laufenden Benzinmotor. Die beiden Ingenieure Daimler und Maybach arbeiten Tag und Nacht geheim. Selbst die Familie und die Hausangestellten wissen nicht, was im Gartenhaus vor sich geht. Der Gärtner ist misstrauisch und holt die Polizei, weil er glaubt, dass sich im Gartenhaus eine Falschmünzerwerkstatt befindet. Die Überraschung ist groß, als die Polizei zu nächtlicher Stunde statt einer Münzpresse nur Werkzeuge und Motorteile findet.

Nach dem Tod seiner Frau 1889 heiratet Daimler ein zweites Mal. Mit seiner zweiten Frau Lina Schwend hat er noch zwei weitere Kinder.

1890 gründet Gottlieb Daimler die *Daimler-Motoren-Gesellschaft* in Cannstatt (seit 1904 in Untertürkheim). Mit ihren Mercedes-Wagen erzielt sie große Rennerfolge und entwickelt sich zu einer Weltfirma. Ab 1902 heißen die Personenwagen „Mercedes" – nach der Tochter des Rennfahrers und Geschäftsmannes Emil Jellinek.

Am 6. März 1900 stirbt der Vater des Automobils in Bad Cannstatt.

1926 wird die *Daimler-Motoren-Gesellschaft* mit der *Benz & Cie AG* zur *Daimler-Benz AG* vereinigt. Im Jahre 1998 fusioniert die *Daimler-Benz AG* mit dem amerikanischen Automobilhersteller *Chrysler* zur *DaimlerChrysler AG*. Neun Jahre später, im Jahre 2007, trennt sich der Konzern wieder von *Chrysler*. Seit Oktober 2007 nennt er sich wieder *Daimler AG*.

● Erstellen Sie eine Kurzbiografie von Gottlieb Daimler.

▶ Geburtsdatum/-ort
▶ Ausbildung und Studium
▶ Familienstand
▶ Entwicklung des Automobils
▶ Entwicklung des Automobilunternehmens

● Stellen Sie eine berühmte Persönlichkeit aus Wirtschaft oder Technik Ihres Heimatlandes vor.

G Grammatik

G1 Nebensätze: *dass*-Sätze

Der Nebensatz wird mit dass eingeleitet. Das konjugierte Verb steht am Satzende.

Hauptsatz	Nebensatz	
Angela sagt,	dass sie sich auf den Urlaub	freut.
Es ist wichtig,	dass der Zug pünktlich	ankommt.
	↓	↓
	Konjunktion	konjugiertes Verb am Satzende

Trennbare Verben schreibt man zusammen.

Der Nebensatz kann auch zuerst stehen. Dann steht er auf Position 1 des Hauptsatzes.

Position 1: Nebensatz mit dass	Position 2		Satzende
Dass der Zug pünktlich ankommt,	ist		wichtig.
Dass er sie angerufen hat,	hat	sie sehr	gefreut.
↓	↓		↓
Konjunktion	konjugiertes Verb		zweiter Verbteil

dass-Sätze können Objekt- oder Subjektsätze sein.

Objektsatz: Der *dass*-Satz entspricht dem Objekt des Hauptsatzes.
  ▶ Der Chef sagt,   dass Angela die Reise vorbereiten soll.
  ▶ Was sagt der Chef? Er sagt das.   (das = Sie soll die Reise vorbereiten.)

Subjektsatz: Der *dass*-Satz entspricht dem Subjekt des Hauptsatzes.
  ▶ Es ist schön,   dass Angela anruft.
  ▶ Was ist schön?   Das ist schön.   (das = Angela ruft an.)

dass-Sätze stehen …

nach den Verben des Sagens:
  ▶ Sie sagt/antwortet/erzählt/schreibt,   dass sie Zeit hat.

nach Verben, die eine Meinung ausdrücken:
  ▶ Sie denkt/glaubt/meint/hofft/ist der Meinung/Ansicht,   dass sie Zeit hat.

nach unpersönlichen Ausdrücken:
  ▶ Es ist schön/gut/wichtig/interessant,   dass sie Zeit hat.

G2 Das Präpositionalobjekt

Viele Verben haben ein Präpositionalobjekt. Die Präposition gehört fest zum Verb.
- denken an *(A)* ▶ sich beschäftigen mit *(D)* ▶ sich kümmern um *(A)* ▶ warten auf *(A)*
- sich freuen auf *(A)*

Angela	denkt	an den Katalog.	Sie	denkt an	Axel.
Sie	kümmert sich	um den Katalog.	Sie	spricht mit	ihrem Freund.

Woran denkt sie? (= Sache)   An wen denkt sie? (= Person)
Worum kümmert sie sich?   Mit wem spricht sie?

Wo(r) + Präposition   Präposition + Interrogativpronomen

G3 Das Präpositionaladverb (Pronominaladverb) ⇨ Kap. 2

Man kann das präpositionale Objekt auch durch ein Präpositionaladverb oder einen *dass*-Satz ersetzen.

Sie denkt   an den Katalog.   →   Sie denkt   daran.
Sie freut sich   auf den Urlaub.   →   Sie freut sich   darauf.

Präposition + Nomen   da(r) + Präposition
                 (= Präpositionaladverb)

Das „r" wird eingefügt, wenn die Präposition mit einem Vokal beginnt: da<u>r</u>über, da<u>r</u>auf …

Sie denkt   daran, dass sie die Zimmer reservieren muss.
Sie kümmert sich   darum, dass das Hotel die Reservierung zuschickt.

da(r) + Präposition + *dass*-Satz

Aber: Sie denkt   an Axel.   → Sie denkt   an ihn.   (= Person)
           Sie freut sich auf ihren Freund. → Sie freut sich auf ihn.

G4 Infinitivsätze

Infinitivsätze können einen Objektsatz ersetzen. Die Präposition *zu* steht vor dem Infinitiv, bei trennbaren Verben zwischen der Vorsilbe (Präfix) und dem Infinitiv (an<u>zu</u>rufen, vor<u>zu</u>bereiten …).

Das Subjekt des Nebensatzes (NS) entspricht dem Subjekt des Hauptsatzes (HS):

Angela hofft, dass sie Axel in Stuttgart trifft.   → Sie hofft, Axel in Stuttgart zu treffen.
Axel freut sich darauf, dass er sie sehen kann.   → Er freut sich darauf, sie sehen zu können.
Sie verspricht Axel, dass sie ihn wieder anruft. → Sie verspricht ihm, ihn wieder anzurufen.

Subjekt des HS = Subjekt des NS   Infinitiv mit *zu*

Das Subjekt des Nebensatzes (NS) entspricht dem Objekt (Akkusativ oder Dativ) des Hauptsatzes (HS):

Der Chef bittet Angela, dass sie das Zimmer umbucht. → Er bittet sie, das Zimmer umzubuchen.

Akkusativobjekt des HS = Subjekt des NS

Er rät ihr, dass sie das Hotel anruft. → Er rät ihr, das Hotel anzurufen.

Dativobjekt des HS = Subjekt des NS

G5 Deklination der Adjektive nach Nullartikel

	maskulin	feminin	neutral	Plural
N	guter Service	zentrale Lage	modernes Hotel	moderne Räume, Hotels
A	guten Service	zentrale Lage	modernes Hotel	moderne Räume, Hotels
D	gutem Service	zentraler Lage	modernem Hotel	modernen Räumen, Hotels
G	guten Services	zentraler Lage	modernen Hotels	moderner Räume, Hotels

Vergleichen Sie:

bestimmter Artikel → Der gute Service gefällt den Gästen.
unbestimmter Artikel → Ein guter Service ist für unser Haus selbstverständlich.
Nullartikel → Guter Service ist heute Standard.

Ü Übungen

Ü1 Sie sind Axel. Es tut Ihnen leid, dass Sie am Telefon so enttäuscht reagiert haben.

Schreiben Sie Angela einen Brief. Die Satzteile helfen Ihnen dabei.

Aber ich kann verstehen,
Ich hoffe,
Stuttgart ist sehr teuer
Ach, ich komme einfach
Es tut mir leid,
Stuttgart ist recht schön,
Ich war eben sehr enttäuscht,
Natürlich möchte ich Dich in Stuttgart treffen,
Aber in dieser Beziehung habe ich keine Angst, denn ich weiß,

aber
dass
und

jetzt aus unserem gemeinsamen Fahrradurlaub durch Mecklenburg-Vorpommern nichts wird.
verdammt teuer.
Deine erste Reise ein Erfolg für Dich wird.
ich kann es mir wahrscheinlich nicht leisten.
Du für die Firma unbedingt nach Stuttgart musst.
Du intelligent und stark bist.
Du Deine Position in der Firma festigen kannst.
im Moment habe ich nicht so viel Geld. Die Reparatur des Golfs war so teuer. Vielleicht muss ich ihn bald verkaufen.
schlafe auf einer Parkbank.
ich heute Morgen am Telefon so sauer war.

Liebe Angela,

es tut mir leid, dass ich heute Morgen am Telefon so sauer war ...

Ich küsse Dich/Ich umarme Dich

Dein Axel

● Angela schreibt Axel einen Brief und lädt ihn nach Stuttgart ein.
Schreiben Sie diesen Brief.

Mein lieber Axel,

....
....
....
....
....
....
....
....

Deine Angela

Ü2 Sie sollen eine Tagung in einer fremden Stadt vorbereiten.

Worum müssen Sie sich alles kümmern? Variieren Sie die Sätze.

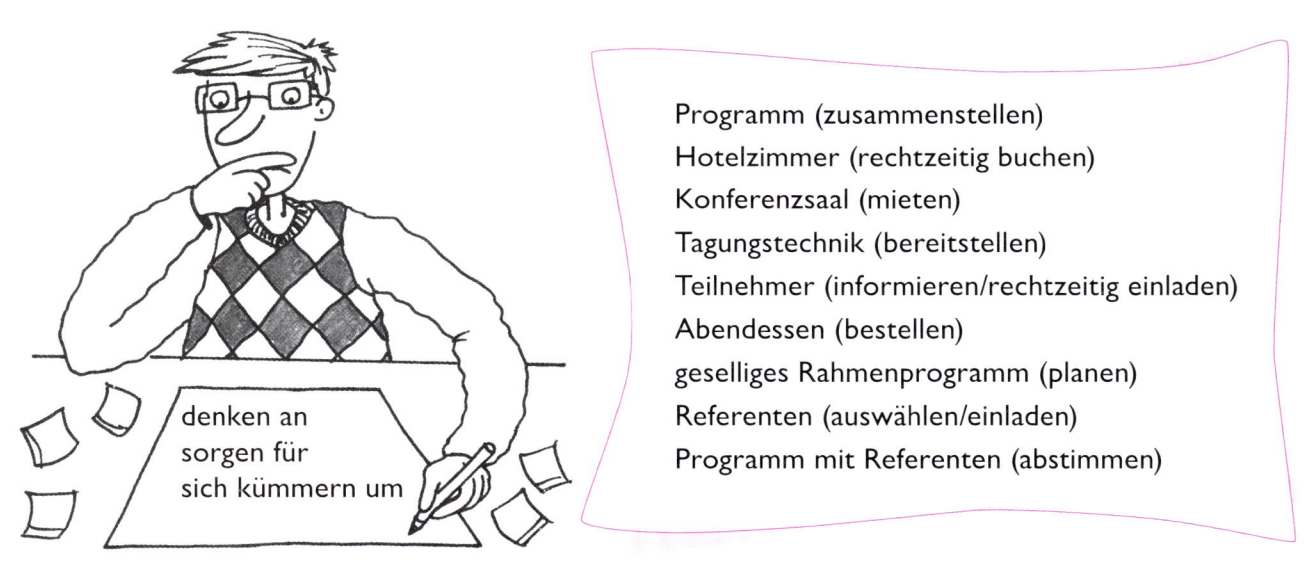

denken an
sorgen für
sich kümmern um

Programm (zusammenstellen)
Hotelzimmer (rechtzeitig buchen)
Konferenzsaal (mieten)
Tagungstechnik (bereitstellen)
Teilnehmer (informieren/rechtzeitig einladen)
Abendessen (bestellen)
geselliges Rahmenprogramm (planen)
Referenten (auswählen/einladen)
Programm mit Referenten (abstimmen)

▶ Ich muss an die Hotelzimmer denken.
▶ Ich muss daran denken, die Hotelzimmer rechtzeitig zu buchen.
▶ Ich muss dafür sorgen, dass das Hotel die Tagungstechnik bereitstellt.

● Delegieren Sie nun die Aufgaben an einen Assistenten/eine Assistentin.
Sagen Sie, was er/sie tun soll.

▶ Sorgen Sie dafür, dass das Hotel die Tagungstechnik bereitstellt.
▶ Denken Sie daran/Kümmern Sie sich darum, die Hotelzimmer zu buchen.

Exportwege neu, Kursbuch 2, Kapitel 1

Ü3 Aus einem Prospekt eines Hotels in München

Setzen Sie die Endungen ein.

Unsere Devise: Kein*e* Geschäfte ohne entspannt.... Atmosphäre. Deswegen bieten wir gestresst.... Managern nur das Beste. Durch unser.... gehoben.... Service können Sie sich erholen und auf neu.... Geschäfte vorbereiten.

Unser Hotel finden Sie in ein...., alt...., wundervoll restauriert.... Gebäude. Es liegt in unmittelbar.... Nähe zum Olympiagelände. Zur Messe sind es ungefähr 8 km. Öffentlich.... Verkehrsmittel können Sie zu Fuß erreichen. Unser Hotel hat 80 komfortabl.... Gästezimmer mit Bad/Dusche/WC, Farbfernseher mit Pay-TV und Minibar. Im modern.... Erholungsbereich stehen Ihnen eine Sauna, ein Whirlpool und Fitnessgeräte zur Verfügung. Wir kümmern uns um Ihr leiblich.... Wohl in unser.... klein.... Restaurant *Sissi*. Hier verwöhnen wir Sie mit exzellent.... Speisen der gehoben.... Küche zu attraktiv.... Preisen. Für privat.... Feiern ist ein gemütlich.... Raum mit angenehm.... Atmosphäre vorhanden. In d.... warm.... Jahreszeit laden wir Sie im ruhig.... Garten unser.... Hauses zu Speisen unter frei.... Himmel ein. Mittags gibt es für eilig.... Esser einen preiswert.... Businesslunch (*m.*) und ein reichhaltig.... Salatbüfett. Abends dürfen Sie sich bei ein.... Drink an der gepflegt.... Hotelbar entspannen.

- Suchen Sie sich ein Hotel aus B 1 aus und schreiben Sie einen Werbetext.

Ü4 Wer hat was gesagt?

Drei Personen haben soeben das *Hotel Kempinski* in Berlin angerufen und Gespräche mit der Rezeption geführt. Leider sind diese Gespräche durcheinandergeraten.
Können Sie sie rekonstruieren?

1. *Hotel Kempinski*, guten Tag.
2. Sehr wohl, Herr Reuter. Ich habe Ihre Bestellung vorgemerkt: ein Einzelzimmer vom 1. auf den 2. November.
3. Guten Tag, Visconti ist mein Name! Reservieren Sie bitte für mich vom 14. bis zum 16. Oktober.
4. Sehr wohl. Ein Doppelzimmer vom 9. bis zum 11. Oktober. Auf Wiederhören, Herr Dr. Maier.
5. Selbstverständlich, Herr Reuter. Ich kümmere mich persönlich um alles. Wir freuen uns auf Ihren Besuch. Auf Wiederhören, Herr Reuter.
6. *Hotel Kempinski*, guten Abend.
7. Ein Einzel- oder Doppelzimmer, Herr Dr. Maier?
8. Noch etwas: Können Sie mir einen Konferenzraum bereitstellen?
9. Ein Doppelzimmer. Für wann brauchen Sie denn das Zimmer?
10. Nein, dieses Mal die Suite bitte. Meine Frau begleitet mich.
11. Klaus Reuter am Apparat. Reservieren Sie mir doch bitte eine Übernachtung für den 1. November.
12. Da schlage ich Ihnen den kleinen Konferenzraum vor. Sehr gemütlich, mit Blick auf den Park. Tagungstechnik ist vorhanden: Videorekorder, Beamer, Leinwand …

13 Vom 9. bis zum 11. Oktober.
14 Was kostet denn das Doppelzimmer bei Ihnen?
15 Hallo, hier Dr. Maier, Firma *Siemens*. Ich möchte ein Zimmer reservieren.
16 Sehr wohl. Wir freuen uns auf Ihren Besuch und wünschen Ihnen und der gnädigen Frau Gemahlin bis dahin alles Gute.
17 Sehr gut, dann machen Sie das. Ich kann mich doch darauf verlassen?
18 Das Doppelzimmer kostet 250 € pro Nacht.
19 *Hotel Kempinski*, guten Tag.
20 Dasselbe Zimmer wie immer, Herr Visconti?
21 Einen Augenblick, ich sehe mal nach. Ja, die Suite ist vom 14. bis zum 16. Oktober frei.
22 Sehr gerne, Herr Reuter. Und für wie viele Personen brauchen Sie den Raum?
23 Gut, dann sehen wir uns am 14. Oktober, und sorgen Sie für Champagner und rote Rosen.
24 Für einen kleinen Kreis von maximal zehn Personen.
25 Geht in Ordnung. Zahlt sowieso die Firma. Also dann buchen Sie das Doppelzimmer.

Gespräch I

A: *Hotel Kempinski*, guten Tag.
B: Guten Tag, Visconti ist mein Name! Reservieren Sie bitte für mich vom 14. bis zum 16. Oktober.
A: ....
B: ....
A: ....
B: ....
A: ....

Gespräch II

A: *Hotel Kempinski*, guten Tag.
B: Hallo, hier Dr. Maier, Firma *Siemens*. Ich möchte ein Zimmer reservieren.
A: ....
B: ....
A: ....
B: ....
A: ....
B: ....
A: ....

Gespräch III

A: ....
B: ....
A: ....
B: ....
A: ....
B: ....
A: ....
B: ....
A: ....

Ü5 Chaos im Hotelzimmer

Sie haben ein ruhiges, behagliches Hotel mit allem Komfort gebucht. Bei Ihrer Ankunft erleben Sie eine böse Überraschung. Beschweren Sie sich und verlangen Sie, dass das Chaos sofort beseitigt wird.

Gast: Hören Sie mal! Die Minibar ist leer.

    (der Zimmerservice – Kühlschrank füllen)
    Bitte sorgen Sie dafür, dass der Zimmerservice den Kühlschrank füllt.

Gast: Die Blumen sind verwelkt.   (das Zimmermädchen – frische Blumen bringen)
    Das Zimmer ist zu laut!   (ein anderes Zimmer bekommen)
    Auf dem Boden liegt Papier! (der Zimmerservice – Zimmer aufräumen)
    …

Ü6 Immer wieder Beschwerden …

Sie arbeiten an der Rezeption eines Hotels. Gäste rufen an und beschweren sich. Beruhigen Sie die Gäste und versprechen Sie Abhilfe.

▶ sich kümmern um   ▶ bringen   ▶ geben   ▶ schicken   ▶ austauschen   ▶ sauber machen   ▶ putzen
▶ das Zimmermädchen   ▶ die Putzfrau   ▶ der Monteur   ▶ der Zimmerservice

1. Hallo, der Fernseher funktioniert nicht.
   ▶ Tut uns leid. Der Zimmerservice bringt Ihnen sofort einen neuen.
2. Im Bad tropft ständig der Wasserhahn.
3. Das Zimmer ist nicht aufgeräumt.
4. Hören Sie mal, die Bettwäsche ist ja nicht sauber.
5. Rezeption, hallo. Sagen Sie mal. Das Zimmer ist viel zu laut. Wir sind doch hier nicht in einer Diskothek.
6. Die Minibar ist leer.
7. Hören Sie mal: Ich habe Frühstück mit heißem Kaffee bestellt. Und was bekomme ich? Kalten Kaffee. Das ist ja unmöglich.
8. Also, das ist ja die Höhe. Ich habe extra ein Zimmer mit Aussicht auf den Park bestellt. Und jetzt mache ich das Fenster auf und schaue auf die Mülltonnen im Hinterhof.
9. Die Handtücher im Bad sind verschmutzt und feucht.
10. Sie! Wissen Sie was: Die Klospülung ist verstopft.

Ü7 Was sagen Sie im Hotel?

Manchmal sind mehrere Lösungen möglich. Kreuzen Sie an.

1. Wann
   - [ ] kann man
   - [ ] isst man → frühstücken?
   - [ ] gibt es

2. Kann man den Zimmerschlüssel behalten oder muss man ihn an der Rezeption
   - [ ] abholen?
   - [ ] abgeben?
   - [ ] verlieren?

3. Können Sie mir bitte das Gepäck
   - [ ] aufs Zimmer
   - [ ] im Zimmer → bringen?
   - [ ] auf dem Zimmer

4. Wann muss man die Zimmer
   - [ ] räumen?
   - [ ] verlassen?
   - [ ] lassen?

5. Können wir
   - [ ] noch einen Tag länger bleiben?
   - [ ] das Zimmer noch einen Tag länger behalten?
   - [ ] noch einen Tag länger verreisen?

6. Könnten Sie uns bitte
   - [ ] ein Taxi anrufen?
   - [ ] ein Taxi bestellen?
   - [ ] ein Taxi rufen?

7. Ich habe leider nur einen 50 €-Schein. Können Sie
   - [ ] mir wechseln?
   - [ ] den Schein umtauschen?
   - [ ] den Schein vertauschen?

8. Gibt es einen Nachtportier? Oder kann man mit dem Zimmerschlüssel die Eingangstür
   - [ ] aufschließen?
   - [ ] beschließen?
   - [ ] entschließen?

9. Wir
   - [ ] gehen schon morgen aus dem Hotel.
   - [ ] ziehen schon morgen ab.
   - [ ] reisen schon morgen ab.

10. Wir haben die Zimmer online
    - [ ] gebucht und bezahlt.
    - [ ] vermietet.
    - [ ] bestellt.

11. Wir hätten gern ein Zimmer
    - [ ] mit Blick auf dem Park.
    - [ ] mit einem Blick auf den Park.
    - [ ] mit Blick auf den Park.

12. Können Sie jemanden auf das Zimmer 210 schicken? Es kommt nur kaltes Wasser und ich wollte gerade
    - [ ] duschen.
    - [ ] eine Dusche haben.
    - [ ] eine Dusche machen.

13. Wir haben ein kleines Kind. Können Sie noch ein Kinderbett im Zimmer
    - [ ] aufstellen?
    - [ ] einrichten?
    - [ ] stellen?

Ü8 Phonetik: Konsonantenverbindungen am Wortanfang (Wiederholung)

[ʃt] Stadt – [ʃp] Spiel – [ʃr] schreien – [ʃpr] sprechen – [ʃtr] Strom

Hören Sie und sprechen Sie nach.

1.6

Schraube	schwarz	Schwan	schnell
schrecklich	Stein	Straße	Schrank
Schnur	schneiden	scheiden	Strand
Scheiben	schwimmen	streiten	schreiben

● Bilden Sie Sätze mit jeweils zwei Wörtern aus den Kästen.

▶ Ein stolzer <u>Schwan</u> <u>schwimmt</u> auf dem Strom.

Ü 9 Phonetik: Konsonantenverbindungen bei Komposita

Komposita mit schwierigen Konsonantenverbindungen löst man zunächst einmal auf.
Dann kann man sie auch leichter sprechen.

- Geschäftsreise → Geschäfts – reise
- Geschäftskontakte → Geschäfts – kontakte
- Forschungsprogramm → Forschungs – programm
- Arbeitswissenschaften → Arbeits – wissenschaften

● Lesen Sie die Sätze, schreiben Sie sie korrekt ab und markieren Sie die Komposita.

1. Inderregionstuttgartgibtesvieleuniversitätenfachhochschulentechnologiezentrenundforschungseinrichtungen.
2. diemenschensindvoralleminderautomobilbrancheimmaschinenbauundinderelektronikbranchebeschäftigt.
3. dieregionstuttgartverfügtübereinumfangreichesstraßennetz.
4. stuttgarthateingroßesangebotanopernballettundschauspielaufführungen.
5. imneuenmercedesbenzmuseuminstuttgartunterürkheimkönnenbesucher110jahreinnovativerautomobilgeschichteerleben.

Ü 10 Schwaben – eine starke Wirtschaftsregion und das Land der Dichter und Denker

Was wissen Sie über Schwaben? Bilden Sie *dass*-Sätze.

1. Friedrich Schiller – 1759 in Marbach geboren
2. der Philosoph Georg Wilhelm Friedrich Hegel – 27. August 1770 in Stuttgart geboren
3. das Projekt 21 realisieren – den Hauptbahnhof in Stuttgart umbauen
4. die Schwaben – Rostbraten mit Spätzle essen und Rotwein (Trollinger) trinken
5. in Baden-Württemberg – zahlreiche Thermalbäder geben
6. die Arbeitslosenquote – relativ niedrig sein
7. der Dichter Friedrich Hölderlin – 36 Jahre bis zu seinem Tod – in einer Turmstube in Tübingen (Hölderlinturm) – verbringen
8. *Porsche* – Sportwagen – Werk in Zuffenhausen – herstellen
9. die *Robert Bosch GmbH* – Firmensitz in Stuttgart – haben – ein sehr wichtiger Zulieferer der Automobilindustrie
10. Maultaschen – eine Art Nudeln (Ravioli) sein
11. ein Werbeslogan für Baden-Württemberg – lauten – „Wir können alles – außer Hochdeutsch."

▶ A: Wissen Sie/Haben Sie gewusst, <u>dass</u> der Dichter Friedrich Schiller in Marbach geboren ist?
　B: Ich habe (nicht) gewusst, <u>dass</u> …/Ich finde es interessant, <u>dass</u> …/Es ist erstaunlich, <u>dass</u> …

2 Der Kaufvertrag

Themen: **A** Handeln und Verhandeln **B** Produktpräsentation **C** Preisstellung und Lieferbedingungen **D** Lieferbedingungen deutscher Unternehmen

A Handeln und Verhandeln

A1 Handel ist nicht gleich Handel!

Beschreiben Sie die Bilder.

● Ordnen Sie die Texte den Bildern zu und ergänzen Sie sie.

Nr. ◯ ist ein .... in der Türkei. Die Menschen dort
.... Obst, Gemüse und Tieren.
Viele .... auch .... den Preis, wollen
etwas billiger haben.

Nr. ◯ Hier .... Politiker .... ein neues Abkommen.

Nr. ◯ Diese beiden .... den Preis.

Nr. ◯ Die Polizei führt an Bahnhöfen oder an der Grenze Kontrollen
durch. Dort .... einige Männer .... oder
.... Zigaretten.

Nr. ◯ Dieser .... wartet auf ....

> Geschäftsleute
> verhandeln über *(A)*
> handeln mit *(D)*
> feilschen um *(A)*
> verhandeln über *(A)*
> (etwas) schmuggeln
> Markt
> dealen mit *(D)*
> Drogen
> Kunden
> Gemüsehändler

● Beantworten Sie die folgenden Fragen.

1. Mit welchen Produkten/Womit handelt man in Ihrem Heimatland auf dem Markt?
   ▸ In meinem Heimatland handelt man vor allem mit …/treibt man Handel mit …
2. Worüber können Geschäftspartner verhandeln?
3. Womit ist der Handel in Ihrem Heimatland verboten?

A2 Vom Handeln

Hier finden Sie verschiedene Zitate zum Thema „Handel". Welches Zitat gefällt Ihnen am besten? Erklären Sie es.

„Jeder beurteilt einen Handel nach dem Vorteil, den er dabei gefunden hat."
Maurois, *Die drei Dumas*

„Handelsbeziehungen werden Freundschaftsbeziehungen."
Arnold Zweig, *Die Zeit ist reif*

„In der Politik zählt nur Erfolg."
Tucholsky, *An Nuuna, 10.7.1934*

„Gewinn ist Segen, wenn man ihn nicht stiehlt."
Shakespeare, *Der Kaufmann von Venedig*

„Die Macht hat stets, wer zahlt."
Bertolt Brecht, *Der aufhaltsame Aufstieg des Arturo Ui*

A3 Umfrage zu Verkaufsverhandlungen

Wie ist Ihre Meinung? Diskutieren Sie.

		ja	nein	stimmt teilweise
1.	Kaufverträge schließt man am besten nur schriftlich ab.	☐	☐	☐
2.	Bei Verkaufsverhandlungen sollten am Ende beide Geschäftspartner zufrieden sein.	☐	☐	☐
3.	Bei Verkaufsverhandlungen ist nur der Preis wichtig.	☐	☐	☐
4.	Qualität und Service sind entscheidend.	☐	☐	☐
5.	Das persönliche Verhältnis zwischen den Geschäftspartnern spielt bei Verhandlungen keine Rolle.	☐	☐	☐
6.	Die Kleidung ist bei Verhandlungen sehr wichtig.	☐	☐	☐
7.	Beim Verkauf über das Internet sind Verkaufsverhandlungen unwichtig.	☐	☐	☐

B Produktpräsentation

B1 Kochen Sie gern?

Die Firma *Celestini* produziert Dunstabzugshauben. Sie saugen den Koch- und Backdunst ab und sorgen so für gute Luft in der Küche.
Hier sehen Sie eine Dunstabzugshaube. Aus welchen Teilen besteht sie? Ordnen Sie die Begriffe zu.

1. die Halogenleuchte
2. der (Metall-)Fettfilter
3. die elektronische Schaltung
4. die Glasplatte
5. der (Hauben-)Körper/das Gehäuse

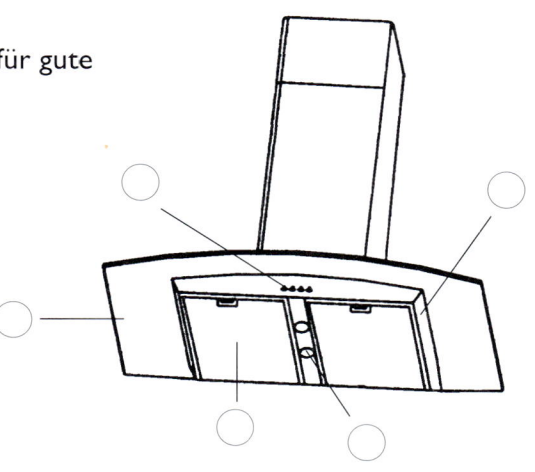

B 2 Mit welchen Adjektiven kann man eine Dunstabzugshaube beschreiben? ⇨ Ü 13

Ordnen Sie die Adjektive verschiedenen Kategorien zu. Die Adjektive können auch mehrfach verwendet werden.

modern	dekorativ	geräuscharm	bedienungsfreundlich
benutzerfreundlich	laut	kompliziert	leistungsstark
sicher	klassisch	praktisch	teuer
zuverlässig	funktional	einfach	schön
normgerecht	elegant	anspruchsvoll	hochwertig
geprüft	umweltfreundlich	nüchtern	

1. Design: ....
2. Technik: ....
3. Bedienung: ....
4. Umweltschutz: ....

● Sie möchten einem Kunden eine teure Dunstabzugshaube verkaufen. Wie präsentieren Sie sie ihm am wirkungsvollsten?

● *Redemittel:* **Darf ich Ihnen unser neues Produkt vorstellen?**

Das hier ist ein besonders modernes Modell.
Das Gerät besteht aus *(D)* hochwertigen Einzelteilen.
Das Gerät gibt es mit *(D)* einem Metallfilter …
Wir verwenden nur umweltfreundliche Materialien.
Wie Sie sehen, legen wir Wert auf *(A)* Qualität, Sicherheit, …

B 3 *Roma* oder *Pisa*? ⇨ G 6–8, Ü 10–12

Ihr Kunde ist noch etwas skeptisch. Er vergleicht zwei Hauben miteinander, das Modell *Roma* und das Modell *Pisa*. Sie versuchen, das Modell *Roma* zu verkaufen.
Ergänzen Sie den Dialog.

Ich weiß nicht, mir gefällt das Modell *Pisa* besser als das Modell *Roma*.
ich finde das Modell *Pisa* eleganter als das andere.

Außerdem ist es …
Das Modell *Roma* ist am schönsten.

Sicher ist das Modell *Roma* etwas teurer, aber dafür ist es …
Es kostet etwas mehr als das Modell *Pisa*, aber es ist …

● Spielen Sie weitere Dialoge. Suchen Sie sich ein anderes Produkt aus (z. B. eine Kaffeemaschine) und versuchen Sie, das Produkt einem Kunden zu verkaufen.

B4 Verkaufsverhandlung: Herr Longhi stellt sein Produkt vor. ⇨ Ü5, Ü6

Die folgenden Begriffe spielen beim Verkaufsgespräch zwischen Herrn Longhi und Herrn Schultheiß eine Rolle. Suchen Sie die unbekannten Wörter, wenn möglich, in einem zweisprachigen technischen Wörterbuch.

> der Geräuschpegel
> die Luftleistung
> die Geruchsabsorption
> die elektronische Steuerung
> die Banküberweisung
> die leichte Handhabung
> die Lieferart
> die Zuverlässigkeit
> der Mehr-/Aufpreis
> das Gebläse
> die Beleuchtung

1.7

Herr Schultheiß: Guten Tag, Herr Longhi, herzlich willkommen bei *Koch-Küchen*. Das ist ja schön, dass Sie persönlich gekommen sind. Nehmen Sie doch bitte Platz. Darf ich Ihnen irgendetwas zu trinken anbieten? Mineralwasser, Kaffee, Saft …?

Herr Longhi: Ja, gern, ein Mineralwasser bitte … Danke … Ich nehme an, Frau Bellavista hat Ihnen bereits unser Angebot erläutert.

Herr Schultheiß: Ja, ich bin informiert. Wie Sie wissen, stellen wir im Moment unser Küchenprogramm um. Wir wollen in die gehobene Preisklasse einsteigen. Unsere Kunden sind sehr anspruchsvoll. Sie legen vor allem Wert auf Qualität und Zuverlässigkeit, aber auch auf einfache Handhabung. Eine ganz große Rolle spielt das Design. Und natürlich auch der Preis.

Herr Longhi: Wir haben Ihnen auf der Messe ja unsere neuen Modelle gezeigt, z. B. *Pisa*, eine Wandhaube. Das ist die hier. Wenn ich Ihnen nur kurz die technischen Daten erläutern darf: Die Luftleistung entspricht der DIN-Norm. Der Geräuschpegel ist sehr niedrig. Die Hauben absorbieren vollkommen den Geruch. Und der Motor ist sehr leistungsstark. Außerdem haben sie eine elektronische Steuerung, eine Stufenregelung, und sie sind sehr bedienungsfreundlich.

Herr Schultheiß: Das heißt?

Herr Longhi: Die Metallfilter kann man leicht herausnehmen und in der Spülmaschine reinigen. Sie lassen sich so problemlos säubern.

Herr Schultheiß: Das Design ist ja sehr schön. In welchen Farben gibt es die Hauben?

Herr Longhi: Das Standardmodell *Pisa* gibt es in Edelstahl. Das Modell *Ravenna*, eine Einbauhaube, gibt es auch lackiert, in den Farben Weiß und Schwarz, sowie in Edelstahl. Noch etwas. Das ist vielleicht für Sie noch wichtig. Unsere Dunstabzugshauben sind selbstverständlich alle VDE-geprüft und entsprechen der europäischen Norm.

Herr Schultheiß: Ja, sehr gut. Unsere Kunden sind sehr qualitätsbewusst …

Herr Longhi: Sie haben vorhin gesagt, dass Ihre Kunden auch großen Wert auf Design legen. Dann sollten Sie in Ihr Programm unsere Inselhauben aufnehmen, die frei im Raum über der Kochstelle hängen. Diese Hauben, z. B. das Modell *Roma*, sind aus hochwertigem Edelstahl mit einer Glasplatte. Sie sind allerdings teurer als die anderen, aber dafür ist das Design sehr edel …

● Was ist für die Kunden von *Koch-Küchen* wichtig, was nicht so wichtig?

	wichtig	nicht so wichtig
1. die Sicherheit	☐	☐
2. die Qualität des Produkts	☐	☐
3. der Preis	☐	☐
4. das Design	☐	☐
5. die einfache Bedienung	☐	☐
6. die Zuverlässigkeit	☐	☐
7. die Verpackung	☐	☐

● Was ist bei einem Produkt wichtig? Ergänzen Sie die Substantive.

Das Produkt muss gut sein: ....

Das Produkt muss schön sein: ....

Das Produkt darf für den Benutzer nicht so kompliziert sein: ....

Das Produkt muss sicher sein: *die Sicherheit*

Das Produkt darf nicht so viel kosten: ....

Das Produkt muss man lange benutzen können: ....

B5 Herr Longhi bietet verschiedene Typen von Dunstabzugshauben an. ⇨ Ü 15

Welche Definition passt zu welcher Haube?

1. Diese Haube wird an der Wand montiert: ....

2. Diese Dunstabzugshaube hängt frei über der Kochstelle/dem Herd: ....

3. Sie kann man einbauen bzw. unter einem Wandschrank montieren: ....

● Die Dunstabzugshauben von *Celestini* haben bestimmte Eigenschaften. Welche nennt Herr Longhi? Ergänzen Sie das Schema mit den Informationen aus dem Dialog.

▶ Arten von Hauben: ....

▶ Luftleistung: *nach DIN-Norm*

▶ Geräuschpegel: ....

▶ Geruchsabsorption: ....

▶ Motor: ....

▶ Steuerung: ....

▶ Farbe: ....

▶ Norm/Sicherheit: ....

▶ Bedienung: ....

Exportwege *neu*, Kursbuch 2, Kapitel 2

Abkürzungen für Normen

DIN-Norm	Norm des Deutschen Instituts für Normung e. V.
ISO-Norm	Norm der Internationalen Organisation für Normung (International Organization for Standardization)
EN	Europäische Norm (EU-Norm)

Abkürzungen für Sicherheitsprüfungen in Deutschland

TÜV	geprüft durch den Technischen Überwachungsverein (für Maschinen, technische Geräte, Fahrzeuge)
VDE	geprüft durch den Verein deutscher Elektrotechniker (für Elektrogeräte)
GS	Geprüfte Sicherheit (Zertifikat des TÜV)

Abkürzungen in Geschäftsbriefen

d. h.	das heißt	zuzgl.	zuzüglich	MwSt.	Mehrwertsteuer
bzw.	beziehungsweise	ausschl.	ausschließlich	BLZ	Bankleitzahl
inkl.	inklusive	einschl.	einschließlich (= inklusive)	Kto.-Nr.	Kontonummer

---

Redemittel: **Verkaufsverhandlungen: Qualität/Sicherheit des Produkts**

Kunde	Verkäufer	
Ist das Produkt normgerecht?	Das Produkt entspricht	der ISO-Norm 9001.
		der EN 29000.
		der DIN-Norm.
Entspricht das Produkt den deutschen/europäischen Sicherheitsbestimmungen?	Das Gerät entspricht	den TÜV-Vorschriften.
		den VDE-Vorschriften.
	Es ist	TÜV-geprüft/VDE-geprüft.
	Das Gerät/Die Maschine ist	präzise/zuverlässig/genau.
		normgerecht/geprüft.
	Der Motor ist	leistungsstark.
	Die Maschine/Das Gerät ist	benutzerfreundlich/ bedienungsfreundlich/ leicht zu bedienen.
		leicht zu reinigen/säubern.

● *Redemittel:* **Verkaufsverhandlungen: Ausführung der Maschine/des Produkts**

Kunde	Verkäufer	
In welcher Ausführung gibt es die Maschine?	Die Maschine gibt es in einer Standardausführung mit … Das Standardmodell hat … Die Grundmaschine hat …	
Welche Ausstattung hat die Maschine?	Die Maschine ist mit elektronischer Steuerung usw.	
Können wir die Maschine auch mit/ohne … haben?	Ja, natürlich.	Ja, aber nur mit Aufpreis/mit einem Aufpreis von …
	Ja, natürlich.	… ist/sind im Preis inbegriffen.

B6 Wie sitzen die Partner bei Verhandlungen am besten?

Begründen Sie Ihre Meinung.

A Partner 1 / TISCH / Partner 2

B TISCH / Partner 1 Partner 2

C Partner 1 / TISCH / Partner 2

- Herr Longhi und Herr Schultheiß haben die Sitzform B gewählt. Welche Gründe kann es dafür geben?

- Wie würden Sie Verkaufsverhandlungen für zwei Geschäftspartner organisieren?
  ▸ Sitzform? ▸ Was bieten Sie an: Kaffee, Tee, Mineralwasser …? ▸ Darf man rauchen? …
  ▸ Pausen?

C Preisstellung und Lieferbedingungen

C1 Herr Schultheiß und Herr Longhi verhandeln. ⇨ G 1–5

Herr Schultheiß:	Was kostet das Modell *Ravenna* in Schwarz und Weiß?
Herr Longhi:	Die Standardausführung kostet 180 €.
Herr Schultheiß:	Was heißt Standardausführung?
Herr Longhi:	Sie umfasst Motor, Metallfilter, Beleuchtung und Gebläse.
Herr Schultheiß:	Nein, Herr Longhi. Das geht nicht. Das ist zu hoch. Da müssen Sie mit dem Preis runter. Ich gehe davon aus, dass die Halogenlampen in diesem Fall inklusive sind?
Herr Longhi:	Nein, die Halogenlampen sind extra.
Herr Schultheiß:	Die müssen Sie uns schon mitliefern. Wir wollen immerhin insgesamt 1 000 Stück abnehmen.
Herr Longhi:	Herr Schultheiß, das ist natürlich ein exklusives Modell. Davon haben wir aber auch noch eine einfache Version, diese hier zum Beispiel …
Herr Schultheiß:	Nein, nein, die ist zu einfach. Unsere Kunden sind doch sehr anspruchsvoll. Übrigens: Wie lange geben Sie Garantie?
Herr Longhi:	Normalerweise zwei Jahre. Wenn Ihre Kunden das wünschen, dann gewähren wir auch eine 5-Jahres-Vollgarantie – für einen Mehrpreis von 15 €.
Herr Schultheiß:	Das ist für die teureren Hauben interessant.
Herr Longhi:	Ja, wie z. B. für die Inselhauben.
Herr Schultheiß:	Wie teuer sind die?
Herr Longhi:	In der Standardausführung kostet das Modell *Roma* 565 €, dazu kommen noch die 15 € für die 5-Jahres-Garantie und 30 € für die Fernbedienung, also insgesamt 610 €.
Herr Schultheiß:	Und wie sieht es mit den Wandhauben aus, z. B. mit dem Modell *Pisa*?
Herr Longhi:	Das Standardmodell aus Edelstahl kostet 250 €.
Herr Schultheiß:	Wenn wir insgesamt 1 000 Dunstabzugshauben nehmen, bis wann können Sie liefern?
Herr Longhi:	Das kommt darauf an. Die Standardmodelle *Ravenna* und *Pisa* sofort, d. h. in drei Wochen. Für Sonderanfertigungen bzw. für die Inselhauben brauchen wir sechs bis acht Wochen.
Herr Schultheiß:	Das ist zu spät. Wir wollen noch im Sommer das neue Küchenprogramm vorstellen. Bis zum 1. August? Ist das möglich?
Herr Longhi:	Ich muss noch einmal mit der Produktion reden, aber ich denke, das geht.
Herr Schultheiß:	Ja bitte, sehen Sie auf jeden Fall, was sich machen lässt.
Herr Longhi:	Herr Schultheiß, wenn Sie so eine große Menge abnehmen, da kann ich Ihnen das Modell *Ravenna* für 170 € und *Pisa* für 235 € anbieten, jeweils inklusive Halogenlampen. Die Inselhauben für 600 € – inklusive Fernbedienung und 5-Jahres-Garantie. Lieferung zum 15. Juli …

- Welche Probleme gibt es (z. B. Lieferzeiten, Preise, Ausführung …)? Markieren Sie die Textstellen.

- Was gehört zur Standardausführung beim Modell *Ravenna*?

  Motor, ...

  Was kostet extra?

  ....

- Ergänzen Sie die Sätze.

  1. Der Preis für die Standardausführung ....
  2. Die Halogenlampen sind ....
  3. Herr Schultheiß möchte .... abnehmen.
  4. Er braucht die Hauben ....
  5. Noch im Sommer ....
  6. Herr Longhi muss ....
  7. Am Ende macht Herr Longhi ....

- Wie geht das Gespräch weiter? Was meinen Sie?

C2 Hören Sie das Gespräch zu Ende. ⇨ Ü7, Ü8

Notieren Sie das Ergebnis der Kaufverhandlungen.

1.8
1. Artikel: ....
2. Menge: ....
3. Art/Beschaffenheit: ....
4. Preis (pro Stück): ....
5. Zahlungsbedingungen: ....
6. Verpackung: ....
7. Liefertermin: 1. ....
                  2. ....
8. Zahlungsweise: ....
9. Höhe des Auftrags:
   ▶ mit Skonto: ....
   ▶ ohne Skonto: ....

- Wiederholen Sie noch einmal mit eigenen Worten das Ergebnis der Verkaufsverhandlungen.

- Was meinen Sie, können beide Geschäftspartner mit dem Ergebnis der Verhandlungen zufrieden sein? Müssen sie noch einige Punkte klären?

C3 Jetzt sind Sie gefragt. ⇨ Ü1

Spielen Sie ähnliche Dialoge. Benutzen Sie die folgenden Informationen.

Der Lieferant

- Dunstabzugshaube in der Standardausführung
- ohne Metallfilter, in den Farben Weiß, Schwarz
- Preis: 320 €
- Liefertermin: 1. April
- Preisstellung: mit Verpackung
  ab Werk
  ohne Mehrwertsteuer
  2 % Skonto innerhalb acht Tagen

Der Kunde

- Preis zu hoch, max. 280 €
- will Haube in Edelstahl und Weiß
- mit Metallfilter
- 900 Stück
- Liefertermin zu spät

● *Redemittel:* **Preisstellung/Lieferbedingungen/Zahlungsbedingungen**

Preisstellung

A: Wie ist Ihre Preisstellung?/Wie sind Ihre Preise?

B: ▶ Die Preise sind freibleibend./Wir behalten uns den Preis vor.
- Der Preis versteht sich mit/inklusive Mehrwertsteuer.
  Der Preis versteht sich ohne/zuzüglich/ausschließlich Mehrwertsteuer.
- Der Preis ist mit/inklusive Verpackung.
  Der Preis ist ohne/außer Verpackung.
- Die Preise verstehen sich einschließlich Montage.
  Die Preise verstehen sich ohne Montage.
  Die Preise gelten ab Werk/ab Lager/ab Fabrik.

Lieferbedingungen

A: Wie liefern/schicken Sie die Ware?

B: ▶ Die Lieferung erfolgt per/mit Lkw/mit der Bahn/mit Seefracht/mit Luftfracht.
- Die Lieferung erfolgt ab Werk/ab Lager/ab Fabrik.   = EXW (Ex Works)
  Die Lieferung erfolgt frei Werk/Haus.   = CIP (Carriage and Insurance Paid To)
  Die Lieferung erfolgt frei Grenze.   = DAF (Delivered At Frontier)

Angaben nach Incoterms 2000

Zahlungsbedingungen

A: Welche Zahlungsbedingungen haben Sie?

B: ▶ Die Lieferung erfolgt nach Vorauszahlung/nach Anzahlung von …
- Die Rechnung ist sofort zahlbar/in bar zu bezahlen.
- Die Rechnung ist zahlbar …
  … innerhalb 30 Tagen ohne Abzug/rein netto.
  … nach Rechnungsdatum innerhalb 8 Tagen ./. 2 % Skonto.
  … per Banküberweisung.
  … mit Verrechnungsscheck.
  … gegen unwiderrufliches, bankbestätigtes Akkreditiv, bezogen auf: Commerzbank BLZ …/
    Begünstigter: … GmbH, Industriestr. 1, 70173 Stuttgart.
- Zahlungsvereinbarung: 1/3 (= ein Drittel) bei Auftragseingang
  1/3 bei Lieferung
  1/3 bei Inbetriebnahme oder 30 Tage nach Lieferung

D Lieferbedingungen deutscher Unternehmen

D1 Wo steht was? → Ü 2–4

Lesen Sie die Zahlungs- und Lieferbedingungen. In welchem Text stehen die Informationen? Kreuzen Sie an.

	A	B	C	D	E	F
1. Der Kunde muss vor der Lieferung einen Betrag anzahlen.	☐	☐	☐	☐	☐	☐
2. Der Kunde muss den Transport der Ware ab Werk zahlen.	☐	☐	☐	☐	☐	☐
3. Der Lieferant zahlt den Transport der Ware.	☐	☐	☐	☐	☐	☐
4. Der Kunde muss die Verpackung nicht zahlen.	☐	☐	☐	☐	☐	☐
5. Der Kunde im Ausland bekommt kein Skonto.	☐	☐	☐	☐	☐	☐
6. Die Preise können sich ändern.	☐	☐	☐	☐	☐	☐
7. Der Lieferant schickt die Ware mit dem Lkw.	☐	☐	☐	☐	☐	☐
8. Der Kunde muss die Verpackung zahlen.	☐	☐	☐	☐	☐	☐
9. Der Kunde muss die Montage nicht zahlen.	☐	☐	☐	☐	☐	☐
10. Der Kunde bekommt 2 % Skonto.	☐	☐	☐	☐	☐	☐
11. Der Kunde muss die Ware in € zahlen.	☐	☐	☐	☐	☐	☐
12. Der Kunde muss die Montage selbst zahlen.	☐	☐	☐	☐	☐	☐

Text A

Die Preise gelten ab Werk oder Lager ausschließlich Verpackung, ohne Aufstellung und Montage sowie ausschließlich der gesetzlichen Mehrwertsteuer. Es werden die am Tage der Lieferung gültigen Preise berechnet.

Text B

Unsere Rechnungen sind zahlbar nach Wahl: innerhalb 8 Tagen ab Rechnungsdatum mit 2 % Skonto oder innerhalb 30 Tagen ab Rechnungsdatum ohne Abzug.

Text C

Die Preise verstehen sich in Euro, ausschließlich gesetzl. MwSt., ab Werk, ohne Verpackung. Es gelten die am Tag der Lieferung gültigen Listenpreise. Preise freibleibend. Preisänderungen behalten wir uns vor.

Text D

Rechnungen sind innerhalb 30 Tagen ab Rechnungsdatum netto oder innerhalb 8 Tagen mit 2 % Skonto, unabhängig vom Eingang der Ware, zu bezahlen. Exportsendungen ins Ausland sind ohne Skonto sofort nach Rechnungserhalt netto zahlbar.

Text E

Preisstellung und Vertragsbedingungen:
frei Werk, jedoch ohne Abladen, einschl. Montage, zuzüglich der zum Zeitpunkt der Rechnungsstellung gesetzlich gültigen Mehrwertsteuer

Zahlungsbedingungen:
40 % bei Auftragsbestätigung
40 % bei Vorabnahme in unserem Werk, auf jeden Fall vor Verladung
10 % 8 Tage nach Anlieferung
10 % 30 Tage nach Anlieferung

Text F

Zahlungsziel 14 Tage mit 3 % Skonto, Preisstellung in Euro, mit Verpackung, Lieferung frei Haus mit Lkw

D2 Verkaufs- und Lieferbedingungen ⇨ Ü9

Sie sehen einen Ausschnitt aus den Verkaufs- und Lieferbedingungen der *MSI Motor Service International GmbH*. Sie interessieren sich für Preis, Lieferung, Verpackung und Zahlungsbedingungen. Markieren Sie die wichtigsten Informationen für Ihre Firma.

Verkaufs- und Lieferbedingungen

1. **Auftragserteilung, abweichende Bedingungen**
   ...

2. **Angebot, Angebotsunterlagen**
   2.1 Unser Angebot ist freibleibend, sofern sich aus der Auftragsbestätigung nichts anderes ergibt.
   2.2 An Abbildungen, Zeichnungen und anderen Unterlagen, die dem Besteller überlassen werden, behalten wir uns das Eigentums- und Urheberrecht vor; sie dürfen nicht für andere als die von uns angegebenen Zwecke verwendet oder Dritten zugänglich gemacht werden. Dies gilt insbesondere für schriftliche Unterlagen, die als „vertraulich" bezeichnet sind; vor ihrer Weitergabe an Dritte bedarf der Besteller unserer ausdrücklichen schriftlichen Zustimmung.

3. **Preise**
   3.1 Unsere Preise gelten ab Werk/Lager ausschließlich Verpackung und zuzüglich der zum Zeitpunkt der Rechnungsstellung jeweils gültigen gesetzlichen Mehrwertsteuer.
   3.2 Wir behalten uns das Recht vor, unsere Preise entsprechend zu ändern, wenn nach Abschluss des Vertrages Kostensenkungen oder Kostenerhöhungen, insbesondere aufgrund von Tarifabschlüssen oder Materialpreisänderungen, eintreten. Diese werden wir dem Besteller auf Verlangen nachweisen.

4. **Lieferung**
   ...
   4.5 Unsere Lieferungen erfolgen ab Werk/Lager, sofern im Einzelfall nichts anderes vereinbart ist. Mit der Anzeige der Versandbereitschaft, spätestens wenn die Ware das Werk/Lager verlässt, geht die Gefahr auf den Besteller über. Dies gilt auch, wenn wir den Transport durchführen. Eine Transportversicherung erfolgt nur nach besonderer Vereinbarung und auf Rechnung des Bestellers.
   4.6 Einwegverpackungen werden nicht zurückgenommen. Der Besteller hat diese auf eigene Kosten zu entsorgen.

5. **Sachmängelhaftung**
   5.1 Der Besteller hat nach der Lieferung die Ware unverzüglich zu untersuchen und etwaige Mängel unverzüglich schriftlich zu rügen. Verdeckte Mängel sind unverzüglich nach Entdeckung schriftlich zu rügen.
   5.2 Bis zur Klärung der Reklamation darf beanstandete Ware nicht weiterverarbeitet werden. Uns ist Gelegenheit zu geben, gerügte Mängel an Ort und Stelle zu überprüfen. Im Übrigen ist uns beanstandete Ware auf unseren Wunsch zu übersenden.

6. **Zahlungsbedingungen**
   ...
   6.2 Falls nicht anders vereinbart, sind unsere Rechnungen sofort nach Erhalt ohne Abzug zahlbar.
   6.3 Kommt der Besteller in Zahlungsverzug, so sind wir berechtigt, Verzugszinsen in Höhe von 8 % über dem Basiszinssatz zu berechnen ...

7. **Eigentumsvorbehalt**
   7.1 Gelieferte Ware bleibt unser Eigentum bis zur Erfüllung aller gegenwärtigen Ansprüche aus Geschäftsverbindungen zwischen dem Besteller und uns (Vorbehaltsware).
   ...

● Was bedeuten die Begriffe? Kreuzen Sie an. Manchmal sind mehrere Lösungen möglich.

1. Das Eigentums- und Urheberrecht beinhaltet,
   ☐ dass man die Produkte/Ideen kopieren darf.
   ☐ dass man die Produkte/Ideen imitieren darf.
   ☐ dass man die Rechte des Künstlers/des Unternehmens respektieren muss und die Produkte nicht einfach nachahmen darf.

2. „Vertraulich": Die Dokumente/Gespräche
   ☐ sind geheim.
   ☐ darf man nicht veröffentlichen.
   ☐ kann man nicht verstehen.

3. Kostensenkungen: Die Kosten
   ☐ sind niedriger.
   ☐ werden erhöht.
   ☐ sinken.

4. Ein Tarifabschluss ist
   ☐ ein Vertrag zwischen Arbeitgebern und Gewerkschaften über die Bezahlung der Arbeitnehmer.
   ☐ ein Telefontarif.
   ☐ ein Kaufvertrag.

5. Versandbereitschaft: Das Unternehmen teilt dem Besteller mit, dass es
   ☐ die Ware verschicken kann.
   ☐ die Ware nicht liefern kann.
   ☐ die Ware bereits zum Kunden geschickt hat.

6. Einwegverpackungen: Man
   ☐ kann sie mehrmals verwenden.
   ☐ kann sie nur einmal verwenden.
   ☐ muss sie nach dem Gebrauch wegwerfen oder recyceln.

7. Mangel:
   ☐ die Verspätung
   ☐ der Fehler
   ☐ die hohen Kosten

8. Einen Mangel rügen heißt:
   ☐ etwas bestellen
   ☐ etwas beanstanden
   ☐ etwas reklamieren

9. Zahlungsverzug: Man zahlt
   ☐ pünktlich.
   ☐ zu spät.
   ☐ rechtzeitig.

● Ordnen Sie die Textstellen dem entsprechenden Gliederungspunkt der *MSI*-Verkaufs- und Lieferbedingungen zu.

Punkt

1. Das Angebot kann sich ändern.
2. Der Besteller darf die Unterlagen nicht einfach an Dritte weitergeben.
3. Der Kunde muss den Transport und die Verpackung zahlen.
4. Die Preise können sich ändern.
5. Der Kunde trägt das Risiko für den Transport.
6. Der Besteller kann Einwegverpackungen nicht zurückgeben.

● Beschreiben Sie die Verkaufsbedingungen. Bilden Sie *wenn*-Sätze.

1. Der Kunde darf Dokumente nur an andere Personen weitergeben, *wenn das Unternehmen zustimmt.*
2. Die Preise können sich ändern, *wenn* ....
3. Der Kunde trägt das Risiko für den Transport, *wenn die Ware* ....
4. Der Kunde muss sofort reklamieren, *wenn* ....
5. Der Kunde muss die Ware sofort bezahlen, *wenn* ....
6. Der Besteller muss Verzugszinsen zahlen, *wenn* ....
7. Die Ware bleibt Eigentum des Unternehmens, *wenn der Kunde* ....

G Grammatik

G1 Interrogativpronomen: lokal und temporal

lokal		temporal	
Wo?	in Italien (*Land*) in Rom (*Stadt*) bei *Bosch* (*Firma*)	Wann?	morgen, gestern, heute am Dienstag, am 15. Mai um 18 Uhr nach der Messe vor der Messe
Bei wem?	bei Herrn Müller (*Person*)		
Woher?	aus Italien (*Land*) aus Rom (*Stadt*) vom Bahnhof/von der Firma X	Ab wann?	ab heute ab nächster Woche
Von wem?	vom Chef (*Person*)	Bis wann?	bis zum 30. Mai
Wohin?	nach Italien (*Land*) nach Stuttgart (*Stadt*) zum Bahnhof/zur Firma *Koch*	Von wann bis wann?	vom 11. bis 13. Mai
Zu wem?	zu Herrn Dr. Müller (*Person*)		

G2 Interrogativpronomen mit Präposition

Personen	Mit wem telefonieren Sie?	Mit Herrn Müller./Mit ihm.
	Von wem sprechen Sie?	Von Frau Meier./Von ihr.
	Zu wem möchten Sie?	Zu Herrn Krug./Zu ihm.
	Auf wen warten Sie?	Auf Frau Bellavista./Auf sie.
	→ Präposition + Interrogativpronomen	
Sachen	Womit (Wie?) fahren Sie?	Mit dem Auto./Damit.
	Wovon sprechen Sie?	Von der Maschine./Davon.
	Wozu dient die Maschine?	Zum Schleifen./Dazu.
	Worauf warten Sie?	Auf den Bus./Darauf.
	Woraus ist die Maschine?	Aus Metall./Daraus.
	→ Wo (r) + Präposition	

G3 Präpositionaladverb (Pronominaladverb) ⇨ Kap. 1

Ich bin mit Ihrem Angebot einverstanden. → Ich bin damit einverstanden. (= Sache)
Ich gehe von einem Preisnachlass aus. → Ich gehe davon aus, dass Sie einen Preisnachlass gewähren.

Präposition + Nomen → da(r) + Präposition

mit Ihrem Angebot → damit
von einem Preisnachlass → davon + dass-Satz

Ich bin mit Herrn Longhi einverstanden. → Ich bin mit ihm einverstanden. (= Person)

G4 Interrogativpronomen: *welcher/welche/welches*

Welche Maschine wollen Sie nehmen? → Die große hier.
Welcher Motor interessiert Sie? → Der Elektromotor.
Welche Modelle gefallen Ihnen? → Die Modelle in Schwarz und Edelstahl.
Für welches Modell interessieren Sie sich? → Für das Standardmodell.

Singular		maskulin	feminin	neutral
Nominativ		welcher Motor	welche Maschine	welches Auto
Akkusativ	(für)	welchen Motor	welche Maschine	welches Auto
Dativ	(mit)	welchem Motor	welcher Maschine	welchem Auto
Genitiv		welches Motors	welcher Maschine	welches Autos

Plural			
Nominativ		welche	Motoren/Maschinen/Autos
Akkusativ	(für)	welche	Motoren/Maschinen/Autos
Dativ	(mit)	welchen	Motoren/Maschinen/Autos
Genitiv		welcher	Motoren/Maschinen/Autos

G5 Nebensätze: Konditionalsätze

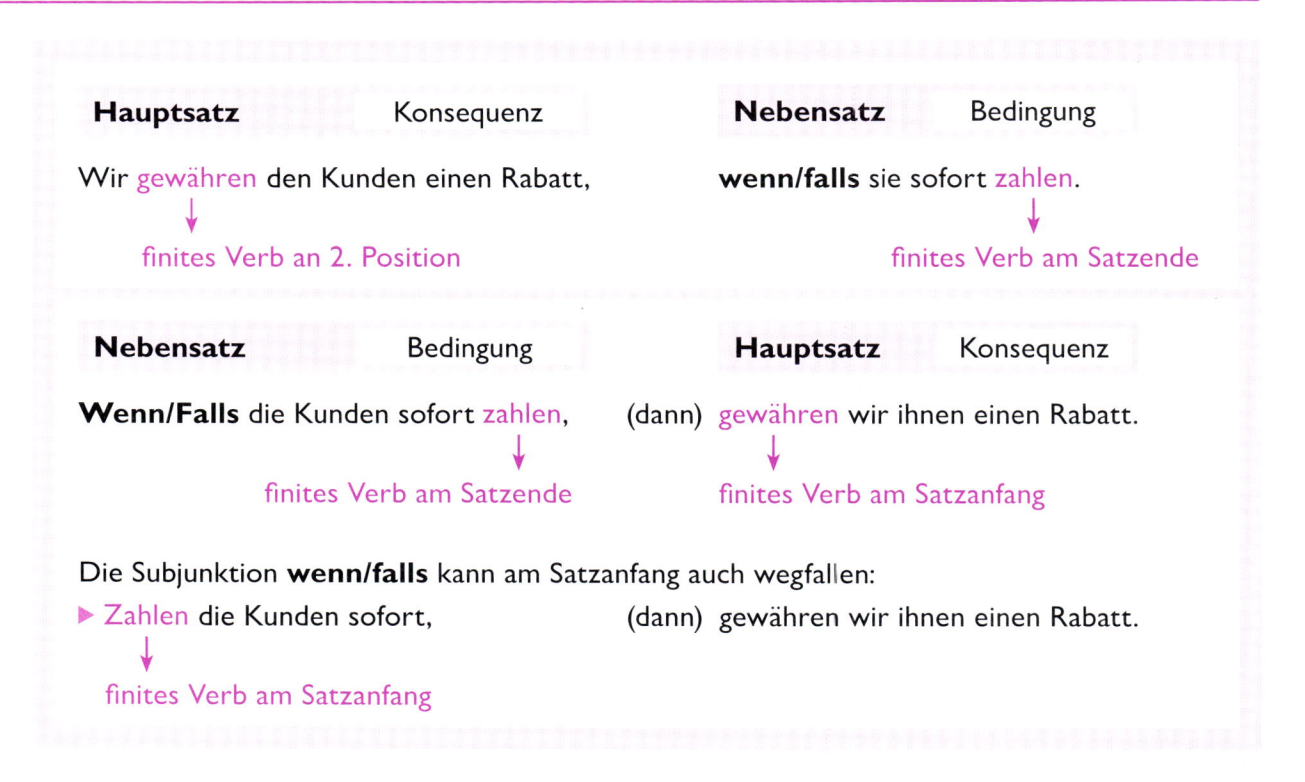

Hauptsatz Konsequenz	**Nebensatz** Bedingung
Wir **gewähren** den Kunden einen Rabatt,	**wenn/falls** sie sofort **zahlen**.
↓	↓
finites Verb an 2. Position	finites Verb am Satzende

Nebensatz Bedingung	**Hauptsatz** Konsequenz
Wenn/Falls die Kunden sofort **zahlen**,	(dann) **gewähren** wir ihnen einen Rabatt.
↓	↓
finites Verb am Satzende	finites Verb am Satzanfang

Die Subjunktion **wenn/falls** kann am Satzanfang auch wegfallen:

▶ **Zahlen** die Kunden sofort, (dann) gewähren wir ihnen einen Rabatt.
   ↓
   finites Verb am Satzanfang

G6 Bildung der Komparativ- und Superlativformen

	Positiv	Komparativ	Superlativ
Normalform	schön	schöner	am schönsten
	schnell	schneller	am schnellsten
a → ä	warm	wärmer	am wärmsten
	lang	länger	am längsten
o → ö	groß	größer	am größten
u → ü	jung	jünger	am jüngsten
Adjektive auf: -er	teuer	teurer	am teuersten
-el	dunkel	dunkler	am dunkelsten
Adjektive auf: -d/-t/-s/-ss/-ß/	schlecht	schlechter	am schlechtesten
-z/-tz/-x/-sk/-sch	frisch	frischer	am frischesten
	alt	älter	am ältesten
	kurz	kürzer	am kürzesten
	intelligent	intelligenter	am intelligentesten
aber:	bedeutend	bedeutender	am bedeutendsten
Sonderformen	gut	besser	am besten
	viel	mehr	am meisten
	gern	lieber	am liebsten
	hoch	höher	am höchsten
	nah	näher	am nächsten

G7 Die Steigerung des Adjektivs (Komparation): Komparativ und Superlativ

Prädikativer Gebrauch

Positiv:	Das Modell *Pisa* ist	schön.	Adjektiv
Komparativ:	Das Modell *Pisa* ist	schöner als das Modell *Ravenna*.	Adjektiv + -er
Superlativ:	Das Modell *Roma* ist	am schönsten.	am + Adjektiv + -(e)sten

Adverbialer Gebrauch

Adjektive kann man auch als Adverbien gebrauchen. Das Adverb charakterisiert das Verb, einen Sachverhalt genauer, z. B.: Wie passiert etwas?

Komparativ:	Das Modell *Roma*	kostet	mehr	als	das Modell *Alba*.
	Das Modell *Roma*	gefällt mir	besser	als	das Modell *Alba*.
	Der Kunde	entscheidet sich	schneller	als	der andere.
Superlativ:	Das Modell *Roma*	verkauft sich	am besten.		

Attributiver Gebrauch

Wenn Komparativ und Superlativ als Attribut verwendet werden, dann werden sie dekliniert und erhalten eine Endung.

Positiv:	Das Modell *Alba*	ist ein gutes Produkt.	
Komparativ:	Das Modell *Pisa*	ist ein besseres Produkt als das Modell *Ravenna*.	
Superlativ:	Das Modell *Roma*	ist das beste Produkt von allen Hauben.	

G8 Der Vergleich

Der Vergleich im Positiv: *wie*

Der Positiv drückt in Vergleichen einen gleichen Grad aus.
Das Vergleichswort ist *so, genauso, gleich, ebenso ... wie*.

▸ Das Modell *Alba* ist so teuer wie das Modell *Ravenna*. → Beide Modelle kosten 180 €.
▸ Das Modell *Alba* ist nicht so teuer wie das Modell *Roma*. → Das Modell *Alba* kostet nur 150 €.

Der Vergleich im Komparativ: *als*

Der Komparativ drückt einen Unterschied zwischen zwei Dingen aus.
Das Adjektiv erhält das Suffix *-er*. Das Vergleichswort ist *als*.

▸ Das Modell *Elba* ist billiger als das Modell *Alba*. → Es kostet 140 €.
▸ Das Modell *Ravenna* ist nicht billiger als das Modell *Alba*. → Beide Modelle kosten 180 €.

Der Vergleich im Superlativ

Der Superlativ drückt den höchsten Grad aus. Man bildet ihn mit dem Suffix *-er/-est*.
Man verwendet die Ersatzform mit *am*: *am schönsten, am liebsten ...*

▸ Das Modell *Roma* ist bei den Kunden am beliebtesten/das beliebteste von allen Modellen.

Die Menge nennt man entweder mit einem Ausdruck mit Genitiv oder mit der Präposition *von*:
▸ Berlin ist die größte Stadt Deutschlands. *oder:* Berlin ist die größte Stadt von Deutschland/
      von allen Städten in Deutschland.

Ü Übungen

Ü1 So ein Durcheinander!

Rekonstruieren Sie den Dialog. Spielen Sie ihn dann.

1. Was kostet die gesamte Maschine?
2. Ja, das habe ich erhalten.
3. Aber die elektronische Steuerung ist im Preis inbegriffen?
4. Wie Sie wissen, stellen wir im Moment die Produktion um. Wir brauchen deshalb eine neue Maschine.
5. Darf ich Ihnen noch einmal die Maschine erklären?
6. Wir haben Ihnen ja ein Angebot geschickt.
7. Die Grundmaschine kostet 20 000 € plus …
8. Ist die Maschine normgerecht?
9. Das macht noch einmal 5 000 €.
10. Ja, sie entspricht der ISO- und der EN-Norm.
11. Die Lieferzeit beträgt vier Monate.
12. Wie sind Ihre Zahlungsbedingungen?
13. Bis wann können Sie die Maschine liefern?
14. Der Preis ist mit Verpackung, ohne Mehrwertsteuer, Lieferung ab Werk.
15. Sie können die Rechnung innerhalb 30 Tagen rein netto zahlen oder mit 2 % Skonto innerhalb acht Tagen.
16. Und wie ist Ihre Preisstellung?

Kunde: Wie Sie wissen, stellen wir im Moment die Produktion um. Wir brauchen deshalb eine neue Maschine.
Lieferant: Wir haben Ihnen ja ein Angebot geschickt.
Kunde: Ja, das habe ich …

Ü2 Wie können Sie auch sagen?

Kreuzen Sie an.

1. Der Preis ist zu hoch.
   - [ ] Das ist zu wenig.
   - [ ] Das ist zu teuer.
   - [ ] Den Preis können wir zahlen.

2. Der Preis ist mit Mehrwertsteuer.
   - [ ] Der Preis ist zuzüglich Mehrwertsteuer.
   - [ ] Der Preis ist ohne Mehrwertsteuer.
   - [ ] Der Preis ist inklusive Mehrwertsteuer.

3. Der Preis versteht sich ausschließlich Montage.
   - [ ] Der Preis versteht sich inklusive Montage.
   - [ ] Der Preis versteht sich ohne Montage.
   - [ ] Der Preis versteht sich zuzüglich Montage.

4. Die Preise verstehen sich außer Verpackung.
   - [ ] Die Preise verstehen sich mit Verpackung.
   - [ ] Die Preise verstehen sich inklusive Verpackung.
   - [ ] Die Preise verstehen sich ohne Verpackung.

5. Der Preis ist freibleibend.
   - [ ] Der Preis kann sich noch ändern.
   - [ ] Der Preis ist fest.
   - [ ] Der Preis ändert sich nicht mehr.

Ü3 Wortschatz

Welche Wörter passen nicht? Unterstreichen Sie diese.

1. Die Lieferung erfolgt — per Lkw – mit der Bahn – mit der Post – mit Seefracht – <u>mit MwSt.</u>
2. Die Lieferung erfolgt — ab Werk – ab Lager – frei Haus – freihändig – frei italienische Grenze
3. Die Lieferung erfolgt — sofort – in 6 Monaten – zum Bahnhof – zum 15. September
4. Der Preis ist — mit Verpackung – ohne Verpackung – ohne Ware – ohne Montage
5. Die Rechnung ist zahlbar — gegen Vorauszahlung – per Banküberweisung – per Lkw – gegen Akkreditiv

Ü4 Was passt?

Ergänzen Sie die Texte mit Verben, Adjektiven und Substantiven.

▶ Abzug ▶ gelten ▶ Lieferung ▶ Mehrwertsteuer ▶ Montage ▶ Preise ▶ Rechnungen
▶ Skonto ▶ Tagen ▶ Verpackung ▶ Werk ▶ zahlbar

Text A

Die Preise .... ab .... oder Lager, ausschließlich ...., ohne Aufstellung und .... sowie ausschließlich der gesetzlichen .... Es werden die am Tage der .... gültigen .... berechnet.

Text B

Unsere .... sind .... nach Wahl: innerhalb acht .... ab Rechnungsdatum mit 2 % .... oder innerhalb 30 Tagen ab Rechnungsdatum ohne ....

Ü5 In Stuttgart

Ergänzen Sie die Präpositionen.

Herr Longhi und Frau Bellavista sind .... Stuttgart .... der Firma *Koch-Küchen*. Frau Bellavista ist schon einen Tag früher .... Stuttgart gefahren. Dort wohnt sie .... *Hotel Mercure*. Herr Schultheiß hat sie .... seinem Auto .... Hotel abgeholt und ist .... ihr .... Firma gefahren. .... nächsten Tag kommt ihr Chef .... Mailand. Er ist .... d.......... Flugzeug .... Stuttgart geflogen. Jetzt ist er .... der Firma *Koch-Küchen* und spricht .... Herrn Schultheiß .... das Angebot. Angela möchte .... Freitag .... Sonntag .... Stuttgart bleiben. Sie will sich dort .... ihrem Freund treffen.

Ü6 Was war in Stuttgart?

Formulieren Sie Fragen zu dem Text in Ü 5.

1. .... sind Herr Longhi und Frau Bellavista?
2. .... sind sie gefahren?
3. .... ist Herr Longhi nach Stuttgart geflogen?
4. .... kommt Angelas Chef?
5. .... spricht Herr Longhi?
6. .... spricht er mit Herrn Schultheiß?
7. .... möchte Angela in Stuttgart bleiben?
8. .... will sie sich dort treffen?

Exportwege *neu*, Kursbuch 2, Kapitel 2

Ü7 Die Verkaufsverhandlung

Rekonstruieren Sie den Inhalt der Verkaufsverhandlung.

Herr Longhi	sein	zur Fa. *Koch-Küchen*
Er	herstellen	in sechs bis acht Wochen
Herr Schultheiß	sein	mit Herrn Schultheiß
Die Firma *Celestini*	fragen	1 000 Dunstabzugshauben
Das	möchte kaufen	nach dem Preis
Das Standardmodell	kann liefern	mit Verpackung, ohne Mehrwertsteuer
Herr Schultheiß	ist gefahren	zu spät für Herrn Schultheiß
Der Preis	gibt es	die Hauben auch in einer anderen Farbe
Das Unternehmen	sprechen	in den Farben Schwarz und Weiß

▶ *Herr Longhi ist zur Fa. Koch-Küchen gefahren.* ....

....

....

....

....

....

Ü8 Herr Schultheiß hat viele Fragen an Herrn Longhi.

Bilden Sie Fragen mit den Interrogativpronomen *welcher – wie viel – wann – woraus – wie* usw.

Herr Schultheiß

.... kostet die Dunstabzugshaube?
.... Normen entspricht die Haube?
.... besteht der Filter?
.... Zahlungsbedingungen haben Sie?
.... können Sie die Maschine liefern?
.... verschicken Sie die Ware?

Herr Longhi

Das Standardmodell ....
Sie entspricht ....
Der Filter ist aus Metall.
Unsere Zahlungsbedingungen sehen so aus …
Frühestens ab September.
Mit dem Lkw.

● Herr Longhi möchte auch einige Informationen von Herrn Schultheiß haben.

Herr Longhi

.... Dunstabzugshaube möchten Sie?
.... Menge?
Und in .... Ausführung?

In .... Farbe möchten Sie die Dunstabzugshaube haben?
.... brauchen Sie die Waren?

Herr Schultheiß

Das Modell *Palermo*.
Ich nehme davon 500 Stück.
250 in der Standard- und 250 in der Sonderausführung. .... Farben gibt es noch?

In Aluminium und in Edelstahl.

So bald wie möglich.

Ü 9 Verhandlungsstrategien

Ergänzen Sie die Sätze.

▶ Der Preis ist nicht so wichtig. ▶ Man kann einen Rabatt gewähren. ▶ Die Kunden sind zufrieden. ▶ Das Produkt findet keinen Käufer. ▶ Der Kunde erhält Skonto.

1. Wenn der Kunde die Rechnungen sofort zahlt, dann ....
2. Wenn der Kunde mehr Maschinen kauft, dann *kann man einen Rabatt gewähren.*
3. Wenn der Lieferant pünktlich liefert, dann ....
4. Wenn die Qualität stimmt, dann ....
5. Wenn das Produkt schlecht ist, dann ....

Ü 10 Etwas miteinander vergleichen

Bilden Sie Sätze mit Vergleichen.

1. der Porsche – der VW – der Ferrari – teuer
   ▶ Der Porsche ist teurer als der VW. Aber der Ferrari ist am teuersten.
2. die Mieten – auf dem Land – Berlin – Paris – hoch
3. die Elbe – der Neckar – die Donau – lang
4. der Regionalexpress – der ICE – der Intercity – bequem
5. das Flugzeug – der ICE – das Auto – schnell
6. Stuttgart – Tübingen – Berlin – groß
7. die Lebensmittel – beim Discounter – auf dem Markt – im Supermarkt – frisch
8. die Fahrt – mit dem Fahrrad – mit dem Auto – mit der Bahn – billig
9. das Wetter – in Norddeutschland – am Bodensee – in Südfrankreich – schön
10. die Arbeitslosenquote in – Rheinland-Pfalz (5,8 %) – Bayern (4,5 %) – Baden-Württemberg (4,4 %) – niedrig

Ü 11 Was meinen Sie?

Diskutieren Sie mit Ihrem Nachbarn/Ihrer Nachbarin.

1. Welch.... Stadt in Deutschland ist *am größten* (groß)?
   ▶ Ich glaube, dass Berlin <u>am größten</u> ist./Ich glaube, dass Berlin die <u>größte</u> Stadt Deutschland<u>s</u> ist./Ich glaube, Berlin ist die <u>größte</u> Stadt Deutschland<u>s</u>.
2. In welch.... Stadt in Deutschland sind die Löhne .... (niedrig/hoch)?
   Chemnitz – Frankfurt – Stuttgart
3. Welch.... Universität in Deutschland ist .... (alt)?
   Universität Heidelberg – Humboldt-Universität Berlin – Universität Konstanz
4. Welch.... Unternehmen ist in Deutschland .... (bekannt)?
   Daimler AG – Miele – Siemens
5. Welch.... Berg ist in Deutschland .... (hoch)?
   der Feldberg im Schwarzwald – die Zugspitze – das Nebelhorn bei Oberstdorf
6. Welch.... Bundesland in Deutschland ist .... (klein)?
   Bremen – das Saarland – Bayern
7. Welch.... Produkte aus Deutschland, der Schweiz und Österreich sind .... (berühmt)?
   die Schokolade – der Käse – die Autos – die Maschinen
8. Wer sind d.... .... (bekannt) Musiker/Dichter/Schauspieler Deutschlands?

Ü 12 Und jetzt sind Sie dran.

Beschreiben Sie Ihr Heimatland und vergleichen Sie es mit Deutschland, Österreich und der Schweiz.

1. In .... leben .... (viel/wenig) Menschen .... (als/wie) in Deutschland.
2. Die .... (groß) Stadt meines Heimatlandes ist ....
3. Die .... (viel) Menschen leben in ....
4. Die Arbeitslosenquote ist .... (niedrig/hoch) .... (als/wie) in Deutschland, Österreich oder der Schweiz.
5. Die Arbeitsbedingungen sind .... (gut/schlecht) .... (als/wie) in Deutschland.
6. Die Menschen essen am .... (gern) ....
7. Die jungen Leute leben .... (gern) in .... (als/wie) in ....
8. Das Klima bei uns ist .... (warm/kalt) .... (als/wie) in Deutschland.
9. In .... verdient man .... (viel/wenig) .... (als/wie) in Deutschland.
10. Die jungen Leute wollen am .... (gern) in .... studieren.
11. Die Qualitätsstandards in Europa sind .... (hoch/niedrig) .... (als/wie) in ....
12. Die Menschen bei uns legen .... (viel) Wert auf .... (als/wie) in Deutschland.

Ü 13 Wortbildung

Finden Sie Begriffe und leiten Sie die Adjektive ab. Sie können auch Beispiele aus diesem Kapitel suchen.
Markieren Sie auch den Akzent. Der Hauptakzent liegt auf dem Bestimmungswort.

Substantiv	+	Adjektiv	→	zusammengesetztes Adjektiv
(das) Salz	+	arm		s<u>a</u>lzarm (= arm an Salz, das Gericht enthält wenig Salz)
....	+	arm		.....................*arm*
....	+	arm		.....................*arm*
(die) Frist	+	gerecht		fr<u>i</u>stgerecht (= etwas entspricht einer Norm, einem Gesetz, man hält bestimmte Bedingungen ein: eine fristgerechte Lieferung)
....	+	gerecht		.....................*gerecht*
....	+	gerecht		.....................*gerecht*
(die) Regel	+	mäßig		r<u>e</u>gelmäßig (= immer wieder)
....	+	mäßig		.....................*mäßig*
....	+	mäßig		.....................*mäßig*
(die) Kinder	+	freundlich		k<u>i</u>nderfreundlich (= ein kinderfreundliches Hotel/ Kinder sind dort willkommen)
....	+	freundlich		.....................*freundlich*
....	+	freundlich		.....................*freundlich*

Ü 14 Phonetik – *ch* und *k*: [ç], [x], [k], [ʃ], [tʃ]

Hören Sie die folgenden Laute und sprechen Sie nach.

1.9

[ç] mi**ch** – i**ch** – Li**ch**t – ri**ch**tig – si**ch** – spre**ch**en – si**ch**er – freundli**ch** – Kü**ch**e – Te**ch**nik – ni**ch**t – normgere**ch**t – Beleu**ch**tung – **Ch**emie

[x] ma**ch**en – a**ch**t – Wo**ch**e – Sa**ch**e – einfa**ch** – brau**ch**en – Bu**ch**

[k] **K**unde – **k**ochen – **K**atalog – **k**önnen
Chaos – **Ch**arakter – **Ch**rom (*Wörter aus dem Griechischen*)

[ʃ] Men**sch**en – Geräu**sch** – **sch**ön – **sch**on
Chef – **Ch**ance – **ch**armant (*Wörter aus dem Französischen*)

[tʃ] **Ch**ip – **ch**ecken – **Ch**eck-in (*Wörter aus dem Englischen*)

● Achten Sie auf die unterschiedlichen Laute.

[ç] spre**ch**en	–	[x] Spra**ch**e		[k] A**k**t	–	[x] a**ch**t
[ç] ni**ch**t	–	[x] Na**ch**t		[k] na**ckt**	–	[x] Na**ch**t
[ç] Gesi**ch**t	–	[x] gesu**ch**t		[k] schle**ckt**	–	[ç] schle**ch**t
[ç] Kü**ch**en	–	[x] ko**ch**en		[k] di**ck**	–	[ç] di**ch**t
[ç] si**ch**er	–	[x] Sa**ch**e		[k] Ro**ck**	–	[x] ro**ch**
[ʃ] Ma**sch**en	–	[x] ma**ch**en		[tʃ] **Ch**ile	–	[ʃ] **sch**ielen
[ʃ] Kir**sch**e	–	[ç] Kir**ch**e		[tʃ] **Ch**eck	–	[ʃ] **Sch**eck
[ʃ] mi**sch**en	–	[ç] mi**ch**		[tʃ] **Ch**ip	–	[ʃ] **Sch**iff
[ʃ] Men**sch**en	–	[ç] Männ**ch**en				

● Lesen Sie.

Keine Panik!

Herr Mack spricht mit dem Chef über den neuen Katalog. Ein Kunde kommt. Er möchte eine Küche kaufen. Er braucht sie in acht Wochen. Der Kunde wünscht eine einfache, aber sichere Technik. Das ist sehr wichtig.

Charmant und freundlich verspricht ihm Herr Mack: „Machen Sie sich keine Sorgen. Die Beleuchtung ist normgerecht. In dieser Küche können Sie wirklich wie ein Meisterkoch kochen."

Der Kunde: „Wer, ich? Ich kann doch gar nicht kochen. Ich bin Single." Herr Mack: „Aber ich bitte Sie! Auch Sie können kochen! Wir organisieren in unserem Küchenstudio auch Kochkurse. Der nächste Kurs beginnt am Freitag um acht Uhr. Der Chefkoch des *Hotels Goldener Hirsch* kommt und kocht mit unseren Kunden zunächst einfache Gerichte. Die schmecken lecker und sind leicht zuzubereiten." „Herr Mack, das klingt ja sehr verlockend. Also …"

● Ordnen Sie die Wörter zu. Schreiben Sie dann den Dialog weiter.

[ç]	[x]	[k]	[ʃ]
ich, ...	*auch*, ...	*keine*, ...	*wünscht*, ...

Exportwege *neu*, Kursbuch 2, Kapitel 2

Ü 15 Wie spricht man Abkürzungen aus?

Hören Sie die Abkürzungen. Sprechen Sie nach.
Bei einigen Abkürzungen spricht man die einzelnen Buchstaben (B–A–S–F), bei anderen spricht man die Silben aus (ISO). Bei einigen spricht man statt der Abkürzung das vollständige Wort.

1.10
- DIN
- CE-Norm
- TÜV
- EN
- BLZ
- Lkw
- ISO
- VDE
- GmbH
- d. h.
- z. B.
- vgl.
- EU
- BASF
- MwSt.
- €
- Pkw
- PR (= Public Relations)

● Ordnen Sie nun die Abkürzungen den Ausspracheformen zu.

silbische Aussprache	Aussprache der Buchstabennamen	vollständige Wörter
ISO, ...	BASF, ...	z. B. (zum Beispiel), ...
....	....	....
....	....	....

Ü 16 Kultur in Stuttgart

Sicher, Geschäftsleute haben oft keine Zeit für das kulturelle Angebot in einer Stadt. Aber werfen Sie doch einmal einen Blick auf den Veranstaltungskalender vom Samstag, den 27. Mai.

FILM	MUSIK	THEATER	MUSEUM	LITERATUR
Forrest Gump Berührendes Drama mit Tom Hanks um den lieb-naiven Forrest Gump, der seine Geschichte erzählt. **20 Uhr, Kommunales Kino**	*Madama Butterfly* Oper von Giacomo Puccini in drei Akten, die Sie in das Nagasaki des frühen 20. Jahrhunderts entführt. **20 Uhr, Staatsoper**	*Luft zum Leben* Diese atemlose Komödie ist eine bissige Darstellung grotesker Marketingstrategien und des Glaubens an uneingeschränktes Wirtschaftswachstum – bei der dem Besucher gelegentlich Luft und Lachen im Halse stecken bleiben. Sie verhalf dem britischen Schriftsteller Ben Elton 1990 zu seinem Durchbruch als Bühnenautor. **20 Uhr, Altes Schauspielhaus**	*Im Rampenlicht: Baumeister als Bühnenbildner* Ausstellung, in der ausdrucksstarke Skizzen und veranschaulichende Entwürfe Baumeisters zu verschiedenen Theaterstücken zu sehen sind. **Kunstmuseum** Die Öffnungszeiten entnehmen Sie bitte Ihrer Tageszeitung.	*1. Stuttgarter Kriminacht mit Ulrich Ritzel* Zum ersten Mal findet im Stuttgarter Schriftstellerhaus eine Kriminacht statt. Eingeladen ist der Journalist und Autor Ulrich Ritzel. Von spannend bis gruselig ist in dieser Nacht fast alles vertreten. **19.30 Uhr, Stuttgarter Schriftstellerhaus**
Pretty Woman Liebeskomödie mit Julia Roberts und Richard Gere über die Liebe und die Überwindung sozialer Unterschiede. **19.30 Uhr, CinemaxX**	*Rock und Pop der 1980er-Jahre* Die ultimative Fete für alle Tanzwütigen. **20 Uhr, Classic-Rock-Café**		*Luxus und Lustbarkeiten des Rokoko – Herzog Carl Eugens Venezianische Messe* Ein Jahrmarkt für Luxuswaren wird lebendig, der zwischen 1768 und 1793 in der württembergischen Residenzstadt Ludwigsburg bzw. Stuttgart stattfand und in Tafelschmuck verschiedenster Art und Form bildlich überliefert ist. **Landesmuseum** Die Öffnungszeiten entnehmen Sie bitte Ihrer Tageszeitung.	*Die Welt der Märchen* Die schönsten Märchen der Gebrüder Grimm, erzählt von Luise Wunderlich. Im Gepäck hat die Erzählerin bekannte Märchen wie Dornröschen oder Rapunzel, aber auch andere, die eher selten erzählt werden. Das ist nicht nur ein Erlebnis für Kinder! Lassen Sie sich entführen in die fantasiereiche Welt der Märchen. **17 Uhr, Kulturzentrum Merlin**
Im Rahmen der französischen Filmtage: *La Boum – Die Fete* Kultfilm aus Frankreich über das (komplizierte) Leben der Teenager. **17 Uhr, CinemaxX**	*Große Salsa-Party* Heiße Rhythmen, coole Drinks und ein Salsa-Tanzturnier für alle Salsabegeisterten und die, die es noch werden wollen. **ab 20 Uhr, Diskothek Caribe**	*Im Dickicht der Städte* Dieses frühe Stück von Bertolt Brecht führt Sie in die Welt zweier Männer, die sich in einen motivlosen Kampf verwickeln – einen Kampf um des Kampfes willen. Über den modernen Daseinskampf im Chaos der Großstadt. **19 Uhr, Staatstheater Stuttgart**		
Wenn die Flut kommt In diesem Film verbünden sich Kino und Theater zu einer großen Liebesgeschichte. **22 Uhr, Cinema**	*Rock/Oldie Classics* mit „More than Six", einer Stuttgarter Band, die die Seele ihrer Musik zum Greifen nah und die Halle zum Kochen bringt. **22 Uhr, Die Röhre**			

● Ordnen Sie die Begriffe den einzelnen Bereichen zu und suchen Sie jeweils zwei bis drei Institutionen bzw. Veranstaltungen aus Stuttgart.

> der Film
> die Komödie
> das Theaterstück
> das Gemälde
> das Bild
> der Krimi
> die Tragödie
> die Skulptur
> das Drama
> das Kabarett
> das Filmfestival
> das Schauspiel
> das Ballett
> die Sinfonie
> die Oper
> die Operette
> das Musical
> die Lesung

Theater

die Komödie ....

▶ *Stuttgarter Staatstheater*

Museum

....

▶ ....

Musik

....

▶ ....

Kino

der Film, das Filmfestival

▶ *Französische Filmtage*

Literatur

....

▶ ....

Ü 17 Und Sie?

Diskutieren Sie in der Gruppe.

1. Was gefällt Ihnen <u>besser</u>, ein Liebesfilm oder ein Krimi? Warum?
2. Wohin gehen Sie <u>lieber</u>, in eine Ausstellung oder in ein Konzert?
3. Was machen Sie in Ihrer Freizeit <u>am liebsten</u>?

● Beschreiben Sie Ihr Lieblingsbuch, Ihren Lieblingsfilm …

Ü 18 Das Kulturprogramm

Unterhalten Sie sich über das Kulturprogramm in Stuttgart. Verwenden Sie dazu die folgenden Redemittel.

● *Redemittel:* **Was wollen wir unternehmen?**

A	B
Was möchtest du denn machen? Was möchten Sie denn machen?	Ich möchte mal wieder … … in eine Ausstellung, ins Kino gehen … in die Oper, ins Konzert gehen … ein Theaterstück sehen …
Was gibt's denn?	In der Oper spielen sie *Madame Butterfly*. In der Staatsgalerie gibt es eine Ausstellung von Willi Baumeister.
Was ist das für eine Oper? Was läuft denn (im Kino)? Was ist das für ein Film?	Das ist eine Oper von Giacomo Puccini. Im Kino läuft *Forrest Gump*. Das ist ein Film über den lieb-naiven Forrest Gump, der mit einer Schachtel Pralinen auf einer Bank sitzt und sein Leben erzählt.
Wie ist die Ausstellung, der Film …?	interessant/langweilig/spannend/amüsant/schön/modern/unterhaltsam/traurig …
Besorgst du die Karten? Besorgen Sie die Karten?	Ich bestelle sie im Vorverkauf/per Fax/per E-Mail. Wir können sie an der Abendkasse kaufen.

● Suchen Sie sich eine Veranstaltung aus dem Veranstaltungskalender von Ü 16 heraus.

1. Rufen Sie im Kino/Theater an und reservieren Sie Plätze bzw. Karten.
2. Schreiben Sie eine E-Mail an die Theaterkasse und reservieren Sie zwei Karten.

3 Das Bankwesen

Themen: **A** Frankfurt und die deutschen Banken **B** Zahlungsweisen im Außenhandel **C** Zahlungsbedingungen **D** Zahlungsschwierigkeiten

A Frankfurt und die deutschen Banken

A1 Welche deutschen Banken kennen Sie?   ⇨ Ü 15

Welche deutschen Banken haben Filialen oder Vertretungen in Ihrem Heimatland? Viele dieser Banken haben ihren Hauptsitz in Frankfurt am Main.
Lesen Sie den folgenden Text.

(1) Frankfurt am Main ist Mittelpunkt der dynamischen Wirtschaftsregion Rhein-Main. Die Stadt ist weltweit eines der wichtigsten Finanz- und Dienstleistungszentren und gehört zu den führenden Unternehmensstandorten Europas. Grund dafür sind die zentrale Lage, die ausgezeichnete Infrastruktur mit dem größten Flughafen des Kontinents, die Konzentration zukunftsorientierter Unternehmen der unterschiedlichen Branchen sowie die Internationalität der Stadt.

(2) In der Region Rhein-Main leben 4,9 Millionen Einwohner, davon rund 660 000 in Frankfurt. Die Stadt bietet 590 000 Arbeitsplätze in Frankfurt und im Umland. In dieser Region erwirtschaften 320 000 Unternehmen mit 2,5 Millionen Arbeitnehmern ein jährliches Bruttoinlandsprodukt (BIP) von 167,8 Milliarden Euro. Unternehmen aller Größen, vom großen Industriekonzern bis zum kleinen Softwareentwickler, haben sich hier angesiedelt. Viele international operierende Unternehmen haben ihre Zentrale im Großraum Frankfurt. Frankfurt gilt als Kommunikations- und Dienstleistungsstadt mit über 100 Verlagen sowie mehr als 400 Werbe- und PR-Agenturen.

(3) An diesem führenden Finanzplatz sind über 300 nationale und internationale Banken vertreten. 80 000 Menschen arbeiten im Finanzsektor, bei Banken, Versicherungen und im Bereich der Finanzdienstleistungen. Frankfurt ist Sitz der Europäischen Zentralbank, der Deutschen Bundesbank und der Gruppe Deutsche Börse AG. Die Weltbank, die Asian Development Bank (ADB) sowie eine Vielzahl von Nationalbanken haben in Frankfurt ihre Europa- und Deutschlandniederlassung.

(4) Frankfurt ist aber auch einer der größten Messeplätze der Welt und ein wichtiger Handelsplatz. 120 Messen finden jährlich in Frankfurt statt, so z. B. die Internationale Automobilausstellung und die Frankfurter Buchmesse. 48 000 Menschen sind in den 4 600 Unternehmen des Groß- und Einzelhandels beschäftigt.

● Finden Sie für jeden Abschnitt eine Überschrift.

① ....   ③ ....

② ....   ④ ....

● Viele Frankfurter arbeiten im Dienstleistungssektor. Welche Bereiche gehören dazu?

die Bank, ...

....

Exportwege neu, Kursbuch 2, Kapitel 3

● Ordnen Sie die Tätigkeiten den einzelnen Berufsgruppen zu. Kennen Sie noch andere Berufe aus dem Dienstleistungssektor?

▶ die/der Veranstaltungskauffrau/-mann ▶ die Finanzdienstleister ▶ die Softwareentwickler
▶ die/der Bankkauffrau/-mann ▶ die Grafiker ▶ die Börsenmakler

1. Sie vermitteln Versicherungen und Immobilienfonds. ....
2. Sie planen kreatives Design und gestalten Werbemittel. ....
3. Sie haben Informatik studiert. ....
4. Sie vermitteln Wertpapiergeschäfte zwischen Kreditinstituten und der Börse. ....
5. Sie arbeiten bei einem Kreditinstitut. ....
6. Sie organisieren Messen, Veranstaltungen und Ausstellungen. ....

A2 Szenen in einer Bank

Ergänzen Sie die Verben. Manchmal passen auch zwei Verben.
Hören Sie anschließend fünf Dialoge und ordnen Sie die Sätze den jeweiligen Dialogen zu. Kreuzen Sie an.

▶ einreichen ▶ aufnehmen ▶ abheben ▶ eröffnen ▶ tätigen ▶ einrichten ▶ vornehmen

1.11 Wer will …

	Dialog: 1 2 3 4 5
ein Konto ....?	☐ ☐ ☐ ☐ ☐
einen Kredit ....?	☐ ☐ ☐ ☐ ☐
Geld vom Sparkonto ....?	☐ ☐ ☐ ☐ ☐
einen Scheck ....?	☐ ☐ ☐ ☐ ☐
eine Überweisung ....?	☐ ☐ ☐ ☐ ☐

● Hier sehen Sie einige Formulare. Wer muss welches Formular ausfüllen? Ordnen Sie die Dialoge zu. Nicht zu allen Dialogen gibt es ein Formular.

Dialog Nr.   1   2   3   4   5
Formular Nr.

A3 Hören Sie die Dialoge nochmals. → G2, G4, Ü1, Ü2, Ü5

Hier sind Dialogteile aus den ersten drei Dialogen. Rekonstruieren Sie sie. Wenn Sie die Dialoge in die richtige Reihenfolge bringen, gibt es für jeden Dialog ein Lösungswort.

1.11

1. Kann ich das Geld gleich mitnehmen? [L]
2. Haben Sie das Sparbuch dabei? Füllen Sie doch bitte das Formular hier aus. [I]
3. Ich möchte gern diesen Scheck auf mein Konto einreichen. [G]
4. Ja. Und hier bekomme ich von Ihnen noch eine Unterschrift. Sie haben ein Passwort für das Konto. Wie lautet es? [S]
5. Ich möchte gern bei Ihnen ein Konto eröffnen. [K]
6. Nein, tut mir leid. Der Betrag wird Ihrem Konto gutgeschrieben … [D]
7. Sind Sie schon Kundin unseres Hauses? [T]
8. Bitte füllen Sie den Vordruck aus. [E]
9. Ja, in Heidelberg. Wir sind jetzt hierher gezogen. Und da möchte ich das Konto nach Leipzig verlegen. [O]
10. Ich möchte Geld von meinem Sparkonto abheben … [Z]
11. Ein Girokonto. [N]
12. Welches? Das gelbe hier? [N]
13. Was für ein Konto? [O]

Dialog 1: [K][O][N][T][O]   Dialog 2: [G][E][L][D]   Dialog 3: [Z][I][N][S]

A4 Rund um Bank und Bankgeschäfte

Übersetzen Sie die Begriffe in Ihre Muttersprache.

Konto	bargeldloser Zahlungsverkehr	Kreditgeschäft
▶ das Girokonto ▶ das laufende Konto ▶ das Sparkonto ▶ der Kontostand ▶ der Kontoauszug	▶ der Dauerauftrag ▶ die Überweisung ▶ die Lastschrift ▶ der Scheck: der Barscheck, der Verrechnungsscheck ▶ das Onlinebanking ▶ der Wechsel	▶ der Verfügungskredit/ der Dispositionskredit ▶ der Konsumentenkredit ▶ der Ratenkredit ▶ das Darlehen
▶ ein Konto … eröffnen – auflösen – sperren – überziehen – ausgleichen ▶ einen Betrag vom Konto abheben – abbuchen ▶ ein Formular ausfüllen – unterschreiben	▶ einen Scheck … ausstellen – einlösen – einreichen – sperren – zur Verrechnung ausstellen ▶ einen Betrag überweisen ▶ eine Überweisung vornehmen ▶ einen Überweisungsauftrag erteilen ▶ einen Dauerauftrag einrichten ▶ ein Bankgeschäft abwickeln ▶ Der Scheck ist nicht gedeckt.	▶ einen Kredit … aufnehmen – zurückzahlen – gewähren – einräumen ▶ die Bonität prüfen ▶ ein Projekt finanzieren

● Spielen Sie ähnliche Dialoge wie in A2 auf der Bank.

1. Sie arbeiten in Deutschland. Sie wollen ein Girokonto eröffnen: Über das Konto laufen die Miete, Nebenkosten (Strom, Telefon), …
2. Sie wollen einen Betrag überweisen. Sie zahlen das Geld bar ein.
3. Sie haben einen Ansparplan eingerichtet. Sie erkundigen sich nach dem Kontostand und wollen sich einen Betrag (2 000 €) auf Ihr Konto gutschreiben lassen.

A5 Onlinebanking

Lesen Sie den Text.

Onlinebanking – Bankgeschäfte bequem vom Computer aus erledigen

Onlinebanking – diese Möglichkeit der Kontoverwaltung wird in Deutschland immer beliebter. Im Jahr 2000 nutzten erst 11 % die Vorteile des Onlinebanking. Im Mai 2007 erledigte jeder dritte Deutsche seine Bankgeschäfte online. Dafür gibt es gute Gründe: So sind im Allgemeinen Finanztransaktionen, die online abgewickelt werden, preiswerter als Geschäfte am Bankschalter. Vor allem aber überzeugt die Kunden, dass sie Bankgeschäfte bequem und sicher von zu Hause aus abwickeln können – und das rund um die Uhr. Die Banken führen dazu umfangreiche Sicherungsmaßnahmen durch und schützen zum Beispiel die Übertragung vertraulicher Daten via Internet.

Zur Sicherheit sollte jedoch auch jeder Onlinenutzer beitragen und einige wichtige Tipps sorgfältig beachten. Denn auch im Internet ist Vertraulichkeit oberstes Gebot. So sollten auch Onlinenutzer ihre Passwörter, Geheim- und Transaktionsnummern schützen.

Der Bankkunde muss sich seinem Kreditinstitut gegenüber legitimieren, d. h. ausweisen. Hierfür können Bankkunden in Deutschland verschiedene Verfahren nutzen, das PIN-TAN-Verfahren und das HBCI-Verfahren.

Am beliebtesten ist das PIN-TAN-Verfahren. Die Onlinebanking-PIN ist eine fünfstellige Geheimzahl. Mit diesem Code in Kombination mit der Girokontonummer identifiziert sich der Kunde gegenüber dem Bankcomputer. Außerdem wird dem Kunden eine Liste mit sechsstelligen Transaktionsnummern zugeschickt, den TAN. Wenn der Kunde einen Überweisungsauftrag erteilt, dann muss er eine dieser TANs angeben. Sie ist sozusagen die Onlineunterschrift.

Weltweit gilt das TAN-Verfahren als eines der sichersten Legitimationsverfahren für Onlinebankgeschäfte. Dennoch versuchen einige Kriminelle, auf betrügerische Art und Weise TANs von Kunden herauszufinden – mit dem sogenannten Phishing. Bei dieser Methode fälschen die Kriminellen die E-Mail-Adresse oder die Internetseite einer Bank oder eines Dienstleisters. Deshalb sollten Kunden die Websites immer genau prüfen.

Um die Onlinegeschäfte ihrer Kunden noch besser zu schützen, haben zahlreiche Banken das sogenannte iTAN-Verfahren eingeführt. Hierbei geben die Bankkunden ihre Onlinetransaktion nicht mehr durch eine beliebige TAN frei. Vielmehr müssen sie eine bestimmte (indizierte) TAN nutzen, die von der Bank für die jeweilige Transaktion angefordert wird. Ein Beispiel: Wenn ein Kunde einen Dauerauftrag ändern will, fordert ihn das System auf, zur Freigabe die TAN mit der Listennummer 20 einzugeben. In der TAN-Liste sind alle TANs fortlaufend nummeriert. Nun muss er einfach die entsprechende Geheimzahl mit der Nummer 20 angeben und den Auftrag mit einem Mausklick erteilen.

Erledigen die Kunden jedoch ihre Bankgeschäfte vorwiegend von nur einem bestimmten Computer aus, der zum Beispiel zu Hause steht, sollten sie das HBCI-Verfahren (Homebanking Computer Interface) wählen, das inzwischen zu FinTS (Financial Transaction Services) weiterentwickelt wurde.

Das Home-Banking-Computer-Interface-Verfahren (HBCI) wurde von der deutschen Kreditwirtschaft entwickelt. HBCI bietet für die Bankgeschäfte von zu Hause einen einheitlichen Sicherheitsstandard und macht die Datenübertragung damit unabhängig vom offenen System Internet.

● Wortschatz. Ergänzen Sie die Aussagen mit Verben aus dem Text.

▶ Die Bankkunden …

1. können Bankgeschäfte online *abwickeln*, ...
2. können Transaktionen ....
3. müssen sich gegenüber der Bank ....
4. müssen eine TAN ....
5. können verschiedene Verfahren ....

● Beantworten Sie die Fragen zum Text.

1. Warum wählen Bankkunden das Onlinebanking?
   ▶ Sie nutzen das Onlinebanking, weil …
2. Sicherheit beim Onlinebanking. Was können Kunden tun?
3. Sie arbeiten bei einer Bank. Erklären Sie einem Kunden das PIN-TAN-Verfahren sowie das iTAN-Verfahren.

A6 Rund ums Bezahlen: Was bedeutet …?

Ordnen Sie die Begriffe den Definitionen zu. Wenn Sie die Buchstaben der jeweiligen Definition zu den Begriffen schreiben, ergibt sich ein Lösungswort.

1. die Abschlagszahlung ☐
2. die Vorauskasse (Vorkasse) ☐
3. Scheck (Barscheck/Verrechnungsscheck) ☐
4. Bezahlung per Dauerauftrag ☐
5. Lastschriftverkehr ☐
6. Leasing ☐
7. die Kreditkarte ☐

K In diesem Dokument weist der Aussteller ein Kreditinstitut an, einen bestimmten Geldbetrag zu zahlen, wenn der Überbringer dieses Dokument vorlegt. Man unterscheidet Bar………… und Verrechnungs………… Beim Bar………… wird der Betrag bei Vorlage dem Überbringer direkt ausgezahlt, beim Verrechnungs………… wird der Betrag dem Konto des Überbringers gutgeschrieben.

A Man weist ein Kreditinstitut an, einen regelmäßig wiederkehrenden Betrag (z. B. die Miete) vom Girokonto durch Überweisung an einen genannten Empfänger durchzuführen. Das ist eine …………

C Der Kaufpreis wird dem Zahlungsempfänger vorab überwiesen, man spricht dabei von der ………… Nach Eingang der Zahlung wird die Ware versandt.

E Der Schuldner leistet eine …………, d. h. eine Teilzahlung auf eine Geldschuld. Da der Schuldner aber nicht von sich aus zu einer Teilzahlung berechtigt ist, braucht er dazu die Zustimmung des Gläubigers.

R Beim ………… können Banken Zahlungen durchführen, die regelmäßig anfallen, aber in der Höhe verschieden sind (z. B. Telefon-, Gas- oder Stromrechnungen). Dabei unterscheidet man zwischen Abbuchungsverfahren (zwischen Kaufleuten) und Einzugsermächtigungsverfahren (im Privatkundenbereich). Beim Abbuchungsverfahren beauftragt der Zahlungspflichtige seine Bank, die von der Bank des Gläubigers jeweils angeforderten Beträge abbuchen zu lassen. Beim Einzugsermächtigungsverfahren erteilt der Zahlungspflichtige dem Zahlungsempfänger (in der Regel schriftlich) die Ermächtigung (= die Erlaubnis), einen Betrag einmalig oder mehrmals von seinem Konto abzubuchen. Der Zahlungspflichtige nimmt dabei keinen Kontakt zu seiner Bank auf. Er kann die Einzugsermächtigung jederzeit widerrufen.

E Der Kunde erhält die ………… nicht von seiner Bank, sondern von einem Kreditkartenunternehmen (*American Express, Visa* …). Der Betrag wird nicht vom Girokonto abgebucht. Die Kreditkartengesellschaft räumt dem Karteninhaber einen Kredit ein. Dafür muss der Karteninhaber der Gesellschaft eine jährliche Gebühr zahlen. Unternehmen, die Kreditkarten akzeptieren, müssen dem Kreditinstitut eine Provision zahlen: zwischen 2–7 % des Kaufpreises.

T Der Begriff stammt aus dem Englischen. Ein …………-Geber überlässt einem …………-Nehmer einen …………-Gegenstand auf Zeit gegen Entgelt (in Form von monatlichen Raten). Der Gegenstand bleibt Eigentum des ………… -Gebers.

Lösung: Man konnte die ☐☐☐☐☐☐☐ bis 2002 als Geldkarte verwenden. Seitdem gibt es die Girokarte (ehemals EC-Karte). Damit können sich Bankkunden an Geldautomaten und anderen SB-Terminals (SB-Selbstbedienung) bedienen und bargeldlose Zahlungen abwickeln. Für bargeldlose Zahlungen im Ausland muss die Girokarte das Logo „Maestro" besitzen.

Exportwege neu, Kursbuch 2, Kapitel 3

● Diskutieren Sie Vor- und Nachteile der einzelnen Zahlungsweisen. Wer bevorzugt wohl welche Zahlungsart? Warum?

A7 Wie bezahlen Sie in Ihrem Heimatland?

→ G 1, G 3, Ü 3, Ü 4, Ü 11–14

Kreuzen Sie das Zutreffende an.

	bar	mit Scheck	per Überweisung	Leasing	Homebanking	Dauerauftrag	in Raten	Kreditkarte	sonstiges
1. Miete	☐	☐	☐	☐	☐	☐	☐	☐	☐
2. Nebenkosten (Gas, Strom …)	☐	☐	☐	☐	☐	☐	☐	☐	☐
3. Fernsehgebühren	☐	☐	☐	☐	☐	☐	☐	☐	☐
4. Kleidung	☐	☐	☐	☐	☐	☐	☐	☐	☐
5. Lebensmittel	☐	☐	☐	☐	☐	☐	☐	☐	☐
6. Versicherungen	☐	☐	☐	☐	☐	☐	☐	☐	☐
7. Reisen	☐	☐	☐	☐	☐	☐	☐	☐	☐
8. Auto	☐	☐	☐	☐	☐	☐	☐	☐	☐
9. Restaurant	☐	☐	☐	☐	☐	☐	☐	☐	☐
10. Telefon	☐	☐	☐	☐	☐	☐	☐	☐	☐

● Warum wählen Sie die jeweilige Zahlungsweise?

▶ Ich lasse die Miete von meinem Konto abbuchen, weil das viel bequemer ist.
▶ Ich lasse die Miete von meinem Konto abbuchen, weil ich sie sonst vergesse.

A8 Sind Sie fit? Wer bezahlt wie?

Welche der folgenden Zahlungsverfahren sind in den unten stehenden Fällen sinnvoll? Ordnen Sie die Nummern den Fällen zu und begründen Sie Ihre Entscheidung.

① Zahlung mit Münzen und Scheinen
② Barscheck
③ Verrechnungsscheck
④ Einzel-Überweisung
⑤ Dauerauftrag
⑥ Lastschriftverfahren
⑦ Kreditkarte
⑧ Elektronischer Zahlungsverkehr mit EC-/Maestro-Karte

○ Fall A: Anna B. geht in den Supermarkt und kauft dort Lebensmittel für 8,75 €.
○ Fall B: Student Michael G. hat in Köln ein Zimmer bei Herrn Lang gemietet. Die Miete beträgt 200 €. Den Strom muss er extra zahlen. Vermieter und Mieter haben ein Girokonto.
○ Fall C: Frau Keller aus Aachen möchte ihre Enkelin Christina, eine Studentin, unterstützen. Sie möchte ihr einen Betrag von 200 € geben. Die Großmutter hat aber kein Bargeld zu Hause. Wie kann sie ihrer Enkelin das Geld geben? Frau Keller kennt die Bankverbindung (Kontonummer, Bank) ihrer Enkelin aber nicht.
○ Fall D: Axel B. lädt seine Freundin Angela in ein teures Restaurant ein. Anschließend möchten beide noch ins Kino gehen. Axel hat noch 50 € in seinem Geldbeutel.
○ Fall E: Franziska ist Kundin bei der *Deutschen Telekom*. Sie lässt die monatliche Telefonrechnung von ihrem Konto bei der Bank abbuchen.
○ Fall F: Frau Schwarz kauft am Samstag im Supermarkt ein. Der Einkaufsbetrag beträgt 122 €.
○ Sie hat noch 50 € im Geldbeutel. Sie möchte noch auf dem Markt und beim Bäcker einkaufen.

▶ Fall A: Sie muss … bezahlen, weil …

B Zahlungsweisen im Außenhandel

B1 Das Dokumentenakkreditiv (Letter of Credit, L/C)

Im Außenhandel ist das Dokumentenakkreditiv eine sichere Form der Abwicklung des Zahlungs- und Kreditverkehrs. Dabei macht der Importeur den ersten Schritt und weist seine Bank an, einen bestimmten Betrag gegen Vorlage bestimmter Dokumente an den Exporteur zu zahlen.

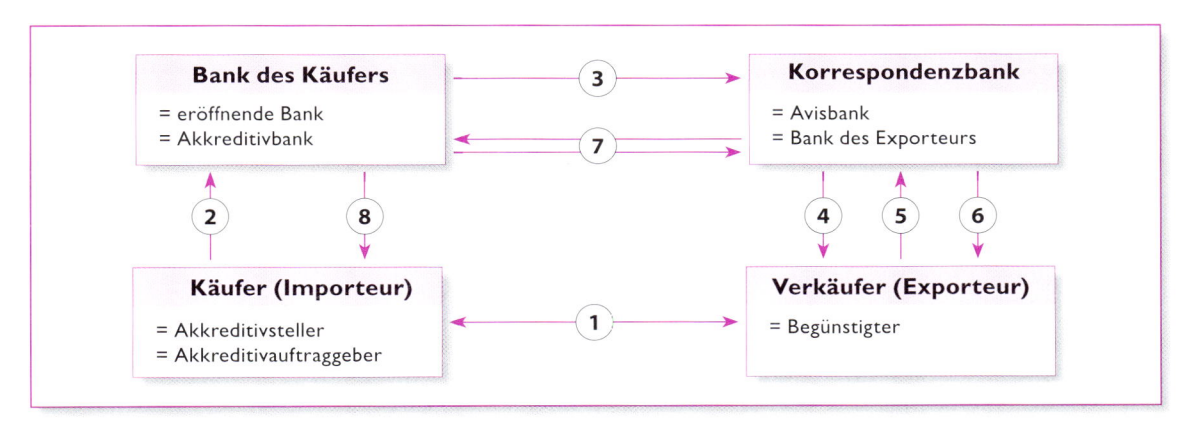

```
    Bank des Käufers      ──── 3 ────▶    Korrespondenzbank
    = eröffnende Bank                     = Avisbank
    = Akkreditivbank      ◀─── 7 ────     = Bank des Exporteurs

         2     8                             4    5    6

    Käufer (Importeur)    ◀─── 1 ────▶    Verkäufer (Exporteur)
    = Akkreditivsteller                    = Begünstigter
    = Akkreditivauftraggeber
```

● Beschreiben Sie die Abwicklung eines Dokumentenakkreditivs. Setzen Sie die richtigen Verben ein.

▶ ein Akkreditiv eröffnen ▶ die Akkreditiveröffnung anzeigen/mitteilen ▶ die Ware verladen
▶ den Dokumentengegenwert (= Betrag) auszahlen ▶ die Dokumente prüfen (2 x) ▶ die Dokumente senden ▶ einen Auftrag erteilen ▶ den Dokumentengegenwert gutschreiben ▶ das eröffnete Akkreditiv übersenden ▶ die Dokumente zusammenstellen und bei der Bank einreichen
▶ einen Kaufvertrag abschließen ▶ die Dokumente an den Auftraggeber weitergeben

① Exporteur und Importeur *schließen einen Kaufvertrag ab.*

② Der Importeur .... seiner Hausbank den Auftrag, zugunsten des Verkäufers ein Akkreditiv zu ....

③ Die Bank des Käufers .... der Bank des Exporteurs (= der avisierenden Bank) das eröffnete Akkreditiv.

④ Die avisierende Bank .... /............................ dem Verkäufer (= Exporteur) die Akkreditiveröffnung .... /................ .

⑤ Der Exporteur .... die Ware. Danach .... er die Dokumente .... und .... sie bei seiner Bank (= der avisierenden Bank) ....

⑥ Die Bank des Exporteurs .... die Dokumente und .... dem Exporteur den Dokumentengegenwert ....

⑦ Danach .... die Bank des Exporteurs die Dokumente an die avisierende Bank. Die Bank des Importeurs .... die Dokumente und *schreibt* der avisierenden Bank *den Dokumentengegenwert gut.*

⑧ Die eröffnende Bank prüft die Dokumente und belastet das Konto des Auftraggebers (= Importeurs) mit dem Dokumentengegenwert. Sie .... die Dokumente an den Auftraggeber .... Mit ihrer Hilfe kann er die Ware in Empfang nehmen.

● Haben Sie das Schema verstanden? Erstellen Sie dazu eine Folie und präsentieren Sie das Schaubild.

B2 Arbeiten Sie bereits im Außenhandel?

Dann diskutieren Sie. Welche Zahlungsweisen bevorzugt Ihre Firma? Warum? Bei wem?

1. das Dokumentenakkreditiv
2. die Überweisung
3. die Vorauskasse

▶ Bei neuen Kunden bitten wir gewöhnlich um …

B3 Die EU-Standardüberweisung

Lesen Sie den folgenden Text.

Was Sie über die EU-Standardüberweisung wissen sollten

Mit der EU-Standardüberweisung können Überweisungen in Länder der Europäischen Union genauso einfach und kostengünstig wie innerhalb Deutschlands abgewickelt werden. Voraussetzung für eine EU-Standardüberweisung ist, dass der Betrag auf Euro lautet und 50 000 Euro nicht überschreitet.

Für die automatisierte Bearbeitung müssen Bankkunden zudem die internationale Kontonummer (IBAN) und die internationale Bankleitzahl (BIC) des Empfängers angeben. Diese unterscheiden sich von der üblichen Bankleitzahl und Kontonummer. So ist die IBAN mit bis zu 34 Stellen deutlich länger als die deutsche Variante.

Die IBAN und die BIC des eigenen Kontos bekommt der Kunde von seiner Bank oder kann sie seinem Kontoauszug entnehmen. Die Angaben des Zahlungsempfängers erhält man ausschließlich von diesem selbst. Will man beispielsweise eine Rechnung aus dem Ausland bezahlen, sind die IBAN und BIC des Empfängers in der Regel auf der Rechnung oder dem Briefbogen zu finden.

● Herr Schultheiß von der Firma *Koch-Küchen* hat bei Herrn Longhi von der Firma *Celestini* einige Ersatzteile bestellt. Tragen Sie die Daten in die EU-Standardüberweisung ein.

▶ Bankverbindung von *Koch-Küchen*: BW-Bank Stuttgart BLZ 600 501 01, Kontonummer: 40 87 34
▶ Bankverbindung von *Celestini*: Cassa di Risparmio di Fabriano e Cupramontana, conto/corrente 23 45 89 ▶ IBAN: IT79 FA897548471323662 234589 ▶ BIC: FABCIT33XXX ▶ Betrag: 8 000 €
▶ Rechnungsdatum vom 17.7.2…

B4 Der Zahlungsauftrag

Welche Zahlungsweise hat Herr Schultheiß von der Fa. *Koch-Küchen* mit Herrn Longhi vereinbart?
Er hat die Buchhaltung angewiesen, den Betrag auf das Konto von *Celestini* zu überweisen.
Füllen Sie den Zahlungsauftrag aus.

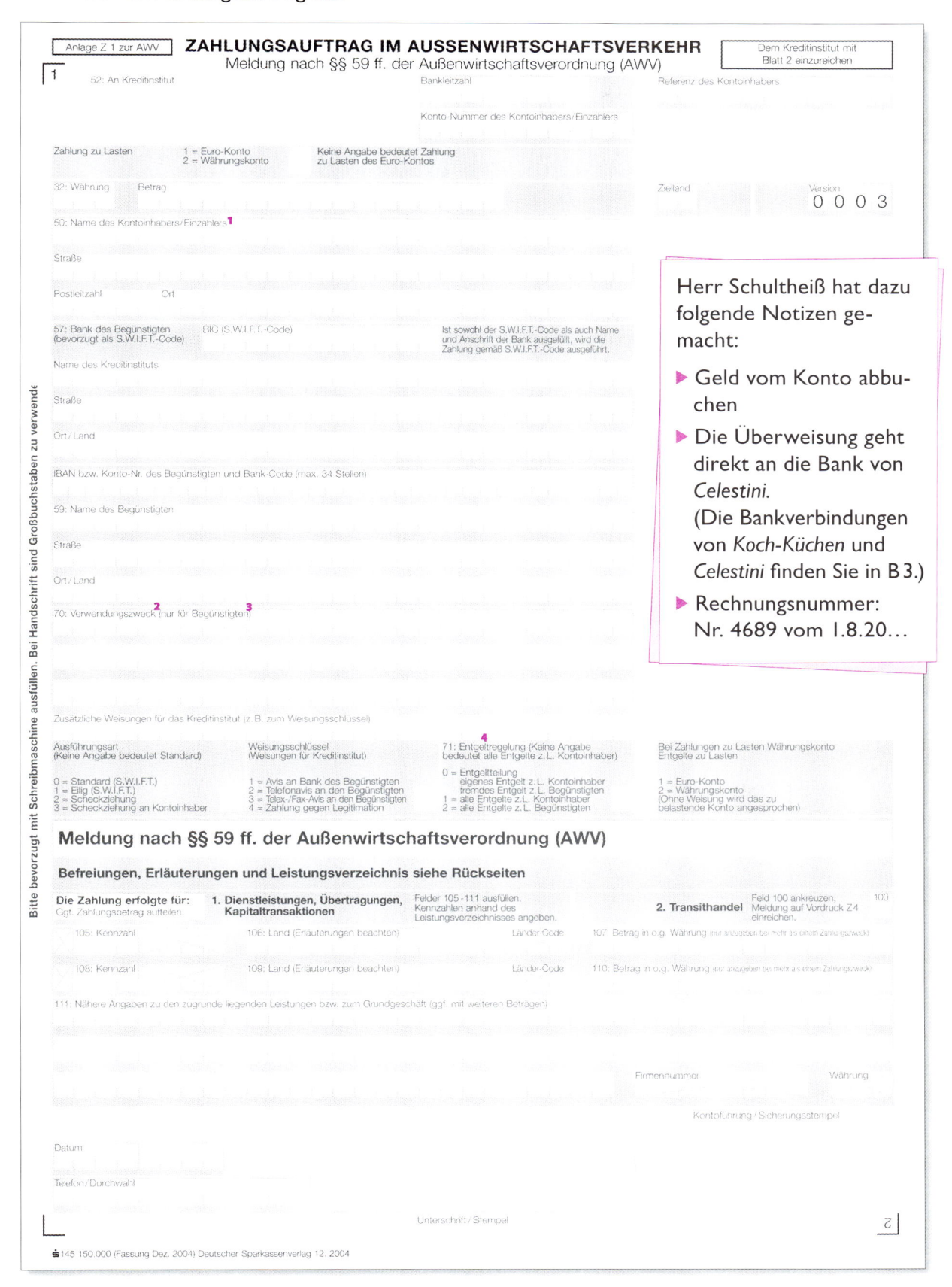

> Herr Schultheiß hat dazu folgende Notizen gemacht:
>
> ▶ Geld vom Konto abbuchen
> ▶ Die Überweisung geht direkt an die Bank von *Celestini*.
> (Die Bankverbindungen von *Koch-Küchen* und *Celestini* finden Sie in B 3.)
> ▶ Rechnungsnummer: Nr. 4689 vom 1.8.20…

[1] der Kontoinhaber/Einzahler: bezahlt die Rechnung/überweist das Geld
[2] der Verwendungszweck: z. B. die Rechnungsnummer und das Datum
[3] der Begünstigte: erhält das Geld
[4] das Entgelt/die Spesen: Kosten der Bank

Exportwege neu, Kursbuch 2, Kapitel 3

● Einige Zeit später ruft der Mitarbeiter der Buchhaltung der Firma *Celestini* an. Er fragt, ob das Geld schon überwiesen ist. Spielen Sie das Telefonat.

B5 *Koch-Küchen* liefert auch fertige Küchen nach Osteuropa.

Hören Sie ein kurzes Telefongespräch zwischen Frau Blüm von der Buchhaltung bei *Koch-Küchen* und einem osteuropäischen Kunden.

(1.12)
1. Um welche Zahlungsweise geht es?
2. Markieren Sie am Schaubild (Akkreditiv), an welcher Stelle es Probleme gibt.
3. Spielen Sie das Gespräch weiter.

● Spielen Sie einen anderen Fall:

A
▶ Sie haben mit einem deutschen Kunden ein Geschäft abgeschlossen.
▶ Sie haben die Ware bereits verladen.
▶ Die Dokumente sind bereits bei Ihrer Bank.

B
▶ Der deutsche Kunde ruft an.
▶ Er teilt mit, dass das Akkreditiv eröffnet ist.
▶ Er will wissen, ob die Ware schon unterwegs ist.

C Zahlungsbedingungen

C1 Die Zahlungsbedingungen der *MSI Motor Service International GmbH*

Hören Sie zuerst das Interview mit Hansjörg Rölle von der *MSI Motor Service International GmbH*. Beantworten Sie dann die Fragen.

(1.13)
1. Welche Konditionen gelten für Kunden …
   ▶ in Deutschland und Europa? ....
   ▶ für Kunden in Südamerika und Fernost? ....
   ▶ für Neukunden? ....

2. Welche Lieferarten werden in der Metall verarbeitenden Industrie gewählt? Notieren Sie sie. Welche Lieferart bevorzugt die *MSI Motor Service International GmbH*?
   ▶ ....
   ▶ ....
   ▶ ....

3. Seit der Einführung des europäischen Binnenmarktes 1993 sind in Europa die Schranken gefallen. Was bedeutete die Einführung des Binnenmarktes für die *MSI Motor Service International GmbH*?

● Sagen Sie es mit eigenen Worten.

1. Die Importzölle in Europa sind weggefallen. ....
2. Man kann die Waren leichter fließen lassen. ....
3. Die Märkte sind transparenter geworden. ....
4. Das Preisniveau geht nach unten. ....

C2 Die Hermesdeckung: Exportkreditgarantien der Bundesrepublik Deutschland

Hansjörg Rölle sagt in dem vorangegangenen Interview, dass für jeden Kunden ein Kreditlimit gilt, das teilweise auch durch Hermes abgesichert ist. Was unter Hermes zu verstehen ist, können Sie anhand der folgenden Informationen herausfinden.
Lesen Sie die Informationen und ordnen Sie die Überschriften zu.

1. Politische und wirtschaftliche Ursachen für Forderungsverluste
2. Im Auftrag der Bundesregierung
3. Unterstützung für die deutsche Exportwirtschaft

Die Hermesdeckung – Exportkreditgarantien der Bundesrepublik Deutschland

( ) Die staatliche Exportkreditversicherung schützt Unternehmen vor dem Risiko des Forderungsausfalls bei Ausfuhrgeschäften. Damit unterstützt sie den Export als Wachstumsmotor der deutschen Wirtschaft, sichert Arbeitsplätze in der Bundesrepublik und trägt zur Wettbewerbsfähigkeit der deutschen Exportwirtschaft bei.

( ) Die Exportkreditversicherung schützt vor politischen und wirtschaftlichen Risiken sowie Währungsrisiken im Ausland. Politische Ursachen können neben der Devisenknappheit des Bestellerlandes z. B. auch Kriege, Unruhen oder Zahlungsverbote sein. Wirtschaftliche Ursachen bedeutet, dass der Kunde nicht zahlt oder nicht zahlen kann, weil er insolvent, d. h. zahlungsunfähig ist.

Exporte in Märkte mit erhöhten Risiken lassen sich oft nur mithilfe der staatlichen Exportkreditversicherung realisieren. Deshalb haben alle westlichen Industrieländer, aber auch einige Entwicklungs- und Schwellenländer staatliche Exportkreditversicherungssysteme zur Förderung der einheimischen Exportwirtschaft aufgebaut. Mit den Hermesdeckungen erhalten deutsche Exporteure somit Chancengleichheit im internationalen Wettbewerb. So wird ein Großteil der Ausfuhren in Entwicklungs- und Schwellenländer mit Hermesdeckungen abgesichert. Auf diese Länder entfallen rund 75 % aller Ausfuhrgewährleistungen.

( ) Die Bundesregierung hat bereits 1949 zwei private Unternehmen – die heutige *Euler Hermes Kreditversicherungs-AG* und die ebenfalls umfirmierte *PwC AG* (Price Water Coopers AG) – mit dem Management der Exportkreditgarantien beauftragt. Da *Euler Hermes* in dieser Partnerschaft federführend ist, hat sich in der Wirtschaft der Begriff „Hermesdeckungen" etabliert.

● Aufgaben zum Text

1. Unternehmen aus dem Ausland können aus unterschiedlichen Gründen nicht zahlen.
   ▸ politische Gründe: *Deutsche Unternehmen erhalten ihr Geld nicht, weil* ....
   ....
   ▸ wirtschaftliche Gründe: *Es kommt zu Forderungsausfällen, weil* ....
   ....

2. Suchen Sie eine Definition für folgende Begriffe und nennen Sie Beispiele.
   ▸ Industrieländer: ....
   ▸ Schwellenländer: ....
   ▸ Entwicklungsländer: ....

3. Was bedeutet der Begriff „federführend"? Kreuzen Sie an.
   ☐ Die *Euler Hermes Kreditversicherungs-AG* ist vor allem für die Exportkredite zuständig.
   ☐ Die *Euler Hermes Kreditversicherungs-AG* kann die Kredite nicht abwickeln.
   ☐ Die *Euler Hermes Kreditversicherungs-AG* muss die Bundesregierung fragen, wenn sie Exportkredite vergibt.

D Zahlungsschwierigkeiten

D1 Zahlungsverhalten und Insolvenzen in Europa ⇨ Ü7–Ü10

Die Creditreform Wirtschafts- und Konjunkturforschung veröffentlicht jährlich im Frühjahr die Studie „Insolvenzen in Europa".
Das Zahlungsverhalten hat sich demnach 2006 in den meisten EU-Staaten, in Norwegen und der Schweiz verbessert. Immer noch warten die italienischen Unternehmen am längsten auf ihr Geld. Zahlungseingänge erreichen hier nach durchschnittlich 90 Tagen (2005: 89) ihren Empfänger. In Schweden zahlt man am schnellsten – innerhalb von 37 Tagen (2005: 37) werden die Rechnungen bezahlt.
Genauere Informationen finden Sie in den folgenden Grafiken.

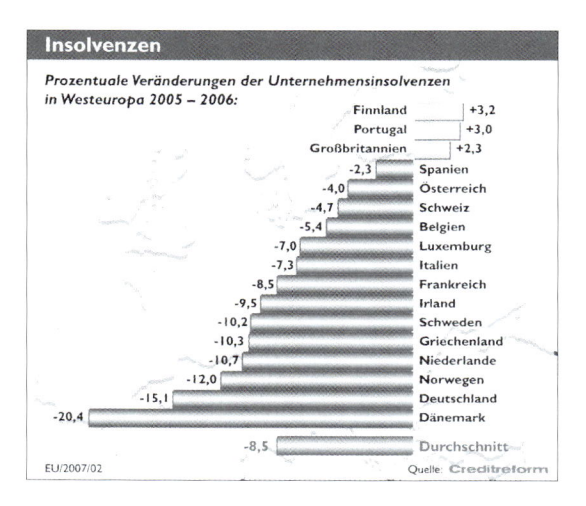

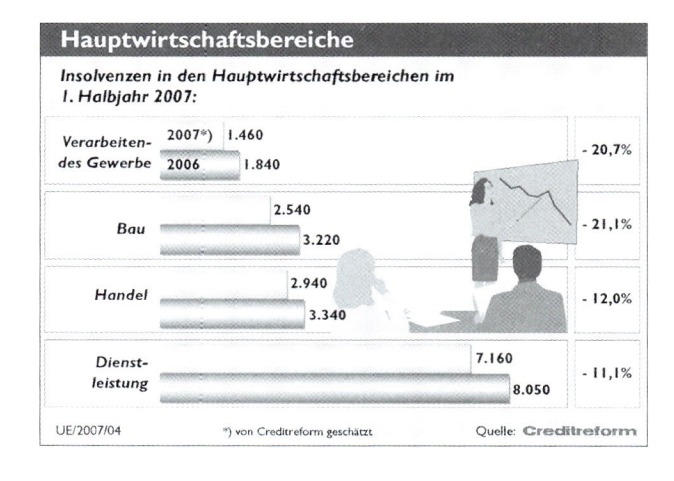

Insolvenzen
Prozentuale Veränderungen der Unternehmensinsolvenzen in Westeuropa 2005 – 2006:

Land	%
Finnland	+3,2
Portugal	+3,0
Großbritannien	+2,3
Spanien	-2,3
Österreich	-4,0
Schweiz	-4,7
Belgien	-5,4
Luxemburg	-7,0
Italien	-7,3
Frankreich	-8,5
Irland	-9,5
Schweden	-10,2
Griechenland	-10,3
Niederlande	-10,7
Norwegen	-12,0
Deutschland	-15,1
Dänemark	-20,4
Durchschnitt	-8,5

Quelle: Creditreform

Hauptwirtschaftsbereiche
Insolvenzen in den Hauptwirtschaftsbereichen im 1. Halbjahr 2007:

Bereich	2007*	2006	Veränderung
Verarbeitendes Gewerbe	1.460	1.840	-20,7%
Bau	2.540	3.220	-21,1%
Handel	2.940	3.340	-12,0%
Dienstleistung	7.160	8.050	-11,1%

*) von Creditreform geschätzt   Quelle: Creditreform

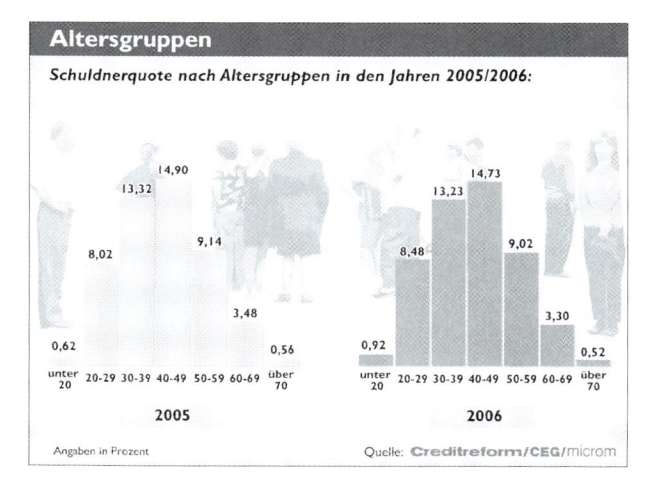

Altersgruppen
Schuldnerquote nach Altersgruppen in den Jahren 2005/2006:

2005: unter 20: 0,62; 20-29: 8,02; 30-39: 13,32; 40-49: 14,90; 50-59: 9,14; 60-69: 3,48; über 70: 0,56
2006: unter 20: 0,92; 20-29: 8,48; 30-39: 13,23; 40-49: 14,73; 50-59: 9,02; 60-69: 3,30; über 70: 0,52

Angaben in Prozent   Quelle: Creditreform/CEG/microm

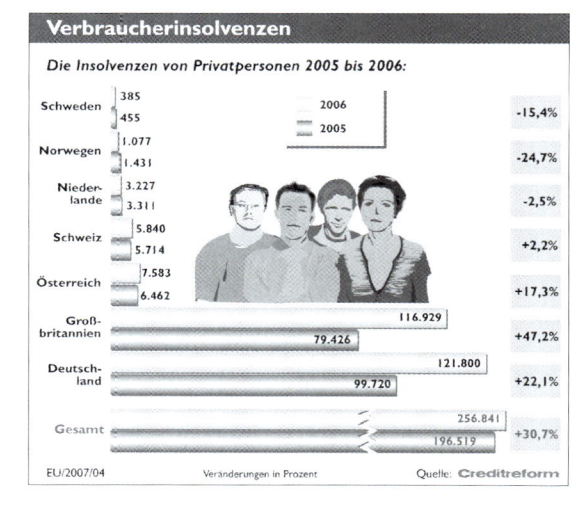

Verbraucherinsolvenzen
Die Insolvenzen von Privatpersonen 2005 bis 2006:

Land	2006	2005	Veränderung
Schweden	385	455	-15,4%
Norwegen	1.077	1.431	-24,7%
Niederlande	3.227	3.311	-2,5%
Schweiz	5.840	5.714	+2,2%
Österreich	7.583	6.462	+17,3%
Großbritannien	116.929	79.426	+47,2%
Deutschland	121.800	99.720	+22,1%
Gesamt	256.841	196.519	+30,7%

Veränderungen in Prozent   Quelle: Creditreform

● Ergänzen Sie die Sätze mit den Informationen aus den Schaubildern.

Die Zahl der Unternehmensinsolvenzen in den EU-Staaten, Norwegen und der Schweiz ist insgesamt im Durchschnitt zurückgegangen (................. %). Nur in drei Ländern ist die Zahl der Insolvenzen ....: in Finnland, ..., ... Die wenigsten Insolvenzen gibt es in ....
Auch Deutschland konnte .... verzeichnen, und zwar um .... %. Auch in .... gibt es .... Unternehmenskonkurse (– 8,5 %). Welche .... sind vor allem betroffen? Die .... Insolvenzen gibt es im .... (7 160). Aber auch im .... (2 940) und im ....-gewerbe gibt es viele Firmenpleiten (2 540). Nur im .... Gewerbe ist die Zahl

der Insolvenzen relativ .... (1 460). Aber die Zahl der ....
hat zugenommen, vor allem in Großbritannien, ... und ....
Nur in Skandinavien (.......................... / ....), aber auch in ....
.... ist die Zahl der Privatinsolvenzen .... Die
Schuldner sind in der Altersgruppe zwischen .... (14,73 %) und ....
.... (13,23 %) zu finden.

● Schreiben Sie nun eine kurze Presseerklärung zum Thema „Insolvenzen in Europa".

● *Redemittel:* **Die Grafiken beschreiben**

Zahlungsverhalten

Die Kunden in … zahlen/begleichen ihre Rechnungen erst nach …

Die Kunden zahlen … pünktlich/mit Verspätung.

Die Kunden lassen sich Zeit …

Die Zahlungsmoral …
- ist gut.
- hat sich verbessert.
- ist besser geworden.

Die Zahlungsmoral …
- ist schlecht.
- hat sich verschlechtert.
- ist schlechter geworden.

Beschreibung von Entwicklungen

Die Zahl der Insolvenzen ist gestiegen, hat zugenommen/ist zurückgegangen, ist rückläufig, hat abgenommen …

Man verzeichnet/Es gibt einen Anstieg/einen Rückgang.

Die Zahl der … ist hoch/niedrig.

D2 Was meinen Sie?

Analysieren Sie in der Gruppe die Statistiken.

1. Welche Konsequenzen hat eine schlechte Zahlungsmoral gerade für kleinere und mittlere Unternehmen? Verwenden Sie für Ihre Antwort die folgenden Argumente.
   ▶ große Konkurrenz ▶ die Stabilität der Unternehmen ist gefährdet ▶ Kosten sparen
   ▶ wenig Eigenkapital haben

2. Warum sind so viele Privatpersonen zahlungsunfähig? In welcher Altersgruppe?

3. Warum gibt es in einigen Wirtschaftsbereichen mehr Insolvenzen als in anderen?

D3 Mahnungen ⇨ Ü6

Viele Firmen beschäftigen Angestellte, die die Zahlungseingänge überprüfen. Hören Sie Frau Blüm von der Buchhaltung bei *Koch-Küchen*. Was der Kunde antwortet, sollen Sie dann ergänzen.

1.14

1

Frau Blüm: Guten Tag. Hier ist Blüm von der Fa. *Koch-Küchen*. Wir haben bei der Durchsicht unserer Zahlungseingänge festgestellt, dass Sie noch eine offene Rechnung bei uns haben. Können Sie einmal nachschauen, ob die Rechnung schon beglichen ist?

Kunde: ....

Frau Blüm: Das ist eine Rechnung vom 25.3., Nr. 345/28.

Kunde: ....

Frau Blüm: Ah, Sie haben den Betrag schon angewiesen. Wann denn?

Kunde: ....

Frau Blüm: Vor vier Tagen, sagen Sie. Gut, dann wird das Geld sicher in den nächsten Tagen auf unserem Konto eintreffen. Entschuldigen Sie noch einmal meinen Anruf.

2

Frau Blüm: Guten Tag. Hier ist Blüm von der Fa. *Koch-Küchen*.

Kundin: Fa. *Kellermann*, Schwaiger am Apparat.

Frau Blüm: Frau Schwaiger, wir haben Sie schon vor einiger Zeit angerufen. Dürfen wir Sie daran erinnern, dass Sie die Rechnung vom 27.3. noch nicht bezahlt haben? Können Sie einmal nachsehen?

Kundin: ....

Frau Blüm: Nein, tut mir leid, wir haben das Geld noch nicht bekommen.

Kundin: ....

Frau Blüm: Wirklich, das Geld ist noch nicht da. Ich schicke Ihnen gern noch einmal die Rechnung per Fax zu. Dann können Sie vergleichen. Bitte bringen Sie das in Ordnung …

● Was sagen wohl die Kunden? Ergänzen Sie zuerst die Sätze. Vergleichen Sie dann die beiden Dialoge.

1. Mit welchem Kunden hat die Fa. *Koch-Küchen* einen guten Kontakt?
2. Mit welchem Kunden gibt es Probleme? Woran merken Sie das?
3. Mahnen – ein heikles Thema. Wie mahnen Sie in Ihrem Unternehmen?
   ▶ Schriftlich oder mündlich?
   ▶ Entschlossen oder höflich und freundlich?
   ▶ Drohen Sie Konsequenzen an oder bleiben Sie verbindlich?
4. Was machen Sie bei neuen Kunden/bei Stammkunden?

● *Redemittel:* **Mahnungen**

mündliche Mahnung

▶ Wir haben festgestellt, dass Sie noch offene Rechnungen bei uns haben.
▶ Können Sie bitte einmal nachschauen? Haben Sie folgende Rechnungen in der Zwischenzeit bezahlt?
▶ Dürfen wir Sie daran erinnern, dass Sie folgende Rechnungen noch nicht bezahlt haben?
▶ Sicher haben Sie noch nicht gemerkt, dass noch einige Rechnungen offen sind.
▶ Bitte überweisen Sie uns den Betrag …

schriftliche Mahnung

▶ Bei der Durchsicht unserer Unterlagen haben wir festgestellt, dass noch folgende Rechnungen offen sind …
▶ Wie wir unseren Unterlagen entnehmen können, sind noch folgende Rechnungen offen …
▶ Sicher ist es Ihnen entgangen, dass noch folgende Rechnungen offen sind …
▶ Wir bitten Sie, die folgenden Rechnungen zu begleichen …
▶ Bitte überprüfen Sie, ob die Rechnung in der Zwischenzeit beglichen ist.

Der Kunde hat auf die Mahnungen nicht reagiert:

▶ Leider haben Sie auf unser Erinnerungsschreiben nicht reagiert.
▶ Nach der dritten Mahnung schalten wir den Anwalt ein.
▶ Wir werden das gerichtliche Mahnverfahren gegen Sie einleiten.

● Frau Blüm schickt die Rechnung noch einmal per Fax zu. Formulieren Sie ein geeignetes Begleitschreiben.

D4 Was kann man tun, um die Zahlungsmoral zu verbessern?

Lesen Sie zuerst die folgenden Tipps und formulieren Sie dann selbst noch einige Tipps, die dabei helfen können, die Zahlungsmoral zu verbessern.

Tipps eines erfahrenen deutschen Handelsvertreters:

✓ Wenn Sie bei Ihrem Kunden zu Besuch sind, dann besuchen Sie die Angestellten in der Buchhaltung.
✓ Bauen Sie ein persönliches Verhältnis zu ihnen auf.
✓ Zeigen Sie ihnen, dass sie auch wichtig sind. Dann bearbeiten sie die Rechnungen schneller.

Ihre Tipps:

G Grammatik

G1 Kausalsätze

Warum/Weshalb haben Sie ein Girokonto?

Man kann ein kausales Verhältnis auf unterschiedliche Weise ausdrücken:

▶ im **Hauptsatz** durch das Adverb daher/deshalb/deswegen: Es drückt eine Konsequenz aus.

Hauptsatz	Grund/Ursache	**Hauptsatz**	Konsequenz
Ich will mich nicht um jede Rechnung kümmern.		Deshalb habe ich ein Girokonto.	

▶ durch die Konjunktion denn: Sie leitet einen **Hauptsatz** ein. Sie steht an der Nullposition.

Hauptsatz	Konsequenz	**Hauptsatz**	Grund/Ursache
Ich habe ein Girokonto,		denn ich will mich nicht um jede Rechnung kümmern.	

Position 0 1 2

▶ im **Nebensatz** durch die Subjunktionen da, weil: Sie leiten einen Nebensatz ein.

Hauptsatz	Konsequenz	**Nebensatz**	Grund/Ursache
Ich habe ein Girokonto,		weil ich mich nicht um jede Rechnung kümmern will.	

finites Verb am Satzende

Steht der Nebensatz vor dem Hauptsatz, so beginnt der Hauptsatz mit dem finiten Verb.

Nebensatz	Grund/Ursache	**Hauptsatz**	Konsequenz
Weil ich mich nicht um jede Rechnung kümmern will,		habe ich ein Girokonto.	

finites Verb am Satzende   finites Verb am Satzanfang

G2 Die Modalverben *müssen/nicht müssen – dürfen/nicht dürfen – nicht brauchen zu*

Die Kunden müssen bei der Kontoeröffnung einen Ausweis vorlegen.	→ Es ist notwendig, dass sie einen Ausweis vorlegen.
Die Kunden müssen nicht unterschreiben, wenn sie bar bezahlen.	→ Es ist nicht notwendig, dass die Kunden unterschreiben.
Die Kunden brauchen nicht zu unterschreiben, wenn sie bar bezahlen.	
Darf man in einer Bank rauchen?	→ Ist das Rauchen in der Bank erlaubt?
Tut mir leid, hier dürfen Sie nicht rauchen.	→ Es ist verboten.

G3 Die verschiedenen Bedeutungen von *lassen*

1. Wir **lassen** den Betrag von unserem Konto **abbuchen**.
   Ich **lasse** das Auto (vom Mechaniker) **reparieren**.

   lassen + Akkusativ → **Infinitiv Präsens**

   Bedeutung: veranlassen, dass man den Betrag abbucht
   veranlassen, dass der Mechaniker (= eine dritte Person) das Auto repariert

2. Wir **lassen** die Kunden **entscheiden**.
   Ich **lasse** die Kinder ins Ausland **fahren**.

   lassen + Akkusativ → **Infinitiv Präsens**

   Bedeutung: erlauben/akzeptieren, dass jemand etwas tut

3. Wir **lassen** das Auto vor der Bank **stehen**.
   Ich **lasse** meinen Personalausweis zu Hause.

   lassen + Akkusativ → **Infinitiv Präsens**

   Bedeutung: etwas zurücklassen

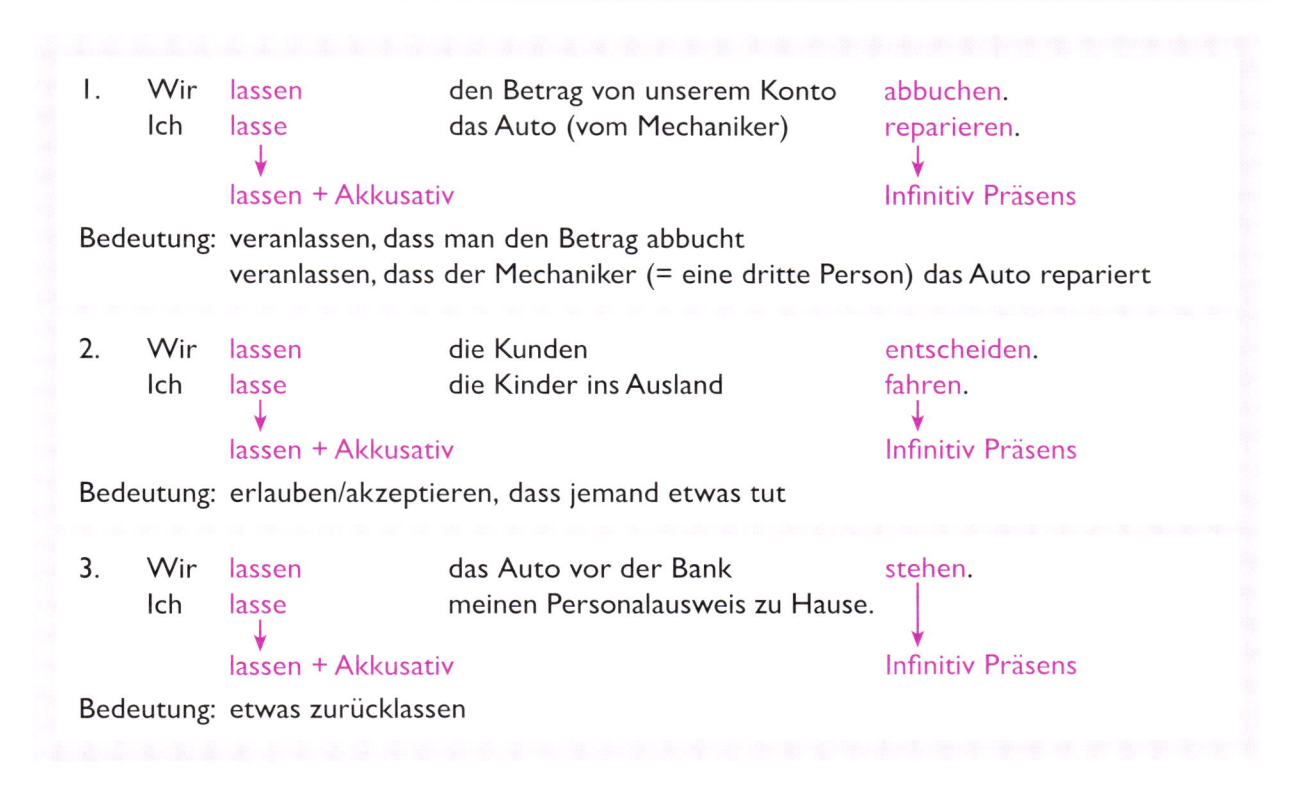

G4 Funktionsverbgefüge

Funktionsverbgefüge bestehen aus einem **Funktionsverb** (z. B. *erteilen, erfahren, führen*) und einem **nominalen Teil** (z. B. einem Substantiv im Akkusativ). Sie bilden zusammen eine Einheit. Das Verb kann nicht ohne den nominalen Teil stehen (und umgekehrt!). Funktionsverbgefüge haben oft die Bedeutung eines Vollverbs.

Funktionsverbgefüge		Vollverb
jemandem einen Auftrag erteilen	→	jemanden beauftragen
jemandem eine Vollmacht erteilen	→	jemanden bevollmächtigen

Ü Übungen

Ü1 Gespräche in der Bank

Diese Dialoge kennen Sie schon. Ergänzen Sie jetzt die folgenden Modalverben.

▸ können ▸ müssen ▸ wollen ▸ sollen ▸ mögen (= möchte) ▸ dürfen ▸ nicht brauchen

1
Bank: Guten Tag, ja bitte?
Kundin: Ich *möchte* gern diesen Scheck auf mein Konto einreichen.
Bank: Bitte füllen Sie diesen Vordruck aus.
Kundin: Verzeihung?
Bank: Dieses Formular hier. Das ist ein Orderscheck. Den .... Sie auf der Rückseite noch unterschreiben.
Kundin: .... ich das Geld gleich mitnehmen?
Bank: Nein, tut mir leid. Der Betrag wird Ihrem Konto gutgeschrieben.

2

Bank: Guten Tag. Was *kann* ich für Sie tun?

Kundin: Ich .... gern ein Girokonto bei Ihnen eröffnen.

Bank: .... ich Sie ins Besprechungszimmer bitten? Dort .... wir uns ungestört unterhalten. Sind Sie schon Kundin unseres Hauses?

Kundin: Ja, in München. Ich bin jetzt nach Frankfurt gezogen und .... das Konto nach Frankfurt verlegen.

Bank: So, jetzt .... Sie hier den Kontoeröffnungsantrag ausfüllen. Dann benötige ich noch Ihren Personalausweis oder Reisepass. Und hier noch eine Unterschrift. Zu welchem Termin .... Sie das Konto in München auflösen?

Kundin: Vielleicht nicht sofort, sagen wir zum 1. Juli.

3

Bank: Guten Tag. Was .... ich für Sie tun?

Kundin: Ich .... einen Betrag überweisen.

Bank: Von Ihrem Konto?

Kundin: Nein, ich .... den Betrag bar einzahlen.

Bank: Dann .... Sie das Formular hier ausfüllen.

Kundin: So, bitte. .... ich denn auch noch unterschreiben?

Bank: Nein, das .... Sie nicht. Das ist bei Bareinzahlungen nicht unbedingt nötig. So, und dieser Beleg ist für Sie.

Ü2 Was haben Sie in den Gesprächen erfahren?

Ergänzen Sie sinngemäß die Sätze mit den Informationen aus den Dialogen und den Modalverben.

1. Wenn man einen Kredit haben *will*, dann *muss die Bank die Bonität prüfen.*

2. Wenn man in Deutschland ein Girokonto eröffnen ...., dann ....
   ....
   ....

3. Wenn man einen Orderscheck einreichen ...., dann ....
   ....
   ....

4. Wenn man einen Betrag auf ein Konto einzahlen ...., dann ....
   ....
   ....

Ü3 Kausalsätze

Kombinieren Sie die Sätze. Wenn Sie die Sätze richtig kombiniert haben, ergibt sich ein Lösungswort. Beachten Sie, dass mehrere Kombinationen möglich sind.

1. Heute haben viele Leute eine Lebensversicherung.
2. Die Menschen glauben,
3. Meine Urgroßmutter hatte noch einen Sparstrumpf.
4. Viele Bauherren müssen einen Wohnungsbaukredit aufnehmen.
5. Die Aktionäre sind zufrieden.
6. Viele Deutsche haben einen Bausparvertrag abgeschlossen.
7. Viele Unternehmen gehen an die Börse.
8. Das Unternehmen muss bestimmte Voraussetzungen erfüllen (z. B. einen Prospekt über die Aktie und das Unternehmen erstellen).
9. Die EZB (Europäische Zentralbank) senkt die Leitzinsen.
10. Man kann das beobachten.

wenn
dass
weil, da
denn + HS

- S Die Gewinne der Unternehmen und die Aktienkurse steigen.
- N Sie wollen später ein Haus bauen oder eine Wohnung renovieren.
- K Die Renten sind im Jahr 2025 nicht mehr so sicher.
- K Sie wollen sich am Kapitalmarkt Geld für Investitionen beschaffen.
- U Das Unternehmen will seine Aktien an die Börse bringen.
- A Sie wollen im Alter eine Zusatzrente haben.
- T Für sie war das die einzige Sparmöglichkeit.
- R Sie will dadurch die Kredite billiger machen.
- E Sie bekommen eine hohe Dividende.
- I Sie wollen einen Hausbau oder Hauskauf finanzieren.

▶ Die EZB (Europäische Zentralbank) senkt die Leitzinsen, weil/da sie die Kredite billiger machen will.

Lösungswort: ☐ ☐ ☐ ☐ ☐ ☐ ☐ ☐ R ☐
 1 2 3 4 5 6 7 8 9 10

Ü4 Die Börse

Notieren Sie sich aus Ü 3 alle Begriffe und Ausdrücke rund um das Thema „Börse".

an die Börse gehen, ...

Ü5 Funktionsverbgefüge

Finden Sie die entsprechenden Funktionsverbgefüge. Benutzen Sie dazu ein Wörterbuch.

1.	eine Überweisung vornehmen	→	etwas überweisen
2.	eine Abmachung treffen	→	abmachen, vereinbaren
3.	etwas auf Abzug/Raten kaufen	→	etwas in Raten abzahlen
4.	Anklang finden	→	gefallen
5.	Verhandlungen aufnehmen	→	....
6.	einen Einfluss ausüben	→	....
7.	einen Auftrag bekommen	→	beauftragt werden
8.	einen Auftrag erteilen	→	....
9.	zur Sprache bringen	→	etwas besprechen
10.	ein Gespräch führen	→	....
11.	eine Garantie geben	→	....
12.	einen Rat geben	→	....
13.	eine Zusicherung geben	→	....
14.	Anrecht haben auf *(A)*	→	ein Recht haben auf *(A)*, beanspruchen dürfen
15.	Anspruch erheben auf *(A)*	→	beanspruchen
16.	zur Kenntnis nehmen *(D)*	→	etwas beachten
17.	einen Beitrag leisten zu *(D)*	→	....
18.	etwas in Rechnung stellen	→	etwas berücksichtigen
19.	Zugang haben zu *(D)*	→	....

● In welchen Kombinationen kommt das Verb *leisten* vor? Was bedeutet es?
Erläutern Sie den folgenden Auszug aus dem DWDS, dem digitalen Wörterbuch der deutschen Sprache (www.dwds.de).

---

leis|ten, er leistete, er hat geleistet

1. eine Arbeit zustande bringen, eine Verpflichtung erfüllen: er leistet viel, wenig, nichts; körperlich, geistig etwas l.; sie glaubt, auf diesem Gebiet etwas l. zu können; er hat in seinem Fach, für die Wissenschaft Hervorragendes geleistet; er leistet gute, schnelle, schwere, politische, (ugs.) ganze Arbeit; sie müssen acht Stunden Arbeit am Tag l.; diese Aufgabe, eine solche Verpflichtung ist nicht zu l.

2./l. + abhängiges Subst. dient häufig zur Umschreibung eines Verbalbegriffes: jmdm. Gehorsam l., Hilfe l. *(helfen)*, Widerstand l. *(sich widersetzen)*, Gesellschaft l. *(bei jmdm. bleiben, jmdn. unterhalten)*; jmdm., einer Sache Vorschub l. *(jmdn., etw. begünstigen)*; jmdm. Ersatz l. *(jmdm. etw. ersetzen)*; der Hersteller leistet (für die Ware) ein Jahr Gewähr *(garantiert dafür ein Jahr)*; (geh.) Abbitte l. *(etw. abbitten)*; auf etw. Verzicht l. *(auf etw. verzichten)*; einen Schwur l. *(schwören)*; eine Unterschrift l. *(etw. unterschreiben)*; (Jur.) Bürgschaft für jmdn. l. *(für jmdn. bürgen)*; einer Sache Folge l. einer Sache nachkommen: einer Aufforderung, einem Befehl Folge l.; jmdm. einen Dienst l. *(einen Dienst erweisen)*; eine Zahlung l. *(etw. zahlen)*

3. sich/Dat./etw. l. sich etw. erlauben, gestatten:
   a) sich die Freiheit zu etw. nehmen: er kann es sich l., zu spät zu kommen; sie kann sich das nicht noch einmal l.!; er hat sich viel(es), allerhand geleistet; er hat sich eine Frechheit, Entgleisung, einen schlechten Scherz, Seitensprung geleistet; sie kann sich die jugendliche Frisur l. *(die Frisur steht ihr, passt zu ihr)*; es ist unerhört, was du dir heute wieder geleistet hast *(was du angestellt hast)*!
   b) die finanziellen Mittel zu etw. haben: er kann sich keinen neuen Anzug, kein Auto l.
   c) umg. sich etw. zukommen lassen, gönnen: sie leistete sich einen Kaffee, Eisbecher; heute Abend wollen wir uns einmal etw. Gutes, eine Flasche Sekt l.!

Ü 6 Orthografie

Lange Vokale kann man so schreiben:

zwei identische Vokale	→	S**ee**, S**aa**l, M**oo**s, M**ee**r
Vokal und *Dehnungs-h*	→	m**eh**r, m**ah**nen, w**oh**nen
-ie	→	v**ie**r, L**ie**be, v**ie**l, D**ie**nst
Vokal vor einem Konsonanten + (Vokal)	→	l**e**sen, l**e**ben, r**e**den, m**a**len, …m**a**l, W**a**l
Vokal vor einem ß + (Vokal)	→	Stra**ß**e, Fü**ß**e, Ma**ß**

● Finden Sie weitere Beispiele in Kapitel 3.

● Ergänzen Sie in dem folgenden Mahnschreiben die langen Vokale.

M....nung

S....r ge....rte Frau Ma....ler,

h....ben S.... herzlichen Dank für ....ren Br....f vom 4.5.2... W.... wir unseren Unterl....gen entn....men können, h....ben S.... folgende Rechnungen noch nicht bez....lt. ...
Wir bitten S...., den Betrag auf unser Konto zu überweisen.

Mit freundlichen Gr....en

Ü 7 Die Magie der Zahlen

Auf einem Kupferstich von Albrecht Dürer *Melancholia I* ist dieses Quadrat zu sehen. In ihm sind verschiedene Zahlen versteckt. Auch viele moderne Künstler und Künstlerinnen haben sich mit diesem magischen Quadrat beschäftigt.

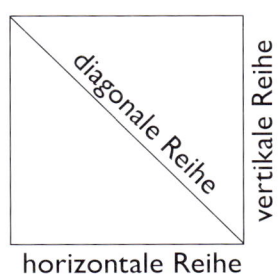

● Beantworten Sie die Fragen.

1. Die Summe in der horizontalen, vertikalen und diagonalen Reihe ist immer gleich. Wie heißt sie?
2. In dem Quadrat ist auch der Todestag von Dürers Mutter versteckt: 17.5.1514. Finden Sie die Zahlen.
3. Welche Zahlen haben in Ihrem Heimatland magische Bedeutung?

● Johann Wolfgang von Goethe hat sich in seinem Drama *Faust I* über die Zahlenmystik des Mittelalters und der Renaissance lustig gemacht.
Der Gelehrte Faust wird von Mephistopheles, seinem teuflischen Begleiter, in die Hexenküche geführt. Dort bereitet ihm die Hexe einen Zaubertrank, der ihn verjüngt. Mephistopheles verspricht ihm: „Du siehst, mit diesem Trank im Leibe, | Bald Helenen in jedem Weibe."
In der nächsten Szene trifft Faust Gretchen. Die Liebestragödie beginnt …
Lesen und hören Sie nun das *Hexen-Einmaleins* von Goethe. Ergänzen Sie die Zahlen.

1.15

„Du musst verstehn!
Aus Eins mach' Zehn,
Und ………. lass gehn,
Und Drei mach' gleich
So bist du reich.
Verlier' die ……….
Aus Fünf und ………. ,
So sagt die Hex',
Mach' Sieben und ………. ,
So ist's vollbracht:
Und Neun ist Eins,
Und ………. ist keins.
Das ist das Hexen-Einmaleins!"

Faust I (2540 – 2552)

Ü8 Grundrechenarten

Hören Sie und sprechen Sie nach.

1.16

1 × 1 = 1	ein	mal	eins	ist	eins
	eins	multipliziert mit	eins	ist	eins
2 × 3 = 6	zwei	mal	drei	ist	sechs
	zwei	multipliziert mit	drei	ist	sechs
1 + 1 = 2	eins	und	eins	ist	zwei
	eins	plus	eins	ist	zwei
1 − 1 = 0	eins	weniger	eins	ist	null
	eins	minus	eins	ist	null
4 : 2 = 2	vier	geteilt durch	zwei	ist	zwei
	vier	dividiert durch	zwei	ist	zwei

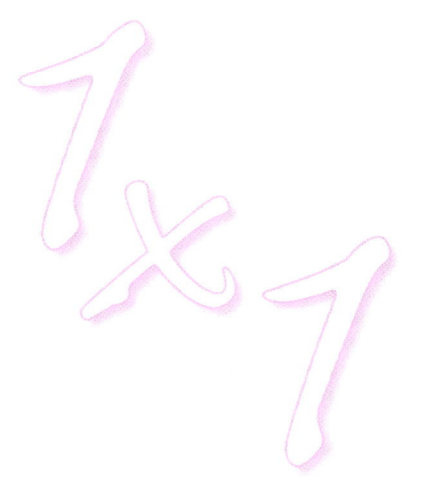

Ü9 Wie spricht man das aus?

Hören Sie und sprechen Sie nach.

1.17

2^2	= zwei hoch zwei	2 m³	= zwei Kubikmeter
2 m²	= zwei Quadratmeter	2 cm³/ccm	= zwei Kubikzentimeter

25 % = fünfundzwanzig Prozent = ein Viertel = $1/4$
33 % = dreiunddreißig Prozent = ein Drittel = $1/3$
50 % = fünfzig Prozent = die Hälfte = $1/2$ = ein Halbes
66 % = sechsundsechzig Prozent = zwei Drittel = $2/3$
75 % = fünfundsiebzig Prozent = drei Viertel = $3/4$
10 % = zehn Prozent = ein Zehntel = $1/10$
1 % = ein Prozent = ein Hundertstel = $1/100$
0,5 % = null Komma fünf Prozent

● Wie tauscht man das Geld?

1 : 7 *(im Verhältnis)* = eins zu sieben   1 : 100 = eins zu hundert

Ü 10 Was hören Sie?

Hören Sie die Zahlen, Prozentangaben und Bruchzahlen. Notieren Sie.

1.18

1. .... 8. ....
2. .... 9. ....
3. .... 10. ....
4. .... 11. ....
5. .... 12. ....
6. .... 13. ....
7. .... 14. ....

● Stellen Sie Ihrem Nachbarn Rechenaufgaben.

▶ 3 + 17 : 20 × 25 + 75 − 40 : 20 − 3 = …

Ü 11 Geldanlage – früher und heute

Lesen Sie zuerst den Text und berichten Sie dann, wie früher bei Ihnen zu Hause Geld gespart wurde.

Sicher gab es schon zu allen Zeiten in Hochkulturen Banken und ein Bankwesen. So kannten die Römer schon den Wechsel, die Chinesen das Papiergeld, und die Italiener prägten den Wortschatz des Bankwesens. Man denke nur an das Wort Konto. Auch das Sparen ist schon lange verbreitet.

Der Sparstrumpf war früher ein Ausdruck von Wohlstand. Was bedeutet er? Man hatte etwas Geld übrig, man legte es zur Seite, sparte es und kaufte sich später davon Möbel, Kleider usw. Aber man durfte das Geld nicht entdecken. Deshalb taten es früher vor allem alte Leute in einen Strumpf und versteckten ihn im Wäscheschrank oder im Bett.

Viele Kinder werfen heute noch ihr Geld in ein Sparschwein oder in eine Sparbüchse. Sie sparen es und kaufen sich später Turnschuhe, Bücher oder Computerspiele. Auf diese Art und Weise spart man natürlich Geld, aber man vermehrt es nicht. Schließlich bekommt man für das Geld im Sparstrumpf oder in der Sparbüchse keine Zinsen.

● Wie vermehren Sie heute Ihr Geld? Hier einige Beispiele.

▶ Kontensparen: ein Sparbuch anlegen, Geld auf einem Festgeldkonto anlegen
▶ Wertpapiersparen: festverzinsliche Wertpapiere (Unternehmensanleihen, Bundeswertpapiere) kaufen
▶ Aktien: Aktien kaufen, Geld in Aktien anlegen
▶ Investment-/Immobilienfonds: in einen Aktienfonds investieren, Investmentzertifikate erwerben
▶ Sachanlagen: Immobilien kaufen/erwerben, Kunst sammeln, Wein kaufen …
▶ Versicherungssparen: eine Kapitallebensversicherung abschließen

● Kennen Sie noch andere Anlageformen?

Exportwege *neu*, Kursbuch 2, Kapitel 3

Ü 12 Die Deutschen und ihr Anlageverhalten

Die Deutschen legen offensichtlich mehr Wert auf Sicherheit als auf eine hohe Rendite. So ruht der größte Teil des Ersparten auf Spar-, Sicht- und Terminkonten, in Versicherungen und verzinslichen Wertpapieren.
Lesen Sie die Texte. Die Grafik gibt Ihnen zusätzliche Informationen.

Was ist das?

Spareinlagen

Das sind Einlagen bei Kreditinstituten. Sie sind nicht für den Zahlungsverkehr bestimmt. Sie haben eine Kündigungsfrist von mindestens drei Monaten. Zu den Spareinlagen gehören z. B. Sparbuch, Sparbrief, Sparplan und Prämiensparen. In Deutschland ist vor allem das Sparbuch sehr beliebt. Allgemein gelten Spareinlagen als sehr risikoarme Anlagen, denn die Rückzahlungen und Zinsen sind garantiert.

Sichteinlagen

Auch das sind Einlagen bei Kreditinstituten. Über dieses Geld kann der Bankkunde unbeschränkt verfügen. Das bedeutet in diesem Fall, es gibt für Sichteinlagen keine Kündigungsfristen, diese Einlagen sind täglich verfügbar. Deshalb sind die Zinsen auch niedrig.

WIE SPAREN DIE DEUTSCHEN?
4,53 Billionen Euro Geldvermögen
Angaben in Milliarden Euro

- Spar-, Sicht-, Termineinlagen und Bargeld: 1.541
- Geldanlagen bei Versicherungen: 1.148
- Investmentfonds: 525
- Verzinsliche Wertpapiere*: 482
- Aktien: 372
- Sonstiges: 460

bankenverband
BUNDESVERBAND DEUTSCHER BANKEN

*auch Zertifikate
Stand: Ende 2006, Quelle: Deutsche Bundesbank

Termineinlagen

Sie werden für eine begrenzte Zeit, auf Termin, angelegt. Sie werden auch als Festgelder bezeichnet, weil der Sparer sein Geld für einen Zeitraum von einem Monat bis zu vier Jahren fest anlegt. Während der Laufzeit ändert sich der Zins nicht. Kunden können mit ihren Banken für das Ende der Befristung eine stillschweigende Verlängerung oder die Rückzahlung der Festgeldanlage vereinbaren.

Investmentfonds

Bei dieser Form der Geldanlage verwaltet eine Kapitalanlagegesellschaft Vermögen. Die Gelder sind in Aktien oder Rentenpapieren angelegt. Durch die Streuung des Geldes reduziert sich das Risiko im Vergleich zur Anlage in Einzelwerten (Aktien). Bei einer Aktie schwankt die Dividende. Daher eignen sich Investmentfonds gerade für regelmäßiges, langfristiges Sparen – zum Beispiel für die Altersvorsorge. Möglich ist das etwa mit sogenannten Fondssparplänen, bei denen Anleger jederzeit über ihr Fondsvermögen verfügen und bei Bedarf ihre Sparrate ändern können.

Verzinsliche Wertpapiere

Man nennt sie oft auch Anleihen, Renten, Bonds oder Obligationen. Es handelt sich um Schuldverschreibungen, die von öffentlichen Emittenten wie vom Bund, von Ländern und Gemeinden oder auch von Unternehmen und Kreditinstituten ausgegeben werden. Sie haben einen festen Zinssatz und eine vorgegebene Laufzeit. Es gibt aber auch variabel verzinsliche Papiere, sogenannte Floater, oder Anleihen ohne laufende Zinszahlung.

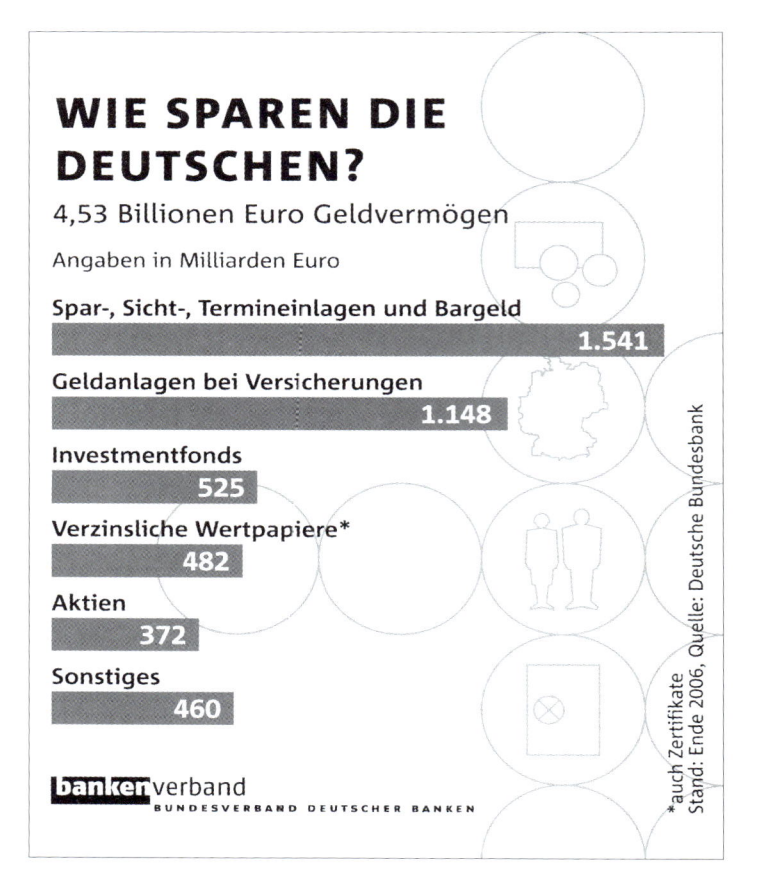

Anlagen bei Versicherungen

Das bekannteste Beispiel ist die Lebensversicherung. Sie gehört zu den Individualversicherungen und hat den Status einer Personenversicherung. Es gibt verschiedene Möglichkeiten: Man kann z. B. eine Kapitallebensversicherung abschließen. Nach Ablauf der Vertragslaufzeit oder bei Tod des Versicherten wird eine vertraglich festgeschriebene Summe ausgezahlt. Außerdem kann man zur Lebensversicherung noch Zusatzversicherungen abschließen, wie z. B. eine Berufsunfähigkeitsversicherung, wenn man krank ist und seinen Beruf nicht mehr ausüben kann.

Aktien

Aktien sind Anteilscheine. Mit ihnen erwirbt der Inhaber einen bestimmten Teil des Gesellschaftsvermögens einer Aktiengesellschaft (AG). Ein Aktionär ist also ein Gesellschafter. Er ist auch am Erfolg des Unternehmens beteiligt. Ein bestimmter Teil des Gewinns kann als Dividende ausgezahlt werden. Der Aktionär trägt aber auch das unternehmerische Risiko, aber nur bis zur Höhe des Kapitaleinsatzes.

● Welche Aussagen gehören zu welchen Anlageformen? Kreuzen Sie an. Mehrere Lösungen sind möglich.

	Spareinlage	Sichteinlage	Termineinlage	Investmentfonds	Wertpapiere	Versicherung	Aktie
1. Sie gilt als risikoarme Anlageform.	☐	☐	☐	☐	☐	☐	☐
2. Man erzielt eine höhere Rendite, trägt aber auch ein höheres Risiko.	☐	☐	☐	☐	☐	☐	☐
3. Es gibt einen festen Zinssatz.	☐	☐	☐	☐	☐	☐	☐
4. Die Summe wird nach Ablauf einer vereinbarten Laufzeit oder im Todesfall ausgezahlt.	☐	☐	☐	☐	☐	☐	☐
5. Man kann jederzeit über das Geld verfügen.	☐	☐	☐	☐	☐	☐	☐
6. Der Anleger erhält nur wenig Zinsen.	☐	☐	☐	☐	☐	☐	☐
7. Diese Anlageform eignet sich für die Altersvorsorge.	☐	☐	☐	☐	☐	☐	☐
8. Es gibt eine Kündigungsfrist.	☐	☐	☐	☐	☐	☐	☐

Ü 13 Sie arbeiten als Berater/-in in einer Bank.

Beschreiben Sie die Anlageformen und beraten Sie die Kunden. Spielen Sie die Dialoge.

Dialog 1: Maria A. ist Studentin. Sie hat nur wenig Geld. Sie möchte über das Geld jederzeit verfügen.

Dialog 2: Petra B. hat von ihrer Großmutter 10 000 € bekommen. Sie möchte einen Teil des Kapitals für die Altersvorsorge verwenden. Sie ist aber auch etwas risikobereit.

Dialog 3: Christoph C. ist Berufsanfänger (Arzt). Er möchte etwas für die Altersvorsorge tun, eine Familie gründen. Er hat Angst davor, dass er berufsunfähig wird.

Dialog 4: Michael D. und Christa G. arbeiten als Angestellte. Sie möchten sich in drei Jahren ein neues Auto kaufen.

▶ Fragen des Beraters:

1. Wie viel Geld möchten Sie (monatlich) anlegen?
2. Was möchten Sie mit dem Geld machen?
3. Möchten Sie das Geld fest anlegen oder wollen Sie jederzeit über das Geld verfügen?
4. Wie sicher soll die Anlage sein? Wie risikobereit sind Sie?
5. Wie lange wollen Sie das Geld anlegen?

Ü 14 Der Deutsche Aktienindex (DAX)

Der *DAX*, ursprünglich *Deutscher Aktienindex*, ist der wichtigste deutsche Aktienindex. Er gibt über Entwicklung und Stand der deutschen Aktienkurse von 30 ausgewählten Unternehmen Auskunft. In die Berechnung des *DAX* fließen neben den Kursen auch die meist jährlich erfolgenden Dividendenzahlungen ein.

Beschreiben Sie anhand einiger Beispiele die Entwicklungen der DAX-Werte, die Sie aus der Übersicht entnehmen können.

Dax-Bericht: 21.12.2007

Unternehmen	letzte Dividende in €	Kurs in €	Vortag in €	Veränderungen innerhalb eines Jahres in €		Dividenden-Rendite* in %
				Hoch	Tief	
Adidas	0,42	49,00 ↑	47,83	51,26	34,50	1,0
Allianz	3,80	145,27 ↑	141,83	180,29	131,96	2,5
BASF	3,00	100,27 ↑	98,01	102,00	71,28	3,7
Bayer	1,00	61,93 ↗	60,39	62,74	39,80	2,2
BMW	0,70	41,55 ↗	40,71	51,49	39,42	1,6
Commerzbank	0,75	26,11 ↗	26,01	38,20	22,76	2,3
Continental	2,00	88,78 ↑	86,28	111,71	83,30	2,1
Daimler AG	1,50	65,86 ↗	64,54	78,85	45,98	2,4
Deutsche Bank	4,00	87,98 ↗	87,62	159,74	120,06	4,0
Deutsche Börse	1,70	131,98 ↑	127,30	136,32	68,91	2,1
Deutsche Post	0,75	23,52 ↗	23,25	26,33	19,81	3,4
Deutsche Postbank	1,25	60,64 ↑	58,01	74,72	43,41	2,0
Deutsche Telekom	0,72	15,02 ↗	15,01	15,37	12,18	5,7
E.ON AG	3,35	143,70 ↗	142,66	146,48	94,50	3,3
Fresenius Med. Care	0,47	36,40 ↗	36,16	39,09	32,98	1,3
Henkel	0,50	38,95 ↗	38,25	41,94	33,37	1,4
Hypo Real Estate	1,50	36,97 ↗	36,67	53,65	31,80	3,2
Infineon Techno	–	8,13 ↗	8,10	13,63	7,56	–
Linde	1,50	90,38 ↑	88,32	93,20	71,68	1,9
Lufthansa	0,70	18,27 ↗	18,05	22,83	17,06	3,5
MAN	2,00	110,40 ↑	108,04	126,99	68,41	1,7
MERCK	1,05	89,83 ↗	89,43	109,26	79,07	1,05
Metro	1,12	57,61 ↗	57,05	68,60	48,82	2,1
Münch. Rückvers.	4,50	131,21 ↑	129,26	142,75	112,35	3,6
RWE	3,50	95,46 ↑	93,59	98,40	74,14	4,5
SAP	0,46	35,91 ↗	35,69	43,03	32,83	1,4
Siemens	1,45	107,41 ↑	104,91	112,10	74,96	1,8
ThyssenKrupp	1,00	37,82 ↗	36,98	46,92	32,75	2,8
TUI	–	18,53 ↘	18,74	22,10	15,21	–
VW	1,25	156,53 ↗	155,31	199,70	82,23	1,1
DAX (in Punkten)	–	7 990,78 ↗	7 858,14	8 132,73	6 437,25	–

* Die Dividendenrendite ergibt sich aus der Division der Dividende durch den aktuellen Aktienkurs multipliziert mit 100. Sie gibt die Verzinsung des investierten Aktienkapitals je Aktie in Prozent an.

● *Redemittel:* **Börsenkurse**

▶ Der *DAX* erreicht einen Tiefpunkt ⟷ einen Höhepunkt.
   klettert auf ... Punkte/hat die Marke von ... Punkten erreicht.
   fällt auf ... Punkte .../ist auf ... Punkte gesunken.
   hat die Marke von ... übersprungen.
▶ Die Aktien von ... haben eine Rendite erzielt von ...
▶ Die *BASF* hat eine Dividende pro Aktie von ... ausgeschüttet/ausgezahlt.
▶ Die Aktien können einen Zuwachs verbuchen/haben an Wert gewonnen ⟷ verloren.
▶ Die Titel von ... gehören zu den Gewinnern ⟷ Verlierern.
▶ Der Kurs ist (gegenüber dem Vortag) gestiegen ⟷ gefallen.

Ü 15 Rund um Frankfurt

Lesen Sie zuerst den Informationstext über Frankfurt am Main.

Frankfurt – mehr als nur ein Bankenzentrum

Frankfurt ist nicht nur ein Finanzzentrum, sondern auch Kulturmetropole und Brennpunkt der Geschichte.

In einer Urkunde wird die Stadt 794 erstmals erwähnt. Im Jahre 1994 feierte die Stadt ihren zwölfhundertsten Geburtstag. In Frankfurt wurden über Jahrhunderte hinweg deutsche Kaiser gewählt und gekrönt. Ab 1372 ist Frankfurt „Freie Reichsstadt" und nur noch dem Kaiser verpflichtet. 1240 bekommt die Stadt am Main offiziell von Friedrich II. das Messeprivileg. Damit beginnt die lange internationale Messetradition der Stadt. Im Mittelalter werden hier Bücher, Waffen, Gewürze und Stoffe verkauft und erste bargeldlose Finanzgeschäfte abgewickelt. Um 1480 wird die Buchmesse fester Bestandteil der Frankfurter Messe.

Die Stadt kauft im Jahre 1405 das Haus *Römer* und einige angrenzende Bürgerhäuser und baut diese zu einem Rathaus um. Auf dem Römerberg (dem Zentrum der Altstadt) fanden nicht nur die bedeutenden Frankfurter Messen statt, hier wurden auch die Wahlen und Krönungen deutscher Könige durchgeführt. Heute ist der Römerberg repräsentativer Mittelpunkt der Frankfurter Altstadt, auch dank der wichtigen kulturellen Ergänzungen wie dem Historischen Museum und der Kunsthalle Schirn.

1585 wird in Frankfurt die Börse eingerichtet. Heute ist Frankfurt führender Börsenplatz in Deutschland.

Im Jahre 1749 kommt Johann Wolfgang von Goethe in Frankfurt zur Welt und verbringt hier seine Jugendjahre. Bis 1795 war das Goethe-Haus im Großen Hirschgraben der Wohnsitz der Familie Goethe.

Die Paulskirche (1789 – 1833) ist als „Wiege der deutschen Demokratie" das nationale Symbol für Freiheit und Demokratie in Deutschland schlechthin. Am 18. Mai 1848 trat die erste frei gewählte Nationalversammlung hier zusammen.

Im Eurotower, dem ehemaligen BfG-Hochhaus, nimmt 1995 das Europäische Währungsinstitut, Vorläufer der heutigen Europäischen Zentralbank, seine Arbeit auf.

Die Mainmetropole Frankfurt ist das Zentrum des Rhein-Main-Gebietes und hat sich im Laufe ihrer Geschichte zu einer der produktivsten und dynamischsten Metropolen in Europa entwickelt.

● Was stimmt? Kreuzen Sie an. Informationen erhalten Sie aus dem vorangegangenen Text.

1. Der Römerberg ist der wichtigste Marktplatz der Stadt. Bereits im 11. Jahrhundert gibt es in Frankfurt
   - [ ] Messen.
   - [ ] Banken.
   - [ ] eine Börse.

2. Hier versammeln sich 1848 Abgeordnete zum ersten frei gewählten Parlament der deutschen Geschichte.
   - [ ] Nikolaikirche
   - [ ] Paulskirche
   - [ ] Französischer Dom

3. Im Großen Hirschgraben wurde am 28.8.1749 Deutschlands bekanntester Dichter geboren. Sein Name ist
   - [ ] Friedrich Nietzsche.
   - [ ] Friedrich Schiller.
   - [ ] Johann Wolfgang von Goethe.

4. Frankfurt ist auch eine Museumsstadt (z. B. mit dem Deutschen Film-Museum). Wichtige zeitgenössische Kunst wird in einem der renommiertesten Ausstellungshäuser gezeigt. Gemeint ist
   - [ ] die Neue Nationalgalerie.
   - [ ] die Neue Pinakothek.
   - [ ] die Schirn Kunsthalle.

5. Der Eurotower ist seit 1998 der Hauptsitz
   - [ ] der Deutschen Bundesbank.
   - [ ] der Europäischen Zentralbank.
   - [ ] des Deutschen Fußballbunds (DFB).

4 Wirtschaftsregionen

Themen: **A** Wirtschaftsregionen in Deutschland **B** „Made in Germany": Die Geschichte der Hannover-Messe **C** Der Maschinenbau in Deutschland **D** Unternehmensformen

A Wirtschaftsregionen in Deutschland

A1 Von der Ukraine nach Deutschland

Boris Korolenko arbeitet als Entwicklungschef für ein Automobilunternehmen in der Ukraine. Seine Firma braucht für den Karosseriebau Maschinen, die Bleche bearbeiten können. Boris Korolenko informiert sich zuerst über die Wirtschaftsregionen in Deutschland.

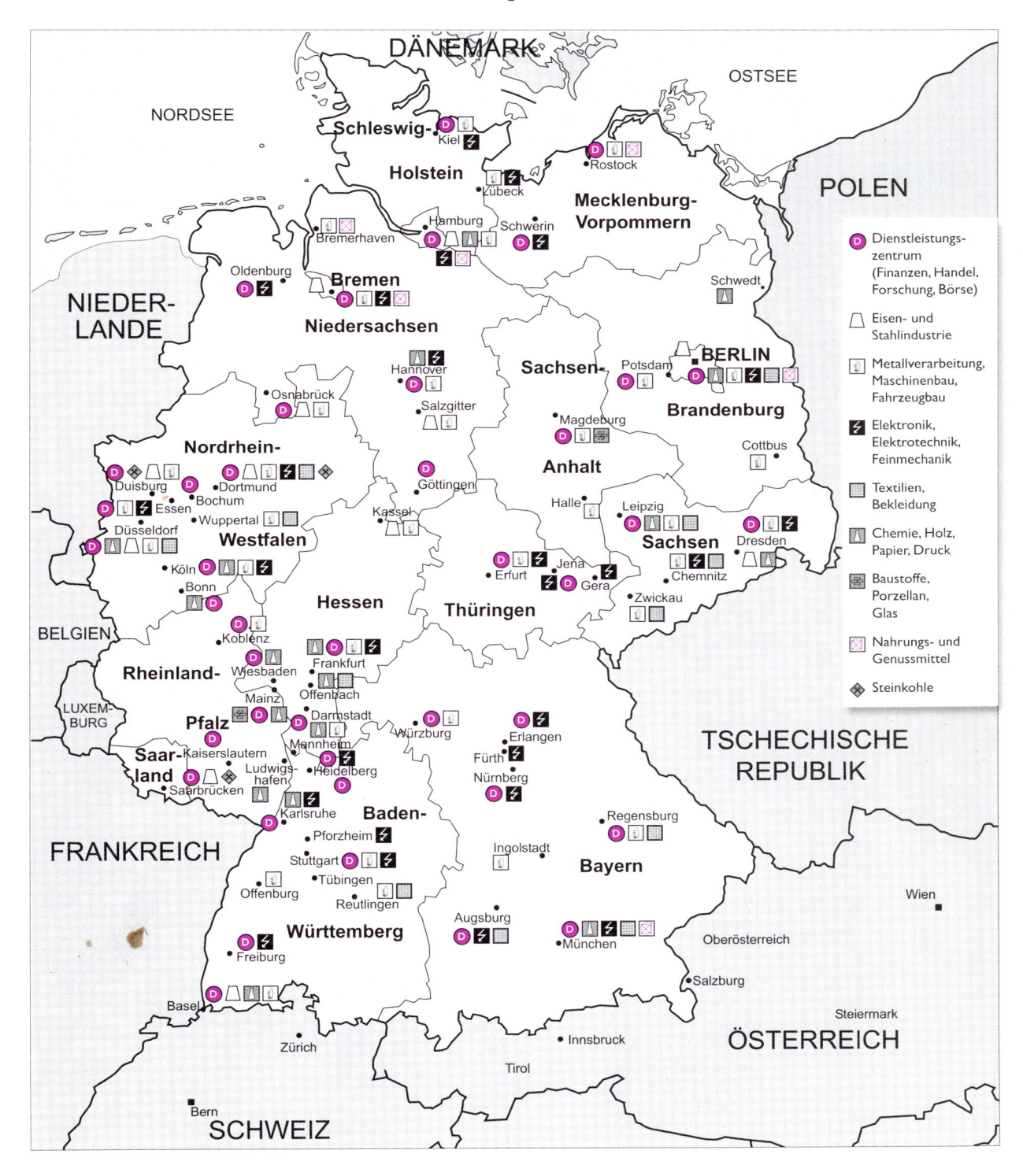

Legende:
- **D** Dienstleistungszentrum (Finanzen, Handel, Forschung, Börse)
- Eisen- und Stahlindustrie
- Metallverarbeitung, Maschinenbau, Fahrzeugbau
- ⚡ Elektronik, Elektrotechnik, Feinmechanik
- Textilien, Bekleidung
- Chemie, Holz, Papier, Druck
- Baustoffe, Porzellan, Glas
- Nahrungs- und Genussmittel
- ◆ Steinkohle

Exportwege neu, Kursbuch 2, Kapitel 4

● Suchen Sie Beispiele aus der Karte für die einzelnen Sektoren.

```
                    Wirtschaft
         ↙              ↓              ↘
Primärer Sektor   Sekundärer Sektor   Tertiärer Sektor
  Urproduktion       Produktion         Dienstleistung
```

Primärer Sektor – Urproduktion	Sekundärer Sektor – Produktion	Tertiärer Sektor – Dienstleistung
Landwirtschaft, Abbau von Bodenschätzen,	*Maschinenbau,*	....

● Notieren Sie die wichtigsten Industriezweige in den einzelnen Regionen.

Rhein-Ruhr
Chemische Industrie, ...
....

Sachsen (Leipzig, Dresden, Chemnitz)
....
....

Rhein-Main
....
....

Rhein-Neckar
....
....

Stuttgart
....
....

Augsburg/München
....
....

● Bilden Sie Gruppen und stellen Sie jeweils eine Region vor.

● *Redemittel:* **Welche Industrien gibt es? Wo arbeiten die Menschen?**

▶ In der Region ... gibt es ...
  ... (keine) Industrie.
  ... vor allem Industrie.
  ... mehr/weniger Industrie.

▶ In der Region ... dominiert/herrscht die
  ... Industrie vor.

▶ In der Region ... haben sich vor allem
  Unternehmen der ... Industrie angesie-
  delt/niedergelassen.

▶ Dagegen/hingegen/stattdessen fehlt die
  ... Industrie.

▶ Die Menschen arbeiten vor allem ...
  ... in der ... Industrie.
  ... im Maschinenbau.
  ... im ... Sektor.
  ... in der ... Branche.
  ... in der Sparte ...
  (in + Dativ)

▶ Die Menschen sind in
  der ... Industrie be-
  schäftigt/tätig.

● Beschreiben Sie eine Wirtschaftsregion Ihres Heimatlandes. Recherchieren Sie zuerst in Lexika oder im Internet. Bereiten Sie dann einen kleinen Vortrag vor. Machen Sie sich nur Notizen. Gehen Sie auch auf folgende Punkte ein: Warum entstehen bestimmte Industrieregionen? Wie ist die Infrastruktur (schiffbare Flüsse, Eisenbahn- und Straßennetz) und Bodenschätze (Kohle …)?

A2 Auf Herstellersuche

Welche Informationen sind für die Kontaktaufnahme von Boris Korolenko wichtig? Markieren Sie, wie wichtig die einzelnen Informationen sind. Tauschen Sie sich dann mit einem Partner über die Ergebnisse aus.

Informationen	wenig wichtig	wichtig	sehr wichtig
1. … über deutsche Außenhandelskammern	☐	☐	☐
2. … auf Industriemessen	☐	☐	☐
3. … in Anbieter- und Herstellerverzeichnissen	☐	☐	☐
4. … aus Internetauftritten deutscher Firmen	☐	☐	☐
5. … über die allgemeine wirtschaftliche Situation in Deutschland	☐	☐	☐
6. … bei anderen Firmen über deutsche Außenhandelspartner	☐	☐	☐
7. … über wichtige Produktgruppen, die Deutschland exportiert	☐	☐	☐

A3 Der VDMA – Verband Deutscher Maschinen- und Anlagenbau e. V.

Der Verband Deutscher Maschinen- und Anlagenbau e. V. (*VDMA*) vertritt die Interessen von 3 000 zumeist mittelständischen Mitgliedsunternehmen der Investitionsgüterindustrie.

Der Maschinen- und Anlagenbau ist eine Schlüsseltechnologie und der Motor für die Wirtschaft. Mit einem Umsatz von rund 167 Milliarden Euro und 873 000 Beschäftigten gehört der Maschinen- und Anlagenbau zu den größten Branchen und wichtigsten Arbeitgebern in Deutschland.

Der *VDMA* ist einer der bedeutendsten Industrieverbände in Europa.

● Auf der Webseite des VDMA (www.vdma.org) ist ein Branchenverzeichnis zu finden. Aus welcher Branche sollte sich Boris Korolenko ein Unternehmen suchen? Suchen Sie die Begriffe im Wörterbuch.

Branchen von A bis Z

1. Antriebstechnik und -elemente
2. Bau- und Baustoffmaschinen
3. Chemiefaseranlagen
4. Dichtungen
5. Fertigungs-, Mess- und Prüftechnik
6. Gleitlager
7. Holzbearbeitungsmaschinen
8. Klima- und Lüftungstechnik
9. Laser und Lasersysteme für die Materialbearbeitung
10. Motorenanlagen zur Strom- und Wärmeerzeugung
11. Nahrungsmittelmaschinen und Verpackungsmaschinen
12. Präzisionswerkzeuge
13. Software
14. Technische Logistik
15. Verpackungsmaschinen
16. Werkzeugbau

A4 Eine Produktanfrage

Der *VDMA* unterstützt Unternehmen bei der Suche nach Herstellern. Dafür bietet der *VDMA* einen speziellen Service an, die *INFOTHEK – Wer baut Maschinen in Deutschland?* Dort können Unternehmen Produkte aufrufen und erhalten dann eine Liste mit Unternehmen, die diese Produkte herstellen.

Die Firma von Boris Korolenko benötigt Maschinen für den Karosseriebau. Er möchte den Service des *VDMA* nutzen, um ein geeignetes Unternehmen zu finden. Füllen Sie für ihn das Formular aus.

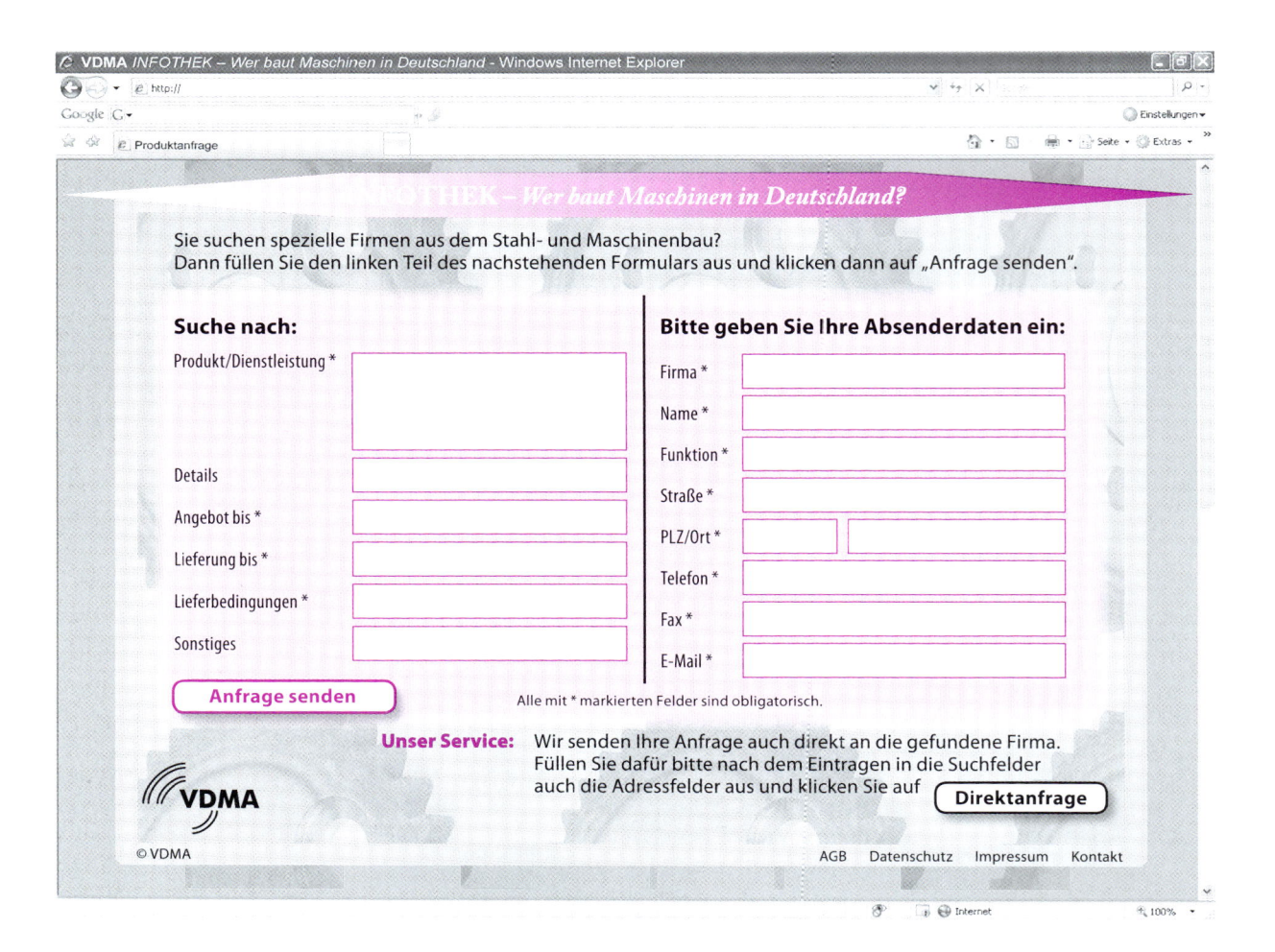

● Boris Korolenko erhält als Ergebnis seiner Anfrage folgende Adresse:

Firma TRUMPF GmbH + Co. KG
Johann-Maus-Straße 2
71254 Ditzingen
Tel.: (0 71 56) 3 03-0
Fax: (0 71 56) 3 03-3 09
E-Mail: info@de.trumpf.com

Er schreibt eine E-Mail an diese Firma. Ergänzen Sie die Sätze.

▶ senden ▶ suchen
▶ tätig ▶ sein

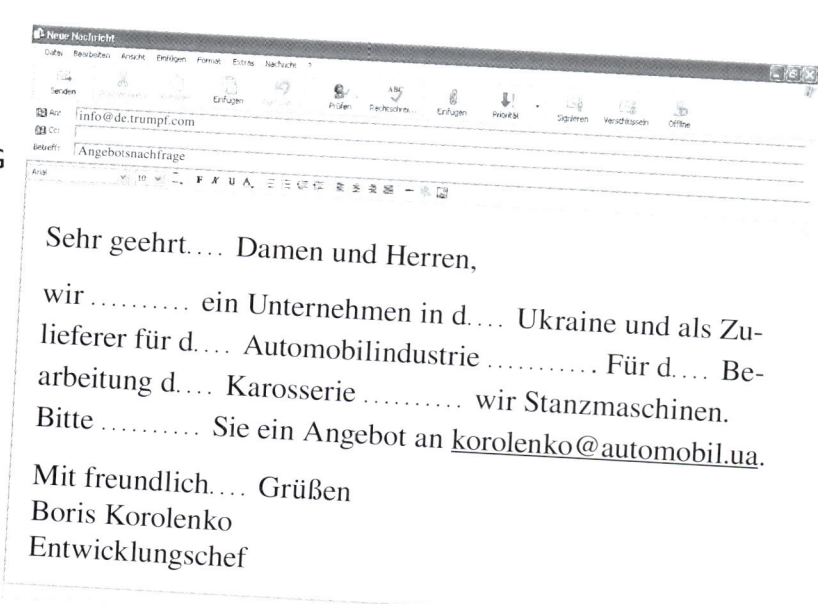

An: info@de.trumpf.com
Betreff: Angebotsnachfrage

Sehr geehrt.... Damen und Herren,

wir .... ein Unternehmen in d.... Ukraine und als Zulieferer für d.... Automobilindustrie .... Für d.... Bearbeitung d.... Karosserie .... wir Stanzmaschinen. Bitte .... Sie ein Angebot an korolenko@automobil.ua.

Mit freundlich.... Grüßen
Boris Korolenko
Entwicklungschef

B „Made in Germany": Die Geschichte der *Hannover-Messe*

B1 Ein Rückblick

⇨ G 1, Ü 1, Ü 5, Ü 8, Ü 13

Die Hannover-Messe

Die Entwicklung des Messeplatzes Hannover spiegelt die gesamte Messegeschichte Deutschlands und den Wiederaufstieg der deutschen Wirtschaft nach dem Zweiten Weltkrieg wider. Nach dem Krieg war Deutschland zerstört, die Industrie war zerschlagen und es herrschte Lebensmittelknappheit. Aber am 16. August 1947 wurde auf Initiative der britischen Militärregierung die *Deutsche Messe AG* gegründet. Zwei Jahre nach dem Kriegsende fand die erste Exportmesse Hannover statt, die bald zum Symbol des deutschen Wirtschaftswunders wurde. Zeichen für die Messe ist noch heute der Kopf des Hermes. Der listige Hermes ist der Gott der Händler.

In Absprache mit den US-Behörden ordnete damals die britische Militärregierung vom 18. August bis 7. September 1947 eine Exportmesse für die westlichen Zonen an. Auf ihr sollten Unternehmer, Arbeiter und Politiker zeigen, dass die deutsche Industrie noch etwas zu bieten hatte. Denn nur der Export ihrer Produkte, so die Hoffnung der Alliierten, konnte den Deutschen helfen, ihre Wirtschaft wieder aufzubauen. 1 300 Aussteller präsentierten auf der Exportmesse ihre Produkte. Zu sehen waren z. B. der kleinste Dieselmotor der Welt oder Zahnprothesen. Die Besucher bestaunten aber vor allem ein Auto, den VW Käfer, den man seit 1946 wieder in Wolfsburg baute. Er wurde bald zu einem weltweiten Exportschlager.

Im Jahre 1950 stellten erstmals ausländische Unternehmen auf der „Deutschen Industrie-Messe" aus.

Ludwig Erhard, erster Wirtschaftsminister der Bundesrepublik Deutschland und von 1963–66 Bundeskanzler, gehörte immer wieder zu ihren Besuchern. Dort vertrat er auch seine Vorstellung von der „sozialen Marktwirtschaft".

Aus der „Hannover-Messe" gingen 1986 die *HANNOVER-MESSE* und die *CeBIT* (Centrum für Büro- und Informationstechnik), die weltweit größte Messe für Informationstechnik, als eigenständige Veranstaltungen hervor. Sie sind heute die wichtigsten Messen der niedersächsischen Landeshauptstadt Hannover.

Von Juni bis Oktober 2000 fand in Hannover u. a. auf dem Messegelände die erste Weltausstellung in Deutschland, die *EXPO 2000* („Mensch – Natur – Technik"), statt. In den früheren Weltausstellungen lag der Schwerpunkt auf der Präsentation technischer Fortschritte. Auf der *EXPO 2000* zeigten dagegen Aussteller aus mehr als 180 Nationen Lösungen für die Probleme des 21. Jahrhunderts in Umwelt und Entwicklung.

● Was war am …/im Jahre …? Ergänzen Sie die Sätze.

16. August 1947: *Die Deutsche Messe AG wurde gegründet.*

18. August bis 7. September 1947: ....

1950: ....

1986: ....

2000: ....

● Fragen zum Text:

1. Was erfahren Sie über die erste Exportmesse nach dem Krieg (Gründe für die Entstehung, Aussteller, Produkte)?
2. Nennen Sie stichwortartig Informationen zu Ludwig Erhard.
3. Was zeigt man auf der *CeBIT*?
4. Wie lautete das Motto der *EXPO 2000*? Welche Probleme des 21. Jahrhunderts halten Sie für besonders wichtig?

B2 Chroniken werden oft im Präsens geschrieben. ⇨ G 2, Ü 11, Ü 12, Ü 14

Formulieren Sie die wichtigsten Etappen der *Hannover-Messe* im Präsens.

....
....
....
....
....
....
....
....
....

C Der Maschinenbau in Deutschland

C1 Was meinen Sie? ⇨ Ü 2–4

Welche Produkte/Erzeugnisse werden von der Metall verarbeitenden Industrie hergestellt? Notieren Sie die Produkte/Erzeugnisse.

Benzin	Waschmittel
Elektromaschinen	Motoren
Düngemittel	Kolben
Kühlschränke	Häuser
Brot	Traktoren
Turbinen	Medikamente
Zement	Landmaschinen

● Nutzen Sie die Karte in A 1. Notieren Sie wichtige Standorte des Maschinenbaus in den alten und neuen Bundesländern.

alte Bundesländer	neue Bundesländer

C2 Der Maschinenbau in Deutschland

⇨ G 3, G 4, Ü 9–10, Ü 15

Lesen Sie zuerst den Text.

Maschinenbau – die größte Branche Deutschlands

◯ Der deutsche Maschinen- und Anlagenbau gehört zu den fünf wichtigsten Branchen in der Bundesrepublik. In den rund 5 900 Unternehmen sind 862 000 Menschen beschäftigt. Damit ist der Maschinenbau die größte Branche Deutschlands vor dem Ernährungsgewerbe, der Elektrotechnik und der Automobilindustrie.

◯ Im deutschen Maschinenbau dominieren mittelständische Betriebsstrukturen. Etwa 88 % der Unternehmen beschäftigen weniger als 250, nur 2 % haben mehr als 1 000 Mitarbeiter. Mehr als zwei Drittel der Unternehmen haben sogar weniger als 100 Beschäftigte. Viele der kleinen und mittleren Unternehmen sind auf ihren Spezialgebieten weltweit führend.

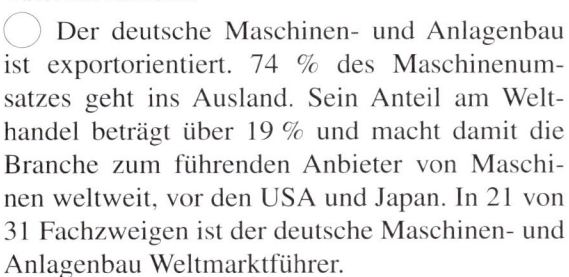

◯ Der deutsche Maschinen- und Anlagenbau ist exportorientiert. 74 % des Maschinenumsatzes geht ins Ausland. Sein Anteil am Welthandel beträgt über 19 % und macht damit die Branche zum führenden Anbieter von Maschinen weltweit, vor den USA und Japan. In 21 von 31 Fachzweigen ist der deutsche Maschinen- und Anlagenbau Weltmarktführer.

◯ Durch seine innovativen Produkte und Dienstleistungen sichert der Maschinen- und Anlagenbau die Wettbewerbsfähigkeit seiner Kunden. Rund ein Viertel ihrer Umsätze erwirtschaftete die Branche 2003 mit neuen oder deutlich verbesserten Produkten.

◯ Gut ausgebildete und hoch motivierte Mitarbeiter sind in einem Industriezweig mit höchsten technischen Ansprüchen das größte Kapital. Über 140 000 Ingenieure und Informatiker beschäftigt der deutsche Maschinen- und Anlagenbau und ist damit einer der wichtigsten Arbeitgeber für Ingenieure. Und der Bedarf wird weiter wachsen. Die Innovationsbranche Maschinenbau kann ihre internationale Wettbewerbsfähigkeit aber nur erhalten, wenn der Nachwuchs an exzellent ausgebildeten Ingenieuren auch in der Zukunft gesichert bleibt. Aber auch die Beschäftigten ohne akademische Ausbildung haben in der Regel mindestens einen Facharbeiterabschluss. Im Hinblick auf Qualifikation wie auch Flexibilität nehmen die Anforderungen an die Belegschaften seit Jahren zu.

● Ordnen Sie die Begriffe den einzelnen Abschnitten zu.

(1) industrieller Mittelstand
(2) Innovationsbranche
(3) Exportweltmeister
(4) hoch qualifiziertes Personal
(5) größte Industriebranche

● Ergänzen Sie die Sätze.

Der Maschinenbausektor ist die .... in Deutschland. In ihm sind .... dominierend. Hauptsächlich .... und .... Unternehmen sind in diesem Industriezweig vertreten. Nur in wenigen Betrieben arbeiten .... 1 000 Beschäftigte. Zwei Drittel der Maschinenprodukte werden .... exportiert. Der Maschinen- und Anlagenbau ist einer .... für Ingenieure.

● Definieren Sie folgende Begriffe aus dem Text.

1. Die Automobilindustrie ist eine Industrie, *die Autos herstellt.*
2. Ein Weltmarktführer ist ein Wirtschaftszweig, ...
3. Eine Innovationsbranche ist eine Branche, ...
4. Hoch qualifiziertes Personal ist Personal, ...
5. Motivierte Mitarbeiter sind Mitarbeiter, ...
6. Die Facharbeiter sind Beschäftigte, ...

C3 Kleine und mittlere Unternehmen laut Definition der EU-Kommission ⇨ Ü 2–4

Mikro-, klein- und mittelgroße Unternehmen sind sozial und wirtschaftlich wichtig, da sie 99 % aller Unternehmen in der EU darstellen, etwa 65 Millionen Arbeitsplätze bieten und eine wichtige Quelle für unternehmerische Initiative und Innovation sind. Am 6. Mai 2003 hat die Europäische Kommission eine neue Definition von kleinen und mittleren Unternehmen angenommen (KMU).

Damit will sie die Rechtssicherheit in Europa erhöhen und verhindern, dass Unternehmen, die nicht zu dieser Gruppe gehören und damit keine echten KMU sind, von KMU-Unterstützungsmaßnahmen profitieren. Die Empfehlung garantiert, dass Unternehmen, die zu einem größeren Unternehmen gehören und sich auf eine stärkere wirtschaftliche Position stützen können, z. B. keine staatlichen Beihilfen (Subventionen) oder finanziellen Mittel aus dem Forschungs- und Entwicklungsprogramm erhalten.

Unternehmens-kategorie	Zahl der Mitar-beiter	Umsatz in Mill. Euro	oder	Bilanz-summe* in Mill. Euro
mittelgroß	< 250	< 50		< 43
klein	< 50	< 10		< 10
mikro (kleinst)	< 10	< 2		< 2

* Bilanzsumme: Die Bilanzsumme ergibt sich aus der Summe der linken (Aktiva) oder der rechten (Passiva) Seite der Bilanz eines Unternehmens.

● Beantworten Sie die Fragen zum Text.

1. Warum hat die Europäische Union eine neue Definition angenommen?
2. Was passiert, wenn keine echten KMU Fördermittel erhalten? Diskutieren Sie.

● Ergänzen Sie die Definition der EU-Kommission mit den Informationen aus der Tabelle.

1. Kleinstunternehmen sind Unternehmen, ... weniger als .... Personen beschäftigen und .... Jahresumsatz und Bilanzsumme nicht höher als .... ist.

2. Ein kleines Unternehmen wird als Unternehmen definiert, ... weniger als .... Mitarbeiter hat und .... einen Jahresumsatz von höchstens .... erzielt.

3. Ein mittleres Unternehmen ist ein Unternehmen, ... weniger als .... Mitarbeiter hat und .... einen Jahresumsatz von maximal .... erzielt oder .... Bilanzsumme sich auf höchstens .... beläuft.

C4 Und jetzt sind Sie gefragt.

Welche Rolle spielt der Maschinenbau in Ihrem Heimatland? In welchen Bereichen sind kleinere und mittlere Unternehmen in Ihrem Heimatland tätig?
Recherchieren Sie in Lexika oder im Internet nach Informationen und stellen Sie Ihre Ergebnisse dann in einem kleinen Vortrag vor.

C5 Der Werkzeugmaschinenbau in Deutschland

Nennen Sie weitere Maschinen und finden Sie das passende Verb für ihre Verwendung.
Was für eine Maschine ist auf dem Bild zu sehen?

Welche Maschinen kennen Sie?	Was macht man damit?
Schleifmaschinen	→ ....
....	→ drehen
Fräsmaschinen	→ ....
....	→ schweißen
....	→ bohren

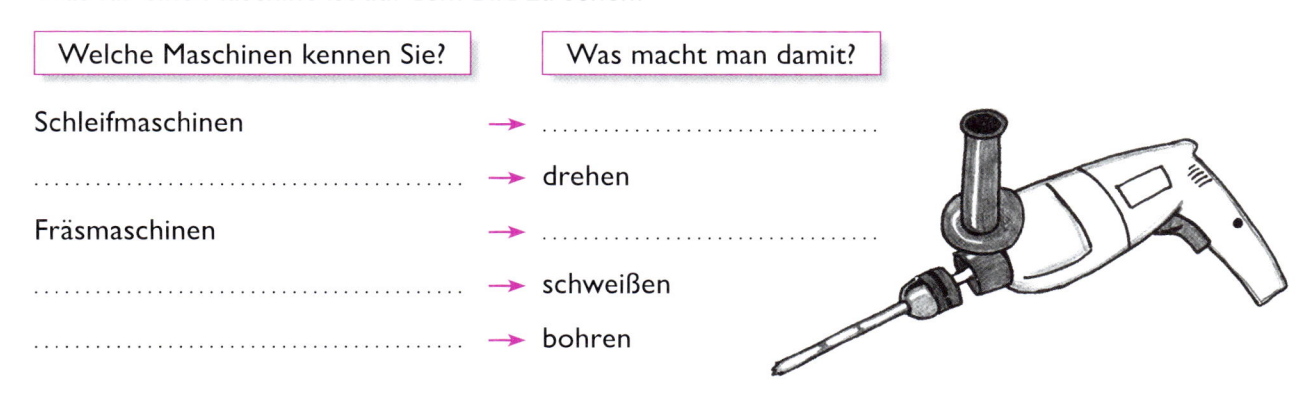

C6 Der Werkzeugmaschinenbau im internationalen Vergleich

Werkzeugmaschinen sind für die industrielle Fertigung absolut notwendig. Der Weltmarkt für Fertigungstechnik beträgt 150 Mrd. Euro und wird heute zu ca. 30 % durch Werkzeugmaschinen bestimmt. Der Bereich Fertigungstechnik umfasst darüber hinaus Werkzeuge, Messtechnik, Steuerungen, Software und Dienstleistungen. Maschinen, die mit Spitzentechnologie ausgerüstet sind, sind ein Spezialgebiet der deutschen Hersteller. Diese Produkte werden vor allem in Westeuropa, Asien und den USA abgesetzt. Aber Mittel- und Osteuropa sind zukünftig besonders interessante Märkte.

● Beschreiben Sie die beiden Grafiken mithilfe der Redemittel.

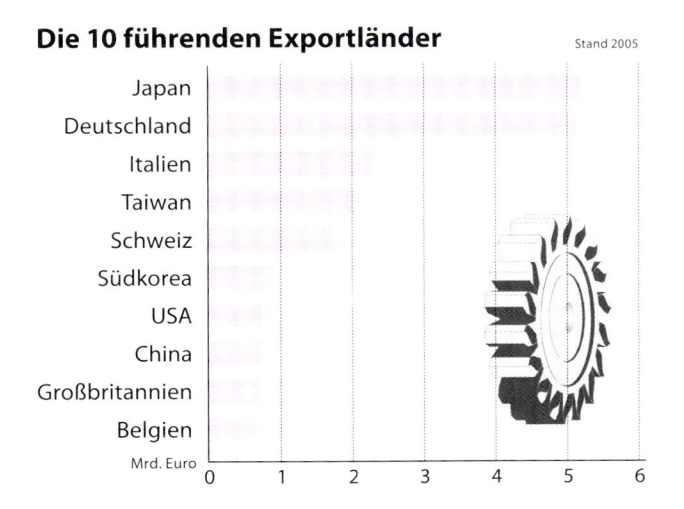

1 Werkzeugmaschinen-Export

Die 10 führenden Exportländer Stand 2005

Japan
Deutschland
Italien
Taiwan
Schweiz
Südkorea
USA
China
Großbritannien
Belgien

Mrd. Euro 0 1 2 3 4 5 6

● *Redemittel:* **Eine Rangfolge beschreiben**

▸ ... und ... sind die führenden Exportländer.

▸ ... und ... liegen beim Werkzeugmaschinen-Export Kopf an Kopf.

▸ ... ist das wichtigste Exportland, gefolgt von ...

▸ Danach folgt/folgen ...

▸ Auf den Plätzen ... und ... folgen ...

Exportwege neu, Kursbuch 2, Kapitel 4

② Abnehmerbranchen der deutschen Werkzeugmaschinen-Industrie

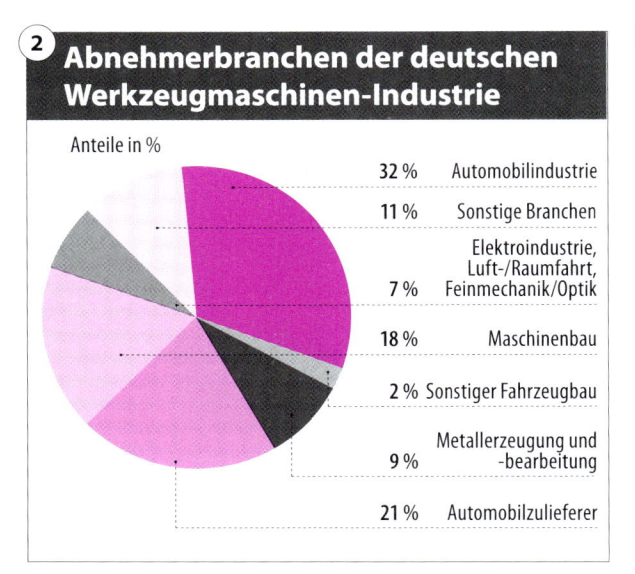

Anteile in %

- 32 % Automobilindustrie
- 11 % Sonstige Branchen
- 7 % Elektroindustrie, Luft-/Raumfahrt, Feinmechanik/Optik
- 18 % Maschinenbau
- 2 % Sonstiger Fahrzeugbau
- 9 % Metallerzeugung und -bearbeitung
- 21 % Automobilzulieferer

● *Redemittel:* **Abnehmer beschreiben**

▶ Die Abnehmer der deutschen Werkzeugmaschinen kommen aus folgenden Branchen/Industriezweigen/Industriesektoren: …
▶ Werkzeugmaschinen werden in … *(D)* eingesetzt/kommen in … *(D)* zur Anwendung.
▶ Abnehmerbranchen des deutschen Werkzeugmaschinenbaus sind …
▶ Die Maschinen werden in … abgesetzt/verkauft …
▶ In … *(D)* gibt es eine starke Nachfrage nach … *(D)*/einen Markt für … *(A)*/ einen Bedarf an … *(D)*.

C7 Der Werkzeugmaschinenbau im Zeitalter der Globalisierung

Durch die Globalisierung des Marktes für Werkzeugmaschinen wird auch der Wettbewerb intensiver. Nationale Grenzen bieten der Branche, die über 65 % ihrer Produkte weltweit vertreibt, keinen Wettbewerbsschutz mehr. Die deutschen Anbieter müssen daher ihre internationale Marktposition und ihre Wettbewerbsposition sichern, insbesondere in Asien. Immer mehr Maschinenbauer haben jedoch Angst vor Plagiaten, denn in letzter Zeit sind immer wieder Nachbildungen von Komponenten oder ganzen Maschinen aufgetaucht.

Wo Maschinenbauer Plagiate befürchten

Antworten auf eine *VDMA*-Umfrage
Anteile an den Nennungen insgesamt

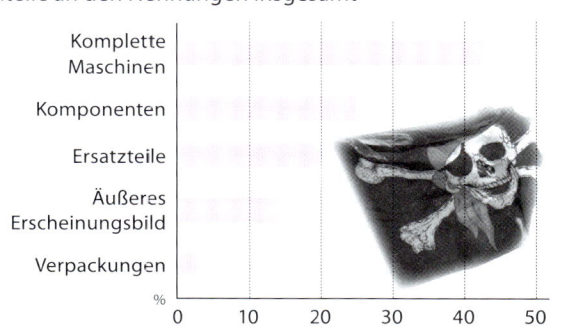

- Komplette Maschinen
- Komponenten
- Ersatzteile
- Äußeres Erscheinungsbild
- Verpackungen

% 0 10 20 30 40 50

● Warum haben die Maschinenbauer Angst vor Plagiaten?
Diskutieren Sie Gründe und Folgen der Produktpiraterie und überlegen Sie sich Maßnahmen.
Verwenden Sie dabei die Stichwörter.

▶ das geistige Eigentum schützen ▶ Produktfälschungen bekämpfen ▶ Verbraucher sensibilisieren/aufklären ▶ die Gesundheit der Verbraucher gefährden ▶ die Existenz der Unternehmen/Arbeitsplätze gefährden

D Unternehmensformen

D1 Unternehmensformen in Deutschland   ⇨ Ü6, Ü7

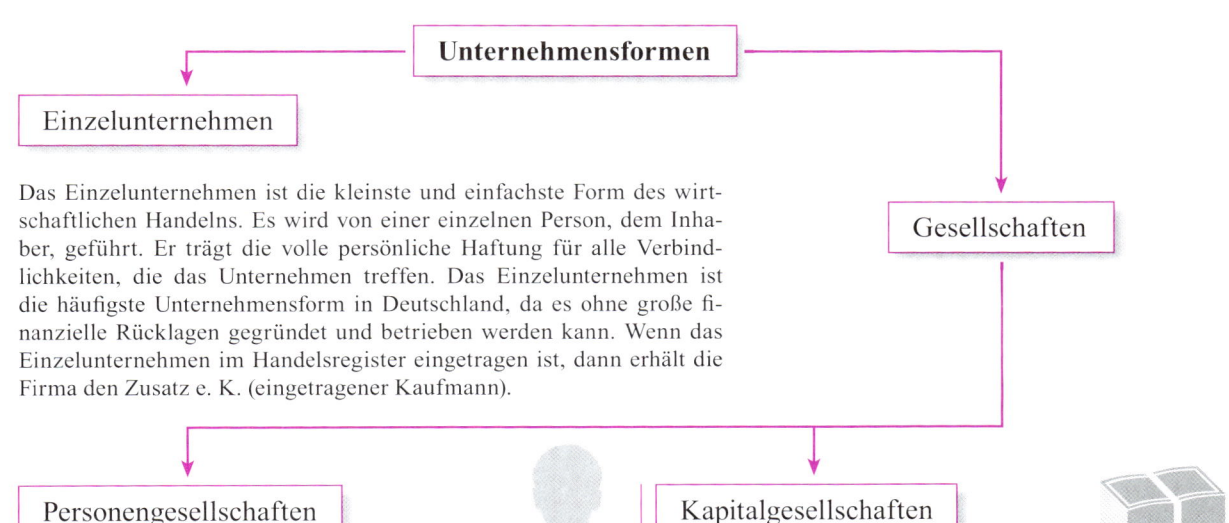

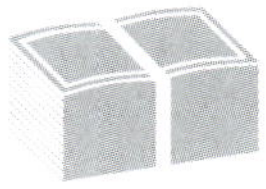

```
                    Unternehmensformen
                    /                \
        Einzelunternehmen         Gesellschaften
                                  /            \
                    Personengesellschaften   Kapitalgesellschaften
```

Einzelunternehmen

Das Einzelunternehmen ist die kleinste und einfachste Form des wirtschaftlichen Handelns. Es wird von einer einzelnen Person, dem Inhaber, geführt. Er trägt die volle persönliche Haftung für alle Verbindlichkeiten, die das Unternehmen treffen. Das Einzelunternehmen ist die häufigste Unternehmensform in Deutschland, da es ohne große finanzielle Rücklagen gegründet und betrieben werden kann. Wenn das Einzelunternehmen im Handelsregister eingetragen ist, dann erhält die Firma den Zusatz e. K. (eingetragener Kaufmann).

Personengesellschaften

▶ **GbR: Gesellschaft bürgerlichen Rechts**
Mehrere Personen schließen sich zur Erreichung eines gemeinsamen Zweckes zusammen. Das Vermögen der Gesellschaft ist „gesamthänderisch gebunden", d. h., alle Gesellschafter[1] können nur gemeinsam darüber verfügen. Jeder Gesellschafter haftet für die Schulden der Gesellschaft unbeschränkt, auch mit seinem Privatvermögen.

▶ **OHG: Offene Handelsgesellschaft**
Sie wird von mindestens zwei Gesellschaftern gegründet. Die Gesellschafter betreiben ein Handelsgewerbe (z. B. einen Produktions- oder Handelsbetrieb) unter einer gemeinsamen Firma. Ein Mindestkapital ist nicht vorgeschrieben.
Jeder Gesellschafter haftet[2] persönlich und unbeschränkt, d. h. mit seinem Geschäftsvermögen und mit seinem Privatvermögen, für die Schulden der Gesellschaft.

▶ **KG: Kommanditgesellschaft**
Die Gesellschafter betreiben unter einer gemeinsamen Firma ein Handelsgewerbe. Mindestens ein Gesellschafter ist Komplementär (Vollhafter), der mit seinem gesamten Vermögen haftet, und mindestens ein Gesellschafter ist Kommanditist (Teilhafter), der nur beschränkt mit seiner Einlage[3] haftet.
Sonderform: **GmbH & Co. KG**
Eine GmbH & Co. KG ist eine Kommanditgesellschaft (KG). An ihr ist eine GmbH beteiligt, die als einzige persönlich haftet (Komplementär/Vollhafter). Sie haftet unbeschränkt mit ihrem Vermögen. Das Stammkapital beträgt mindestens 25 000 €. Die Gesellschafter der GmbH (Kommanditisten) haften nur mit ihren Stammeinlagen.

Kapitalgesellschaften

▶ **GmbH: Gesellschaft mit beschränkter Haftung**
Eine GmbH ist eine Handelsgesellschaft mit eigener Rechtspersönlichkeit (juristische Person). Ihr Stammkapital[4] setzt sich aus Stammeinlagen zusammen. Seit 2008 ist es möglich, eine GmbH mit nur einem Euro Startkapital zu gründen.
Die Gesellschafter der GmbH haften nicht für die Verbindlichkeiten der Gesellschaft. Als juristische Person haftet lediglich die GmbH selbst. Die Gesellschafter können nur den Wert des Geschäftsanteils teilweise oder ganz verlieren. Die Gesellschafter übernehmen daher nur eine „Risikohaftung". Sie ist vergleichbar mit der beschränkten Haftung.

▶ **AG: Aktiengesellschaft**
Die AG ist eine juristische Person. Sie ist die wichtigste Rechtsform für Großunternehmen. Ein Unternehmen gibt Anteilscheine (= Aktien) aus und beschafft sich so Kapital. Der Aktionär als Eigentümer der Aktie ist Miteigentümer der AG. Der Aktionär ist in Höhe des Nennwerts der Aktie (Mindestnennwert: ein Euro) am Unternehmen beteiligt. Das Grundkapital beträgt 50 000 €. Nur die Aktiengesellschaft haftet, die Aktionäre haften nicht persönlich. Der Aktionär übernimmt nur eine „Risikohaftung", d. h., er kann einen Kursverlust der Aktie erleiden oder den Wert der Aktie verlieren.
Sonderform: **Holding-Gesellschaft**
Das herrschende Unternehmen kann auch eine „Dachgesellschaft" sein. Bei diesen Dachgesellschaften übertragen die Unternehmen eines Konzerns[5] ihre Aktien (oder zumindest deren Mehrheit) auf eine übergeordnete Gesellschaft. Sie übernimmt Aufgaben der Verwaltung und Finanzierung.

---

[1] Gesellschafter: eine Person, die an einem Wirtschaftsunternehmen beteiligt ist
[2] haften für: man muss mit seinem Vermögen eintreten, verantwortlich sein
[3] die Einlage: Geld, das ein Gesellschafter in ein Unternehmen einbringt
[4] das Stammkapital: alle Stammeinlagen zusammen
[5] Konzerne: sind Zusammenschlüsse von Unternehmen, die rechtlich selbstständig sind, aber ihre wirtschaftliche Selbstständigkeit aufgeben. Sie unterstellen sich einer einheitlichen Leitung.

● Beantworten Sie die folgenden Fragen.

1. Welche Unternehmensform wird von großen, welche von kleinen oder mittleren Unternehmen bevorzugt? Warum?

   ....
   ....
   ....
   ....

2. Sie machen Geschäfte mit einem deutschen Unternehmen. Sie haben Angst, dass das Unternehmen nicht zahlen kann. Bei welcher Unternehmensform ist das Risiko größer, bei welcher geringer? Wer haftet jeweils?

   ....
   ....
   ....
   ....

3. Man schlägt Ihnen vor, in ein deutsches Unternehmen einzusteigen. Welche Unternehmensform ist Ihnen lieber? Warum?

   ....
   ....
   ....
   ....

● Ergänzen Sie die Übersicht mit den Informationen aus dem Text.

Unternehmensform	Art der Gesellschaft	Grundkapital	Gesellschafter	Wer haftet? Wie haftet er?
e. K.				
GbR				
OHG				
KG				
GmbH				
AG				

D2 Präsentation eines deutschen Unternehmens: Die *Kolbenschmidt Pierburg AG*

Die Kolbenschmidt Pierburg AG – ein weltweit erfolgreicher Automobilzulieferer

Die börsennotierte *Kolbenschmidt Pierburg AG* (General Standard) ist die Führungsgesellschaft des *Rheinmetall* Unternehmensbereiches Automotive. Als weltweit erfolgreicher Automobilzulieferer nimmt *Kolbenschmidt Pierburg* mit seiner Kompetenz in den Bereichen Luftversorgung, Schadstoffreduzierung und Pumpen sowie bei der Entwicklung, Fertigung und Ersatzteillieferung von Kolben, Motorblöcken und Gleitlagern Spitzenpositionen auf den jeweiligen Märkten ein. Die Produktentwicklung erfolgt in enger Kooperation mit renommierten Automobilherstellern. Niedrige Schadstoffemission, günstiger Kraftstoffverbrauch, Leistungssteigerung, Zuverlässigkeit, Qualität und Sicherheit sind die maßgeblichen Antriebsfaktoren für die Innovationen von *Kolbenschmidt Pierburg*.

Entsprechend seiner strategischen Ausrichtung gliedert sich das Unternehmen in die fünf selbstständig handelnden Geschäftsbereiche: *Pierburg GmbH, KS Kolbenschmidt, KS Aluminium-Technologie, KS Gleitlager, MS Motor Service International GmbH*.

Kolbenschmidt Pierburg erzielte mit Systemen und Modulen „rund um den Motor" 2006 einen Umsatz von rund 2,18 Mrd. Euro. An mehr als 30 Fertigungsstandorten in Europa, Nord- und Südamerika sowie in Japan und China beschäftigt das Unternehmen rund 11 920 Mitarbeiter.

1.19

● Lesen Sie zuerst den Text über die *Kolbenschmidt Pierburg AG* (KSPG). Hören Sie dann das Interview und ergänzen Sie das Schaubild.

| MSI Motor Service International GmbH | .... %-ige .... der *Kolbenschmidt Pierburg AG* |

▶ Mitarbeiter: ....
▶ Umsatz: ....
▶ Bereich: ....
▶ Produkte: ....

▶ Mitarbeiter (weltweit): ....
▶ Umsatz (weltweit): ....

● Wo ist die *Kolbenschmidt Pierburg AG* weltweit vertreten? Ergänzen Sie die Kontinente.

Legende:
① Pumpen
② Kolben
③ Gussteile
④ Gleitlager
⑤ Ersatzteilmarkt

Standorte/Kontinente	Was?
1.	....
2.	....
3.	....
4.	....

D3 Unternehmensstruktur der *KS Pierburg AG*

Hören Sie das Interview aus D2 noch einmal. Vervollständigen Sie die Übersicht.

1.19

Holding-Gesellschaft: KS Pierburg AG

untergliedert sich in verschiedene .... oder auch ....

| **KS** .... ▶ welt............ ....stätten in: 1. .... 2. .... 3. .... 4. .... | **KS Gleitlager** ▶ ...., z. B. für Scheibenwischer, Türscharniere und .... Gleitlager | **KS** .... ▶ Produktion von Aluminium-Zylinder............ und ....blöcken | **MSI** .... ▶ weltweiter .... | **Pierburg GmbH** ▶ .... ▶ Luftversorgung ▶ .... |

● In welchen Bereichen ist die *Kolbenschmidt Pierburg AG* führend? Kreuzen Sie an.

☐ Gleitlager ☐ Kolben
☐ Bremsen ☐ Wasserpumpen
☐ Aluminiumblöcke ☐ Motoren

● Wie schätzt Hansjörg Rölle die Zukunft der Metall verarbeitenden Industrie ein? Wie ist das Verhältnis zu den Ländern der Dritten Welt? Ergänzen Sie die Notizen.

.........................-Produkte

▶ Entwicklung: .... ▶ Produktion: ....

▶ Gefahr: .... *denn*:

1. Länder der Dritten Welt ....
2. deutsche Unternehmen: .... im Ausland
.... aus Deutschland ➜ ....

● Ergänzen Sie den Text. Fassen Sie dann die Notizen mit eigenen Worten zusammen.

▶ Hansjörg Rölle sieht die Zukunft der Metall verarbeitenden Industrie in Deutschland so:

Die ....-Produkte werden in Deutschland ...., und die Produktion ....

Es besteht aber die Gefahr, dass diese Produkte .... Wie Länder aus der Dritten Welt gezeigt haben, braucht man ....

Viele deutsche Unternehmen haben .... im .... Auf diese Weise erhalten ausländische Firmen .... und können so auch ....

G Grammatik

G1 Verbformen im Präteritum

Das Präteritum der Verben *sein* und *haben* kennen Sie bereits. (⇨ Teil 1, Kap. 7)

Infinitiv	Präteritum	Perfekt
sein	war	(ist) gewesen
haben	hatte	(hat) gehabt

Diese drei Formen nennt man **Stammformen** eines Verbs. In Grammatiken und Wörterbüchern werden diese drei Formen in Listen aufgeführt (vor allem bei unregelmäßigen Verben).

	regelmäßige Verben	unregelmäßige Verben
Infinitiv	zeigen	gehen
ich	zeigte	ging
du	zeigtest	ging(e)st
er/sie/es	zeigte	ging
wir	zeigten	gingen
ihr	zeigtet	ging(e)t
sie	zeigten	gingen
Sie	zeigten	gingen

↓ Verbalstamm + -te + Endung   ↓ Änderung des Stammvokals (Ablaut)

Regelmäßige Verben bilden das Präteritum mit dem Suffix *-te*. Endet der Stamm auf *-d* oder *-t*, so wird ein *-e* eingefügt: *arbeitete, redete*.
Sie ändern ihren Stammvokal nicht: *machen – machte*.

Unregelmäßige Verben bilden das Präteritum ohne Suffix. Sie ändern ihren Stammvokal im Infinitiv, Präteritum und Partizip II (Ablaut): *gehen – ging – gegangen*.

Die erste und dritte Person hat bei regelmäßigen und unregelmäßigen Verben keine Endung.

regelmäßige Verben

	Infinitiv Präsens	Präteritum	Partizip II
	machen	machte	gemacht
mit Präfix, untrennbar	besuchen	besuchte	besucht
mit Präfix, trennbar	vorstellen	stellte vor	vorgestellt
Fremdwörter auf -ieren	präsentieren	präsentierte	präsentiert

unregelmäßige Verben

	Infinitiv Präsens	Präteritum	Partizip II
	gehen	ging	gegangen
mit Präfix, untrennbar	vergessen	vergaß	vergessen
mit Präfix, trennbar	anrufen	rief an	angerufen

Mischverben

Infinitiv Präsens	Präteritum	Partizip II
kennen	kannte	gekannt
wissen	wusste	gewusst
bringen	brachte	gebracht
brennen	brannte	gebrannt
nennen	nannte	genannt
rennen	rannte	gerannt
senden	sandte/sendete	gesandt/gesendet
wenden	wandte/wendete	gewandt/gewendet

▶ Die Mischverben ändern den Stammvokal im Präteritum und Partizip II. Gleichzeitig haben sie im Präteritum die Endung *-te*.

Modalverben

Infinitiv Präsens	Präteritum	Partizip II
wollen	wollte	gewollt/wollen
können	konnte	gekonnt/können
dürfen	durfte	gedurft/dürfen
mögen	mochte	gemocht/mögen
sollen	sollte	gesollt/sollen

G2 Der Gebrauch des Präteritums

Bei der Lektüre des Textes über die *Hannover-Messe* haben Sie festgestellt:

Das Präteritum verwendet man zur Wiedergabe von Vergangenheit in geschriebenen Texten. In der gesprochenen Sprache gibt man vergangene Ereignisse meist im Perfekt wieder. In Norddeutschland verwendet man auch in der gesprochenen Sprache oft das Präteritum, in Süddeutschland und Österreich meistens das Perfekt. Die Verben *haben* und *sein* sowie die Modalverben verwendet man auch in der gesprochenen Sprache im Präteritum.

G3 Der Relativsatz

Nominativ

Ein Geschäftsführer ist ein Manager, der ein Unternehmen leitet.
maskulin, Singular ↑
Er leitet ein Unternehmen.

Die *CeBIT* ist eine Messe, die in Hannover stattfindet.
feminin, Singular ↑
Sie findet in Hannover statt.

Daimler ist ein Unternehmen, das Automobile herstellt.
neutral, Singular ↑
Es stellt Automobile her.

Ingenieure sind Mitarbeiter, die Maschinen konstruieren.
Plural ↑
Sie konstruieren Maschinen.

Der **Relativsatz** bezieht sich auf ein Element im übergeordneten Satz und charakterisiert ein Nomen genauer.

Das **Relativpronomen** hat dasselbe Genus (m./f./n.) und denselben Numerus (Singular/Plural) wie das Bezugswort im Hauptsatz. Das Verb des Relativsatzes bestimmt den Kasus (Nominativ, Genitiv, Akkusativ, Dativ). Das Relativpronomen steht auf Position 1 des Nebensatzes, das finite Verb (= konjugierte Verb) am Satzende.

G4 Das Relativpronomen

	maskulin	feminin
	Der Manager, …	Die Firma, …
Nom.	der die Firma leitet,	die Computer verkauft,
Gen.	dessen Büro ich suche,	deren Büro ich suche,
Akk.	den ich kenne,	die ich kenne,
Dat.	dem ich schreibe,	der ich schreibe,
Präp. + Dat./Akk.	mit dem ich arbeite,	für die ich arbeite,
	… heißt Max Müller.	… heißt *Combit*.

	neutral	Plural
	Das Unternehmen, …	Die Unternehmen, …
Nom.	das Computer verkauft,	die Autos verkaufen,
Gen.	dessen Büro ich suche,	deren Autos gut sind,
Akk.	das ich kenne,	die man kennt,
Dat.	dem ich schreibe,	denen man schreibt,
Präp. + Dat./Akk.	für das ich arbeite,	für die wir arbeiten,
	… ist in Hamburg.	… sind in Süddeutschland.

Ü Übungen

Ü1 Verben, Verben, nichts als Verben!

Tragen Sie die Stammformen der folgenden Verben in die Übersicht ein.

▶ sein ▶ verwenden ▶ waschen ▶ werden ▶ ersetzen ▶ gelten ▶ begrüßen ▶ besitzen
▶ erkennen ▶ bringen ▶ trocknen ▶ liefern ▶ machen ▶ können ▶ bauen ▶ bleiben

	Infinitiv	Präteritum	Partizip II
regelmäßige Verben	trocknen	trocknete	getrocknet
unregelmäßige Verben			
Mischverben			

Ü2 Von der .... zur ....

Hier finden Sie die Geschichte eines bekannten Waschmaschinenherstellers. Leider hat jemand alle Adjektive aus den Texten entfernt. Sie finden sie unten in drei Gruppen. Setzen Sie die Adjektive in die Texte ein. Das Lösungswort jeder Gruppe ergibt sich aus den Buchstaben in den Kästen. Die richtige Ordnung der Lösungsworte ergibt den Titel der Fotogeschichte.

Gruppe I
Hier stimmt die Reihenfolge.
Text: Bild 1–4.

- [B] beste
- [U] leichter
- [TT] schneller
- [E] besser
- [R] sauberer
- [M] weißer
- [A] beste
- [SCH] weniger
- [I] einfacher
- [N] starken
- [E] modernste

Lösungswort:
....

Gruppe II
Hier stimmt die Reihenfolge nicht.
Text: Bild 4–7.

- [T] neueste
- [LL] fortschrittlichere
- [N] größere
- [V] alte
- [E] sauberer
- [R] beste
- [O] stärkere
- [L] schneller
- [K] edelsten
- [E] größer
- [O] leichteres
- [I] begeisterten
- [N] weißer
- [SCH] erste
- [E] modernerer

Lösungswort:
....

Gruppe III
Hier stimmt die Reihenfolge nicht.
Text: Bild 7–9.

- [W] starkem
- [A] unglaublichen
- [I] vollautomatisches
- [A] leisem
- [M] schnellste
- [SCH] hoher
- [N] höherer
- [E] erhöhter
- [SCH] (bisher) höchsten

Lösungswort:
....

1

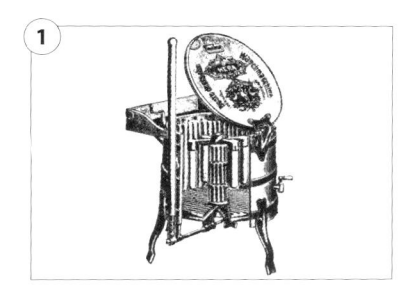

1901 baut *Miele* die erste Waschmaschine aus einer Buttermaschine. Natürlich verwendet die Firma nur das *beste* Eichenholz. Das umgebaute Holzfass macht das Waschen für die Hausfrau ....

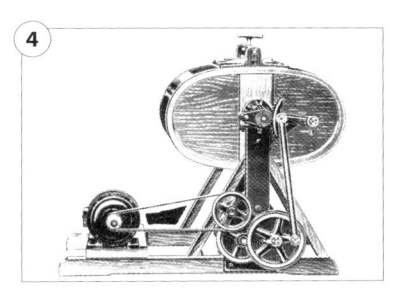

2

Das zweite Modell ist schon besser. Die Hausfrau wäscht immer noch von Hand, aber die Wäsche wird .... sauber und die Waschlauge verteilt sich .... So wird die Wäsche auch .... und ....

3

1914: *Miele* Waschmaschine Nr. 24 ist die .... Waschmaschine der Zeit. Ein Schwungrad ersetzt das Pendel. Das bedeutet .... Kraftaufwand beim Waschen. Aber noch immer ist Waschen Handarbeit.

4

Mit dieser Schaukelwaschmaschine wird das Waschen noch .... Sie besitzt schon einen .... Elektromotor. Nummer 30 von *Miele* ist bestimmt das .... Haushaltsgerät von 1925. Aber noch immer erkennt man die *alte* Buttermaschine.

5

Ein Jahr später bringt *Miele* eine .... und .... Waschmaschine auf den Markt. Mit dieser Maschine kann man die Wäsche schon auswringen. So wird die Wäsche noch .... und trocknet .... als bisher. Die Arbeitsersparnis ist noch .... als mit Nummer 30.

6

Aber der Fortschritt macht auch nicht vor dem .... Produkt halt: Der Holzbottich hat endgültig ausgedient. Diese Waschmaschine mit Metallbottich ist das .... und .... Modell auf dem Markt. .... Waschen und .... Zeitersparnis, denn jetzt kann der Elektromotor das Wasser auch heizen.

7

Millionen von .... Hausfrauen begrüßen das .... Nachkriegsmodell von *Miele* in .... Ausführung. So waschen die Deutschen wieder .... Wahlweise mit .... Elektromotor oder mit .... Zweitaktmotor lieferbar, beide mit .... Heizleistung.

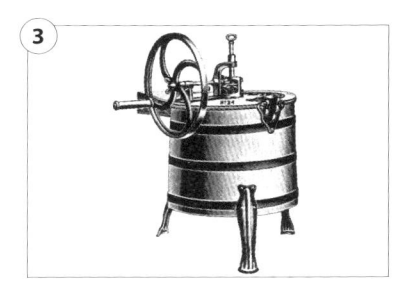

8

1954: Die .... Waschmaschine des Jahrhunderts für 2 kg Trockenwäsche in .... vier Minuten mit der bisher .... Heizleistung.

9

Zwei Jahre später: Der erste Waschvollautomat leitet die Revolution des Waschens ein. .... Waschen mit einem Knopfdruck, noch .... Heizleistung und .... Schleuderleistung. Aber die Devise von *Miele* bleibt: Immer besser, immer reiner, immer schneller.

Ü3 Groß – größer – am größten

Ergänzen Sie die Tabelle.

Positiv	Komparativ	Superlativ
leicht	*leichter*	
schnell		
modern		
hoch		
stark		
gut		

Ü4 Das „historische Präsens"

Der Text über die Waschmaschine beschreibt historische Ereignisse. Trotzdem steht er im Präsens. Man nennt es „historisches Präsens".
Setzen Sie nun den Text in die Vergangenheit. Verwenden Sie – wo möglich – das Präteritum.

▶ 1901 baute *Miele* die erste Waschmaschine aus …

● Können Sie aus Ihrer Firma/Branche eine ähnliche Produktgeschichte erzählen? Erstellen Sie eine Bildmontage und schreiben Sie einen kurzen Text dazu.

Ü5 Früher und heute

Wie hat sich das Leben bei Ihnen (in Ihrem Heimatland) im Laufe der letzten 50 Jahre verändert? Was halten Sie von den Veränderungen?
Suchen Sie sich zuerst eines der folgenden fünf Themen aus und bilden Sie Gruppen. Schreiben Sie dann kurze Texte über die Veränderungen in der Vergangenheit und verwenden Sie dazu die nebenstehenden Verben.

1. das Essen
2. die Familie/Kinder
3. das Wetter
4. die Arbeit
5. die Kommunikationsmittel

spielen, essen, trinken, telefonieren, sich unterhalten, arbeiten, sicher sein, reisen, ruhiger sein, (Sonne) scheinen, wohnen, regnen, schneien, flexibel sein, kochen, anstrengend sein, Briefe schreiben, sich beschäftigen mit (D), verdienen, zur Schule gehen, bauen

▶ Früher schrieb man noch Briefe, heute verschickt man E-Mails.
▶ Früher schrieb ich/schrieben wir …

Ü 6 Vom Arme-Leute-Essen zum Milliarden-Unternehmen

Beschreiben Sie das Bild und lesen Sie den Artikel. Entwerfen Sie dann einen Text für einen kleinen Werbefilm.

Ein Arme-Leute-Essen hatte Julius Maggi im Sinn. Jahrelang experimentierte er mit eiweißreichen Hülsenfrüchten. Für die Industriearbeiter wollte er eine billige, fleischlose Kost schaffen. 1882 begann der Schweizer Müllerssohn mit seinen Versuchen, vier Jahre später gelang ihm die Herstellung der ersten kochfertigen Suppen aus Erbsen- und Bohnenmehlen. Die Idee mit der Suppe machte den Erfinder zum reichen Mann und das Unternehmen zum reichen Konzern.

Schon 1887 war Maggi mit seiner klassischen „Maggi's Suppenwürze" auf den deutschen Markt gekommen. Im gleichen Jahr eröffnete der Schweizer Unternehmer eine deutsche Niederlassung in Singen, bis heute das Stammwerk und größter Betrieb der deutschen Maggi …

Am 17. August 1897 wurde aus der Niederlassung ein rechtlich selbstständiges Unternehmen. Als „*Maggi Gesellschaft mbH Singen*" trug man sie ins Handelsregister ein. 1934 wurden alle Maggi-Unternehmen in der Holding *Alimentana AG* zusammengefasst. Seit 1947 gehört das Unternehmen zum schweizerischen *Nestlé*-Konzern. Zwei Jahre nach dem Ende des Zweiten Weltkrieges schloss sich die *Alimentana AG* mit *Nestlé* zur *Nestlé Alimentana AG*, Vevey/Schweiz, zusammen. 1950 kamen die ersten Rindsbouillon-Würfel auf den Markt. Suppen und Würze sind bis heute ein wichtiger Bestandteil des Geschäfts geblieben.

Der *Nestlé*-Konzern ist mit seinen 265 000 Mitarbeitern und 481 Werken das größte Industrieunternehmen der Schweiz und der weltweit größte Lebensmittelkonzern.

Worterklärungen
▶ das Eiweiß: das Protein ▶ die Hülsenfrüchte (Pl.): Erbsen, Bohnen, Linsen ▶ fleischlos: ohne Fleisch ▶ die Kost: das Essen ▶ die Herstellung gelang: er konnte … herstellen ▶ die Würze: Extrakt aus Fleisch, Gemüse und Kräutern; damit wird die Suppe gewürzt, verfeinert ▶ sich zusammenschließen: fusionieren; einen Konzern bilden

● Schreiben Sie die Verben im Präteritum heraus. Suchen Sie die Infinitive.

● Wie hat sich das Unternehmen *Maggi* im Laufe des letzten Jahrhunderts entwickelt?

Ü 7 Was passierte wann?

Ergänzen Sie die Zeitleiste mit kurzen Sätzen.

1882	
1887	
1887	
August 1897	
1934	
1947	
1950	

Exportwege *neu*, Kursbuch 2, Kapitel 4

Die Maggi-Flasche hat viele Künstler inspiriert. So montierte der deutsche Künstler Joseph Beuys 1972 für sein Objekt „Ich kenne kein Weekend" eine Maggi-Flasche auf einen schwarzen Koffer. Der Frankfurter Kunstprofessor Thomas Bayerle über Maggi: „Die Amerikaner haben sich Coke, die Deutschen Maggi geschaffen."

● „Es war einmal …"
So fangen viele Märchen an – auch Firmenlegenden: bei *Microsoft* (Bill Gates), *Ford* oder *Siemens*.
Recherchieren Sie in Lexika oder im Internet. Wählen Sie eine Person aus und schreiben Sie eine kurze Biografie.

Ü 8 Viele Regionen in Deutschland werben für sich als Industriestandort.

Der zunehmende Wettbewerb um Investoren und Fachkräfte zwischen den deutschen und europäischen Regionen erfordert, dass sich jedes Bundesland aktiv mit seinen Stärken und Besonderheiten in der Öffentlichkeit präsentiert.
Tragen Sie die Präteritumsformen in das Kreuzworträtsel ein. Wenn Sie das Rätsel richtig gelöst haben, dann ergibt sich das Lösungswort und Sie erfahren, welches Bundesland hier wirbt.

Präteritum von:
gehen:
bleiben:
fallen:
stehen:
vergessen:
bringen:
wissen:
beginnen:
denken:
sprechen:
lesen:
raten: *r i e t*
erfinden:

Das Lösungswort lautet:
....

● Vervollständigen Sie nun den Lückentext mit Relativpronomen und dem Namen des Bundeslandes.

Sie kennen unsere Pferde.
Erleben Sie unsere Stärken.

.... ist ein Land mit vielen Gesichtern.
.... ist jedoch vor allem das Land,
.... Forschung und Innovation in vielen Bereichen
anführt. Das Land mit Unternehmen, ... in ihren
Branchen ganz vorne liegen. Unternehmen, ... in
.... angesiedelt sind, sind auf dem Gebiet der technologischen Innovationen bundes-, europa-
und oftmals sogar weltweit führend.
Mit der Kampagne „Innovatives ...." unter dem Motto „Sie kennen unsere
Pferde. Erleben Sie unsere Stärken." wollen Land und Wirtschaft die Attraktivität des Standortes
.... bekannt machen.

● Stellen Sie sich vor, Sie arbeiten in einer Werbeagentur. Verfassen Sie einen Slogan für eine Region in Ihrem Heimatland.

Ü9 Ruhr 2010 – Kulturhauptstadt Europas

Das Ruhrgebiet – das größte Industriegebiet Europas

Das Ruhrgebiet als drittgrößter Ballungsraum Europas ist erst Mitte des 19. Jahrhunderts entstanden. Aus dem ländlichen Raum mit kleinen Dörfern und Städten wurde durch die Industrialisierung innerhalb weniger Jahrzehnte das größte Industriegebiet Europas. Der Kohleabbau und die Stahlherstellung boten vielen Menschen Arbeit. Viele von ihnen wanderten aus Ostdeutschland und Osteuropa ein, und so entstand ein Ballungsgebiet mit mehr als fünf Millionen Menschen. Für viele bedeutet „Ruhrgebiet" bis heute: ein dicht besiedeltes Industriegebiet, Steinkohlebergbau, Stahlwerke (*Krupp, Thyssen*), verpestete Luft, die Fußballvereine Borussia Dortmund und Schalke 04 …

Doch die Metropole Ruhr – mit ihren 53 Städten und Gemeinden – hat sich seit dem Niedergang der Montanindustrie in den 60er-Jahren des 20. Jahrhunderts gewaltig verändert. Immer mehr Zechen wurden geschlossen, viele Menschen wurden arbeitslos und mussten neue Berufe erlernen. Im Ruhrgebiet vollzog sich ein Strukturwandel und es erwachte auch ein neues Selbstbewusstsein. Kultur statt Kohle – so heißt jetzt die Devise. Als *RUHR 2010 – Kulturhauptstadt Europas* will die Region nunmehr Modell für andere urbane Regionen in Europa sein.

„*Das Ruhrgebiet atmet nicht mehr Staub, sondern Zukunft.*" (Adolf Muschg)

● Lesen Sie den Text und ergänzen Sie die Informationen mit Relativsätzen.

1. Das Ruhrgebiet ist ein Ballungsraum, ... Mitte .... entstanden ist.

2. Das größte Industriegebiet Europas entstand in einer Region, ... sehr ländlich war.

3. Die Menschen, ... im Ruhrgebiet Arbeit suchten, kamen aus ....

4. Eine Zeche ist ein Bergwerk, ... Kohle abgebaut wird.

5. Das Ruhrgebiet ist ein Gebiet, ... sich durch den Niedergang der Schwerindustrie stark ....

6. Viele Industrieanlagen, ... geschlossen wurden, sind heute Museen und Theaterstätten.

7. Als Kulturhauptstadt 2010 will die Metropole Ruhr eine Region sein, ... für andere urbane Regionen in Europa Vorbild ist.

Ü 10 Sehenswürdigkeiten im Ruhrgebiet

Ergänzen Sie die Relativpronomen und suchen Sie die Städte auf der Karte.

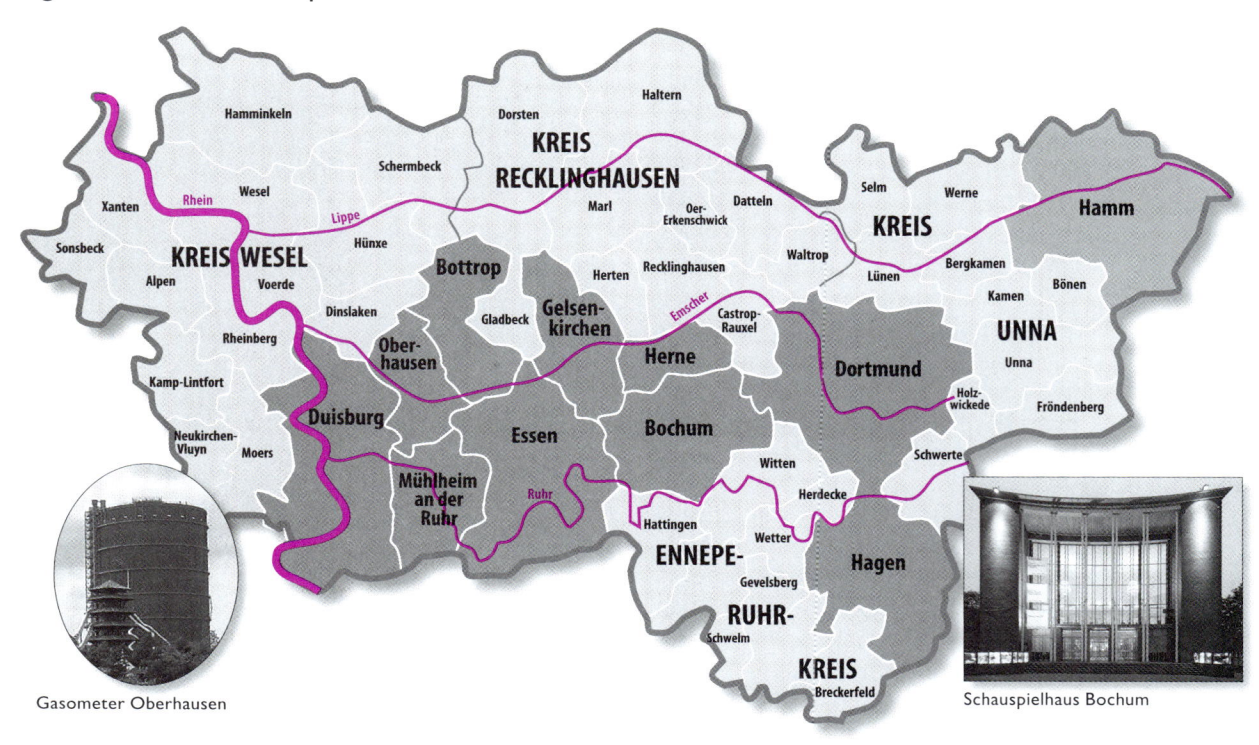

Gasometer Oberhausen

Schauspielhaus Bochum

1. Das deutsche Bergbaumuseum in Bochum, ... verschiedene technische Bereiche des Bergbaus darstellt, ist das größte Bergbaumuseum der Welt.

2. Das Schauspielhaus Bochum ist eines der renommiertesten Theater in Deutschland, ... nicht nur klassische Dramen, sondern auch moderne Theaterstücke gespielt werden.

3. Die Zeche Zollern in Dortmund entstand Anfang des 20. Jahrhunderts und ist eine Industrieanlage, ... heute unter Denkmalschutz steht.

4. Das Museum Folkwang in Essen ist ein Kunstmuseum, ... eine bedeutende Sammlung deutscher und französischer Malerei und Skulptur des 19. und 20. Jahrhunderts zeigt.

5. Ein beliebtes Ausflugsziel in Essen ist das ehemalige Wohnhaus der Familie Krupp, die „Villa Hügel", ... seit 1953 auch große Ausstellungen stattfinden.

6. „Zollverein" ist der Name des Bergwerks, ... die großen Steinkohle-Funde unterhalb der Stadt Essen ausbeutete und .... im Jahre 2001 UNESCO-Weltkulturerbe wurde.

7. Schalke 04 ist ein Fußballverein aus dem Gelsenkirchener Stadtteil Schalke, ... eines der modernsten Fußballstadien Europas hat.

8. Der Gasometer, das Wahrzeichen der Stadt Oberhausen, ist ein Kokereigasspeicher*, ... man 1929 errichtete und .... heute eine Ausstellungshalle ist.

9. Die drei Ruhruniversitäten (Bochum, Dortmund und Duisburg-Essen), ... 89 000 Studenten studieren, haben die Universitätsallianz „Metropole Ruhr" gegründet. Auf diese Weise wollen sie noch stärker zusammenarbeiten.

* Kokereigas: Zu Beginn des 19. Jahrhunderts war Kokereigas der Brennstoff für die Gaslampen in den Städten. Es wurde später auch zum Heizen und Kochen in den Haushalten verwendet. Kokereigas wird durch ein spezielles Verfahren aus Steinkohle erzeugt. Es wird heute nur noch in der Industrie eingesetzt.

Ü 11 Deutschland nach dem Zweiten Weltkrieg

Lesen Sie dazu den folgenden gekürzten Ausschnitt aus der Satire „Mein Onkel Fred" (1951) von Heinrich Böll.

Heinrich Böll (1917–1985) wurde in Köln geboren. Nach sechs Kriegsjahren als Soldat kehrte er 1945 nach Köln zurück. Er schrieb Erzählungen, Romane, Hörspiele. 1972 erhielt er den Nobelpreis für Literatur. In seinen frühen Erzählungen beschreibt Böll vor allem den Alltag im Krieg und in der Nachkriegszeit in Deutschland.

Mein Onkel Fred ist der einzige Mensch, der mir die Erinnerung an die Jahre nach 1945 erträglich macht. Er kam an einem Sommernachmittag aus dem Kriege heim, schmucklos gekleidet, als einzigen Besitz eine Blechbüchse an einer Schnur um den Hals tragend sowie beschwert durch das unerhebliche Gewicht einiger Kippen, die er sorgfältig in einer kleinen Dose aufbewahrte. Er umarmte meine Mutter, küsste meine Schwester und mich, murmelte die Worte „Brot, Schlaf, Tabak" und rollte sich auf unser Familiensofa, und so entsinne ich mich seiner als eines Menschen, der bedeutend länger war als unser Sofa. ...

Ich selbst übte damals eine undankbare Funktion in unserer unbescholtenen Familie aus: ich war vierzehn Jahre alt und das einzige Bindeglied zu jener denkwürdigen Institution, die wir Schwarzmarkt nannten. Mein Vater war gefallen, meine Mutter bezog eine winzige Pension, und so bestand meine Aufgabe darin, fast täglich kleine Teile unseres geretteten Besitzes zu verscheuern oder sie gegen Brot, Kohle und Tabak zu tauschen. Die Kohle war damals Anlass zu erheblichen Verletzungen des Eigentumsbegriffes, die man heute mit dem harten Wort Diebstahl bezeichnen muss. So ging ich fast täglich zum Diebstahl oder Verscheuern aus, und meine Mutter ... sah mich morgens nur mit Tränen in den Augen meinen komplizierten Pflichten entgegengehen. So hatte ich die Aufgabe, ein Kopfkissen zu Brot, eine Sammeltasse zu Grieß oder drei Bände Gustav Freytag zu fünfzig Gramm Kaffee zu machen ...

Onkel Freds Ankunft weckte in uns allen die Erwartung starker männlicher Hilfe. Aber zunächst enttäuschte er uns. Schon vom ersten Tage an erfüllte mich sein Appetit mit großer Sorge, und als ich diese meiner Mutter ohne Zögern mitteilte, bat sie mich, ihn erst einmal „zu sich kommen zu lassen". Es dauerte fast acht Wochen, ehe er zu sich kam. Trotz aller Flüche über das unzulängliche Sofa schlief er dort recht gut, verbrachte den Tag dösend oder indem er uns mit leidender Stimme erklärte, welche Stellung er im Schlaf bevorzuge ...

Aber das Ereignis in dieser Zeit war die Tatsache, dass Onkel Fred acht Wochen nach seiner erfreulichen Heimkehr die Initiative ergriff.

Er erhob sich an einem Spätsommertag morgens von seinem Sofa, rasierte sich so umständlich, dass wir erschraken, verlangte saubere Wäsche, lieh sich mein Fahrrad und verschwand.

Seine späte Heimkehr stand unter dem Zeichen großen Lärms und eines heftigen Weingeruchs; der Weingeruch entströmte dem Munde meines Onkels, der Lärm rührte von einem halben Dutzend Zinkeimern, die er mit einem großen Seil zusammengebunden hatte. Unsere Verwirrung legte sich erst, als wir erfuhren, dass er entschlossen sei, den Blumenhandel in unserer arg zerstörten Stadt zum Leben zu erwecken. Meine Mutter, voller Misstrauen ..., verwarf den Plan und behauptete, für Blumen bestehe kein Bedürfnis. Aber sie täuschte sich.

Es war ein denkwürdiger Morgen, als wir Onkel Fred halfen, die frisch gefüllten Eimer an die Straßenbahnhaltestelle zu bringen, wo er sein Geschäft startete. Und ich habe den Anblick der gelben und roten Tulpen, der feuchten Nelken noch heute im Gedächtnis und werde nie vergessen, wie schön er aussah, als er inmitten der grauen Gestalten und der Trümmerhaufen stand und mit schallender Stimme anfing zu rufen: „Blumen ohne!". Über die Entwicklung seines Geschäftes brauche ich nichts zu sagen: sie war kometenhaft. Schon nach vier Wochen war er Besitzer von drei Dutzend Zinkeimern, Inhaber zweier Filialen, und einen Monat später war er Steuerzahler. ...

Jedenfalls waren wir nicht nur dauernd mit frischen Blumen, sondern auch mit Brot und Kohlen versehen, und ich konnte meine Vermittlertätigkeit niederlegen ... Onkel Fred ist längst ein gemachter Mann: seine Filialen blühen immer noch, er hat ein Auto, und ich bin als sein Erbe vorgesehen und habe den Auftrag, Volkswirtschaft zu studieren, um die steuerliche Betreuung des Unternehmens schon vor Antritt der Erbschaft übernehmen zu können.

Wenn ich ihn heute sehe, ... kommt es mir merkwürdig vor, dass es wirklich eine Zeit in meinem Leben gab, in der mir sein Appetit schlaflose Nächte bereitete.

Worterklärungen

▶ erträglich: man kann etwas ertragen ▶ die Blechbüchse: die Dose aus Blech ▶ schmucklos: einfach ▶ die Kippe: der Rest einer Zigarette ▶ verscheuern: verkaufen ▶ unbescholten: integer ▶ dösen: leicht, nicht tief schlafen ▶ der Zinkeimer: ein Eimer aus Zink ▶ kometenhaft: sehr schnell ▶ die Vermittlertätigkeit niederlegen: mit dem Handel auf dem Schwarzmarkt aufhören ▶ der Erbe: Person, die nach dem Tod eines Menschen ein Erbe (z. B. Geld, Haus usw.) erhält

● Aufgaben zum Text

1. Heinrich Böll beschreibt den Onkel als „Kriegsheimkehrer". Woran erkennt man ihn (Kleidung, Besitz, Wünsche)?

2. Erläutern Sie den Begriff „Schwarzmarkt". Warum muss der Neffe dort verkaufen? Womit handelt er?

3. Suchen Sie Beispiele aus dem Text für die Erwartungen der Familie an den Onkel, das Verhalten des Onkels.

4. Mit welcher Idee will der Onkel Geschäfte machen? Wie reagiert die Familie darauf? Wie entwickelt sich das Geschäft?

5. Was bedeutet der Begriff „gemachter Mann"?
   ☐ Er ist für das Geschäft nicht geeignet.
   ☐ Er ist erfolgreich.
   ☐ Er hat das Geschäft aufgegeben.

Ü 12 Stationen der deutschen Nachkriegsgeschichte: Von der Teilung zur Einheit

1945

1961

1989

— 8. Mai 1945	Ende des Zweiten Weltkriegs: Das Deutsche Reich kapituliert.
— 5. Juni 1945	Die vier Siegermächte (USA, England, Frankreich und die Sowjetunion) teilen Deutschland in vier Besatzungszonen auf.
— 1947	Die USA beschließen mit dem Marshall-Plan ein Wiederaufbauprogramm für Westeuropa.
— Juni 1948	Währungsreform in den drei Westzonen und in West-Berlin. Die Sowjetunion blockiert die Zufahrtswege nach West-Berlin („Berlin-Blockade"). West-Berlin wird aus der Luft versorgt („Luftbrücke").
— September 1948	In der Trizone (britische, amerikanische und französische Besatzungszone) wird der Parlamentarische Rat gebildet.
— 23. Mai 1949	Der Präsident des Parlamentarischen Rates, Konrad Adenauer, verkündet das Grundgesetz. Die Bundesrepublik Deutschland wird gegründet.
— 7. Oktober 1949	Die DDR wird gegründet.
— 17. Juni 1953	Die Erhöhung der Arbeitsnormen führt in Ost-Berlin zu einem Streik der Arbeiter. Er weitet sich zum Volksaufstand aus und wird gewaltsam niedergeschlagen (bis 1990 im Westen „Tag der deutschen Einheit").
— 1954	Pariser Verträge: Die Bundesrepublik wird Mitglied der Westeuropäischen Union und der NATO.
— 1955	Die Ostblockstaaten schließen den Warschauer Pakt. Die DDR tritt ihm bei.
— 1957	Römische Verträge: Die Außenminister der Bundesrepublik, Frankreichs, Italiens und der Beneluxstaaten unterzeichnen in Rom die Verträge über die Gründung einer Europäischen Wirtschaftsgemeinschaft (EWG) und einer Europäischen Atomgemeinschaft.
— 13. August 1961	Immer mehr Menschen fliehen aus der DDR in den Westen. Die DDR unter Walter Ulbricht lässt in Berlin eine Mauer bauen.
— Januar 1963	Konrad Adenauer und Charles de Gaulle unterzeichnen in Paris den deutsch-französischen Freundschaftsvertrag.
— Juni 1963	Der amerikanische Präsident John F. Kennedy besucht die Bundesrepublik und West-Berlin (Kennedy: „Ich bin ein Berliner.").
— Oktober 1969	Die SPD unter Willy Brandt (ab 1974 Helmut Schmidt) übernimmt zusammen mit der FDP die Regierung („Neue Ostpolitik").
— August 1970	Moskauer Vertrag zwischen der Bundesrepublik und der Sowjetunion
— Dezember 1970	Warschauer Vertrag zwischen der Bundesrepublik und Polen. Beide Staaten stellen die Unverletzlichkeit der Grenzlinie an Oder und Neiße fest.
— 1971	Vier-Mächte-Abkommen über Berlin: Es regelt u. a. den Transitverkehr zwischen West-Berlin und der Bundesrepublik.
— Dezember 1972	Grundlagenvertrag zwischen den beiden deutschen Staaten: Die beiden deutschen Staaten wollen auf Gewalt verzichten und erkennen die Grenze an.
— 1974	DDR und Bundesrepublik eröffnen „Ständige Vertretungen" (= kleine Botschaften).
— 1982	Helmut Kohl (CDU) übernimmt mit der CSU und der FDP die Regierung.
— ab August/September 1989	Montagsdemonstrationen in den großen Städten der DDR gegen die SED-Führung („Wir sind das Volk")
— 7. Oktober 1989	Die DDR feiert den 40. Jahrestag der Staatsgründung (M. Gorbatschow warnt Erich Honecker: „Wer zu spät kommt, den bestraft das Leben.").
— 9. November 1989	Die Mauer wird geöffnet.
— 18. März 1990	In der DDR finden die ersten freien Wahlen statt.
— 1. Juli 1990	Währungs-, Wirtschafts- und Sozialunion: Die D-Mark wird alleiniges Zahlungsmittel in der DDR.
— 3. Oktober 1990	Deutschland erhält die volle Souveränität zurück. Die DDR tritt der Bundesrepublik bei.

● Geben Sie die Geschichte der beiden deutschen Staaten in der Vergangenheit wieder.

● Notieren Sie in Stichworten die verschiedenen Phasen der deutschen Geschichte nach 1945.

Teilung	Annäherung	auf dem Weg zur Einheit
Die Alliierten teilten Deutschland in vier Besatzungszonen auf.		

Ü 13 Stichwort: „Soziale Marktwirtschaft"

Das von Ludwig Erhard (1897–1977), dem ersten Wirtschaftsminister der Bundesrepublik, vertretene Konzept der „Sozialen Marktwirtschaft" verfolgt das Prinzip „So wenig Staat wie möglich, so viel Staat wie nötig." „Sozial" steht für soziale Gerechtigkeit und Sicherheit, „Marktwirtschaft" steht für wirtschaftliche Freiheit.

Einschränkungen der Marktwirtschaft

Merkmal der Marktwirtschaft ist der Wettbewerb und das Streben nach Gewinn. Wirtschaftliche Freiheit bedeutet, dass Verbraucher frei entscheiden können, welche Güter sie kaufen (Konsumfreiheit). Käufer und Verkäufer von Gütern und Dienstleistungen haben die Freiheit, sich neben anderen um das gleiche Ziel zu bemühen (Wettbewerbsfreiheit).
Das Kartellgesetz von 1957 soll jedoch verhindern, dass Konkurrenten sich absprechen oder sich zu großen Firmen zusammenschließen und dadurch den Wettbewerb beschränken. Einige Wirtschaftsbereiche sind nicht ganz dem marktwirtschaftlichen System unterworfen und werden deshalb subventioniert, wie z. B. die Landwirtschaft oder das Verkehrswesen. Die Marktwirtschaft soll durch den Staat dort beschränkt werden, wo sie die soziale Gerechtigkeit und die soziale Sicherheit gefährdet.

Tarifautonomie

Der Staat verzichtet fast vollkommen darauf, in die Preis- und Lohngestaltung einzugreifen. Im Rahmen der Tarifautonomie handeln die Tarifpartner (Arbeitgeber und Arbeitnehmer) allein die Tarifverträge aus. In Lohn- und Gehaltstarifverträgen wird die Vergütung der Arbeitsleistung geregelt. In Rahmentarifverträgen werden die Lohn- und Gehaltsgruppen festgelegt und die Arbeitnehmer diesen Gruppen zugeordnet. Manteltarifverträge regeln allgemeine Arbeitsbedingungen wie Urlaubsdauer oder Arbeitszeit. Die Arbeitgeber werden dabei durch ihre Arbeitgeberverbände (z. B. Gesamtmetall), die Arbeitnehmer durch die Gewerkschaften vertreten. Die Gewerkschaften in der Bundesrepublik sind im Deutschen Gewerkschaftsbund (DGB) zusammengeschlossen. Die Einzelgewerkschaften (z. B. IG Metall, IG Bergbau, Chemie, Energie) vertreten die Arbeitnehmer eines gesamten Wirtschaftsbereichs.

Das Betriebsverfassungsgesetz

Das Betriebsverfassungsgesetz aus dem Jahre 1952 regelt die innerbetriebliche Ordnung. Dazu gehören die Mitbestimmung und Mitwirkung des einzelnen Arbeitnehmers, die Arbeitnehmervertretung und die Rechte der Gewerkschaften.
Der Betriebsrat vertritt die Interessen der Arbeitnehmer gegenüber dem Arbeitgeber. Er wird von allen Arbeitnehmern über 18 Jahren gewählt. Er muss z. B. darauf achten, dass die Tarifverträge eingehalten werden. Seine Mitbestimmungsrechte betreffen z. B. Fragen der Arbeitszeit und der Urlaubsregelung. Der Arbeitgeber braucht bei Einstellungen und Kündigungen die Zustimmung des Betriebsrats.

Soziale Sicherheit

Sozial Schwächere werden durch ein soziales Netz abgesichert. Die deutsche Sozialversicherung ist das Kernelement des deutschen Sozialsystems. Es basiert auf fünf Säulen: Arbeitslosenversicherung (AV), Rentenversicherung (RV), Krankenversicherung (KV), Unfallversicherung (UV) und Pflegeversicherung (PV). Daneben umfasst das soziale Netz steuerfinanzierte Leistungen wie z. B. das Kindergeld oder das Elterngeld für ein Elternteil, das nach der Geburt des Kindes ein Jahr zu Hause bleibt. Aber das 21. Jahrhundert verlangt nach Reformen (z. B. im Gesundheitswesen), weil das Sozialsystem in der bisherigen Form nicht mehr finanziert werden kann. Der Grund dafür ist, dass die Bevölkerung immer älter wird, die Geburtenrate niedrig ist und die Zahl der Erwerbstätigen zurückgegangen ist.

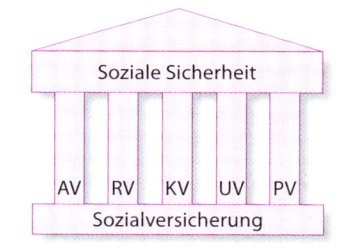

Worterklärungen

▶ unterworfen sein: unterliegen, bestimmt sein   ▶ sich absprechen: hier: sich über Preise einigen   ▶ festlegen: bestimmen

● Aufgaben zur Übersicht

1. Was bedeutet „Soziale Marktwirtschaft"? Suchen Sie dafür Beispiele im Text.
   ....
   ....
   ....

2. Welche Rechte haben Arbeitgeber und Arbeitnehmer?
   ....
   ....
   ....

3. Warum ist das Sozialsystem zu Beginn des 21. Jahrhunderts in der Krise?
   ....
   ....
   ....

4. Wie sieht das Sozialsystem in Ihrem Heimatland aus?

● *Redemittel:* **Begriffe erklären**

Definition	Unter … versteht man, dass … Unter … versteht man … *Substantiv (A)* Der Begriff … bedeutet, dass … Der Begriff … bedeutet … *Substantiv (A)*
Was gehört zu einem Begriff?	Das ist eine Versicherung, die … (Der Begriff) … umfasst … Zu … gehört/gehören … Zu … zählt/zählen …

● Diskutieren Sie zum Thema „Soziale Sicherheit".
   ▶ Was kann/muss Aufgabe des Staates sein?
   ▶ Worum können/sollen sich die Bürger selbst kümmern?

Ü 14 Wir sind wieder wer: Deutschland wird Exportweltmeister.

1.20 Wirtschaftlicher Aufschwung, Wirtschaftswunder. Im Sommer 1964 wird in der Bundesrepublik der millionste Gastarbeiter, Armando Rodrigues, begrüßt.
Sie hören dazu eine Rundfunksendung.
Die Sendung wird mit dem folgendem Zitat Ludwig Erhards eingeleitet, der die Deutschen zum Sparen auffordert.

„Die Menschen haben es zwar zuwege gebracht, das Atom zu spalten, aber nimmermehr wird es ihnen gelingen, jenes eherne Gesetz aufzusprengen, das uns mit unseren Mitteln haushalten lässt, das uns verbietet, mehr zu verbrauchen, als wir erzeugen können – oder erzeugen wollen."

Ludwig Erhard, 1964

🔴 Hören Sie nun zuerst den Radiobericht „Großer Bahnhof für einen kleinen Mann" und beantworten Sie dann die folgenden Fragen.

1.20

1. Warum holte man ausländische Arbeitskräfte nach Deutschland?
2. Woher kommt Armando Rodrigues?
3. Wo kommt er an?
4. Die Reporterin unterhält sich mit Dr. Mühlwarth, einem Vertreter der Bundesvereinigung der deutschen Arbeitgeberverbände. In dem Gespräch werden ausländische Arbeitskräfte als „Gastarbeiter" bezeichnet. Was bedeutet das?
5. Wie beurteilt Dr. Mühlwarth die Tendenz?
6. Wie viele ausländische Arbeitskräfte kommen 1964 monatlich nach Deutschland?
   ☐ 10 000   ☐ 20 000   ☐ 30 000
7. Wie viele ausländische Arbeitskräfte kommen im Jahr 1964 mehr nach Deutschland?
8. Woher kamen bisher die meisten ausländischen Arbeitskräfte? Wie sieht die Situation dort aus?
9. Aus welchen Ländern kommen die Arbeitskräfte nun?
10. Man hat die ausländischen Arbeitskräfte auch als „Arbeitswillige" bezeichnet. Wie beurteilt die Sprecherin diesen Begriff?

Ü 15 Was/Wer ist das …?

Ergänzen Sie die Definitionen mit Relativpronomen und ordnen Sie die Begriffe zu.

① der Vorstand ② der Gastarbeiter ③ der Aufsichtsrat ④ die Waschmaschine ⑤ die Gewerkschaft ⑥ der Betriebsrat ⑦ die Arbeitslosenversicherung ⑧ die Holding ⑨ der Ballungsraum ⑩ die Aktiengesellschaft ⑪ der Geschäftsführer

○ 1. Das sind Arbeitskräfte aus dem Ausland, ... für eine bestimmte Zeit in Deutschland arbeiten.
○ 2. Das ist eine Organisation, ... die Interessen der Arbeitnehmer vertritt und .... die Arbeitgebervertreter Tarifverträge aushandeln.
○ 3. Das ist eine Versicherung, ... den Einzelnen schützt, wenn er arbeitslos wird.
○ 4. Das ist eine Region, ... sehr viele Menschen leben.
○ 5. Das ist ein Leitungs- und Vertretungsorgan, ... an der Spitze einer juristischen Person (z. B. Aktiengesellschaft) steht.
○ 6. Das ist ein Organ, ... den Vorstand einer juristischen Person überwacht und kontrolliert.
○ 7. Das ist eine Handelsgesellschaft mit eigener Rechtspersönlichkeit, ... Aktionäre mit ihren Einlagen beteiligt sind.
○ 8. Das ist ein Gremium, ... die Interessen der Arbeitnehmer in einem Unternehmen vertritt.
○ 9. Das ist eine Gesellschaft, ... als Dachgesellschaft die Finanzierung und Verwaltung der Tochterunternehmen übernimmt.
○ 10. Das ist ein Manager, ... die Gesellschafter einer GmbH bestellen oder abberufen und .... als leitendes Organ die Geschäfte führt.
○ 11. Das ist ein Gerät, ... man Kleider reinigen kann.

🔴 Suchen Sie sich in dem Kapitel weitere Begriffe zu den folgenden Themen heraus und definieren Sie sie. Ihr Lernpartner soll die Begriffe erraten.
▶ Maschinen   ▶ Unternehmensformen   ▶ Wirtschaftsregionen

5 Reise mit Hindernissen

Themen: **A** Einladung zum Firmenjubiläum **B** Am Flughafen **C** In der Apotheke **D** Kleiderkauf: Business-Outfit **E** Die *Lufthansa*

A Einladung zum Firmenjubiläum

A1 Eine Maschine für Boris Korolenko

Boris Korolenko, Entwicklungschef eines ukrainischen Automobilunternehmens, sucht einen deutschen Kooperationspartner. Seine Firma sucht einen Hersteller von Maschinen für die Blechbearbeitung. Auf der *EMO – Die Welt der Metallverarbeitung* in Hannover hat er den Messestand der Fa. *TRUMPF GmbH + Co. KG* besucht und sich über ein bestimmtes Verfahren informiert. Das Unternehmen hat anlässlich des Firmenjubiläums eine neue Produktionshalle eröffnet und einige Kunden nach Ditzingen bei Stuttgart eingeladen.
Lesen Sie zuerst die Einladung und füllen Sie dann die Antwortkarte aus.

Einladung

zu unserem Firmenjubiläum am Freitag, den 22.5., in Ditzingen

Programm

16.00 Uhr: Festvortrag mit anschließendem Rundgang durch die neuen Produktionsanlagen
ab 19.00 Uhr: Aperitif und kaltes Büfett

Bitte teilen Sie uns auf dem nebenstehenden Abschnitt bis **1.5.** mit, ob Sie an dieser Veranstaltung teilnehmen.

Antwortkarte

Ich nehme am Jubiläum
teil ☐   nicht teil ☐
allein ☐   mit ..... Personen

Ich reise
mit dem Zug ☐
mit dem Flugzeug ☐
mit dem eigenen Pkw ☐
an.

Ich benötige
..... Einzelzimmer   ..... Doppelzimmer

Voraussichtliche Ankunft: ....

Die Zimmer werden für Sie im *Hotel Blankenburg* in Ditzingen reserviert.

A2 Wann muss Boris Korolenko anreisen?

Schreiben Sie für Boris Korolenko eine Mail an das Unternehmen und teilen Sie mit, wann Sie ankommen.

Von: **Kiew (Borispol)**   ✈   Nach: **Stuttgart-Echterdingen**

Termin	Abflug	Ankunft	Flugdauer	Flugnummer	Stopps	Umsteigeort
Mi. 20.05.	06:45	10:00	4h 15 min	LH 3233	1	München
	14:10	17:45	4h 35 min	LH 3237	1	Frankfurt
Do. 21.05.	06:45	10:00	4h 15 min	LH 3233	1	München
	14:10	17:45	4h 35 min	LH 3237	1	Frankfurt
Fr. 22.05.	06:45	10:00	4h 15 min	LH 3233	1	München
	14:10	17:45	4h 35 min	LH 3237	1	Frankfurt
Sa. 23.05.	06:45	10:00	4h 15 min	LH 3233	1	München
	14:10	17:45	4h 35 min	LH 3237	1	Frankfurt
So. 24.05.	14:10	17:45	4h 35 min	LH 3237	1	Frankfurt

Exportwege *neu*, Kursbuch 2, Kapitel 5

B Am Flughafen

B1 Was ist mit Boris Korolenko passiert? ⇨ Ü7

Weshalb steht er am Schalter der *Lufthansa*? Erzählen Sie die Geschichte mit Ihren eigenen Worten.

● Was ist das für ein Gegenstand? Ordnen Sie die Begriffe den Gegenständen zu.

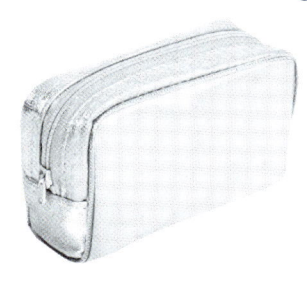

1. die Zahnbürste
2. der Kamm
3. das Shampoo
4. die Zahnpasta
5. die Creme
6. die Rasiercreme
7. der Rasierapparat
8. das Parfüm

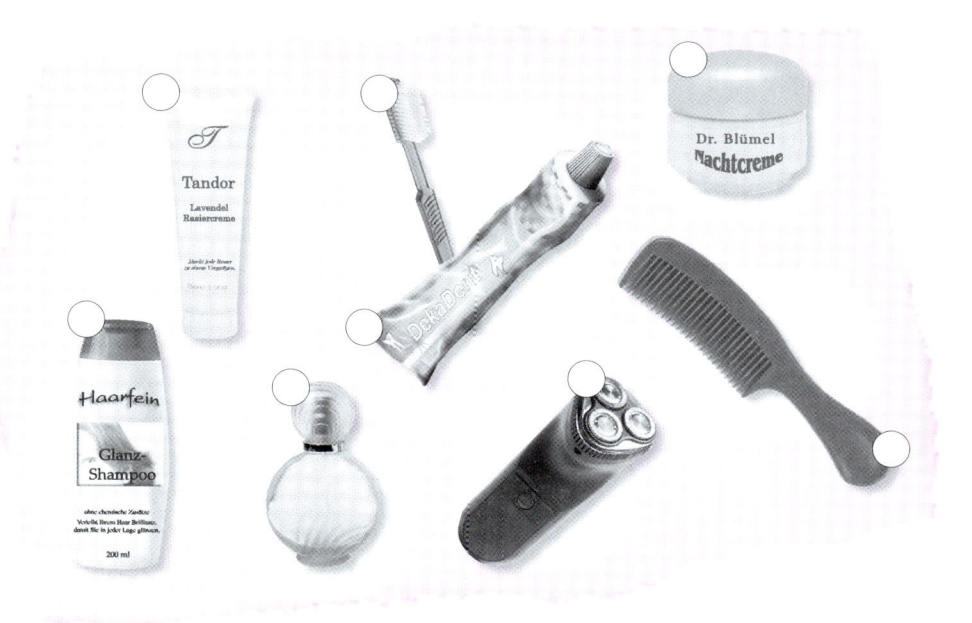

B2 Ein Gespräch am *Lufthansa*-Schalter ⇨ Ü1, Ü2

Hören Sie den ersten Teil des Gesprächs und machen Sie sich Notizen.

1.21
1. Warum wendet sich Boris Korolenko an den Schalter der *Lufthansa*?
2. Woher kommt er gerade?
3. Beschreiben Sie sein Gepäck.

● Hören Sie nun den zweiten Teil des Gesprächs am *Lufthansa*-Schalter.

1.22

Hostess: … Wir kümmern uns sofort darum. Füllen Sie bitte das Formular aus und geben Sie uns eine Adresse und Telefonnummer in Stuttgart an. Sind Sie im Hotel?

Korolenko: Ja, …

Hostess: Gut. Wenn wir das Gepäck gefunden haben, setzen wir uns mit Ihnen in Verbindung. Wir liefern Ihnen das Gepäck dann kostenfrei ins Hotel. Hier ist die Vorgangsnummer. Unter dieser Nummer können Sie sich auch online über den Stand der Gepäckermittlung informieren.

Korolenko: Aber am Nachmittag bin ich zu einem Empfang eingeladen. Da muss ich mir noch ein paar Sachen kaufen. Bekomme ich die Kosten von Ihnen erstattet?

Hostess: Aber selbstverständlich. Ich kann Ihnen vorerst 200 € bar auszahlen. Sie können sich auch Ersatzkleidung und Toilettenartikel kaufen. Bei Kleidung erstatten wir bis zu 50 %, Toilettenartikel erstatten wir zu 100 %.

Korolenko: Verzeihung, das habe ich nicht verstanden.

Hostess: Laut Montrealer Abkommen von 2004 müssen die Fluggesellschaften den Fluggästen eine Entschädigung zahlen, wenn das Gepäck verspätet ankommt oder verloren geht. Wenn das Gepäck nicht mehr auftaucht, erhalten Sie zurzeit 1 200 € Entschädigung. Sie können sich aber schon heute das Nötigste kaufen – Bekleidung und Toilettenartikel. Aber bitte bewahren Sie die Quittungen auf.

Korolenko: Das ist gut.

Hostess: So, wenn Sie so freundlich wären und bitte dieses Formular ausfüllen würden – mit genauer Gepäckbeschreibung und Inhalt. Und dann brauchen wir noch die Adresse und Ihre Telefonnummer.

Korolenko: Selbstverständlich.

Hostess: Und hier ist die Telefonnummer der Gepäckermittlung. Sie können auch heute noch einmal dort anrufen. Die kann Ihnen sagen, wo Ihr Gepäck geblieben ist. Und wie gesagt, Sie können sich auch online unter dieser Adresse informieren, ob wir das Gepäck mittlerweile gefunden haben.

Korolenko: Ah ja, das ist sehr praktisch.

Hostess: Darf ich Ihnen inzwischen ein „Overnight-Kit", einen Kulturbeutel unserer Gesellschaft, geben? Da haben Sie schon das Nötigste.

Korolenko: Sehr freundlich von Ihnen.

● Beantworten Sie die Fragen.

1. Wie löst die Hostess das Problem?
2. Wie reagieren Boris Korolenko und die Hostess (ruhig, sachlich, aggressiv, höflich, wütend usw.)? Suchen Sie Beispiele im Dialog.
3. Boris Korolenko hat sicher noch einige Fragen an die Hostess. Spielen Sie einen Dialog.

Exportwege *neu*, Kursbuch 2, Kapitel 5

B3 Verlustmeldung

Füllen Sie das Formular der *Lufthansa* für Boris Korolenko aus.

Member of Star Alliance — **Lufthansa**

Bitte Felder ausfüllen und senden an:
Please complete the fields and return to:

Deutsche Lufthansa AG
Gepäckdienste

D-60546 Frankfurt
Deutschland

Fax: + 49 - (0)69 - 69055171

E-mail: CentralBaggageTracing@dlh.de

Referenznummer der Verlustmeldung hier angeben:
Input here your file reference number:

Ihr Nachname: →	
Your last name:	
Ihr Vorname: →	
Your first name:	
Ihre Konto-Nr.: →	
Your account no.:	
Bankleitzahl:	
Bank code:	
Name des Geldinstitutes/Ort: →	
Name of bank/Place:	
Vielfliegerprogramm und Ihre Kundennummer:	
Frequent Flyer Programme and your customer number: →	

Lieber Fluggast,
mit den von Ihnen bisher gemachten Angaben müssten wir Ihr Gepäck in kürzester Zeit finden. In Einzelfällen kann jedoch eine erweiterte Computer-Suche notwendig werden. Sollten Sie Ihr Eigentum nicht innerhalb von 3 Tagen erhalten haben, füllen Sie bitte diese Inhaltsliste aus und senden sie an uns per Post, Fax oder e-mail. <u>Eine möglichst detaillierte Beschreibung des Gepäckinhalts ist sehr wichtig. Fehlen Ihnen mehrere Gepäckstücke, bitten wir Sie, pro Stück eine separate Liste auszufüllen.</u> Vielen Dank!

Dear passenger,
with the particulars you have given, we should be able to trace your baggage soonest. In some cases however, an extended computerized search by means of <u>detailed lists of contents</u> may be required. If your baggage cannot be retrieved within 3 days, please complete this form and submit it to us (mail, fax or e-mail). <u>In case several pieces of baggage are missing, please complete one separate list for each bag.</u> Thank you!

Ihre ständige Anschrift / Telefonnummer / E-mail-Adresse Your permanent address / Telephone number / e-mail-address →	Vorübergehende Adresse / Telefonnummer Temporary address / Telephone number → <u>bis / until:</u> →

Fluggesellschaft / Flugnummer: Airline / Flight number:	Datum: Date:	Von: From:	Nach: To:
→	→	→	→
→	→	→	→
→	→	→	→

Falls Sie uns den Verlust nicht sofort an Ihrem Ankunftsflughafen angezeigt haben, geben Sie bitte den Grund an.
If you did not report the loss at once on arrival, please state why not.
→

Verlust wurde bereits bei <u>folgender</u> anderer Luftverkehrsgesellschaft gemeldet: →
Loss has been already reported to <u>following</u> airlines:
In: →   Am / On: →

Das Gepäckstück wurde unterwegs neu abgefertigt und erhielt einen neuen Gepäckanhänger in : (Flughafen) →
The baggage was cleared again en route and was given a new baggage tag in: (airport)

Ich habe es dort gesehen / I saw it there → ☐	Ich habe es dort <u>nicht</u> gesehen / I did <u>not</u> see it there → ☐
Beschreibung des fehlenden Gepäckstückes Description of missing baggage →	Material: → Farbe / Colour: → Markenname / Brandname: →
Art / Type: →	Gewicht / Weight: → kgs
Ist Ihr Name (<u>oder ein anderer *</u>) am Gepäck? Ja /Yes ☐ Is your name (<u>or another *</u>) on the bag? Nein / No ☐ →	* Welcher ? → * Which one ?
Kaufpreis (Währung angeben/Quittungen beifügen): → Purchase price (indicate currency/enclose receipts):	Gekauft am: → Bought on:
Ist Ihr Gepäck versichert? → Ja /Yes ☐ Is your baggage insured? Nein / No ☐ →	Versicherungs-Schein-Nr.: → Policy No.:
Versicherungsgesellschaft (Name/Anschrift): → Insurance company (name/address):	

Form/I-List/HDQLH/au/2000

Member of Star Alliance — **Lufthansa**

Vollständige Angaben über den gesamten Inhalt dieses Gepäckstückes:
Full details of the complete contents of this missing piece of baggage:

Anzahl Number	Beschreibung, Fabrikat, Material Description, Brand, Material	Preis, Währung Price, Currency	Gekauft am Date bought	Zeitwert Claim

Bemerkungen / Remarks: ↓	Endsumme / Total →	
Ich füge → Quittungen bei. I enclose → receipts.	Ich versichere, dass die vorstehenden Angaben vollständig und wahrheitsgemäß sind. I affirm that the above particulars are true and complete.	
Ort, Datum → Place, Date	Unterschrift / Signature	

Form/I-List/HDQLH/au/2000

B4 Handgepäck auf Flugreisen

Kennen Sie die aktuellen EU-Bestimmungen für Handgepäck auf Flugreisen? Sie packen einen Koffer für eine Flugreise. Was dürfen Sie nicht in die Flugkabine mitnehmen? Was ist erlaubt? Was kommt davon in einen Plastikbeutel, den man verschließen kann?

- Feuerzeug ▸ Spielzeugpistole ▸ Kekse ▸ Schlittschuhe ▸ Skistöcke ▸ Alkohol (über 70 %)
- Werkzeuge ▸ Golfschläger ▸ Rasierschaum ▸ Tageszeitung ▸ Zündhölzer ▸ Batterien
- Babynahrung ▸ Taschentücher ▸ Wasser ▸ Haargel ▸ Parfüm ▸ Nagelschere ▸ Bücher
- Gesichtscreme ▸ Zahnpasta ▸ Taschenmesser

verboten	erlaubt	durchsichtiger Plastikbeutel
....	....	....
....	....	....
....	....	....
....	....	....
....	....	....
....	....	....

B5 Szenen am Flughafen   ⇨ Ü9, Ü10

Spielen Sie Szenen am Flughafen: einchecken, Informationen erfragen.

● *Redemittel:* **Am Flughafen**

Fluggast	Hostess
Wo ist denn der Schalter der *Lufthansa*/der *Air France*?	Hier in der großen Halle …
Wo kann man einchecken/sein Gepäck aufgeben?	Am Schalter 289.
Wann kann man einchecken?	Eine Stunde/30 Minuten vor Abflug.
Wann kommt die Maschine aus … an?	Die Maschine landet um … Uhr.
Wann startet das Flugzeug?	Es startet um …/Die Maschine hat Verspätung./Der Flug ist annulliert.
Ist das ein Direktflug oder muss man umsteigen?	Die Maschine hat Aufenthalt in …
Darf man im Flugzeug rauchen?	Nein, auf unseren Linien ist das Rauchen verboten.
Gibt es noch Plätze in der Businessklasse?	Nein, aber in der Economyklasse. Hier ist Ihre Bordkarte.

B6 Ist Ihnen so ein Zwischenfall wie bei Boris Korolenko schon einmal passiert? ⇨ Ü 3–6

Führen Sie einen ähnlichen Dialog. Verwenden Sie die Redemittel.

• *Redemittel:* **Sich beschweren – jemanden beruhigen**

Fluggast	Hostess
Sagen Sie mal, was ist denn da passiert?	Einen Moment bitte. /Einen Augenblick bitte.
Können Sie mir sagen, was mit meiner Tasche/meinem Koffer/meinem Trolley passiert ist?	Ich sehe/schaue mal nach. Ich nehme an,
Schauen Sie doch (bitte) einmal nach, was da passiert ist.	… dass Ihr Gepäck nicht mit dem Flugzeug angekommen ist.
Das gibt's doch nicht! Mein Koffer ist nicht mit der Maschine/dem Flugzeug/dem Zug angekommen.	… dass es beim Transfer Probleme gegeben hat. … dass das Personal in … das Gepäck nicht eingeladen hat.
Wollen Sie damit sagen, dass mein Gepäck/mein Koffer verschwunden ist?	
Ich brauche unbedingt/sofort/heute noch …	Ich kümmere mich darum.
Kümmern Sie sich bitte sofort darum!	Ich schaue, was ich für Sie tun kann.

B7 Ein ausländischer Geschäftspartner kommt zu Ihnen zu Besuch. ⇨ Ü 10

Was machen Sie, wenn der Gast wichtig, nicht so wichtig ist?

		wichtig	nicht so wichtig
1.	Wir holen sie/ihn persönlich vom Flughafen/Bahnhof ab.	☐	☐
2.	Wir lassen sie/ihn durch einen firmeneigenen Wagen abholen.	☐	☐
3.	Wir lassen sie/ihn durch einen hoteleigenen Wagen/Bus abholen.	☐	☐
4.	Er/Sie nimmt ein Taxi und bekommt das Geld von seiner/unserer Firma erstattet.	☐	☐
5.	Er/Sie reist mit dem eigenen Pkw an.	☐	☐
6.	Er/Sie findet sich selbst zurecht.	☐	☐
7.	Er/Sie benutzt öffentliche Verkehrsmittel.	☐	☐

B8 Orientierung in Stuttgart ⇨ G 1–5, Ü 8, Ü 9

Die Firma *TRUMPF* hat Boris Korolenko eine Lageskizze und einen Streckennetzplan von Stuttgart geschickt. Boris Korolenko ist zum ersten Mal in Stuttgart. Deshalb fragt er einige Passanten. Formulieren Sie die Fragen höflicher und spielen Sie kleine Dialoge. Verwenden Sie dabei auch den S-Bahn-Plan von Stuttgart.

1. Wie komme ich am besten nach Ditzingen?
2. Ist das weit vom Flughafen?
3. Gibt es vom Flughafen aus einen Zug oder eine U-Bahn?
4. Kann man mit der S-Bahn nach Ditzingen fahren?
5. Von welchem Bahnsteig fährt die S-Bahn?
6. Muss man umsteigen?
7. Wo kauft man denn die Fahrkarten?
8. Wie viel kostet denn die Fahrt ins Zentrum?
9. Wie spät ist es eigentlich?
10. Wann fährt denn die S-Bahn?
11. Wo gibt es hier Bekleidungsgeschäfte?
12. Bis wann sind sie geöffnet?
13. Gibt es hier in der Nähe eine Apotheke?

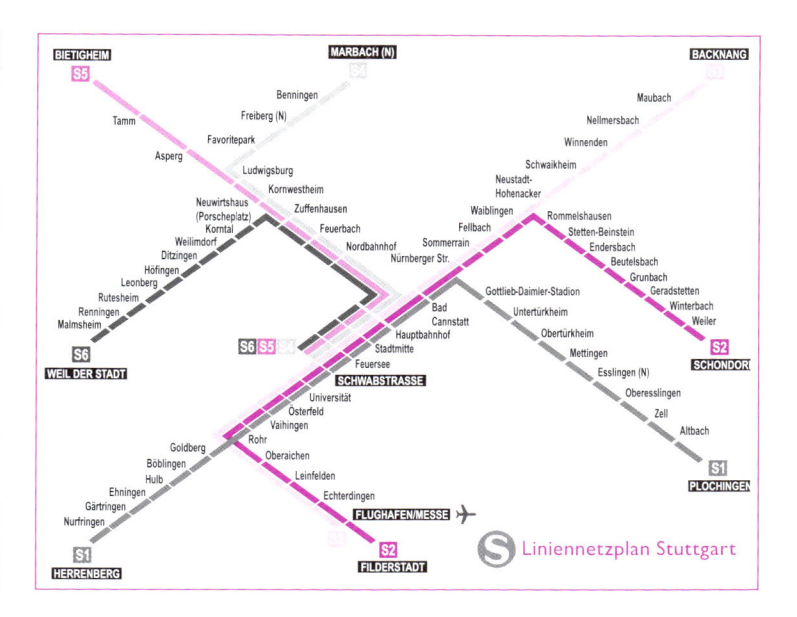

S-Bahn-Fahrplan					
Flug-hafen	Stuttg. Hbf.	ver-kehrt	Flug-hafen	Stuttg. Hbf.	ver-kehrt
10:08	10:35	täglich	18:08	18:35	täglich
10:38	11:05	täglich	18:38	19:05	täglich
11:08	11:35	täglich	19:08	19:35	täglich
11:38	12:05	täglich	19:38	20:05	täglich
12:08	12:35	täglich	20:08	20:35	täglich
12:38	13:05	täglich	20:38	21:05	täglich
13:08	13:35	täglich	21:08	21:35	täglich
13:38	14:05	täglich	21:38	22:05	täglich
14:08	14:35	täglich	22:08	22:35	täglich
14:38	15:05	täglich	22:38	23:05	täglich
15:08	15:35	täglich	23:08	23:35	täglich
15:38	16:05	täglich	23:38	00:05	täglich
16:08	16:35	täglich	00:08	23:35	täglich
16:38	17:05	täglich	**Fahrpreis Einzelticket Flughafen – Bahnhof 2 Zonen: 2,35 €**		
17:08	17:35	täglich			
17:38	18:05	täglich			

● *Redemittel:* **Wegbeschreibung**

▶ Verzeihung, können Sie mir sagen, wie ich nach Ditzingen komme?
▶ Wissen Sie, ob es vom Flughafen aus eine S-Bahn gibt?

der Passant/die Passantin

Ja, einen Moment. Ich erkläre es Ihnen sofort. Also, da müssen Sie …	Tut mir leid, ich bin auch nicht von hier./ Ich kenne mich in Stuttgart nicht aus.
Ja, natürlich/selbstverständlich.	Ich habe keine Ahnung./Das weiß ich nicht.
Ja, warten Sie, ich zeige Ihnen den Fahrkarten-automaten.	Das weiß ich leider auch nicht. Fragen Sie doch mal den Taxifahrer/den Polizisten/am Schalter nach …

B9 Boris Korolenko in Stuttgart

Hören Sie zuerst die Dialoge. Ordnen Sie die Bilder zu und notieren Sie sich auch die Informationen.

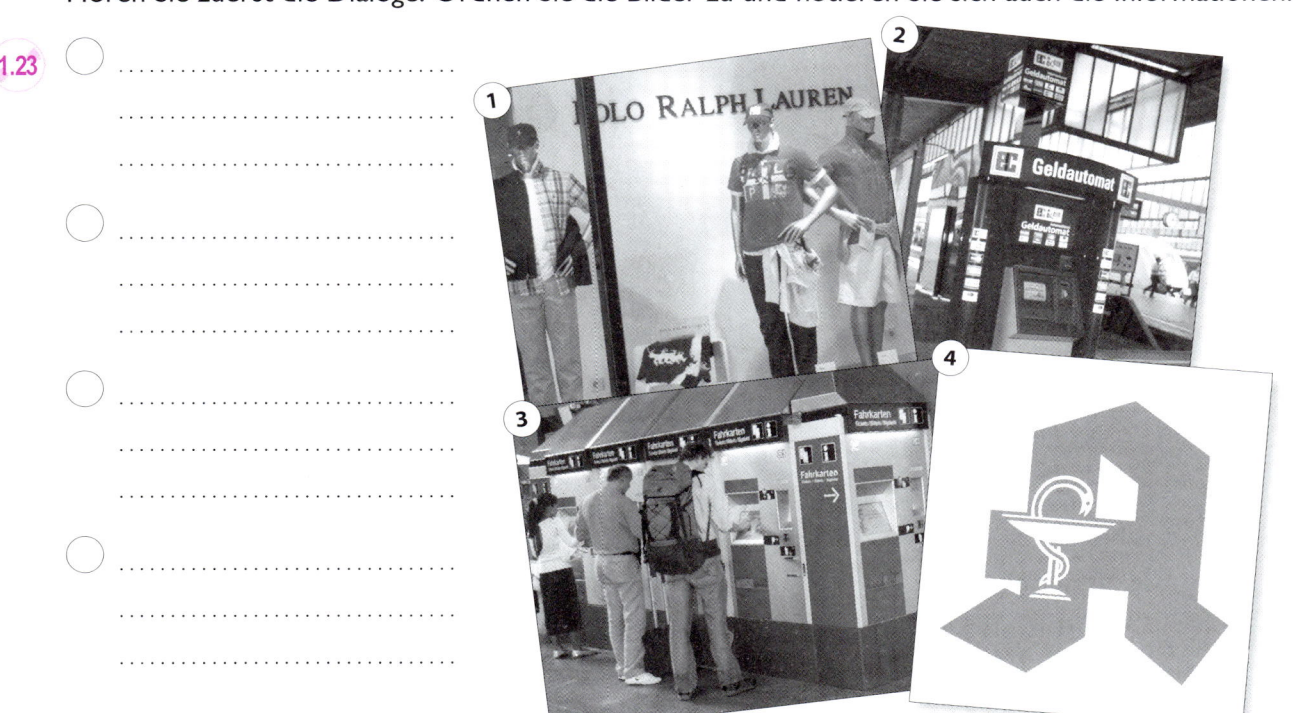

1.23

C In der Apotheke

C1 Krank auf Geschäftsreisen

Markieren Sie die Beschwerden, die typisch für Fernreisen sind. Suchen Sie im Wörterbuch die Artikel und beschreiben Sie die Symptome (auch mit Gesten).

1. *die* Grippe ☐
2. ...... Husten ☐
3. ...... Durchfall ☐
4. ...... Kopfschmerzen ☐
5. ...... Schlafstörung ☐
6. ...... Allergie ☐
7. ...... Insektenstich ☐
8. ...... Übelkeit ☐
9. ...... Schnupfen ☐
10. ...... Sonnenbrand ☐
11. ...... Erkältung ☐
12. ...... Entzündung ☐
13. ...... Verstopfung ☐
14. ...... Fieber ☐
15. ...... Magenschmerzen ☐
16. ...... Vitaminmangel ☐
17. ...... Zahnschmerzen ☐
18. ...... Sodbrennen ☐
19. ...... Thrombose ☐
20. .... ☐

● *Redemittel:* **Krankheiten/Beschwerden**

Ich habe	Kopfschmerzen.	Der Kopf tut weh.
	Halsschmerzen.	Der Hals tut weh. Ich huste/habe Husten.
	Magenschmerzen.	Der Magen drückt. Ich habe einen nervösen Magen/ Sodbrennen.
	eine Grippe, Fieber.	Ich bin erkältet, huste und habe Schnupfen.
	Kreislaufbeschwerden.	Der Blutdruck ist hoch/niedrig.
	Verdauungsprobleme.	Ich habe Durchfall/ Verstopfung.
Was nehmen Sie dagegen?		Ich nehme/Ich trinke …
		Tropfen, einen Saft, einen Sirup, ein Aspirin, einen Tee.
In welcher Form gibt es die Medikamente?		Das Präparat gibt es als Kompressen, Spray, Tabletten …

C2 Checkliste: Reiseapotheke und Impfungen

Vor einer Reise sollte man sich nach wichtigen Impfungen erkundigen und eine Reiseapotheke zusammenstellen.
Welche Medikamente nehmen Sie auf eine Reise mit? Ergänzen Sie die Übersicht.

Checkliste für Ihre Reiseapotheke

Medikament		Beschwerden
▶ Abführmittel	bei	....
▶ Beruhigungsmittel	bei	....
▶ Halsschmerzmittel	bei	....
▶ Schmerztabletten	bei	....
▶ Nasenspray	bei	....
▶ Durchfallmittel	bei	....
▶ Antibiotika	bei	....
▶ Insektenschutzmittel	bei	....
▶ Magnesiumpräparat	bei	....
▶ Pflaster/Verband	bei	....
▶ Gel	bei	....

● Zur Prophylaxe (Vorbeugung) gegen gefährliche Krankheiten sind Impfungen ein wichtiges Mittel.

> allgemeine Impfungen gegen

▸ DTP: Diphtherie (Infektion der Atemwege), Tetanus (Wundstarrkrampf), Pertussis (Keuchhusten)
▸ Hepatitis B (HBV)
▸ Poliomyelitis (Kinderlähmung)
▸ Masern (MMR: Masern-Mumps-Röteln)

> Reiseimpfungen gegen

▸ Cholera
▸ Gelbfieber
▸ Hepatitis A (HAV)
▸ Influenza (Grippe)
▸ Tuberkulose
▸ Typhus (Durchfallerkrankung)
▸ Zecken-Enzephalitis (FSME)

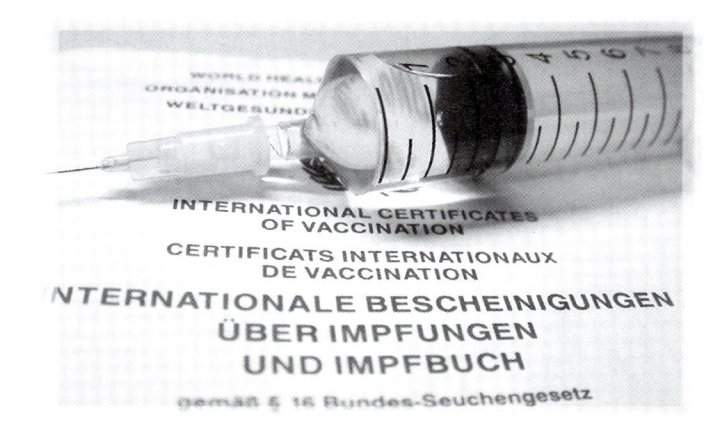

● In welchen Regionen/Ländern kommen die Krankheiten vor, gegen die Sie sich vor einer Reise impfen lassen sollten?

● Gegen die gefährliche Malaria gibt es keine Impfung. Wie können Sie dagegen vorbeugen? Wo ist Malaria besonders verbreitet?

C3 In der Apotheke

Boris Korolenko geht in eine Apotheke. Ordnen Sie die Dialogteile zu und verfassen Sie einen sinnvollen Dialog zwischen Patient und Apotheker.

① Patient(in)   ② Apotheker(in)

○ Normalerweise nehme ich …
○ Wie oft muss ich es nehmen?/Wie ist die Dosierung?
○ 2 x täglich, vor/nach dem Essen …
  Ich wünsche Ihnen gute Besserung!
○ Ich hätte gern etwas gegen …
○ Möchten Sie Tropfen oder Tabletten?
○ Möchten Sie ein bestimmtes Medikament/Präparat?
○ Haben Sie …
  (k)ein stärkeres, schwächeres Mittel?
  (k)ein homöopathisches Präparat?
○ Normalerweise sind diese Medikamente rezeptpflichtig. Sie müssen zu einem Arzt gehen, der Ihnen ein Rezept ausstellt. Aber dieses Medikament ist rezeptfrei …

● Hören Sie nun das Gespräch und notieren Sie, was Sie über Boris Korolenko erfahren.

1.24
1. Beschwerden: ....
2. Art des Medikaments: ....
3. Dosierung: ....

C4 Jetzt sind Sie gefragt.

Suchen Sie aus der Checkliste Beschwerden aus, die typisch für Fernreisen sind. Spielen Sie Dialoge in einer Apotheke/bei einem Hotelarzt. Machen Sie dabei auch Gesten.

C5 Jetlag: Tipps der *Lufthansa* für ihre Flugreisenden

Lesen Sie die Texte.

Ursachen und Auswirkungen des Jetlags

Der Mensch lebt normalerweise in einem 24-Stunden-Rhythmus. Während des Schlafes verlangsamt sich die Herz- und Atmungsfrequenz, der Blutdruck sinkt, die Muskulatur entspannt sich und die mentale und psychomotorische Leistungsfähigkeit verringert sich deutlich.

Durch den schnellen Ortswechsel in eine andere Zeitzone wird eine Phasenverschiebung im menschlichen Tagesrhythmus hervorgerufen. Nicht nur der Schlaf- und Wachrhythmus wird durchbrochen, sondern auch der regelmäßige Ablauf einer Vielzahl verschiedenster Körperfunktionen, die einem 24-Stunden-Rhythmus unterliegen.

Müdigkeit und eine verringerte Reaktionsfähigkeit in Verbindung mit Gedächtnis- und Konzentrationsschwierigkeiten sind die häufigsten Folgen. Darüber hinaus können ein durch die Schlafunterbrechung hervorgerufenes Erschöpfungsgefühl, Kopfschmerzen und Übelkeit auftreten. Die Auswirkungen des Jetlags sind dabei bei einem Flug Richtung Osten stärker als bei einem Flug Richtung Westen. Der Grund für diesen Unterschied liegt darin, dass die „innere Uhr" des Menschen zu einem Rhythmus hin tendiert, der die 24 Stunden übersteigt. Wenn man also von Ost nach West (zum Beispiel von Deutschland in die USA) fliegt, ist der Tag länger – dies kommt dem biologischen Rhythmus eher entgegen. Die Umstellung des menschlichen Körpers auf die neue Zeit erfolgt dabei um 20 % schneller als bei einem Flug in Richtung Osten (zum Beispiel von Deutschland nach Thailand), da er hierbei mehrere Stunden „verliert".

Allgemeine Tipps gegen Jetlag

Während des Fluges:
- ✓ Stellen Sie bereits im Flugzeug Ihre Uhr auf die Uhrzeit des Ziellandes um. So können Sie sich mental an den neuen Zeitrhythmus gewöhnen.

Nach der Ankunft:
- ✓ Versuchen Sie am Tagesrhythmus des Zielortes teilzunehmen, d. h. essen Sie zu den Zeiten des Gastlandes und gehen Sie erst ins Bett, wenn die Sonne untergeht.
- ✓ Versuchen Sie, in der ersten Nacht nach der Ankunft ausreichend zu schlafen.
- ✓ Vermeiden Sie möglichst anstrengende Aktivitäten an den ersten zwei Tagen nach der Landung. So kann sich Ihr Körper an den neuen Zeitrhythmus gewöhnen.
- ✓ Vermeiden Sie die Einnahme von Schlafmitteln, denn diese bringen den Organismus zusätzlich durcheinander.
- ✓ Verbringen Sie so viel Zeit wie möglich im Freien – das Tageslicht trägt dazu bei, dass sich der Körper schneller an die neue Umgebung anpasst.
- ✓ Bleiben Sie, wenn möglich, nach der Reise ein bis zwei Tage zu Hause, damit Sie sich entspannt wieder an den Tagesrhythmus in Ihrer Heimat gewöhnen können.

● Welche Aussagen stimmen? Kreuzen Sie an.

1. Durch einen schnellen Ortswechsel wird/werden
   - ☐ nur der Schlafrhythmus verändert.
   - ☐ nur der Schlaf- und Wachrhythmus durchbrochen.
   - ☐ sowohl Schlaf- und Wachrhythmus als auch andere Körperfunktionen gestört.

2. Folgen des Jetlags sind
   - ☐ Konzentrationsstörungen
   - ☐ Husten
   - ☐ Grippe
   - ☐ Kopfschmerzen
   - ☐ Übelkeit
   - ☐ Halsschmerzen
   - ☐ schlechtere Reaktionsfähigkeit

3. Die Folgen des Jetlags sind bei einem Flug Richtung Osten
   - ☐ schwächer, weil der menschliche Körper sich sehr gut an den neuen Rhythmus gewöhnen kann.
   - ☐ stärker, weil der Körper mehrere Stunden „verliert".
   - ☐ stärker, weil dadurch der Tag länger ist.

4. Was sollte man nicht tun?
   - ☐ die Uhr während des Flugs umstellen
   - ☐ Schlafmittel einnehmen
   - ☐ ins Bett gehen, wenn man müde ist
   - ☐ sich gleich nach der Ankunft sportlich betätigen (joggen)
   - ☐ sich im Freien aufhalten
   - ☐ gleich nach der Reise wieder ins Büro gehen

C6 Geschäftsreisen sind anstrengend und stressig.

Wie halten Sie sich auf Reisen fit? Bilden Sie Gruppen und verraten Sie den anderen Ihr Geheimnis: Essen, Entspannung, Bewegung …
Warum sollten sich gerade auch Geschäftsleute im Zeitalter der Mobilität und Globalisierung vor Krankheiten schützen?

D Kleiderkauf: Business-Outfit

D1 Kleider machen Leute

Sie gehen auf Geschäftsreise. Ordnen Sie die Kleidungsstücke zu.

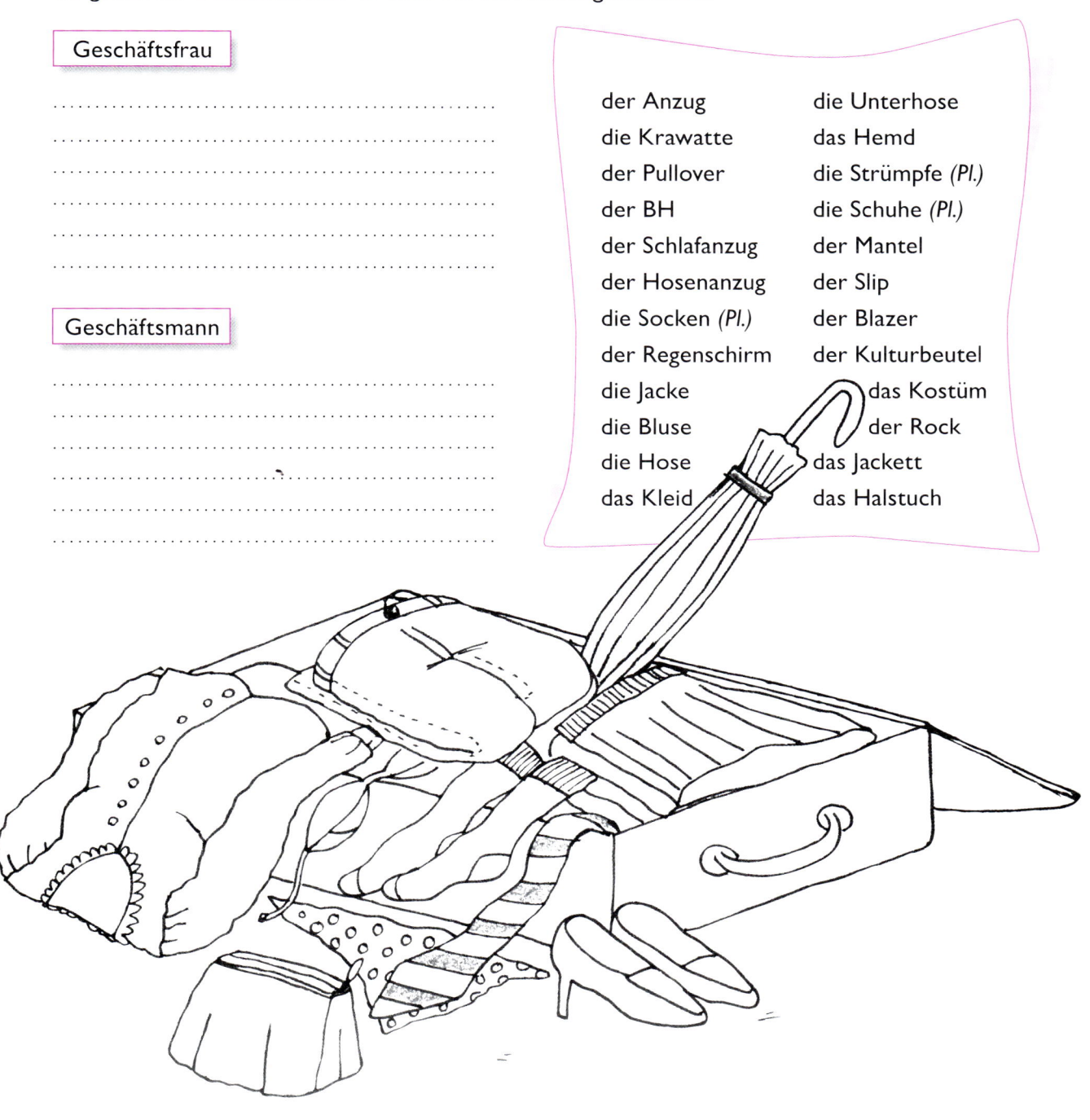

Geschäftsfrau

....
....
....
....
....

Geschäftsmann

....
....
....
....
....

der Anzug	die Unterhose
die Krawatte	das Hemd
der Pullover	die Strümpfe *(Pl.)*
der BH	die Schuhe *(Pl.)*
der Schlafanzug	der Mantel
der Hosenanzug	der Slip
die Socken *(Pl.)*	der Blazer
der Regenschirm	der Kulturbeutel
die Jacke	das Kostüm
die Bluse	der Rock
die Hose	das Jackett
das Kleid	das Halstuch

● Machen Sie auf Geschäftsreisen manchmal einen Stadtbummel? Was kaufen Sie dann? Wo kaufen Sie gern ein? Diskutieren Sie.

D2 Im Herrenbekleidungsgeschäft ⇨ Ü 11

Boris Korolenko ist ins Zentrum von Stuttgart gefahren. In der Königstraße hat er ein Herrenbekleidungsgeschäft gefunden.
Hören Sie den Dialog und notieren Sie sich Informationen zu den Kleidungsstücken.

1.25

	1.	2.	3.
Kleidungsstück			
Farbe			
Größe			
Art (z. B. klassisch)			
Modell			

● Redemittel: **Im Geschäft**

Verkäufer/Verkäuferin	Kunde/Kundin
Sie wünschen bitte?	Ich suche/möchte …
In welcher Größe?	In 54, 38 … Ich glaube, das entspricht bei uns Größe …
In welcher Farbe?	In Weiß, Dunkelblau, Beige … Haben Sie die (Hose) auch in Schwarz?
Was für eine Krawatte suchen Sie?	Eine einfarbige/bunte/gestreifte/karierte/dezente Krawatte.
Was für ein Hemd darf es sein?	Ein leicht getöntes/dunkles/helles Hemd.
Wie gefällt Ihnen der Hosenanzug?	Ja, der gefällt mir./Der gefällt mir nicht. Er ist sehr elegant/bequem./Nein, er sitzt nicht.
Wie gefallen Ihnen diese Blusen?	Ja, die gefallen mir./Nein, die gefallen mir nicht. Rot steht mir (nicht).
Wollen Sie den Anzug probieren?	Wo sind denn die Umkleidekabinen?

D3 Kleidergrößen

Ergänzen Sie die Tabelle mit den internationalen Kleidergrößen für Damenbekleidung.

D	36	38		
I	40		44	48
E	40	42		

F	38	40	42	44
B	36		40	42
CH	36			

GB	10	12	14		18
EUR		84	88		96
Ihr Heimatland					

- Haben Sie sich darüber schon Gedanken gemacht, warum die Kleidergrößen von Land zu Land variieren? Welche Folgen hat das für Designer?
  - ▸ Größe 36 in Deutschland entspricht Größe … in Spanien.
  - ▸ Das hängt vielleicht damit zusammen, dass die Frauen dort schlanker/dünner/dicker/zierlicher/schmaler usw. sind./Das liegt vielleicht daran, dass …

D4 Dresscode: Wie zieht man sich im Geschäftsleben richtig an?

Hier sind Aussagen zum Thema „Business-Outfit". Was ist Ihrer Meinung nach richtig, falsch, nicht so wichtig?

	richtig	falsch	nicht so wichtig
1. Herren und Damen sollten mit der Mode gehen.	☐	☐	☐
2. Man sollte sich durch die Kleidung jünger machen als man ist.	☐	☐	☐
3. Der klassische Business-Anzug für den Herrn ist dunkelblau oder dunkelgrau.	☐	☐	☐
4. Die Krawatte kann sehr bunt sein.	☐	☐	☐
5. Die Krawatte sollte nur ein dezentes Muster haben.	☐	☐	☐
6. Die Herren sollten helle oder weiße Hemden tragen.	☐	☐	☐
7. Auf der Krawatte sollte das Firmenlogo stehen.	☐	☐	☐
8. Die Herren tragen Tennissocken.	☐	☐	☐
9. Bunte Strümpfe im Comicstil sind modern.	☐	☐	☐
10. Die Strümpfe sollten etwas dunkler als der Anzug sein.	☐	☐	☐
11. Die Damen tragen ein kurzes Businesskostüm.	☐	☐	☐
12. Die Damen sollten keine Miniröcke tragen.	☐	☐	☐
13. Zum Hosenanzug oder Kostüm sollten Frauen durchscheinende Blusen tragen.	☐	☐	☐
14. Damen sollten auf jeden Fall Feinstrumpfhosen tragen.	☐	☐	☐
15. Damen sollten geschlossene Schuhe tragen.	☐	☐	☐
16. Das Make-up muss nicht dezent sein, es kann auffallend sein.	☐	☐	☐

- Und jetzt sind Sie gefragt. Beantworten Sie die Fragen.

  1. Warum legen Unternehmen Wert auf einen „Dresscode", eine bestimmte Kleiderordnung?
  2. In welchen Bereichen ist die Kleiderordnung konservativer, in welchen Branchen wird ein eher legerer Kleidungsstil („casual wear") akzeptiert?
  3. Stellen Sie bestimmte Kleidervorschriften aus Ihrem Heimatland vor.

Exportwege neu, Kursbuch 2, Kapitel 5

E Die *Lufthansa* und die internationale Konkurrenz

E1 Die wichtigsten europäischen Fluggesellschaften im Vergleich

Das Wirtschaftsmagazin *WirtschaftsWoche* hat zusammen mit der Unternehmensberatungsfirma *Oliver Wyman* in mehreren Studien die wichtigsten europäischen Fluglinien *Air France-KLM*, *British Airways (BA)* und *Lufthansa/Swiss* untersucht. Dabei werden die drei Fluglinien nach 35 Kriterien von den Finanzen über die Konzernstrategie bis hin zur Produktqualität mit Schulnoten von eins bis fünf bewertet.

Ergebnis der Studien: Die *Lufthansa* ist immer noch führend, aber die beiden anderen Fluglinien haben aufgeholt. *Lufthansa* hat die stärksten Finanzen und die beste Marktposition, aber der Kranich hat in wichtigen Bereichen wie Ertragskraft, Produktqualität und Wachstum die Führung verloren.

Produkt. Neutrale Kundenbefragungen z. B. durch das britische Marktforschungsunternehmen *Skytrax* haben ergeben, dass die Kunden mit dem Service der *Lufthansa* nicht besonders zufrieden sind. So führte sie als eine der letzten Linien Betten in der Businessklasse ein. In den Augen der Kunden ist der Umgang der Flugbegleiter weniger herzlich als der bei *Air France* oder *BA*. Dafür war der Bodenservice bei der *Lufthansa* besser. Positiv beurteilt werden vor allem die schnellen Abläufe in Frankfurt und München.

Zukunftsfähigkeit. Viele Fluggesellschaften haben Angst vor mehr Konkurrenz und fürchten sinkende Preise. So wollen in Europa Billigfluggesellschaften wie *Easyjet*, *Ryanair* und *Air Berlin* insgesamt mehr als 100 Maschinen zusätzlich fliegen lassen. Fast so viele Flugzeuge werden zusätzlich auf den Langstreckenflügen eingesetzt – und zwar von Linien vom Persischen Golf wie *Emirates*, aber auch von US-Linien, die vor der Billig-Konkurrenz in den USA auf Langstreckenflüge nach Europa ausweichen. Auch *Ryanair* und *Air Berlin* wollen häufiger nach Übersee fliegen.

Die Kunden profitieren von billigeren Flügen – den Fluglinien beschert die wachsende Konkurrenz geringere Umsätze. Aber es genügt nicht zu sparen und die Billigflieger zu imitieren. „Hier können die Marktführer nur punkten, wenn sie profitabler werden und in ein besseres und kundenfreundlicheres Produkt investieren", sagt Markus Franke, Fluglinienspezialist der Unternehmensberatung *Oliver Wyman*. Vorbild könnte u. a. *Singapore Airlines* sein. Die Fluggesellschaft setzt Maßstäbe bei Service und Qualität: Das Bordpersonal ist sehr freundlich und aufmerksam und der Fluggast kann sich über eine aufwendige Bordunterhaltung freuen.

● Machen Sie sich Notizen zu den Ergebnissen der Studie.

1. **Position der *Lufthansa*** (allgemein): ....
2. **Beurteilung der *Lufthansa*:** ....
   ....
3. **Die Fluggesellschaften und die Konkurrenz:**
   ▶ Flugstrecken: ....
   ▶ Fluggesellschaften: ....
4. **Zukunftsperspektiven:** ....

● Bilden Sie Gruppen und wählen Sie eines der beiden folgenden Themen aus. Präsentieren Sie dann Ihre Ergebnisse und diskutieren Sie.

1. Welche Vor- und Nachteile hat eine Flugreise mit Billigfliegern?
2. Sie arbeiten bei einer Fluggesellschaft. Wie können Fluggesellschaften profitabler werden, d. h., wo können sie sparen? Wie werden sie kundenfreundlicher? Machen Sie Vorschläge.

E2 Flugreisende und Fluggesellschaften im Gespräch

Stellen Sie sich vor, Sie werden zu einer Diskussion mit Vertretern verschiedener Fluggesellschaften eingeladen.
Diskutieren Sie über folgende Punkte: Verspätung, Service, Preise, Zweiklassensystem (Businessklasse, Economyklasse), neue Regelungen für das Handgepäck usw.
Bilden Sie zwei Gruppen. Formulieren Sie Standpunkte aus der Sicht der Kunden und der Fluggesellschaften.

Kunden: Die Preise sind zu hoch.
Fluggesellschaften: Es gibt unterschiedliche Tarife …

● *Redemittel:* **Einen Standpunkt vertreten, einem Standpunkt widersprechen …**

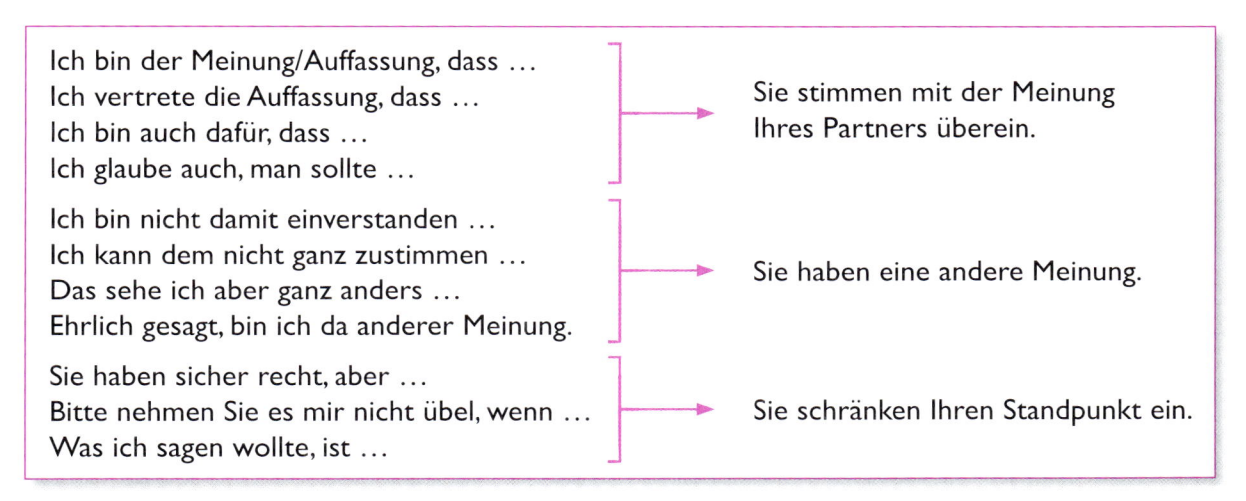

Ich bin der Meinung/Auffassung, dass … Ich vertrete die Auffassung, dass … Ich bin auch dafür, dass … Ich glaube auch, man sollte …	→ Sie stimmen mit der Meinung Ihres Partners überein.
Ich bin nicht damit einverstanden … Ich kann dem nicht ganz zustimmen … Das sehe ich aber ganz anders … Ehrlich gesagt, bin ich da anderer Meinung.	→ Sie haben eine andere Meinung.
Sie haben sicher recht, aber … Bitte nehmen Sie es mir nicht übel, wenn … Was ich sagen wollte, ist …	→ Sie schränken Ihren Standpunkt ein.

G Grammatik

G1 Indirekte Fragesätze

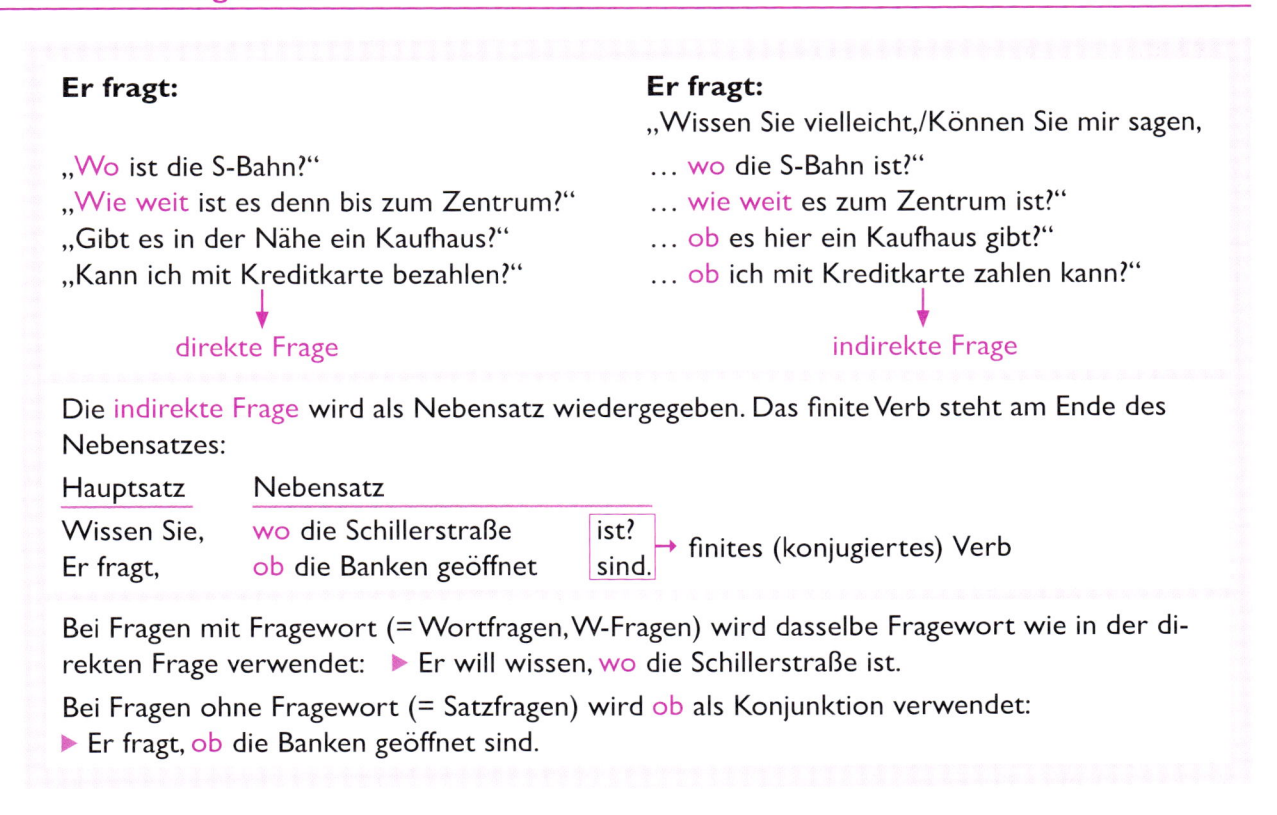

Er fragt:

„Wo ist die S-Bahn?"
„Wie weit ist es denn bis zum Zentrum?"
„Gibt es in der Nähe ein Kaufhaus?"
„Kann ich mit Kreditkarte bezahlen?"

↓ direkte Frage

Er fragt:
„Wissen Sie vielleicht,/Können Sie mir sagen,
… wo die S-Bahn ist?"
… wie weit es zum Zentrum ist?"
… ob es hier ein Kaufhaus gibt?"
… ob ich mit Kreditkarte zahlen kann?"

↓ indirekte Frage

Die indirekte Frage wird als Nebensatz wiedergegeben. Das finite Verb steht am Ende des Nebensatzes:

Hauptsatz	Nebensatz	
Wissen Sie,	wo die Schillerstraße	ist?
Er fragt,	ob die Banken geöffnet	sind.

→ finites (konjugiertes) Verb

Bei Fragen mit Fragewort (= Wortfragen, W-Fragen) wird dasselbe Fragewort wie in der direkten Frage verwendet: ▶ Er will wissen, wo die Schillerstraße ist.

Bei Fragen ohne Fragewort (= Satzfragen) wird ob als Konjunktion verwendet:
▶ Er fragt, ob die Banken geöffnet sind.

Gebrauch:

bei höflichen Fragen:	Können Sie mir sagen, ob es hier eine U-Bahn gibt?
	Wissen Sie, wo eine Drogerie ist?
	Ich möchte wissen, wie spät es ist.
bei Zweifel/Unsicherheit:	Ich weiß nicht, was das ist.
	Ich habe keine Ahnung, wo das Hotel ist.
	Ich kann mir nicht vorstellen, wo er ist.
in der indirekten Rede:	Boris Korolenko hat gefragt, wo das Zentrum ist.

G2 Konjunktiv der Höflichkeit – Konjunktiv II

Boris Korolenko bittet einen Passanten:

„Sagen Sie mir bitte, wie spät es ist."
„Darf ich Sie um einen Gefallen bitten?"
„Zeigen Sie mir bitte den Weg zum Hotel!"

Er kann auch höflicher fragen:

„Könnten Sie mir bitte sagen, wie spät es ist?"
„Dürfte ich Sie um einen Gefallen bitten?"
„Würden Sie mir bitte den Weg zum Hotel zeigen?"

Für die höfliche Bitte verwendet man im Deutschen den Konjunktiv II.
Man kann den Konjunktiv auch mit *würde* + Infinitiv umschreiben, aber nie bei Modalverben.
Eine Form des Konjunktiv II kennen Sie bereits: *ich möchte* … (von *mögen* ➪ Teil 1, Kap. 4)

Der Konjunktiv II wird vom Präteritum abgeleitet.

regelmäßige Verben: Der Konjunktiv II ist identisch mit dem Präteritum.
▶ Er machte es. *(Präteritum)* → Er machte es. *(Konjunktiv II)*

unregelmäßige Verben: Alle Verben haben in der Endung ein -e. Ändert sich bei den Verben der Stammvokal im Indikativ Präteritum, dann haben die umlautfähigen Verben im Konjunktiv II einen Umlaut:
▶ Ich wusste es. *(Präteritum)* → Ich wüsste es gern. *(Konjunktiv II)*

G3 Konjunktiv II der Modalverben *können, dürfen, müssen, mögen, sollen*

	können	dürfen	müssen	mögen	sollen
ich	könnte	dürfte	müsste	möchte	sollte
du	könntest	dürftest	müsstest	möchtest	solltest
er/sie/es	könnte	dürfte	müsste	möchte	sollte
wir	könnten	dürften	müssten	möchten	sollten
ihr	könntet	dürftet	müsstet	möchtet	solltet
sie/Sie	könnten	dürften	müssten	möchten	sollten

G4 Konjunktiv II der Verben *sein* und *haben*

	sein	haben
ich	wäre	hätte
du	wärest	hättest
er/sie/es	wäre	hätte
wir	wären	hätten
ihr	wäret	hättet
sie/Sie	wären	hätten

G5 Konjunktiv: Umschreibung mit *würde* + Infinitiv

Ich	würde	gern in die USA	reisen.
	Würdest	du bitte den Brief	unterschreiben?
Er/Sie	würde	alles für mich	tun.
Wir	würden	Sie	anrufen.
Ihr	würdet	uns	abholen? – Das wäre nett.
	Würden	Sie mir bitte	helfen? – Danke.
	↓		↓
	würde		Infinitiv am Ende

Würde verwendet man, wenn Präteritum und Konjunktiv formal identisch sind:
▶ Er machte es. *(Präteritum)* → Er würde es machen.

Ü Übungen

Ü1 Reise mit Hindernissen

Spielen Sie folgende Szene am Flughafen.

Sie sind Geschäftsfrau. Ihr schwarzer Koffer ist nicht angekommen. Sie haben noch einen wichtigen Termin am selben Tag. Sie wohnen im Hotel. Sie wollen, dass man den Koffer bis zum nächsten Morgen ins Hotel bringt.

Sie sind Angestellte am Flughafen. Sie stellen fest, dass das Gepäck der Dame nach New York geflogen ist. Es kommt frühestens in zwei Tagen an. Beruhigen Sie die Dame.

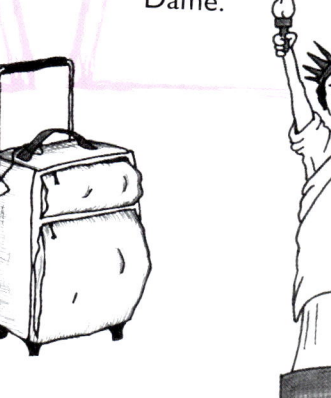

Ü2 Ein Fluggast erkundigt sich telefonisch bei der Gepäckermittlung am Flughafen.

Ergänzen Sie den Dialog sinngemäß und führen Sie ihn dann.

Flughafenpersonal: Flughafen Stuttgart, Gepäckermittlung, guten Tag. Mein Name ist …
Was kann ich für Sie tun?

Fluggast: …………………………………………………………………………… Ich wollte fragen,
……………………………………………………………………………………………

Flughafenpersonal: Wie war Ihr Name?

Fluggast: ……………………………………………………………………………………………

Flughafenpersonal: Mit welchem Flug sind Sie gekommen?

Fluggast: ……………………………………………………………………………………………

Flughafenpersonal: Über Frankfurt?

Fluggast: ……………………………………………………………………………………………

Flughafenpersonal: Haben Sie die Registrierungsnummer?

Fluggast: Ja, ……………………………………………………………………………………………

Flughafenpersonal: Könnten Sie bitte die Vorgangsnummer wiederholen?

Fluggast: ……………………………………………………………………………………………

Flughafenpersonal: Einen Moment bitte … Was für ein Gepäckstück war das?

Fluggast: ……………………………………………………………………………………………

Flughafenpersonal: Ja, Ihr Gepäck ist angekommen.

Fluggast: ……………………………………………………………………………………………

Flughafenpersonal: Tut mir leid. Heute können wir es nicht mehr zustellen. Aber morgen früh.
Wo sind Sie denn in Stuttgart zu erreichen?

Fluggast: ……………………………………………………………………………………………

Flughafenpersonal: Zwischen 8.00 und 9.00 Uhr. Sind Sie da noch im Hotel?

Fluggast: ……………………………………………………………………………………………

Flughafenpersonal: Gut. Nein, später als 9.00 Uhr wird es nicht. Entschuldigen Sie noch einmal das Versehen.

Fluggast: ……………………………………………………………………………………………

Flughafenpersonal: Auf Wiederhören.

Ü3 Jetzt sind Sie gefragt.

Bilden Sie verschiedene Gruppen. Überlegen Sie sich, was auf Reisen alles schiefgehen kann.
Was machen Sie in einer solchen Situation?

mit dem Auto	mit dem Zug	mit dem Flugzeug	im Hotel
▶ *im Stau stehen*	▶ *der Zug hat Verspätung*	▶ *das Flugzeug verpassen*	▶ *das Zimmer ist schmutzig*
▶ *Streik an der Grenze*	▶	▶	▶
▶	▶	▶	▶
▶	▶	▶	▶
▶	▶	▶	▶
▶	▶	▶	▶

Ü4 Schreiben Sie eine Postkarte/eine E-Mail für Herrn Korolenko an deutsche Freunde.

Er berichtet über seine Erlebnisse (vermisstes Gepäck, Gespräch am Flugschalter, Fahrt zum Hotel, Einkauf, Telefonanruf usw.)

```
An: michael-ursula@gmx.de
Cc: korolenko@automobil.ua
Betreff: Meine Erlebnisse in Stuttgart

Lieber Michael, liebe Ursula,

stellt Euch vor, was mir gestern passiert ist. . . . . . . . . . . . . . . . . . . . . . . . . . .
. . . . . . . . . . . . . . . . . . . . . . . . . . . . . . . . . . . . . . . . . . . . . . . . . . . . . . . . .
. . . . . . . . . . . . . . . . . . . . . . . . . . . . . . . . . . . . . . . . . . . . . . . . . . . . . . . . .
. . . . . . . . . . . . . . . . . . . . . . . . . . . . . . . . . . . . . . . . . . . . . . . . . . . . . . . . .
. . . . . . . . . . . . . . . . . . . . . . . . . . . . . . . . . . . . . . . . . . . . . . . . . . . . . . . . .

Zum Glück hat mir ein Kurier heute Morgen das Gepäck ins Hotel gebracht.
Hoffentlich bis bald.

Herzliche Grüße
Euer Boris
```

Ü5 Etwas ist schiefgegangen.

Suchen Sie sich aus der Tabelle in Übung 3 einen Zwischenfall aus.
Rufen Sie Ihren deutschen Geschäftspartner/Ihre deutsche Geschäftspartnerin an und erklären Sie, was passiert ist. Bitten Sie ihn/sie, den Geschäftstermin zu verschieben. Spielen Sie das Gespräch.

Ü6 Erfahrungen mit Flugreisen

In Internet-Foren oder in Leserbriefen an Wirtschaftszeitschriften teilen Reisende oft ihre Erfahrungen mit Flugreisen mit. Notieren Sie am Rand die Unannehmlichkeiten, die der Fluggast auf seinem Flug von Deutschland nach Japan beklagt.

Aus unseren Leserbriefen:

„… Der Flug Frankfurt–Osaka verzögerte sich beim Umsteigen in Kopenhagen um vier Stunden. In dieser Zeit gab es weder eine Betreuung noch Informationen über den neuen Abflugtermin. Als wir in die Maschine konnten, war sie schmutzig.

Auch der Rückflug eine Woche später startete mit zwei Stunden Verspätung. Man hatte die Maschine sicher nicht geputzt, da mein Sitz mit Krümeln übersät war. Wegen der Verspätung wurden wir bereits vor der Landung ermahnt, sofort zum Gate zu eilen, um den Anschlussflug nach Frankfurt noch zu erreichen. Schweißgebadet stiegen wir in das Flugzeug. Das aber startete nicht, da eine andere Reisegruppe langsam zum Flieger gebracht wurde.

In Frankfurt mussten wir feststellen, dass man unser Gepäck auf das falsche Transportband gelegt hatte. Erst nach langem Suchen tauchte es wieder auf."

Felix M., Frankfurt

Umsteigen in Kopenhagen:
4 Stunden Verspätung: ....
....
....
....

Rückflug: ....
....
....
....

Gepäck: ....
....
....

- Warum kommt es bei Flügen oder Bahnreisen immer häufiger zu Verspätungen und Zwischenfällen? Diskutieren Sie.

- Schreiben Sie einen Beitrag für ein Internet-Forum oder einen Leserbrief und berichten Sie über Ihre Erfahrungen.

Exportwege neu, Kursbuch 2, Kapitel 5

Ü7 Wortfeld „Flugreise"

In diesem Suchrätsel sind 16 Wörter versteckt.

1. Der Fluggast wendet sich an sie, wenn er seinen Koffer vermisst: _____

2. Das müssen die Fluggesellschaften dem Fluggast zahlen, wenn das Gepäck verloren geht oder die Flüge ausfallen: _____

3. Nach einem Flug holt man auf dem _____ sein Gepäck ab.

4. Sie kümmern sich an Bord der Maschine um die Fluggäste: _____

X	L	F	A	B	F	L	U	G	P	P	Y	M	W	H	H
V	A	L	D	P	I	L	O	T	Q	U	K	A	N	L	U
W	N	I	W	P	D	T	Y	U	I	B	T	U	Q	X	S
H	G	E	E	N	T	S	C	H	Ä	D	I	G	U	N	G
A	S	G	S	Q	M	P	S	C	H	A	L	T	E	R	K
N	T	E	F	L	U	G	B	E	G	L	E	I	T	E	R
D	R	R	C	J	Ö	F	L	U	G	H	A	F	E	N	C
G	E	P	Ä	C	K	E	R	M	I	T	T	L	U	N	G
E	C	N	L	U	F	T	H	A	N	S	A	N	R	G	R
P	K	K	T	R	A	N	S	P	O	R	T	B	A	N	D
Ä	E	W	T	G	B	E	S	A	T	Z	U	N	G	Ä	X
C	L	A	N	D	U	N	G	S	N	F	A	Q	A	V	I
K	B	S	T	A	R	T	E	N	H	D	D	B	O	R	D

5. So nennt man den Weg von Europa nach Übersee: _____

6. Dazu gehören die Dinge, die man in die Flugkabine mitnehmen kann: _____

7. Dort starten und landen Flugzeuge: _____

8. Das Logo dieser Fluggesellschaft ist der Kranich: _____

9. Deutsches Wort für Crew: _____

10. Wenn der Fluggast eine Frage hat, wendet er sich an den _____ der Fluggesellschaft.

11. In der Umgangssprache nennt man ein Flugzeug auch so: _____

12. Das Gegenteil von „landen": _____

13. Das Gegenteil von „Start": _____

14. Ein Synonym für „Start": _____

15. Er steuert das Flugzeug: _____

16. Die Fluggäste betreten das Flugzeug. Sie gehen an _____

Ü8 Am Flughafen

Formulieren Sie höfliche Fragen und führen Sie kleine Dialoge.

Sie suchen:

einen Taxistand
die Toiletten
die Telefonzelle
einen Zeitungskiosk
die Gepäckausgabe

einen Stadtplan
einen Geldautomaten
einen Fahrplan der *Deutschen Bahn AG*

▶ Könnten/Würden Sie mir bitte sagen, wo …?
▶ Wissen Sie, wo …?

Ü 9 Fragen von Reisenden an ihre Fluggesellschaft

Stellen Sie Fragen wie in den Beispielen. Kennen Sie die Antworten? Wenn nicht, dann recherchieren Sie bei einer Fluggesellschaft.

1. Was soll/kann ich auf meine Reise mitnehmen?
   - ▶ Ein Fluggast am Schalter der Fluggesellschaft:
     Könnten Sie mir sagen/Wissen Sie, was ich auf meine Reise mitnehmen soll/kann?
   - ▶ Ein Mitarbeiter der Fluggesellschaft über die Reisenden:
     Die Reisenden wollen wissen, was sie auf ihre Reise mitnehmen sollen/können.
2. Wie viel Gepäck darf ich kostenlos mitnehmen?
3. Was passiert mit Übergepäck oder Sondergepäck (z. B. Fahrrädern, Skiern usw.)?
4. Was darf ich als Handgepäck mit an Bord nehmen?
5. Wie transportiere ich Wertsachen?
6. Muss ich etwas beachten, wenn ich Medikamente mitnehme?
7. Darf ich Tiere an Bord mitnehmen?
8. Welche Gegenstände darf ich nicht mitnehmen?
9. Was muss ich bei Reisen in die USA beachten?
10. Wie soll ich mein Gepäck kennzeichnen?
11. Was mache ich bei Gepäckverlust?
12. Wann muss ich mein Gepäck einchecken?

Ü 10 Geschäftskontakte

Sie sind Mitarbeiter/in in einem deutsch-spanischen Unternehmen in Madrid. Es erwartet den Besuch einer deutschen Geschäftspartnerin, von Frau Sibylle Jakob, Firma *SAP*, aus 69190 Walldorf bei Heidelberg. Ihre Chefin hat Sie mit der Organisation beauftragt und Ihnen die folgenden Daten mitgeteilt.

- ▶ Besuchstermin: 2.6. bis 4.6.20…
- ▶ Flug: LH 4812 (Frankfurt–Madrid)
                  Abflug: 9.25 Uhr
                  Ankunft: 11.55 Uhr
- ▶ Hotel: *El Prado* (siehe Stadtplan)
- ▶ Transfer: Taxi
- ▶ Termine: 2.6. gemeinsames Abendessen mit der Geschäftsführerin
                        21.00 Uhr Restaurant *La Mancha*
                  3.6. Schulung: 9.00–13.00 Uhr, 15.00–18.00 Uhr

● Schreiben Sie einen Brief/eine E-Mail an Frau Jakob. Verwenden Sie dabei die folgenden Textbausteine.

Sehr geehrte ………………………,

wir freuen ………, ……… mitteilen zu können, dass die geplante Schulung am … stattfinden kann.

Für ………… Besuch in Madrid haben wir für ………… folgendes Programm vorgesehen: …

Falls ………… noch Fragen dazu haben sollten, so erreichen Sie ………… unter der folgenden Telefonnummer: …

………… wünschen ………… eine angenehme Anreise.

Mit ……………… Grüßen

Ü 11 Im Bekleidungsgeschäft

Ergänzen Sie die Sätze.

1. Die Verkäuferin will wissen, *was der Kunde wünscht.*
2. Sie fragt ihn, ... er den Anzug .... möchte.
3. Sie möchte wissen, ... Farbe er das Hemd wünscht.
4. Damit das Hemd passt, muss sie auch wissen, ... das Hemd sein soll.
5. Boris Korolenko ist sich nicht sicher, ... die Größen ....
6. Die Verkäuferin fragt ihn auch, ... sportliches oder elegantes Hemd sein ....
7. Sie erkundigt sich, ... Krawatte ....
8. Am Ende möchte sie noch wissen, ... Wunsch ....
9. Boris Korolenko fragt nach, ... zahlen ....

Ü 12 Bericht eines Kaufmannes aus dem alten China

....

Für den Reisenden ist China das sicherste und angenehmste Land, das man sich denken kann. Ganz allein kann man eine Wegstrecke von sieben Monaten zurücklegen und ohne Risiken einen großen Geldbetrag mit sich führen.

Nach dem Gesetz gibt es an jeder Station des Reichs ein Gasthaus. Es wird von einem staatlichen Verwalter geleitet. Dieser verfügt über eine Anzahl von Reitern und Fußgängern, die dort ihr Standquartier haben. Nach Sonnenuntergang oder bei Dunkelheit kommt der Verwalter mit seinem Schreiber in das Gasthaus, notiert die Namen aller Übernachtungsgäste, versiegelt seine Liste und verschließt hinter den Reisenden die Türen. Nach Tagesanbruch erscheint er wieder mit seinem Schreiber, ruft alle Gäste bei ihrem Namen auf, vergleicht sie mit seiner Liste und verfasst darüber ein Protokoll. Mit den Reisenden schickt er dann einen seiner Leute, der sie bis zur nächsten Station begleitet. Von deren Verwalter bringt er anschließend eine Nachricht zurück, aus der hervorgeht, dass die Reisenden wohlbehalten eingetroffen sind. Andernfalls würde er nämlich zur Verantwortung gezogen.

So sind die Verhältnisse auf allen Stationen des Reichs von Sin as-Sin bis Chan Balik (Peking). In diesen Gasthäusern ist alles vorhanden, was der Reisende an Verpflegung braucht, besonders Hühner und Gänse. Hammel findet man jedoch in China nur selten.

Worterklärungen
- versiegeln: mit einem Siegel verschließen ▶ die Verpflegung, jemanden verpflegen: jemandem etwas zu essen geben
- das Huhn, die Gans: Geflügel ▶ der Hammel: männliches Schaf

● Lösen Sie die Aufgaben zum Text.

1. Geben Sie dem Text eine Überschrift.
2. Aus welcher Zeit könnte der Text stammen?
3. Wie reiste man früher in Ihrem Heimatland?
4. Waren Sie schon einmal auf Geschäftsreise in China oder kommen Sie aus China?

● Geben Sie Tipps für eine Reise: Transportmittel, Kleidervorschriften, Essensgewohnheiten …

6 Das Firmenjubiläum

Themen: **A** Vorbereitung eines Firmenjubiläums **B** Interview mit einer Mitarbeiterin der Firma TRUMPF **C** Firmenjubiläum – Präsentation der Produktion **D** Firmengründungen

A Vorbereitung eines Firmenjubiläums

A1 Die Firmenpräsentation

Stellen Sie Ihre Firma oder eine Firma aus Ihrem Heimatland/Ihrer Region vor.

1. Seit wann existiert sie? Wer hat die Firma gegründet? Wo?
2. Wie viele Beschäftigte hatte die Firma damals? Und heute?
3. Was hat die Firma zuerst produziert? Was produziert sie heute?
4. Wie hat sich die Firma im Laufe der Zeit verändert?

A2 Vorbereitung eines Firmenjubiläums ⇨ G 1–4, Ü 1, Ü 2

Sie und eine Gruppe von Mitarbeitern aus der Marketingabteilung sollen ein Firmenjubiläum vorbereiten. Ordnen Sie die Verben den Programmpunkten zu.

1. Programm (Betriebsbesichtigung, Empfang, Vortrag/Reden usw.)
2. Gäste (welche Gäste, Anzahl, aus dem Ausland/Inland, Unterkunft/Hotelzimmer, Kosten usw.)
3. Redner (Wer spricht worüber?/Thema)
4. Belegschaft/Mitarbeiter
5. Fest (Ort, Zeit, Essen/Trinken, Musik usw.)
6. PR-Material (Broschüre, Pressemitteilung usw.)
7. Ausstellung
8. Kosten

halten	festlegen
organisieren	bestellen
durchführen	kalkulieren
zeigen	erstellen
einladen	schreiben
verschicken	geben
verfassen	herausgeben
unterbringen	entwerfen

▶ ein Programm entwerfen/erstellen, Gäste einladen, eine Rede halten ...

● Delegieren Sie die einzelnen Aufgaben: Wer soll/muss/kann etwas machen?

Wer?		Was?	
Die Marketingleiterin	soll	das Programm	entwerfen.
Die Sekretärin	muss	die Einladungen	schreiben.
Der Praktikant/Der Sachbearbeiter	...		

● Diskutieren Sie auch, was Sie auf keinen Fall machen wollen oder können.

▶ Die Firma kann nicht alle Kunden einladen ...

A3 Die Einladung ⇨ Ü 11

Entwerfen Sie ein Programm für das Firmenjubiläum und schreiben Sie die Einladungen.

● *Redemittel:* **Einladung**

> Einladung zu unserem Firmenjubiläum am … in …
>
> Sehr geehrte Damen und Herren,
> Sehr geehrte Frau …, sehr geehrter Herr …,
>
> aus Anlass unseres 50-jährigen Firmenjubiläums möchten wir Sie recht herzlich am … in … einladen.
> Wir freuen uns, Sie zu … einladen zu dürfen.
>
> Wir würden uns über Ihre Zusage freuen.
> Wir würden uns freuen, wenn wir Sie bei uns begrüßen dürften.
>
> Auf Ihr Kommen freut sich/freuen sich …
> Mit freundlichen Grüßen

B Interview mit einer Mitarbeiterin der Fa. TRUMPF

B1 Präsentation der TRUMPF GmbH + Co. KG

Hören Sie das Interview mit Heidi-Melanie Maier. Notieren Sie zuerst nur die Themen.

1.26

1. ....
2. ....
3. ....

● Beantworten Sie nun die Fragen zum Interview.

1. Wann wurde die Fa. TRUMPF gegründet? ....
2. In welcher Branche ist die Fa. TRUMPF tätig?
   ....
3. Das Unternehmen produziert …
   - ☐ Maschinen, mit denen Baumaterialien hergestellt werden können.
   - ☐ Maschinen, mit denen Papier hergestellt werden kann.
   - ☐ Maschinen, mit denen Metalle bearbeitet werden können.
4. Heidi-Melanie Maier nennt zwei Technologien, die zum Kerngeschäft von TRUMPF gehören:
   Werkzeug.................... für die flexible .... und industrielle ....
5. In welchen Bereichen finden die Maschinen von TRUMPF Anwendung?
   - ☐ Textilindustrie
   - ☐ Herstellung von Designmöbeln
   - ☐ Chemische Industrie
   - ☐ Flugzeugindustrie
   - ☐ Papierherstellung
   - ☐ Automobilindustrie
   - ☐ Lebensmittelindustrie
   - ☐ Elektroindustrie
   - ☐ Maschinenbau

6. Heidi-Melanie Maier spricht auch über die Krise im Werkzeugmaschinenbau. Was hat man bei *TRUMPF* in den 1990er-Jahren gegen die Krise gemacht?
   - [ ] Man hat die Produktion ins Ausland verlagert.
   - [ ] Man hat nichts mehr investiert.
   - [ ] Man hat frühzeitig reagiert.
   - [ ] Man hat die Produktion umgestellt.

7. Der Werkzeugmaschinenbau in Deutschland
   - [ ] hat keine Chance gegen die Konkurrenz.
   - [ ] muss sich durch Innovationen gegen die Konkurrenz behaupten.
   - [ ] ist stärker als die Konkurrenz.

8. Wo sieht Heidi-Melanie Maier die größte Konkurrenz für die deutschen Hersteller?
   ....

9. „Fertigungsindustrie" (bzw. „enabling"-Branche) – Was bedeutet das?
   - [ ] Die Industrie stellt die Endprodukte her.
   - [ ] Diese Industrie arbeitet im Dienstleistungssektor.
   - [ ] Diese Industrie arbeitet für die Hersteller von Endprodukten. Die Produzenten sind auf diese Industrie angewiesen.

● Warum sind die Rahmenbedingungen für die Maschinenbaubranche in Deutschland ideal? Notieren Sie ein oder zwei Stichworte.

B2 Erfolg verpflichtet

Lesen Sie zuerst den Bericht.

> Berthold Leibinger hat die Führung des Maschinenbauers *TRUMPF* kurz vor seinem 75. Geburtstag an die nächste Generation abgegeben. Da lagen vier Jahrzehnte an der Spitze eines Unternehmens hinter ihm, das er aus kleinsten Dimensionen heraus an die Weltspitze geführt hat – 1,94 Milliarden Euro Umsatz, 7 300 Beschäftigte im Geschäftsjahr 2006/07. Seit November 2005 steht seine Tochter Nicola Leibinger-Kammüller an der Spitze, Sohn Peter ist stellvertretender Vorsitzender der Geschäftsführung. Auch sein Schwiegersohn Mathias Kammüller gehört der Geschäftsführung an. Leibinger ist an die Spitze der Aufsichtsgremien gerückt. Aus dem Tagesgeschäft hält er sich heraus, aber er ist das, was in der Wirtschaftswelt gerne als aktiver Aufsichtsrat bezeichnet wird.
>
> Der gebürtige Stuttgarter Leibinger, der zunächst als Angestellter bei *TRUMPF* begann, verhalf mit seinem Unternehmen dem Einsatz des Lasers in der Metallbearbeitung zum Durchbruch. Der Ingenieur, Sohn eines Kunsthändlers für ostasiatische Antiquitäten, hat seinen unternehmerischen Erfolg stets als Verpflichtung zum gesellschaftlichen Engagement verstanden – und dies auch auf seine Kinder übertragen. So war Leibinger Präsident der Stuttgarter *Industrie- und Handelskammer* und Präsident des Maschinenbauverbandes *VDMA*. Er war Aufsichtsratsvorsitzender der *BASF* und ist jetzt Ehrenvorsitzender dieses Gremiums. Lange gehörte er auch dem *BMW*-Aufsichtsrat an. Kunst und Kultur haben den Musikliebhaber aber nie losgelassen. So engagiert er sich in der Bachakademie und im Freundeskreis des Schiller-Nationalmuseums in Marbach (bei Stuttgart).

● Beantworten Sie die Fragen.

1. Was erfahren Sie über Berthold Leibinger (Herkunft, Ausbildung, Funktion bei *TRUMPF*, Interessen)?
2. Wie lange stand er an der Spitze des Unternehmens?

3. „Er verhalf dem Einsatz des Lasers in der Metallbearbeitung zum Durchbruch."
   Was bedeutet der Satz?
   - ☐ Der Laser wird in der Metallbearbeitung erfolgreich eingesetzt.
   - ☐ Man verwendet den Laser nur selten in der Metallbearbeitung.
   - ☐ Es war schwierig, den Laser in der Metallbearbeitung einzusetzen.

4. „Er hat unternehmerischen Erfolg stets als Verpflichtung zum gesellschaftlichen Engagement verstanden." Ergänzen Sie sinngemäß den Satz und diskutieren Sie ihn.

   Ein Unternehmer sollte nicht nur an .... denken, sondern sich auch für die .... engagieren.

5. Seit 2005 leitet Nicola Leibinger-Kammüller das Unternehmen. Sie hat Germanistik, Anglistik und Japanologie studiert und ist promovierte Literaturwissenschaftlerin. Ihr Ehemann, Mathias Kammüller, und ihr jüngerer Bruder, Peter Leibinger, sind Ingenieure.
   Diskutieren Sie. Warum hat Berthold Leibinger wohl seine Tochter zur Nachfolgerin bestimmt?

C Firmenjubiläum – Präsentation der Produktion

C1 Vorstellung und Führung durch die Produktion der Firma *TRUMPF*

Boris Korolenko nimmt an einer Führung durch die Maschinenproduktion teil. Hören Sie die Einführung und ordnen Sie dann die Bilder zu.

1.27

„Meine Damen und Herren, wenn ich mich kurz vorstellen darf: Mein Name ist Andreas Schulz und ich bin als Werkleiter verantwortlich für die Produktion an diesem Standort. Auf einem Rundgang möchte ich Ihnen unsere Produktionsorganisation vorstellen. Die Schwerpunkte unserer technologischen Forschungsarbeit liegen, wie Sie sicher wissen, im Bereich Stanz-, Umform- und Biegetechnik, Laser- und Systemtechnik sowie bei neuartigen Elektrowerkzeugen …"

● Welche Fotos passen wohl zu welcher genannten Technik?

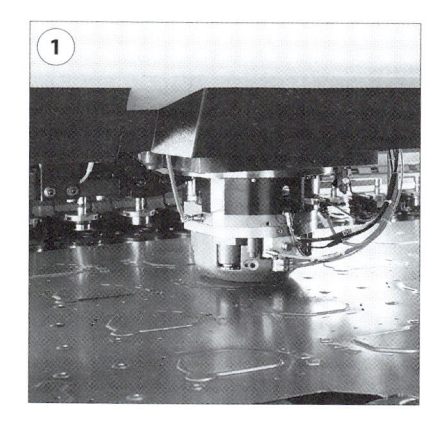

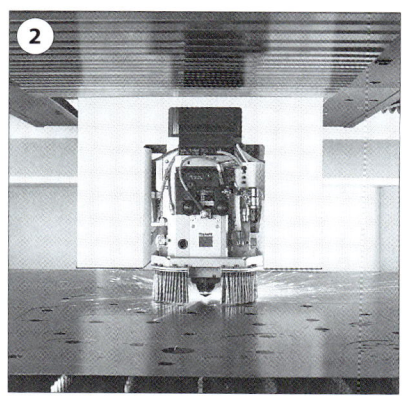

C2 Vorbereitung auf eine Präsentation

In dem folgenden Vortrag hören Sie verschiedene Verben. Wie heißen sie in Ihrer Muttersprache? Schlagen Sie die Begriffe in einem zweisprachigen Wörterbuch nach. Ordnen Sie die Verben den Substantiven zu.

▶ schneiden ▶ biegen ▶ behandeln ▶ bearbeiten ▶ stanzen ▶ beschriften ▶ umformen ▶ schweißen

1. eine Oberfläche *behandeln* ....
2. einen Kunststoff ....
3. ein Metall ....
4. ein Blech ....

C3 Die Präsentation ⇨ Ü3

Hören Sie den Vortrag mehrmals und notieren Sie die Informationen. Ordnen Sie die Bilder aus C1 zu.

Bild Nr.	Maschine	Funktion/Einsatz	Vorteil
▶	*Stanzmaschinen mit einem*	*Bleche stanzen,*	....
▶	....	....	....
▶	....	....	....

1.27

Worterklärungen
▶ die Rüstzeit: die Zeit, die man zur Vorbereitung einer bestimmten Arbeit braucht
▶ der Stanzkopf: oberer, beweglicher Teil einer Stanzmaschine

C4 Ein Gespräch über die Besichtigung ⇨ Ü4

Boris Korolenko unterhält sich nach der Führung mit einer Mitarbeiterin der Fa. TRUMPF. Setzen Sie die Verbformen + *werden* sowie die Substantive ein und spielen Sie den Dialog. Vergleichen Sie dann mit dem Hörtext.

▶ gedreht ▶ geschnitten ▶ eingesetzt ▶ umgestellt ▶ geschweißt ▶ verkürzt ▶ gestanzt ▶ produziert ▶ behandelt ▶ Oberflächen ▶ Stanzkopf ▶ Bearbeitungszeiten ▶ Laser-Stanz-Kombimaschinen

1.28

Boris Korolenko: Frau Schiller, ich wollte mich noch einmal für die Einladung bedanken.

Frau Schiller: Das war doch selbstverständlich. Wir feiern solche Jubiläen gern mit unseren Kunden und Geschäftspartnern. Das gibt uns doch auch die Gelegenheit, Ihnen unsere Innovationen vorzustellen und sie dabei auch besser kennenzulernen.

Boris Korolenko: Das ist schön. Und vielleicht können Sie mir ganz nebenbei den einen oder anderen Rat geben. Wissen Sie, wir wollen unsere Produktion umstellen – auch bei uns steigen die Lohnkosten.

Frau Schiller: So, was .... denn in Ihrem Unternehmen ....?

Boris Korolenko: Komponenten für die Automobilindustrie. Und jetzt soll die Produktion auf maschinelle Fertigung .... Die eine oder andere Maschine könnte für unsere neue Produktion interessant sein, z. B. diese Laser-Stanz-…

Frau Schiller: ....

Boris Korolenko: Ja, danke. Das ist interessant. Wenn ich Sie richtig verstanden habe, können damit Bleche und Metalle .... und ....

Frau Schiller: Stimmt, auf diese Art und Weise spart man eine Menge Zeit. Denken Sie an die .... zeiten. Die können so enorm ....

Boris Korolenko: Was ich Sie noch fragen wollte: Was ist denn ein „intelligenter …kopf?" Das habe ich nicht verstanden.

Frau Schiller: Sie meinen einen „intelligenten ....…"? Das ist der zentrale Bestandteil jeder Stanzmaschine. Damit können Werkzeuge in jede beliebige Winkellage ....
So muss man weniger Werkzeug wechseln. Dadurch entstehen kürzere Bearbeitungszeiten. Übrigens, ... in Ihrem Unternehmen auch Laser ....?

Boris Korolenko: Nein, noch nicht. Wozu nutzt man sie?

Frau Schiller: Damit können Bleche berührungslos .... und .... oder *Oberflächen* ....

- Boris Korolenko hat bei der Führung durch die Produktion nicht alles verstanden. Notieren Sie die Redemittel aus dem Dialog. Sammeln Sie noch weitere Ausdrücke.

- *Redemittel:* **Nachfragen/sich vergewissern**

> Was heißt denn das?/Das habe ich gerade nicht verstanden.
> Könnten Sie mir das bitte noch einmal erklären?
> Wenn ich Sie richtig verstanden habe, dann …
> Wollten Sie damit sagen, dass …?
> Ich bin nicht sicher, ob ich Sie richtig verstanden habe, aber meinen Sie damit, dass …?
>
> ....
> ....
> ....
> ....
> ....

C5 „Tage der offenen Tür", Hausmessen, „Familientage" ⇨ Ü5

Viele Unternehmen öffnen ihre Türen und Werkhallen für die Öffentlichkeit, für Kunden, Mitarbeiter und ihre Familien. Was sagen solche Initiativen über die „Kultur" eines Unternehmens aus? Bilden Sie Sätze.

> sich mit der Firma identifizieren
> die Firma besser kennenlernen
> das Image der Firma verbessern
> den Kunden Innovationen und neue Produkte vorstellen
> die Mitarbeiter motivieren
> die Verbundenheit mit dem Unternehmen stärken
> das Betriebsklima verbessern

▶ Dadurch will die Firma ihr Image verbessern./Dadurch soll das Image der Firma verbessert werden.

C6 Gespräche anlässlich einer Hausmesse ⇨ Ü6–10

Erfinden Sie Dialoge zu den folgenden Themen.

1. das Wetter
2. allgemeine Wirtschaftslage
3. das Fest/Büfett
4. die Architektur des Gebäudes

C7 Firmenkultur als hohes Gut

In dem folgenden Artikel gibt es zahlreiche Begriffe und Redewendungen. Suchen Sie vor der Lektüre die Synonyme und Definitionen und ordnen Sie zu.

(1)	der Leistungsträger	( )	hoffen/vertrauen auf (A)
(2)	etwas diktieren (hier)	( )	Angst haben vor (D)
(3)	bauen auf (A), setzen auf (A)	( )	etwas riskieren
(4)	eine Chance ergreifen	( )	unabhängig sein/nicht von Kapitalgebern/Subventionen abhängig sein
(5)	Wachstum aus eigener Kraft	( )	etwas nutzen
(6)	etwas aufs Spiel setzen	( )	nur für einen kleinen/bestimmten Markt produzieren
(7)	einen emotionalen Mehrwert bieten	( )	etwas bestimmen
(8)	ein Risiko scheuen	( )	etwas hemmen/verhindern, nicht mehr machen
(9)	den Keim in sich tragen	( )	nicht nur einen finanziellen, sondern auch einen emotionalen Vorteil haben
(10)	auf der Bremse stehen	(1)	Er ist wichtig für die Gesellschaft/Wirtschaft, weil er sie voranbringt.
(11)	sich in Marktnischen bewegen	( )	etwas schon am Anfang haben

● Nicola Leibinger-Kammüller argumentiert im Rahmen der „Initiative für Deutschland", dass die Firmenkultur das höchste Gut und die entscheidende Stärke von Familienunternehmen ist. Lesen Sie nun zuerst den Beitrag von Nicola Leibinger-Kammüller. Lösen Sie dann die Aufgaben zum Text.

Familien stützen die Wirtschaft

Sind Familienbetriebe die besseren Unternehmen? Oft lautet die Antwort: Ja, sie können es sein. Sie sind es aber nicht per se. Und was heißt eigentlich besser? Besser als wer? Und besser in welcher Hinsicht? Das Bonner Institut für Mittelstandsforschung (IfM) hat in einer Studie die 30 Dax-Unternehmen mit den 500 größten Familienbetrieben in Deutschland verglichen, und zwar in den konjunkturell eher schwachen Jahren 2003 bis 2005. Das Ergebnis: Während bei Familienunternehmen die Mitarbeiterzahl im Inland durchschnittlich um zehn Prozent stieg, schrumpfte sie bei den Dax-Unternehmen um 3,5 Prozent. Gleichzeitig stieg der Umsatz der Familienbetriebe im Durchschnitt um fast 16 Prozent, bei den Dax-Firmen dagegen erhöhte er sich lediglich um neun Prozent.

Was verleiht Familienunternehmen die Kraft, die sie zu „bedeutenden Leistungsträgern der deutschen Volkswirtschaft" macht, wie die Studie resümiert? Sicher ist: Bei Familienbetrieben diktieren nicht Börse, Aktionäre und Quartalsberichte das Handeln. Stattdessen bauen sie auf langfristige Ziele, Werte und Strategien, die eine stabile Führungsspitze konsequent umsetzen kann. Chancen hingegen kann die Führungsspitze [...] schnell und flexibel ergreifen.

Gerade Firmen wie TRUMPF mit aktuell rund 7 300 Mitarbeitern und knapp zwei Milliarden Euro Umsatz besitzen eine „goldene Größe". Einerseits weil sie über notwendige Ressourcen verfügen, um weltweit interessante Märkte und Nischen zu erschließen. Andererseits weil sie immer noch flexibler auf Herausforderungen reagieren und Fehler schneller korrigieren können als mancher Großkonzern.

Entscheidende Merkmale von Familienbetrieben sind das Wachstum aus eigener Kraft sowie die tiefe Verbundenheit der Firmenleitung mit dem Betrieb – beides stärkt die Kultur. Und diese ist im Grunde das höchste Gut von Familienunternehmen und zugleich ihre Stärke. Besonders wenn die Unternehmen ihre Mitarbeiter nicht allein durch Geld motivieren, sondern ihnen einen emotionalen Mehrwert bieten. Die Mitarbeiter spüren dann: Hier finde ich nicht nur interessante Aufgaben und einen sicheren Arbeitsplatz, hier werde ich auch ernst genommen und wertgeschätzt. Zudem wissen die Mitarbeiter eines Familienbetriebs, dass ihr Chef im Zweifel nicht nur ihre Arbeitsplätze, sondern sein eigenes Lebenswerk aufs Spiel setzt. Das schafft Vertrauen.

Natürlich schützt das Prädikat „Familienunternehmen" nicht vor wirtschaftlichen Gefahren. Schließlich trägt jeder Vorteil schon den Keim des Nachteils in sich. Wer zu sehr auf Stabilität setzt und Risiken scheut, läuft Gefahr, auf der Investitions- und damit auch auf der Fortschrittsbremse zu stehen. Für die Familienunternehmen, die sich in Marktnischen bewegen, ist dies eine große Gefahr ...

Worterklärungen
▶ schrumpfen: zurückgehen ▶ per se: an sich ▶ konjunkturell schwaches Jahr: Die Wirtschaft wächst in diesem Jahr nicht sehr stark. ▶ die Kraft verleihen: die Kraft geben ▶ Dax-Unternehmen: die 30 größten und umsatzstärksten Unternehmen in Deutschland. Der Dax (Deutscher Aktienindex) gibt über die Aktienkurse dieser 30 wichtigsten Unternehmen an der Frankfurter Wertpapierbörse Auskunft.

1. Vergleichen Sie Dax-Unternehmen und Familienunternehmen und ergänzen Sie die Tabelle.

	Dax-Unternehmen	Familienunternehmen
Mitarbeiterzahl		
Umsatz		
unternehmerisches Handeln wird bestimmt durch		
Vor-/Nachteile der Unternehmensgröße		

2. Notieren Sie die Merkmale eines Familienbetriebs.
3. Welche Gefahren für Familienunternehmen sieht Nicola Leibinger-Kammüller?
4. Welche Vor- und Nachteile eines Familienbetriebs sehen Sie?

D Firmengründungen

D1 Was ist bei einer Existenzgründung wichtig?

Markieren Sie, was Ihrer Meinung nach dabei sehr wichtig, relativ wichtig und unwichtig ist.

	sehr wichtig	relativ wichtig	unwichtig
1. eine gute Idee, Kreativität	☐	☐	☐
2. Mut zum Risiko	☐	☐	☐
3. ein hohes Startkapital	☐	☐	☐
4. berufliche Qualifikation	☐	☐	☐
5. Ehrgeiz, Fleiß	☐	☐	☐
6. Belastbarkeit, Durchsetzungswille	☐	☐	☐
7. Flexibilität	☐	☐	☐
8. kaufmännische Kenntnisse	☐	☐	☐
9. der Wunsch, viel Geld zu verdienen	☐	☐	☐
10. Beziehungen	☐	☐	☐
11. Branchenkenntnisse	☐	☐	☐
12. Führungserfahrung	☐	☐	☐
13. Berufserfahrung	☐	☐	☐
14. Verantwortungsbewusstsein	☐	☐	☐
15. familiäre Unterstützung	☐	☐	☐

D2 Als Telefontrainerin erfolgreich am Markt

„Wer 'ne Idee hat, soll sie sich bloß nicht kaputtreden lassen. Und sich auch von Hiobsbotschaften nicht abschrecken lassen", sagt Sabin Bergmann, die seit mehr als 15 Jahren erfolgreich Telefontraining für Unternehmen anbietet.
Lesen Sie zuerst den folgenden Text.

Im Jahre 1997 wählte der Verband deutscher Unternehmerinnen die damals 29-Jährige zur Nachwuchs-Unternehmerin des Jahres im Bereich Dienstleistungen: „Uns hat vor allem ihr Durchsetzungswille und Fleiß überzeugt."

Sabin Bergmann ist Industriekauffrau und arbeitete zunächst als Angestellte bei *PHILIPS*, wo sie Hi-Fi-Geräte verkaufte, Reklamationen entgegennahm. Sie baute eine Telefonmarketing-Abteilung auf. Im Erfolg ihrer Arbeit sonnte sich der Betrieb. „Ich wollte aus den Mühlen einer großen Firma raus." Und noch etwas gefiel ihr nicht: „Computer, die um 18 Uhr ausgehen, weil der Betriebsrat es so will." Egal, ob sie acht, zehn oder zwölf Stunden am Tag arbeitete, für sie gab es nur ein Kriterium: „Arbeit muss Spaß machen." Deshalb beschloss sie, ins kalte Wasser zu springen und sich selbstständig zu machen.

Ein Telefon. Viel Freundlichkeit. Eine vage Idee. Zunächst suchte sie Rat bei den Experten von „Senioren helfen jungen Unternehmern". Drei Dinge lernte sie gleich im ersten Gespräch: Sie musste ihr Ziel klar und deutlich formulieren, keine Angst vor Investitionen (sprich Schulden) haben und die Existenzgründung bis hin zum Geschäftslogo professionell planen. Im Oktober 1992 war es dann soweit: Sabin Bergmann gründete die Hamburger Firma *Contelle*. Seitdem bietet sie Konzernen individuelles Telefontraining für die Mitarbeiter an und konzipiert Telefonmarketingstrategien. Zu ihren Großkunden gehören u. a. die *Daimler AG*, *Bofrost*, die Bausparkasse *Schwäbisch-Hall*, *Siemens*, *Mazda* und *e-on*.

In der Zwischenzeit hat das Unternehmen seine Tätigkeit ausgebaut und führt auch Telefontraining-Kurse (in Englisch und Französisch) auf Mallorca durch. Im Jahre 2007 erhielt es das Prüfsiegel „Geprüfte Weiterbildungseinrichtung" der Weiterbildung Hamburg e. V.

Worterklärungen
▶ 'ne: eine *(Umgangssprache, ugs.)* ▶ kaputtreden *(ugs.)*: so lange darüber reden, bis nichts mehr von der Idee übrig bleibt ▶ die Hiobsbotschaft, -en: schlechte Nachricht ▶ sich im Erfolg sonnen: den Erfolg genießen ▶ aus den Mühlen 'rauswollen *(ugs.)*: mit dem monotonen Leben aufhören ▶ ins kalte Wasser springen: etwas riskieren, wagen …

● Beantworten Sie die folgenden Fragen zum Text.

1. Warum wurde Sabin Bergmann zur „Nachwuchsunternehmerin des Jahres 1997" gewählt?
2. Warum hat sie sich selbstständig gemacht? Kreuzen Sie an.
   - ☐ Sie wollte nicht mehr in einer großen Firma arbeiten.
   - ☐ Sie wollte nur bis 18 Uhr arbeiten.
   - ☐ Für sie ist Spaß an der Arbeit sehr wichtig.
   - ☐ Sie schwimmt gern.
   - ☐ Sie hat keine Angst vor dem Risiko.
3. Sie musste verschiedene Dinge lernen. Notieren Sie sie.
4. Was macht Sabin Bergmann in ihrer Hamburger Firma? Und wer zählt zu ihren Kunden?
5. Das Unternehmen bietet heute erfolgreich Kurse für Telefontraining an. Recherchieren Sie im Internet auf der Seite von *Contelle* und notieren Sie sich Tipps für das Telefonieren.

● Für Unternehmensgründer gibt es zahlreiche Kooperationsmodelle, wie das Franchise-System. Ursprünglich waren diese Franchiseformen auf die Produktion und/oder den Vertrieb beschränkt (z. B. *Coca-Cola*). Aber auch das Dienstleistungsfranchising wird immer beliebter. Kennen Sie weitere Franchise-Unternehmen?

> Das Franchising beruht auf einem Vertrag zwischen einem Franchisegeber und einem Franchisenehmer. Aufgrund dieses Vertrages erhält der Franchisenehmer die Lizenz, rechtlich selbstständig Produkte mit dem Markenzeichen des Franchisegebers herzustellen oder zu führen oder zu vertreiben. Dafür zahlt der Franchisenehmer eine Gebühr, die meist von der Umsatzhöhe abhängig ist.

D3 Interview mit einem mittelständischen Unternehmer

Hören Sie das Gespräch mit Werner Kustermann. In welcher Reihenfolge erfahren Sie etwas über die folgenden Themen? Nummerieren Sie.

1.29
- ○ Qualität und Innovation
- ○ Kunden
- ○ anwenderspezifische Lösungen
- ○ Produkte des Unternehmens
- ○ Probleme
- ○ Gründe für die Selbstständigkeit

● Hören Sie das Interview noch einmal. Tragen Sie die Themen ein und machen Sie sich Notizen.

1.29
1. .... : ....
2. .... : ....
3. .... : ....
4. .... : ....
5. .... : ....
6. .... : ....

● Welche Vor- und Nachteile sieht er gegenüber Großunternehmen? Wo sieht er die Hauptkonkurrenten?

● Für Architekten, Techniker und Ingenieure: Stellen Sie sich vor, Sie wollen ein Haus bauen oder eine Wohnung renovieren. Sie suchen dazu geeignete Fenster.
Formulieren Sie Sätze zu den einzelnen Funktionen und recherchieren Sie im Internet.

1. Lärmschutz
2. Wärmeschutz/Isolation
3. Belüftung
4. Verdunkelung

▶ Die Fenster sollen vor Lärm schützen. …

D4 Gründe für die Selbstständigkeit

Beschreiben Sie die Grafik. Verwenden Sie dazu auch die folgenden Vorgaben.

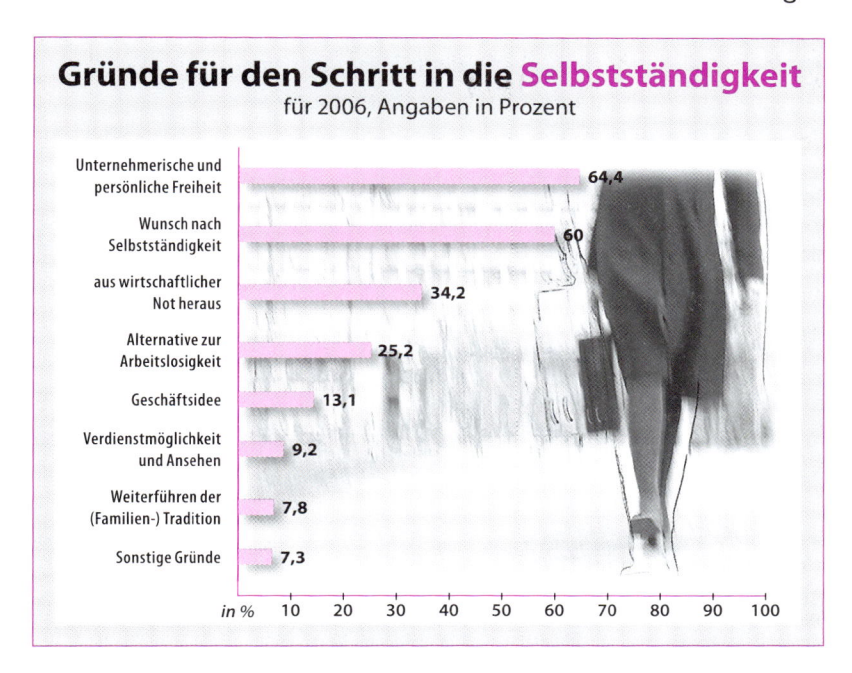

Gründe für den Schritt in die Selbstständigkeit
für 2006, Angaben in Prozent

- Unternehmerische und persönliche Freiheit: 64,4
- Wunsch nach Selbstständigkeit: 60
- aus wirtschaftlicher Not heraus: 34,2
- Alternative zur Arbeitslosigkeit: 25,2
- Geschäftsidee: 13,1
- Verdienstmöglichkeit und Ansehen: 9,2
- Weiterführen der (Familien-) Tradition: 7,8
- Sonstige Gründe: 7,3

1. unternehmerische und persönliche Freiheit erlangen
2. den Wunsch nach Selbstständigkeit haben
3. wirtschaftlich in einer Notlage sein
4. nicht mehr arbeitslos sein/ Angst vor der Arbeitslosigkeit haben
5. eine gute Geschäftsidee umsetzen
6. mehr verdienen/eine größere Verdienstmöglichkeit haben/einen höheren gesellschaftlichen Status erlangen/ besser angesehen sein
7. ein Familienunternehmen weiterführen …

▸ 64,4 % der Existenzgründer wollen unternehmerische und persönliche Freiheit erlangen./64,4 % der Existenzgründer sagen, dass sie unternehmerische und persönliche Freiheit erlangen wollen.

● Vergleichen Sie die Grafik mit den Aussagen von Sabin Bergmann und Werner Kustermann.

D5 Die Rolle der Selbstständigen in der Bundesrepublik

Lesen Sie den Text. Fassen Sie das Thema jedes Abschnitts in einer Überschrift zusammen.

1
....

In Deutschland sind derzeit 4,1 Millionen Frauen und Männer beruflich selbstständig, führen kleine und mittlere Unternehmen. Der Mittelstand bildet über 82 % aller Lehrlinge aus und über 70 % aller Arbeitnehmer finden hier Lohn und Brot. Auf die kleinen und mittleren Unternehmen entfallen ca. 38 % aller Umsätze.

2
....

Rund 1,6 Millionen Existenzgründer sind weiblichen Geschlechts, das entspricht einem Frauenanteil von 40 %. Laut einer Erhebung der *KfW-Bankengruppe* (sie versorgt Existenzgründer mit Krediten) sind Frauen und Männer in der Selbstständigkeit gleichermaßen erfolgreich. Frauen gelten allerdings bei ihrer Finanzplanung als durchdachter und im Umgang mit Geld als risikobewusster. Außerdem hat ein hoher Prozentsatz der Existenzgründerinnen keinen bzw. nur einen geringen Finanzierungsbedarf. Aber selbst wenn man nur in geringem Maße auf die Finanzierung aus Fremdkapital angewiesen ist, besteht immer das Risiko des Scheiterns.

3
....

Denn: Finanzierungsmängel sind die Hauptursache für eine Firmenpleite. Es ist deshalb ratsam, sich vor einer Existenzgründung genau zu informieren, denn Beratung ist das A und O auf dem Weg zum Unternehmer. Allerdings gibt's oft gleich mehrere Ursachen für das Scheitern, z. B. Informationsdefizite, Qualifikationsmängel, fehlerhafte Planung, Familienprobleme und die Überschätzung der Ertragskraft.

Worterklärungen
▸ Lohn und Brot finden: eine Beschäftigung finden ▸ mit Krediten versorgen: Kredite gewähren ▸ Finanzierung aus Fremdkapital: z. B. Kredit von einer Bank erhalten ▸ Firmenpleite: Scheitern eines Unternehmens ▸ das A und O sein *(ugs.)*: entscheidend sein, sehr wichtig sein ▸ gibt's *(ugs.)*: gibt es ▸ Ertragskraft: Gewinn, Einnahmen

● Beantworten Sie die folgenden Fragen.

1. Frauen und Männer als Existenzgründer. Worin unterscheiden sie sich?
2. Weshalb scheitern Existenzgründer? Nennen Sie Beispiele.
   ▶ Existenzgründer scheitern, weil man sie schlecht beraten hat.
   weil sie schlecht beraten worden sind.
   ▶ Sie scheitern wegen (+ *Gen.*)/aufgrund (+ *Gen.* oder *von* + *Dat.*) schlechter Beratung.
   Sie sind schlecht beraten worden. Deshalb scheitern sie.
3. Finden Sie andere Ausdrücke.
   ▶ in Konkurs gehen, Pleite machen …

D6 Risiken für Existenzgründer

Auf dem Weg zum eigenen Unternehmen warten eine Reihe von Schwierigkeiten auf den Existenzgründer/die Existenzgründerin. Aber keine Angst: Wer die Risiken kennt, kann ihnen ausweichen und sich darauf vorbereiten. Das *Bundesministerium für Wirtschaft* hat ein Portal für Existenzgründer eingerichtet.
Lesen Sie den Informationstext und ordnen Sie die Überschriften den einzelnen Abschnitten zu.

(1) Mangel an kaufmännischen Kenntnissen
(2) Überschätzung der Betriebsleistung
(3) Finanzierungsmängel
(4) Familienprobleme
(5) Informationsdefizite
(6) Planungsmängel

Nach einer Untersuchung der KfW-Bankengruppe stehen die folgenden „Pleite-Ursachen" fast alle direkt oder indirekt mit der Gründer-Person in Verbindung:

◯ Viele Gründer haben bei der Gründungsfinanzierung oft ihren kurzfristigen Kapitalbedarf (um laufende Rechnungen zu bezahlen) falsch eingeschätzt und daraufhin ihre Liquidität falsch geplant. Probleme gibt es in dieser Situation vor allem dann, wenn Kunden langsam oder vielleicht überhaupt nicht zahlen. Gefährlich auch: ein zu hoher Preis bei einer Unternehmens-Übernahme.

◯ Gründer wissen oft zu wenig vom Marktgeschehen. Sie überschätzen z. B. die Nachfrage für ihr Produkt oder ihre Dienstleistung und unterschätzen die Konkurrenz.

◯ An der fachlichen Qualifikation mangelt es bei Gründern so gut wie nie. Dafür umso mehr an kaufmännischen und unternehmerischen Kenntnissen. Gerade die Branchenerfahrung ist aber der Schlüssel zum Erfolg.

◯ Hier gibt es zwei Mangel-Varianten: Entweder ist die Planung des Unternehmensaufbaus fehlerhaft oder die Planung ist gut, wird aber nicht eingehalten.

◯ Familiäre Probleme sind umso einflussreicher, je kleiner ein Unternehmen ist. Gravierend ist hier vor allem, wenn der Ehepartner die familiären Belastungen gerade in der Anfangsphase nicht oder nicht länger hinnehmen will.

◯ Viele Gründer schätzen die Leistungsfähigkeit ihres Unternehmens völlig falsch ein. Hier ist der Umsatz des Betriebes zu gering im Verhältnis zu den hohen Investitionen oder Fixkosten.

● Stimmen folgende Aussagen? Kreuzen Sie an und korrigieren Sie sie.

		ja	nein
1.	Existenzgründer haben sich über den Kapitalbedarf oft sehr gut informiert.	☐	☐
2.	Gründer kennen den Markt sehr gut.	☐	☐
3.	Sie glauben oft, dass es eine große Nachfrage für ihr Produkt gibt und irren sich dabei.	☐	☐
4.	Viele Unternehmen sind falsch geplant worden.	☐	☐
5.	Die Ehepartner sind mit der Gründung immer einverstanden.	☐	☐
6.	Viele Existenzgründer glauben, dass ihr Unternehmen wirtschaftlich arbeitet, weil der Umsatz höher als die Investitionskosten ist.	☐	☐

G Grammatik

G1 Aktiv und Passiv

A: Volker Schönlein ist Ingenieur und Leiter der Produktionsabteilung. Er hat diese Maschine entwickelt. Im Moment überprüft und kontrolliert er sie.

B: Diese Maschine hier ist erst vor Kurzem entwickelt worden. Mit ihr können Bleche bearbeitet werden. Sie wird vor allem in der Automobilindustrie eingesetzt.

▶ Aktiv und Passiv: Man kann zu allen deutschen Verben Aktivformen bilden, aber nicht immer das Passiv. Zu diesen Verben gehören die Verben des Habens *bekommen, besitzen, erhalten, haben* und *kennen, wissen* u. a. sowie die Verben *gelten, kosten, umfassen, es gibt*.

▶ Im Beispiel A benutzt man das Aktiv, weil die handelnde Person im Zentrum steht. Wichtig ist, was Volker Schönlein, der Ingenieur, mit der Maschine macht.

▶ Im Beispiel B ist nicht wichtig, wer die Maschine bedient. Man will wissen, wie die Maschine funktioniert, was man mit ihr machen kann. Im Mittelpunkt steht nicht die handelnde Person, sondern der Vorgang, der Prozess. Deshalb verwendet man hier das Passiv.

G2 Die Bildung des Passivs

Präsens

ich	werde	eingeladen
du	wirst	eingeladen
er/sie/es	wird	eingeladen
wir	werden	eingeladen
ihr	werdet	eingeladen
sie/Sie	werden	eingeladen

werden + Partizip II im Präsens

Präteritum

ich	wurde	eingeladen
du	wurdest	eingeladen
er/sie/es	wurde	eingeladen
wir	wurden	eingeladen
ihr	wurdet	eingeladen
sie/Sie	wurden	eingeladen

werden + Partizip II im Präteritum

Perfekt

ich	bin	zum Firmenjubiläum	eingeladen	worden
du	bist	nach Stuttgart	eingeladen	worden
er/sie/es	ist	vom Firmenchef	eingeladen	worden
wir	sind	im letzten Jahr	eingeladen	worden
ihr	seid	nicht	eingeladen	worden
sie/Sie	sind	schon mehrmals	eingeladen	worden

sein + Partizip II + worden

Aktiv:	Der Ingenieur	**kontrolliert**	die Maschine/den Motor.	
	Subjekt (Nominativ)		Objekt (Akkusativobjekt)	
Passiv:	Die Maschine/Der Motor	**wird**	(vom Ingenieur)	**kontrolliert**.
	Subjekt (Nominativ)	Position 2	von + Dativ durch + Akkusativ	Satzende

Vorgangspassiv („werden-Passiv")

Nur Verben, die ein Akkusativobjekt haben, können ein volles „werden-Passiv" bilden. Das Akkusativobjekt des Aktivsatzes wird zum Subjekt (= Nominativ) des Passivsatzes.

Beschreibt man einen Vorgang, so ist die handelnde Person nicht immer wichtig. Man muss sie deshalb nicht angeben, aber man kann sie in den Passivsatz mit *von* + Dativ übernehmen. *Durch* + Akkusativ wird verwendet, wenn die handelnde Person nur ein Mittler ist und im Auftrag einer anderen Person handelt. Mit *durch* wird auch die Methode, das Instrument, angegeben.

▸ Die Kunden werden von uns durch einen Kurier informiert.

Im Präsens bildet man das Passiv mit dem Hilfsverb *werden* und dem Partizip II. Das Partizip II bleibt unverändert:

▸ Die Maschine wird kontrolliert.
▸ Boris Korolenko wird eingeladen.
▸ Die Briefe werden geschrieben.

Im Perfekt wird *worden* verwendet:

▸ Er ist eingeladen worden.

Geworden verwendet man nur, wenn *werden* als Vollverb benutzt wird. Es hat dann aktivische Bedeutung:

▸ Er ist Ingenieur geworden. (= Er hat studiert und ist jetzt von Beruf Ingenieur.)

Zustandspassiv („sein-Passiv")

Es kann von Verben mit Akkusativobjekt gebildet werden und drückt eine Handlung aus, die abgeschlossen ist (Ergebnis/Resultat eines Vorgangs). Das Partizip wird dann wie ein Adjektiv (= Prädikativ) verwendet.

▸ Das Auto ist gestern repariert worden. → Jetzt ist es repariert. (= Es ist fertig.)
▸ Das Geschäft ist vor zehn Minuten geöffnet worden. → Jetzt ist es geöffnet. (= Es ist offen.)

            Vorgangspassiv   Zustandspassiv

Neutrales Passiv

Der Satz hat kein Subjekt. Das finite Verb steht in der 3. Person Singular.

▸ Ihm wird geholfen. (= Man hilft ihm.)
▸ Hier wird geraucht. (= Man raucht.)

G3 Das Passiv mit Modalverben

Die Maschine	kann	zum Schweißen	eingesetzt	werden.
Die Laser	können	in der Medizintechnik	verwendet	werden.
Metalle	können	damit	geschnitten	werden.

            Modalverb   Infinitiv Passiv (Partizip II + *werden*)
            (im Präsens oder Präteritum)

G4 Das Passiv im Nebensatz

| Boris Korolenko fragt, | wann die Firma *TRUMPF* | gegründet wurde |
| Er möchte wissen, | ob die Stanzmaschinen hier | produziert werden |

↓
Satzende
Partizip II + *werden* (= finites Verb)

| Er fragt, | ob damit Metalle aller Art | bearbeitet werden können |

↓
Satzende
Infinitiv Passiv + finites Verb
(Partizip II + *werden* + Modalverb)

Ü Übungen

Ü1 Checkliste zur Planung eines Firmenjubiläums

Nehmen Sie noch einmal Ihre Notizen zur Planung eines Firmenjubiläums.
Was kann oder muss in Ihrer Firma gemacht werden?
Was ist unmöglich? Was kann auf keinen Fall gemacht werden?

▶ Nicht mehr als 500 Gäste können eingeladen werden.
▶ Das Essen sollte bei der Fa. *Krause* bestellt werden.
▶ ...

Checkliste
- ☑ Gäste einladen (nicht mehr als 500!)
- ☑ Einladungen schreiben und verschicken (rechtzeitig)
- ☑ Hotelzimmer reservieren
- ☑ Essen bestellen
- ☑ Broschüre drucken
- ☑ Getränke besorgen
- ☑ die Mitarbeiter einladen
- ☑ das Programm erstellen
- ☑ die Presse informieren
- ☑ ....
- ☑ ....

Ü2 In der Marketingabteilung

Innerhalb der Marketingabteilung wird über die Feier noch heftig diskutiert. Die Marketingleiterin, Frau Kaiser, fragt ihre Mitarbeiter und Mitarbeiterinnen.

Frau Kaiser: Frau Sommer, haben Sie die Gäste schon eingeladen?
Frau Sommer: Ja, Frau Kaiser, sie sind schon eingeladen worden./Nein, sie müssen noch eingeladen werden.

● Spielen Sie weitere Dialoge.

▶ eine Wandtafel zur Firmengeschichte aufbauen/gestalten
▶ eine Präsentation vorbereiten/in Auftrag geben
▶ historische Geräte putzen/instand setzen/aufstellen
▶ Blumenschmuck besorgen/das Programm drucken/ das Menü bestellen/Getränke besorgen ...

Ü3 Ein Artikel über das Firmenjubiläum

Bei dem Firmenjubiläum war auch eine Journalistin anwesend. Sie hat einen Beitrag für eine Verbandszeitschrift geschrieben. Hier ist ihre Beschreibung der neuen Produktionsanlagen. Ergänzen Sie den Text mit den Verben im Passiv (Präsens und Präteritum).

▶ behandeln ▶ drehen ▶ brauchen ▶ führen ▶ verkürzen ▶ schweißen ▶ schneiden
▶ zeigen ▶ reduzieren ▶ stanzen ▶ umformen ▶ erhöhen ▶ berühren ▶ verschleißen

„Am 22.5. feierte die Fa. TRUMPF ihr Firmenjubiläum. Dazu waren Gäste aus dem In- und Ausland angereist. Nach einem Festvortrag .... die Gäste durch die neuen Werkhallen .... Auf dem Rundgang durch die Produktion .... ihnen die technologischen Neuheiten .... Beeindruckt zeigten sich die Gäste vor allem von den neuen Technologien: Stanz- und Umformtechnik, Laser- und Systemtechnik sowie den neuartigen Elektrowerkzeugen. Mit den Stanzmaschinen können Bleche jeder Art .... und *umgeformt* werden. Durch den „intelligenten" Stanzkopf können die Werkzeuge in jede Winkellage .... Auf diese Art und Weise .... weniger Werkzeuge ...., die Vorbereitungs- und Rüstzeiten .... und die Bearbeitungszeiten .... So kann die Produktion .... Mithilfe der neuen Lasermaschinen können die unterschiedlichsten Materialien berührungslos .... oder ...., aber auch Oberflächen .... Der Einsatz dieser Maschinen hat den Vorteil, dass das Material nicht .... oder ...."

Ü4 Aus der Geschichte der Firma TRUMPF GmbH + Co. KG

Vervollständigen Sie die Übersicht. Ergänzen Sie zu den jeweiligen Substantiven die Infinitive im Aktiv und Passiv.

Substantiv	Aktiv	Passiv
Produkte	*produzieren*	*produziert werden*
die Eröffnung	....	....
die Erweiterung	....	....
....	....	eingeweiht werden
....	herstellen	....
....	gründen	....
....	präsentieren	....
....	einsetzen	....
....	verlegen	....
....	bestimmen	....

● Lesen Sie den folgenden Text.

Firmengründer: Christian Trumpf

1923: Produkt des Unternehmens: biegsame Wellen zunächst für den zahnärztlichen und den Druckereibedarf. Mit der Entwicklung des motorischen Antriebs werden sie für industrielle Zwecke – zur Bearbeitung von Metall und Holz – hergestellt und vertrieben.

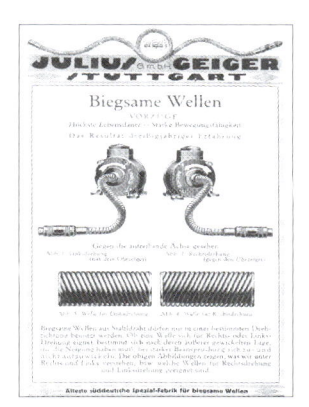

1960: *TRUMPF* wird von einer Fachzeitschrift als „Nibbelkönig" bezeichnet. Nibbeln wird anfangs als Methode der Blechbearbeitung wenig angewendet. *TRUMPF* erkennt die Vorteile dieses Trennverfahrens für die Blechbearbeitung und setzt es bei seinen stationären Maschinen und bei den Elektro- und Druckluftwerkzeugen ein.

1968: *TRUMPF* präsentiert mit der TRUMATIC 20 die erste Blechbearbeitungsmaschine mit nummerischer Bahnsteuerung.

1972: *TRUMPF* verlegt seinen Standort nach Ditzingen.

1979: Das Unternehmen stellt die erste kombinierte Stanz-Lasermaschine TRUMATIC 180 LASERPRESS vor.

1988: Die Neuerungen im Bereich der Laserentwicklung machen eine eigene Gesellschaft notwendig: Die *TRUMPF Lasertechnik GmbH* wird gegründet.

1998: Das Unternehmen begeht sein 75-jähriges Bestehen leise. Zukunftsorientierung bestimmt Denken und Handeln. Die Erweiterung der Produktionskapazitäten gehört dazu. Am Stammsitz Ditzingen wird am 20. November 1998 eine neue Laserfabrik eingeweiht. Sie soll den Produktionsstandort Deutschland sichern.

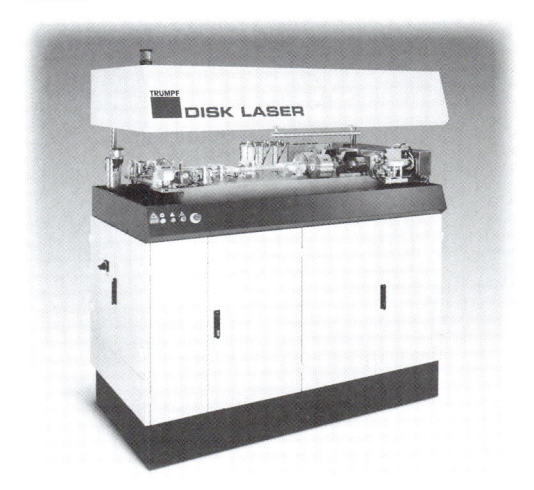

2003: Eröffnung des neuen Vertriebs- und Servicezentrums am Standort Ditzingen. Das Unternehmen präsentiert als Weltneuheit den Prototyp eines Scheibenlasers mit vier Kilowatt Laserleistung.

2005: Nach mehr als 40 Jahren in der Geschäftsleitung übergibt Professor Berthold Leibinger am 18. November die Führung an die nächste Familiengeneration. Er übernimmt den Vorsitz im Aufsichtsrat. Dr. Nicola Leibinger-Kammüller wird Vorsitzende der Geschäftsführung.

● Bereiten Sie nun ein Interview mit Heidi-Melanie Maier, der stellvertretenden Pressesprecherin von *TRUMPF*, vor. Spielen Sie das Interview. Verwenden Sie möglichst viele Passivsätze (im Präteritum).

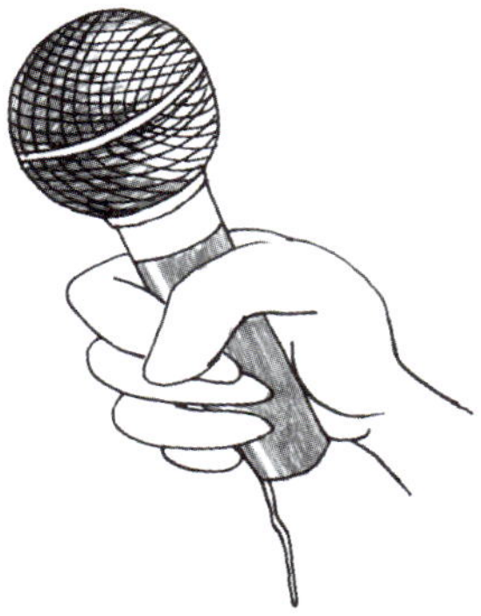

Journalist: Frau Maier, von wem wurde das Unternehmen gegründet?
H.-M. Maier: Das Unternehmen wurde von Christian Trumpf gegründet.
Journalist: Was hat das Unternehmen zuerst produziert? Was produzierte das Unternehmen zuerst?
H.-M. Maier: Zuerst wurden biegsame Wellen produziert/hergestellt. Später wurden sie …

Ü 5 Eine Rede zum Firmenjubiläum

Der Firmenchef eines kleineren Unternehmens hat seiner Sekretärin eine Rede zum Firmenjubiläum diktiert. Hören Sie die Rede und ergänzen Sie die fehlenden Wörter.

1.30

Sehr geehrte Damen und Herren, ...,
am heutigen Tage jährt sich .... zum 60. Mal. Zu diesem .... auf das Herzlichste.
Ich freue mich, dass Sie .... so zahlreich gefolgt sind und gemeinsam .... feiern.
Anfang der 1950er-Jahre .... mein Großvater ....
Nach anfänglichen .... vergrößerte sich das Unternehmen, vor allem dank ...., stetig. Nach einem ....
stieg er 1969 in das Unternehmen ein und .... bis Ende der 1990er-Jahre.
Am 1.1.1998 .... ich von ihm ....
In den darauffolgenden Jahren bis zum heutigen Tage erarbeiteten wir uns durch ....
.... bei unseren Kunden einen guten Namen. Diesen Ruf habe ich zum größten Teil .... und .... zu verdanken.
Ich versichere Ihnen, dass auch .... allzeit für die ihm gestellten Aufgaben bereit ist. Wie Sie wissen, haben wir vor drei Jahren ....
und können am heutigen Tage ....
Nun wollen wir zum .... übergehen. Ich wünsche Ihnen .... Stunden.
Danke für Ihre ....!

Ü 6 Am kalten Büfett

Nach dem Rundgang durch die Produktionsanlagen hat die Geschäftsleitung zu einem kalten Büfett eingeladen. Wer unterhält sich über welches Thema? Hören Sie die Dialogausschnitte.

1.31

	Wer spricht?	Worüber?
Dialog 1		
Dialog 2		
Dialog 3		
Dialog 4		
Dialog 5		

Ü 7 Small Talk am Büfett

Spielen Sie in der Gruppe die Szenen.

1. Darf ich Sie fragen, woher Sie kommen?
   Darf ich Sie um einen Gefallen bitten …?
   Wären Sie so freundlich und würden Sie … tun?

2. Mich würde noch interessieren, …
   Wie hat Ihnen denn der Vortrag/die Rede gefallen?
   Übrigens, was ich Sie fragen wollte, …
   Natürlich, gern. Keine Ursache.
   Ich fand ihn/sie ganz/sehr interessant.
   Ich hoffe, Sie hatten eine angenehme Reise …

3. Schön, dass Sie da sind./Schön, dass Sie gekommen sind.
   (Es) freut mich, Sie hier zu sehen/Sie hier begrüßen zu dürfen.

4. Das Wetter ist ja heute traumhaft. Es könnte nicht besser sein: Sonnenschein, blauer Himmel, keine Wolken …

5. Übrigens, haben Sie schon gehört …?
   Nein, na so etwas. Das hätte ich nicht gedacht … Das gibt's doch nicht.

● *Redemittel:* **Glückwünsche und Trinksprüche**

Glückwünsche

Glückwunsch zu Ihrem Firmenjubiläum/zu Ihrem Geburtstag …
Darf ich Ihnen/dürfen wir Ihnen zu Ihrem Umbau/neuen Technologiezentrum gratulieren?
Kompliment für die neue Produktionsanlage/das neue Servicezentrum/Logistikzentrum!
Ich gratuliere Ihnen zu Ihrer Beförderung …
Ich habe gehört, dass Sie Nachwuchs bekommen haben … Herzlichen Glückwunsch!
                dass Sie geheiratet haben. Herzlichen Glückwunsch zur Hochzeit!

Trinksprüche

Im Deutschen gibt es verschiedene Möglichkeiten, mit einem Getränk anzustoßen.
▸ Stößt man mit Wein, Sekt, Champagner an, so sagt man in der Regel dazu: Auf Ihr Wohl!/
Auf Ihre Gesundheit!/Zum Wohl!/Auf gute Zusammenarbeit!
▸ Trinkt man hingegen Bier, so sagt man beim Anstoßen: Prost!
▸ Bei Kaffee, Tee, Wasser oder Saft sagt man nichts.

Ü 8 Danke, ich trinke nichts.

Verena Schiller und Boris Korolenko haben sich am kalten Büfett bedient und sich an einen Tisch gesetzt. Ein Kellner geht herum und schenkt den Gästen ein.
Erfinden Sie zunächst ein Gespräch zwischen Frau Schiller und Herrn Korolenko.

● *Redemittel:* **Darf ich einschenken?**

A: Darf ich Ihnen einschenken?/Darf ich Ihnen nachschenken (= noch einmal einschenken)?
B: Ja, aber nur einen kleinen Schluck …

● Im Laufe des Gesprächs sagt Boris Korolenko folgendes zu Verena Schiller.

Boris: Übrigens, ich heiße Boris. … Wie ist denn Ihr Vorname?
Verena: Warum interessiert Sie das?
Boris: Ja, warum nicht? Ich meine nur, …

Ü 9 Siezen oder duzen?

Herr Korolenko ist etwas verunsichert, nachdem er Verena Schiller nach ihrem Vornamen gefragt hat. Wie war das mit dem Duzen und Siezen?

Duzen

Sie kennen die „Du-Form" im Deutschen als Anrede. Man verwendet sie für Personen, die man persönlich gut kennt (Freunde, Verwandte usw.).
Junge Leute zwischen 18 und 30–35 Jahren (z. B. Studenten) duzen sich untereinander ebenfalls. Auch am Arbeitsplatz (z. B. zwischen Arbeitern, langjährigen Arbeitskollegen, in einem Team von jungen Leuten) duzt man sich nach gewisser Zeit immer häufiger.
Dabei gilt: Der Vorgesetzte (Abteilungsleiter) bietet einem Gleichrangigen (Abteilungsleiter) oder dem Rangniedrigeren (Projektmanager) das Du an, genauso wie der Ältere dem Jüngeren. Sowohl Männer als auch Frauen können sich gegenseitig das Du anbieten. Aber eine Sekretärin darf der Chefin/dem Chef niemals das Du anbieten.

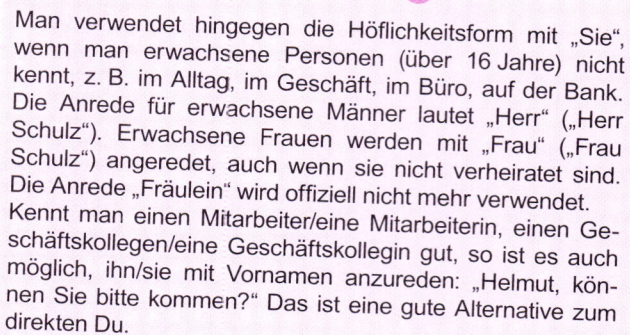

Siezen

Man verwendet hingegen die Höflichkeitsform mit „Sie", wenn man erwachsene Personen (über 16 Jahre) nicht kennt, z. B. im Alltag, im Geschäft, im Büro, auf der Bank. Die Anrede für erwachsene Männer lautet „Herr" („Herr Schulz"). Erwachsene Frauen werden mit „Frau" („Frau Schulz") angeredet, auch wenn sie nicht verheiratet sind. Die Anrede „Fräulein" wird offiziell nicht mehr verwendet. Kennt man einen Mitarbeiter/eine Mitarbeiterin, einen Geschäftskollegen/eine Geschäftskollegin gut, so ist es auch möglich, ihn/sie mit Vornamen anzureden: „Helmut, können Sie bitte kommen?" Das ist eine gute Alternative zum direkten Du.
In der Regel gilt: Richten Sie sich bei der Anrede nach der Unternehmenskultur. Gerade in Banken, Versicherungen und Behörden ist das Sie üblich.

● Diskutieren Sie.

1. Wie sollte Verena Schiller auf das Angebot von Boris Korolenko reagieren?
2. Welche Konsequenzen hat es für die Geschäftskontakte, wenn man sich duzt?
3. Wie spricht man in Ihrem Heimatland einen Chef, eine junge Frau, einen Angestellten, Verwandte usw. an?

Ü 10 Frustriert aus dem Urlaub

Erzählen Sie die Geschichte. So könnte die Geschichte beginnen:

▶ „Das ist ja eine Superfrau", dachte Matthias H. und blickte zu der Blondine, die ihm schräg gegenüber an der Strandbar saß und einen Campari trank. „Vielleicht frage ich sie mal, ob sie heute Abend mit mir in die Disko geht", überlegt er noch, als …

▶ „Ein bisschen schüchtern, aber nett, der Typ", sagte sich Elvira R. …

Und so könnte die Geschichte enden:

▶ „Sind wir uns nicht im Urlaub begegnet?" eröffnete Elvira R., die Personalchefin von H & Co., das Bewerbungsgespräch. …

▶ „Oje, die kennst du doch", sagte sich Matthias H. und begrüßte die Personalchefin von H & Co. …

Ü 11 Einladung zu einem privaten Abendessen

Waren Sie schon einmal bei deutschen Geschäftspartnern zum Essen eingeladen? Wenn ja, dann berichten Sie davon.

Die Einladung zu einem privaten Abendessen

Normalerweise wird man bei Geschäftsbesuchen in Deutschland nicht nach Hause, sondern ins Restaurant eingeladen. Wenn Sie eine Einladung zu einem privaten Abendessen erhalten, werden beim ersten Besuch sicher ein warmes und aufwendig gekochtes Abendessen oder regionale Spezialitäten (z. B. Nürnberger Bratwürste mit Sauerkraut oder Kartoffelsalat) serviert. In der Regel essen viele Deutsche abends nur kalte Speisen wie Wurst, Käse, Brot, Salate, Tomaten. Dazu wird Mineralwasser, Saft, Wein oder Bier getrunken. Dies bedeutet nicht, dass die Deutschen geizig sind und den Gast nicht richtig bewirten wollen. Die Art und Weise, wie sie ihren Gast bewirten, entspricht oft ihren eigenen Essgewohnheiten. Normalerweise essen viele Deutsche mittags warm (zu Hause oder in der Kantine) und nehmen daher abends nur ein kaltes Gericht ein. Es hängt aber auch vom Lebensstil der deutschen Familie ab, ob sie am Abend warm isst. Immer mehr Deutsche, die durch Geschäfts- oder Urlaubsreisen andere Länder kennengelernt haben oder mittags nur eine Kleinigkeit essen, servieren daher ihren Gästen abends auch ein warmes Menü. Lädt man jemanden „auf ein Glas Wein" ein, dann wird im Allgemeinen nur ein Imbiss gereicht (z. B. Salzgebäck, Häppchen).

● Beantworten Sie die folgenden Fragen.

1. Gibt es Unterschiede in den Essgewohnheiten zu Ihrem Heimatland?

2. Wie verhält man sich bei einer privaten Einladung in Deutschland? Kreuzen Sie das Zutreffende an.

    ☐ Man kommt eine Viertelstunde (15 Minuten) zu früh zum verabredeten Termin.

    ☐ Man kommt pünktlich.

    ☐ Man kommt etwa eine Viertelstunde zu spät. Der Gastgeber/Die Gastgeberin hat so Zeit, alles in Ruhe vorzubereiten.

    ☐ Man bringt der Dame des Hauses einen Strauß Blumen mit.

    ☐ Es ist nicht wichtig, welche Blumen man der Dame des Hauses mitbringt.

    ☐ Dem Gastgeber bringt man eine Flasche Wein, Champagner oder einen Cognac mit.

    ☐ Man bringt ein Dessert aus der Konditorei oder Pralinen mit.

    ☐ Man wünscht nur den Kollegen in der Kantine einen „guten Appetit". Bei Geschäftsessen gilt es als nicht sehr schick.

    ☐ Man isst aus Höflichkeit alles und lehnt nichts ab.

    ☐ Man spricht beim Essen nicht mehr über geschäftliche Dinge.

    ☐ Sie müssen als Gast beim Essen niesen. Sie entschuldigen sich.

3. Zur Diskussion

    ▶ Welche Geschenke sind tabu (z. B. Parfüm, Unterwäsche, teure Uhren …)? Warum?

    ▶ Wie lange kann man bleiben?

Ü 12 Und jetzt sind Sie gefragt.

Schreiben Sie kurze Briefe zu den folgenden Themen und verwenden Sie dabei die unten stehenden Textbausteine.

1. Sie sind in der Marketingabteilung tätig. Ihr Unternehmen organisiert einen Workshop mit internationalen Referenten zum Thema „Firmenkultur". Formulieren Sie ein Einladungsschreiben.

2. Ein Geschäftspartner hat Sie zu einem Geschäftsessen eingeladen und darum gebeten, ihm eine Bestätigung der Einladung zu schicken. Formulieren Sie diese.

3. Sie werden zu einer Tagung als Referent/Referentin eingeladen. Sagen Sie zu und nennen Sie das Thema Ihres Vortrags.

4. Sie haben eine Einladung zu einem Firmenjubiläum erhalten. Leider können Sie daran nicht teilnehmen. Formulieren Sie eine Absage. Drücken Sie Ihre Glückwünsche aus.

5. Sie waren bei einem Geschäftspartner privat zu Gast. Sie bedanken sich in den Tagen danach für die Einladung …

1 Einladung

- Unsere Firma/Unser Unternehmen feiert in diesem Jahr ihr/sein …-jähriges Bestehen/Jubiläum.
- Wir freuen uns, Sie und … aus diesem Anlass zu … einladen zu dürfen.
- Die Feier findet am … in … statt.
- Bitte teilen Sie uns bis zum … mit, ob Sie an unserem Jubiläum teilnehmen können.

2 Bestätigung der Einladung

- Haben Sie recht herzlichen Dank für Ihre Einladung zu …
- Ich habe mich sehr über Ihre Einladung gefreut …
- Mit großer Freude habe ich Ihre Einladung zu … erhalten …

3 Zusage

- Ich nehme die Einladung (zu …) … an und würde gern einen Vortrag über … halten/über das Thema … sprechen/referieren.
- Selbstverständlich kommen wir zu Ihrem Jubiläum am …
- Hiermit möchte ich Ihnen mitteilen, dass ich an der Tagung … teilnehme.

4 Absage

- Es tut mir leid/Ich bedaure, Ihnen mitteilen zu müssen, dass ich nicht an … teilnehmen kann, da ich zu diesem Termin/an diesem Tag verhindert bin.
- Leider kann ich Ihrer Einladung zu … nicht folgen und bitte Sie, dies zu entschuldigen. Ich möchte Ihnen trotzdem sehr herzlich zu … gratulieren …

5 Dank für die Einladung

- Haben Sie noch einmal recht herzlichen Dank für Ihre Einladung zu …
- Ich möchte mich bei Ihnen noch einmal für den wunderbaren Abend bedanken …

7 Bildung und Ausbildung

Themen: **A** Schule und Lernen **B** Das Bildungswesen in Deutschland, Österreich und in der Schweiz **C** Schulleben in Deutschland

A Schule und Lernen

A1 Schule in der Karikatur

Beschreiben Sie die Karikaturen zum Thema „Schule und Lernen". Welche Schlüsse können Sie schon daraus ziehen?

● *Redemittel:* **Beschreibung einer Karikatur**

Thema	Der Karikaturist/Der Zeichner thematisiert … Thema der Karikatur ist (die Disziplinlosigkeit an deutschen Schulen/Bildungskrise/PISA-Studie und Schulunlust). ▸ *Weitere Verben:* darstellen, zum Gegenstand haben, spotten über *(+ Akk.)*, verspotten, kritisieren
Bild	Man sieht … ▸ *Was ist zu sehen?:* Im Vordergrund lümmeln drei Schüler in ihren Bänken./Auf der linken Seite/Rechts/Im Hintergrund/An der Decke … ▸ *Was passiert gerade?:* der Lehrer: das Klassenzimmer betreten/hereinkommen ◆ begleitet werden von …/schwer bewaffnete Polizisten: den Lehrer eskortieren ◆ die Schüler: mit dem Handy spielen; telefonieren/sich laut unterhalten ▸ *Was sieht man noch?:* Im Hintergrund ist … zu sehen. ◆ Die Tafel ist … von … mit Kreide beschrieben./Auf ihr steht: „Schule ist Diktatur". ▸ *Was für ein Untertitel?:* „Die Schule im Land der Dichter und Denker" – ein Titel, den sich die Deutschen selbst verliehen haben, weil Bildung und Gelehrtheit für sie einmal ein hohes Gut darstellten.
Bedeutung	anarchische Zustände herrschen/Offenbar ist die Situation an vielen deutschen Schulen außer Kontrolle./Ergebnisse der antiautoritären Erziehung zeigen …/Das schlechte Abschneiden des deutschen Bildungssystems in der PISA-Studie hat … zur Ursache.

A2 Schulkarrieren → Ü 3, Ü 10

Schüler erzählen von ihrer Schule. Wer ist wer? Welcher Text passt zu welchem Bild? Ordnen Sie zu.

1 Birgit Iurlano

„Meine Schulkarriere begann ganz ohne Kindergarten direkt mit der Volksschule in Klagenfurt (Österreich), die ich vier Jahre besuchte. Danach wechselte ich ins Gymnasium nach Klagenfurt. Nach der vierten Klasse, also nach Abschluss der Unterstufe, entschied ich mich für den neusprachlichen Zweig der Oberstufe mit Englisch, Französisch und Latein.

Nach der Matura – ich war siebzehn! – inskribierte ich an der Uni für Französisch und Deutsch als Lehramt. Nach fünf Jahren schloss ich das Studium mit dem Titel ‚Magister' ab. Anschließend absolvierte ich ein Jahr lang das Unterrichtspraktikum an einem Gymnasium. Eigentlich hätte ich meine Ausbildung somit beendet, aber dann … ging ich noch andere Sachen an!"

2 Angelika Stehle

„Mit meinem bisherigen Schulweg hatte ich eigentlich nie Probleme. Ich bin jetzt 18 und mache noch in diesem Jahr am Johann-Vanotti-Gymnasium mein Abitur. Ab Herbst werde ich dann Medizin studieren.

Mein Vater ist Arzt und in der Forschung tätig. Meine Mutter ist Lehrerin. Sie kommt aus China. Dort hat sie mein Vater auf einer Schifffahrt auf dem Yangtse kennengelernt. Geboren wurde ich 1990 in Mannheim, wo ich auch den Kindergarten besuchte. Später zogen wir nach Heidelberg um, wo ich 1997 in die Fröbelschule kam. Vier Jahre später beendete ich den Besuch dieser Schule und wechselte auf das Gymnasium in Ehingen."

3 Silvana Christ

„Der Wechsel von der Grundschule (1992–1996) zum Gymnasium gestaltete sich für mich recht schwierig, da mein mitgebrachtes Wissen recht lückenhaft war. Aus diesem Grund beendete ich den Besuch des Gymnasiums in Laupheim und wechselte im Halbjahr der 8. Klasse auf die Realschule und machte dort meine mittlere Reife. Danach ging ich in die Kaufmännische Berufsschule in Ehingen und besuchte dort das zweijährige Berufskolleg. Mein Ziel war, später BWL zu studieren. Um praktische Erfahrungen zu sammeln, beschloss ich, nach dem Berufskolleg eine Ausbildung bei *Ratiopharm* in Ulm zu machen und wurde Industriekauffrau. In dieser Zeit besuchte ich die Berufsschule in Ulm. Aber ich stellte damals auch fest, dass ich mich in der freien Wirtschaft als Sachbearbeiterin etwas fehl am Platz fühlte. Deswegen beschloss ich 2007, die Wirtschaftsoberschule in Riedlingen zu besuchen, um später Wirtschaftspädagogik zu studieren."

4

Ali Memetoglu

„1991 wurde ich in Ehingen an der Längenfeldschule, einer Grund- und Hauptschule, eingeschult und blieb dann auch unglücklicherweise bis zu meinem Werkrealschulabschluss 2001 dort.

Da weder ich noch meine türkischen Eltern eine Ahnung vom deutschen Schulsystem hatten, ließen sich meine Eltern dazu überreden, mich auf die Hauptschule zu schicken, obwohl ich bis auf eine Vier in Deutsch die Noten für die Realschule hatte. Die Unterschiede der weiterführenden Schulen wurden mir erst im Laufe der 5. Klasse bewusst. Danach nahm ich auch den Kampf auf, über die Aufnahmeprüfungen in die Realschule zu kommen. Leider scheiterte ich aufgrund meiner schlechten Deutschleistungen bereits am ersten Prüfungstag und durfte in den weiteren Kernfächern gar nicht erst antreten.

Nach der 10. Klasse ging ich auf das Berufskolleg, um die Fachhochschulreife zu erlangen, da ich BWL studieren wollte. Doch mit der Zeit bekam ich den Wunsch, Medizin zu studieren, weshalb ich noch einmal auf eine Schule musste, um die Allgemeine Hochschulreife zu erlangen. Inzwischen bin ich 23 Jahre alt, habe eine Berufsausbildung zum Physiotherapeuten abgeschlossen, besuche seit 2007 die Wirtschaftsoberschule in Riedlingen und versuche über unzählige Umwege und Prüfungen das zu erreichen, was man im Durchschnitt mit 18 und einer einzigen Abschlussprüfung erreicht.

Meiner Meinung nach bietet das deutsche Schulsystem den Eltern und den Kindern viel zu viele Optionen bei der Auswahl der weiterführenden Schulen an. Dies beginnt schon ab der 4. Klasse. Wenn nicht bereits dort selektiert werden würde und allen Schülern die gleiche Möglichkeit wie in manchen anderen Ländern gegeben wäre, blieben den Kindern manche unnötigen Schuljahre erspart."

● Notieren Sie nun die Informationen in der tabellarischen Übersicht und suchen Sie dann die Schulformen in B 2 und B 3.

	Birgit	Angelika	Silvana	Ali
Herkunft	....	....	....	....
Migration ja/nein	....	....	....	....
Hauptschule ja/nein	....	....	....	....
Realschule ja/nein	....	....	....	....
Gymnasium ja/nein	....	....	....	....
berufliche Schulwege/ Ausbildungen	....	....	....	....
Abitur nachholen	....	....	....	....
Studienwunsch ja/nein	....	....	....	....
Studienrichtung	....	....	....	....

● Stellen Sie die Lebensläufe noch einmal kurz vor.

▶ Birgit kommt aus Österreich und hat dort das Gymnasium besucht. ...

A3 Schule und Schulbildung in Ihrem Heimatland

Beschreiben Sie typische Schulverläufe aus Ihrer Heimat.

● *Redemittel:* **Rund um die Schulbildung**

> die Kinderkrippe besuchen, in den Kindergarten gehen, eine Vorschule besuchen, in die Schule kommen, eingeschult werden, die Schule besuchen
>
> im Alter von, mit … Jahren, ab dem …ten Schuljahr, bis zum …ten Schuljahr, bis zum Alter von … Jahren
>
> Unterricht haben, von … bis … zur Schule gehen, ganztägig in die Schule gehen
>
> die Schule wechseln, eine höhere Schule besuchen, die Aufnahmeprüfung in eine höhere Schule ablegen
>
> eine Berufsausbildung machen, zur Universität gehen, eine Ausbildung erhalten

▶ Im Alter von drei Jahren besucht man bei uns den Kindergarten. Das dauert drei Jahre. Dann wechselt man in die Grundschule.

● Formulieren Sie die Ziele und Erwartungen von Eltern und Gesellschaft an die Schule und die Schullaufbahn.

▶ Unser Kind soll es einmal besser haben als wir.
▶ Unser Kind sollte in der Schule optimal gefördert werden.
▶ Die Schüler sollen leistungsbereit und sozial kompetent werden.

A4 Jetzt sind Sie gefragt.

Stellen Sie das Schulsystem Ihres Heimatlandes vor. Wählen Sie eine Variante der beiden möglichen Gruppenarbeiten aus.

1 Zeichnen Sie eine Grafik/ein Flussdiagramm auf Folie oder auf eine Stellwand. Bereiten Sie dazu einen kleinen Vortrag vor.

2 Diskutieren Sie in Ihrer Gruppe die wichtigsten Merkmale des Schulsystems Ihres Heimatlandes. Wählen Sie dann einen Experten zur Schulministerin/zum Schulminister. Ein anderer Kursteilnehmer spielt den Reporter.
Stellen Sie Ihr Schul- und Bildungssystem in Form eines Interviews vor.

▶ Bei uns gibt es ein dreigliedriges/mehrgliedriges Schulsystem …

B Das Bildungswesen in Deutschland, Österreich und in der Schweiz

Sie arbeiten in der Niederlassung Ihres Unternehmens im deutschsprachigen Ausland. Ihre Firma möchte weitere Mitarbeiter, darunter viele mit Kindern im schulpflichtigen Alter, vor allem nach Deutschland schicken. Diese sollen Sie über das Schulsystem informieren. Vorher aber informieren Sie sich besser selbst. Eines sollten Sie schon vorab wissen: In Deutschland haben die Länder die Bildungshoheit. Sie haben es also im Grunde genommen mit 16 unterschiedlichen Schulsystemen zu tun.

B1 Welche Schule? Realschule oder Gymnasium?

Lesen Sie zuerst die Ausschnitte aus einem Internetforum.

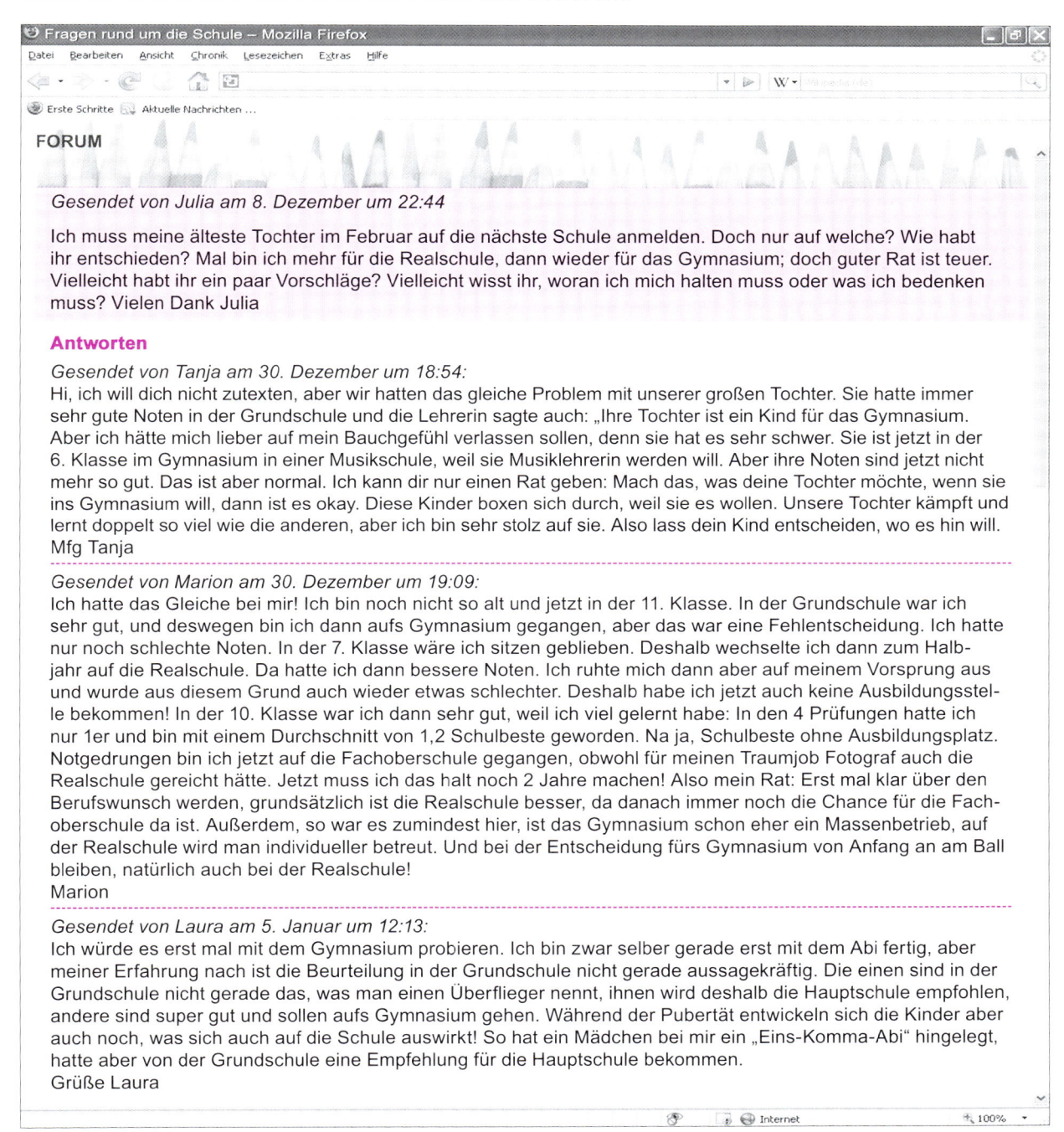

FORUM

Gesendet von Julia am 8. Dezember um 22:44

Ich muss meine älteste Tochter im Februar auf die nächste Schule anmelden. Doch nur auf welche? Wie habt ihr entschieden? Mal bin ich mehr für die Realschule, dann wieder für das Gymnasium; doch guter Rat ist teuer. Vielleicht habt ihr ein paar Vorschläge? Vielleicht wisst ihr, woran ich mich halten muss oder was ich bedenken muss? Vielen Dank Julia

Antworten

Gesendet von Tanja am 30. Dezember um 18:54:
Hi, ich will dich nicht zutexten, aber wir hatten das gleiche Problem mit unserer großen Tochter. Sie hatte immer sehr gute Noten in der Grundschule und die Lehrerin sagte auch: „Ihre Tochter ist ein Kind für das Gymnasium." Aber ich hätte mich lieber auf mein Bauchgefühl verlassen sollen, denn sie hat es sehr schwer. Sie ist jetzt in der 6. Klasse im Gymnasium in einer Musikschule, weil sie Musiklehrerin werden will. Aber ihre Noten sind jetzt nicht mehr so gut. Das ist aber normal. Ich kann dir nur einen Rat geben: Mach das, was deine Tochter möchte, wenn sie ins Gymnasium will, dann ist es okay. Diese Kinder boxen sich durch, weil sie es wollen. Unsere Tochter kämpft und lernt doppelt so viel wie die anderen, aber ich bin sehr stolz auf sie. Also lass dein Kind entscheiden, wo es hin will.
Mfg Tanja

Gesendet von Marion am 30. Dezember um 19:09:
Ich hatte das Gleiche bei mir! Ich bin noch nicht so alt und jetzt in der 11. Klasse. In der Grundschule war ich sehr gut, und deswegen bin ich dann aufs Gymnasium gegangen, aber das war eine Fehlentscheidung. Ich hatte nur noch schlechte Noten. In der 7. Klasse wäre ich sitzen geblieben. Deshalb wechselte ich dann zum Halbjahr auf die Realschule. Da hatte ich dann bessere Noten. Ich ruhte mich dann aber auf meinem Vorsprung aus und wurde aus diesem Grund auch wieder etwas schlechter. Deshalb habe ich jetzt auch keine Ausbildungsstelle bekommen! In der 10. Klasse war ich dann sehr gut, weil ich viel gelernt habe: In den 4 Prüfungen hatte ich nur 1er und bin mit einem Durchschnitt von 1,2 Schulbeste geworden. Na ja, Schulbeste ohne Ausbildungsplatz. Notgedrungen bin ich jetzt auf die Fachoberschule gegangen, obwohl für meinen Traumjob Fotograf auch die Realschule gereicht hätte. Jetzt muss ich das halt noch 2 Jahre machen! Also mein Rat: Erst mal klar über den Berufswunsch werden, grundsätzlich ist die Realschule besser, da danach immer noch die Chance für die Fachoberschule da ist. Außerdem, so war es zumindest hier, ist das Gymnasium schon eher ein Massenbetrieb, auf der Realschule wird man individueller betreut. Und bei der Entscheidung fürs Gymnasium von Anfang an am Ball bleiben, natürlich auch bei der Realschule!
Marion

Gesendet von Laura am 5. Januar um 12:13:
Ich würde es erst mal mit dem Gymnasium probieren. Ich bin zwar selber gerade erst mit dem Abi fertig, aber meiner Erfahrung nach ist die Beurteilung in der Grundschule nicht gerade aussagekräftig. Die einen sind in der Grundschule nicht gerade das, was man einen Überflieger nennt, ihnen wird deshalb die Hauptschule empfohlen, andere sind super gut und sollen aufs Gymnasium gehen. Während der Pubertät entwickeln sich die Kinder aber auch noch, was sich auch auf die Schule auswirkt! So hat ein Mädchen bei mir ein „Eins-Komma-Abi" hingelegt, hatte aber von der Grundschule eine Empfehlung für die Hauptschule bekommen.
Grüße Laura

● Beantworten Sie die Fragen.

1. Welche Antworten bekommt Julia, die ratlose Mutter, von den einzelnen Teilnehmern?
2. Was verraten die Schreiber über ihre eigene Schulkarriere?

B2 Viele Wege – keine Sackgasse ⇨ Ü1

Eine Sendung des Bayerischen Rundfunks informiert Eltern zur Wahl der weiterführenden Schulart. Prägen Sie sich vor dem ersten Hören die folgenden Wörter ein.

eine Sackgasse	→	eine Straße, an deren Ende es keinen Ausgang gibt
„eine Drei"	→	Das deutsche Notensystem reicht von 1 (sehr gut); 2 (gut); 3 (befriedigend); 4 (ausreichend); 5 (mangelhaft) bis 6 (ungenügend). Eine Drei ist also eine mittlere Note. Mit einer Vier hat man noch bestanden, Fünf und Sechs bedeuten, dass man das Lernziel nicht erreicht hat.
HSK	→	Heimat- und Sachkunde, Unterrichtsfach in der Grundschule. Später wird HSK von Geografie, Physik und Biologie abgelöst.
Mathe	→	Abkürzung für Mathematik, in der Grundschule oft noch Rechnen
Zeugnis	→	Zertifikat nach Abschluss eines Schuljahres mit dem Notensystem von 1 bis 6 *(siehe oben)*
Wortgutachten	→	schriftliche Beurteilung: Darin beschreiben die Lehrer das Lern- und Sozialverhalten der Kinder.
ein Notendurchschnitt von 2,33	→	Eine Zwei in Deutsch, eine Zwei in Mathematik und eine Drei in HSK ergibt einen Notendurchschnitt von 2,33 (da 7:3 = 2,33).

● Hören Sie nun den Bericht und setzen Sie dann die Adjektive in der richtigen Form in die Lücken ein. Die Adjektive stehen bereits in der richtigen Reihenfolge.

▸ nächst- ▸ vierte ▸ wesentlich ▸ hoch ▸ sehr gut ▸ begabt ▸ schnell ▸ hoch ▸ groß
▸ viel ▸ lang ▸ viel ▸ anspruchsvoll ▸ hoch ▸ abstrakt ▸ groß ▸ stark ausgeprägt
▸ durchschnittlich ▸ klassisch ▸ hoch ▸ niedrig ▸ optimal ▸ gut ▸ viel

2.2 Nach der vierjährigen Grundschule wechseln die Kinder in die .... Schulform. Dabei sind die Noten der .... Grundschulklasse ein .... Faktor. Die Kinder, die in eine .... Schulart wechseln wollen, brauchen nicht nur .... Noten in den Hauptfächern, sie brauchen auch ein Wortgutachten, das Auskunft über ihr Lern- und Sozialverhalten gibt. Allgemein gilt: Nur sehr .... Kinder mit einer .... Auffassungsgabe sollten auf das Gymnasium gehen.

Das Gymnasium ist in Deutschland die .... Schulform mit den .... Leistungsanforderungen an die Kinder. Der Besuch des Gymnasiums verlangt von den Schülern .... Ausdauer als die Realschule, denn es handelt sich mit acht Jahren um die .... Schulart. Trotzdem wollen die .... Eltern, dass ihre Kinder auf diese .... Schule gehen. Für das Gymnasium müssen die Kinder eine .... Bereitschaft zum Lernen mitbringen als für die Hauptschule. Das Gymnasium sollten also nur Kinder mit einem .... Denkvermögen, einem .... Fleiß und einer .... Sozialkompetenz als .... Grundschüler besuchen.

Die Realschule ist die .... Schule und ist angesiedelt zwischen dem .... Gymnasium und der .... Hauptschule. Sie ist auch für eher durchschnittliche Schüler geeignet.

Im Allgemeinen gilt jedoch, sagen die Politiker, dass die .... Schulform für das Kind diejenige ist, die ihm am .... liegt und für die es sich am .... eignet.

● Verbinden Sie die Sätze aus dem linken Kasten mit denen aus dem rechten.

1. Der Bericht wendet sich an Eltern,
2. Die Eltern müssen entscheiden,
3. Die Kinder bekommen am Ende der Grundschule ein Übertrittszeugnis,
4. Das Übertrittszeugnis besteht aus einem Notenzeugnis und einem Wortgutachten,
5. Im Gegensatz zur Hauptschule ist das Gymnasium eine Schulart,
6. Kinder mit einem Durchschnitt von 2,66 in den Hauptfächern müssen in einen Probeunterricht,
7. Auf das Gymnasium sollen nach Ansicht der Psychologin Kinder,
8. Die Abschlussprüfung ist das Abitur,

a) die begabt sind und eine schnelle Auffassungsgabe haben.
b) in welche Schulform sie ihr Kind nach der Grundschule schicken wollen.
c) auf das die Lehrer der nächsten Schulform großen Wert legen.
d) der an der künftigen Schule drei Tage dauert und Prüfungscharakter hat.
e) mit dem ein Schüler in Deutschland die Allgemeine Hochschulreife erwirbt.
f) deren Kinder am Ende der vierjährigen Grundschule in eine andere Schulart wechseln.
g) in dem die Grundschullehrer eine Empfehlung für die nächste Schulart aussprechen.
h) in der die Kinder hauptsächlich von Fachlehrern unterrichtet werden.

▶ Der Bericht wendet sich an Eltern, deren Kinder am Ende der vierjährigen Grundschule in eine andere Schulart wechseln.

● Ergänzen Sie die Tabelle mit den Informationen aus dem gehörten Bericht.

	Hauptschule	Realschule	Gymnasium
von Klasse … bis	5–8/9	5–10	5–12
Übertrittsnoten	–	um die 2,33 in Deutsch, Mathe, HSK Deutsch oder Mathe 3 möglich	....
Fremdsprachen	–	....	
möglicher Abschluss	....		
weiterführende Bildungswege/Ziel	Berufsausbildung (im handwerklichen Bereich)	Berufsausbildung (vor allem im kaufmännischen Bereich) für gute Schüler Wechsel ins Gymnasium/zur Berufsoberschule	Studium an Universität oder Fachhochschule

B3 Zum Vergleich: Die Schweiz und Österreich

Welcher Text passt zu welchem Schulsystem?

1

Das Schulsystem in .... wird auf Bundesebene geregelt. In .... besteht Unterrichtspflicht, was bedeutet, dass Kinder ab dem 6. Lebensjahr sich frei für öffentliche Schulen, Privatschulen, ausländische Schulen oder den häuslichen Unterricht entscheiden können.

Noch nicht schulreife Kinder können ab dem sechsten Lebensjahr für ein Jahr in die Vorschule gehen. Sonst besuchen die Kinder vom 6. bis zum 10. Lebensjahr zuerst die Volksschule. Danach folgt für 4 Jahre die Sekundarbildung der Unterstufe auf der allgemeinbildenden höheren Schule Gymnasium (AHS), die für begabte Schüler angelegt ist, oder auf der Hauptschule für durchschnittliche Kinder. Ausschlaggebend für die Aufnahme an einer AHS sind die Abschlussnoten der Volksschule beziehungsweise ein Aufnahmetest, den das Kind bestehen muss.

Ab dem 8. Schuljahr haben alle Schüler die Wahl zwischen den Schulrichtungen AHS Oberstufe, BHS (berufsbildende höhere Schule), BMS (berufsbildende mittlere Schule) und der Polytechnischen Schule mit anschließender Berufsschule. Für die Aufnahme an eine BHS entscheidet allerdings der Notendurchschnitt und ein Aufnahmetest, da nur BHS und AHS mit der Matura abschließen. Die Matura berechtigt zum Studium an Universitäten, Fachhochschulen und Akademien. Begabte Absolventen der Hauptschule, die später einmal studieren wollen, besuchen für 5 Jahre erst einmal die BHS.

2

Das Schulsystem in .... wird in jedem der 26 Kantone unterschiedlich geregelt. Die Kompetenzen des Bundes beschränken sich auf die Festlegung der Qualitätsanforderungen und der Einheitlichkeit von Zeugnissen und Zertifikaten.

Schulpflicht besteht für die neunjährige Volksschule, die sich in Primar- und Sekundarschule aufteilt. Die Dauer der Primarschule umfasst in den meisten Kantonen 6 Jahre. Danach beginnt die Sekundarstufe im Alter von 10 bis 12 Jahren. Manche Kantone haben vor der Sekundarschule noch eine ein- oder zweijährige Orientierungsschule eingerichtet.

In der Sekundarstufe I gibt es eine erste Selektion der Schüler, die entsprechend ihrer Begabung in Schulen mit Grundansprüchen und mit erweiterten Ansprüchen sowie in Schulen ohne Selektion aufgeteilt werden. Über den Besuch einer Schule mit erweiterten Ansprüchen entscheiden die Lehrkräfte und die Noten der Primarstufe.

Die Sekundarstufe II besteht aus einer berufsbildenden bzw. einer allgemeinbildenden Ausbildung. In der Berufsschule werden neben der Allgemeinbildung Kenntnisse und Fertigkeiten für einen bestimmten Beruf erlernt. Gleichzeitig oder im Anschluss kann zusätzlich die Berufsmaturität erlangt werden. Wird ein allgemeinbildender Ausbildungsweg eingeschlagen, kann man zwischen einer Maturitätsschule (Gymnasium) oder einer Fachmittelschule (FMS) wählen.

Die 3- bis 4-jährige Ausbildung am Gymnasium wird mit der Matura abgeschlossen und ermöglicht das Hochschulstudium. Die FMS wird mit dem Fachmittelschulabschluss oder der Fachmaturität abgeschlossen und bereitet auf bestimmte Berufsfelder, höhere Fachschulen (HF) und Fachhochschulen (FH) vor. Rund 90 % der Jugendlichen schließen die Sekundarstufe II mit Matura, Fachmatura beziehungsweise mit dem Fachmittelschulabschluss ab.

Das Schulsystem in der Schweiz

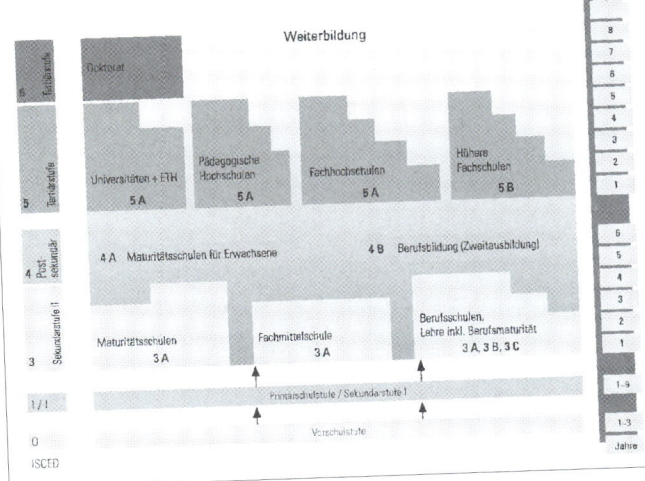

▶ Maturitätsschule für Erwachsene: Schule, an der Erwachsene berufsbegleitend das Abitur (Hochschulreife) nachholen können (von lat. maturitas = Reife) ▶ ETH: Eidgenössische Technische Hochschule

● Notieren Sie stichwortartig die wesentlichen Merkmale des jeweiligen Systems.

Das österreichische Schulsystem

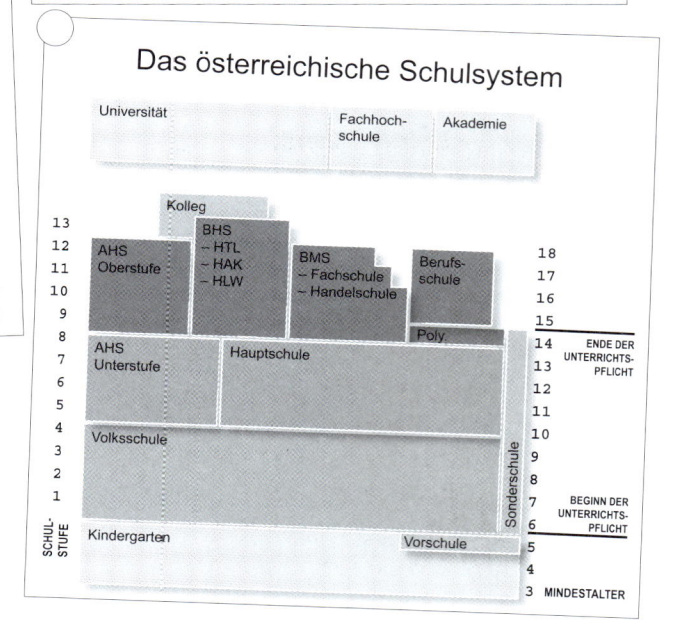

160 — Exportwege *neu*, Kursbuch 2, Kapitel 7

B4 Aus dem Bildungsbericht der Bundesregierung → G I, Ü 4–9

Lesen Sie den Text und ordnen Sie dann die Überschriften den jeweiligen Abschnitten zu.

(1) Zuwachs bei den Sonderschulen

(2) Hoher Anteil an verzögerten Schullaufbahnen und Klassenwiederholungen

(3) Soziale Ungleichheiten durch Vielfalt der Übergänge

(4) Vielfalt verlangt frühe Entscheidungen

○ Markant für die schulische Laufbahn von Kindern und Jugendlichen in Deutschland sind vor allem eine Vielzahl von Übergängen, die an Schnittstellen des deutschen Bildungswesens auftreten. Übergänge beginnen meistens nach der vierten Grundschulklasse. Sie stellen für die Kinder und ihre Eltern oft „Richtungsentscheidungen" dar.

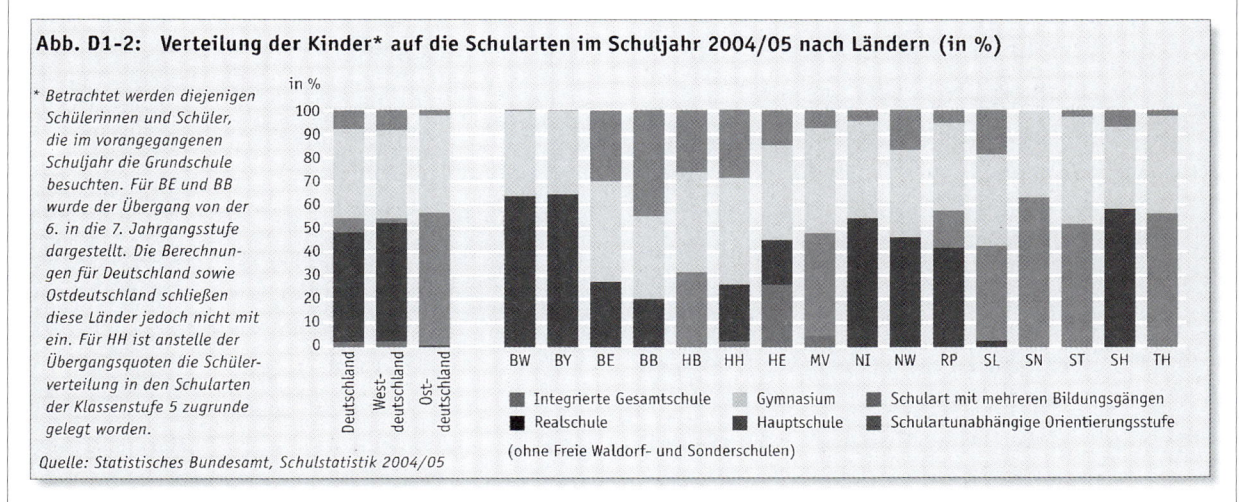

Das heißt, dass die Eltern in der Regel entscheiden müssen, wie die weitere schulische Laufbahn ihrer Kinder verlaufen soll. Dazu kommt, dass sich die verschiedenen Schularten der Sekundarstufe I zum Teil erheblich voneinander unterscheiden.

○ Die Befürworter des drei- und mehrgliedrigen Schulsystems betonen, dass die frühzeitige Wahl einer bestimmten Schulart mit einer Durchlässigkeit des Schulsystems einhergeht, was die ehemalige Kultusministerin von Baden-Württemberg mit dem Motto „Kein Abschluss ohne Anschluss" zusammenfasst. Das soll heißen, dass Eltern und Schüler ihre Entscheidung für eine bestimmte Schule später auch wieder korrigieren können. In Wirklichkeit jedoch weist diese Durchlässigkeit vor allem einen Trend nach unten auf. Schüler wechseln in der Regel überwiegend „abwärts", von der höher qualifizierten Schulart auf die weniger hoch qualifizierte. So liegt das Verhältnis von Ab- zu Aufstiegen in den alten Ländern bei 4:1. Das bedeutet, dass auf jeden Schüler, der von einer Hauptschule auf ein Gymnasium oder eine Realschule oder von einer Realschule auf ein Gymnasium wechselt, vier Schüler kommen, die von einer höheren Schule nach unten wechseln. Bei den Übergängen sind Schüler aus unteren sozialen Schichten, vor allem solche mit Migrationshintergrund, benachteiligt. Sie haben es nicht nur schwerer, auf höher qualifizierende Schularten zu kommen, sondern sich dort auch zu halten.

○ Gleichzeitig ist die Anzahl der Schülerinnen und Schüler, die in eine Sonderschule (Förderschule) wechseln, in den letzten Jahren kontinuierlich gestiegen. Ihr Anteil beträgt inzwischen fünf Prozent aller schulpflichtigen Kinder. Das bedeutet: Obwohl gleichzeitig die individuelle Förderung in den Schulen erhöht wurde, braucht doch jeder zwanzigste Schüler eine sonderpädagogische Förderung. Dies betrifft besonders Kinder aus bildungsfernen Schichten. Auch ein Übergang von der Sonderschule in die Regelschule ist schwierig: Fünfmal so viele Schüler wechseln aus Regelschulen in Sonderschulen über als von dort zurückkehren.

○ Je nach Land beenden zwischen 20 % und 45 % der deutschen Schülerinnen und Schüler die Schullaufbahn später als geplant, weil sie entweder verspätet eingeschult wurden oder Klassen wiederholen mussten. In einigen Ländern ist der Anteil von Kindern mit Migrationshintergrund, die eine verzögerte Schullaufbahn aufweisen, doppelt so hoch wie der von Kindern, deren Familien nicht nach Deutschland zugewandert sind. Abgesehen von der langen Verweildauer im Schulwesen und den dadurch verursachten Kosten werden die Zweifel am Nutzen des Wiederholens dadurch verstärkt, dass Wiederholer im Allgemeinen signifikante Leistungsnachteile gegenüber denjenigen haben, die sich nach einem regulären Durchlauf in derselben Jahrgangsstufe befinden.

Abb. D1-2: Verteilung der Kinder* auf die Schularten im Schuljahr 2004/05 nach Ländern (in %)

*Betrachtet werden diejenigen Schülerinnen und Schüler, die im vorangegangenen Schuljahr die Grundschule besuchten. Für BE und BB wurde der Übergang von der 6. in die 7. Jahrgangsstufe dargestellt. Die Berechnungen für Deutschland sowie Ostdeutschland schließen diese Länder jedoch nicht mit ein. Für HH ist anstelle der Übergangsquoten die Schülerverteilung in den Schularten der Klassenstufe 5 zugrunde gelegt worden.

Quelle: Statistisches Bundesamt, Schulstatistik 2004/05

- Integrierte Gesamtschule
- Realschule
- Gymnasium
- Hauptschule
- Schulart mit mehreren Bildungsgängen
- Schulartunabhängige Orientierungsstufe

(ohne Freie Waldorf- und Sonderschulen)

● Fragen und Aufgaben zum Text

1. Was müssen Familien mit schulpflichtigen Kindern bei beruflich bedingten Umzügen bedenken?
2. Erklären Sie den Begriff „Richtungsentscheidung", indem Sie ihn umschreiben.
3. Was versteht man unter einem „Schüler mit Migrationshintergrund"?
4. Überlegen Sie, warum dieses System gerade solche Schüler benachteiligt.

● Ergänzen Sie die richtigen Relativsätze und erklären Sie die hervorgehobenen Begriffe.

1. Unter einer **Schnittstelle** versteht man einen Punkt,
2. **Übergänge** sind Stellen,
3. Eine **Übergangsklasse** ist eine Klasse,
4. Unter einer **Richtungsentscheidung** versteht man eine Entscheidung,
5. Unter einem Schüler mit **Migrationshintergrund** versteht man einen Schüler,
6. Unter einer **Sonder- oder Förderschule** versteht man eine Schule,
7. In **Sonderschulen** gehen die Kinder,
8. Mit dem Begriff „**bildungsferne Schichten**" fasst man die gesellschaftlichen Gruppen zusammen,

a) in welche Kinder mit einer Lernbehinderung gehen.
b) die in der Regelschule nicht mitkommen.
c) an welchen man von dem einen zu einem anderen Punkt übergeht.
d) an dem sich zwei Geraden schneiden.
e) welche aus unterschiedlichen Gründen keine Bildung und Ausbildung bekommen oder die Bildungsangebote nicht wahrnehmen können.
f) der aus einem anderen Land kommt oder dessen Eltern nach Deutschland eingewandert sind.
g) mit der man sich für eine bestimmte Richtung entscheidet.
h) nach der man in eine andere Schulart wechselt.

● Stimmen die folgenden Sätze logisch mit den Aussagen des Lesetextes überein?

		ja	nein
1.	In Deutschland müssen sich Eltern keine Gedanken über die Schullaufbahn ihrer Kinder machen und können beruhigt auf den Staat und seine Erziehungseinrichtungen vertrauen.	☐	☐
2.	Das deutsche Bildungswesen weist eine homogene, klare Struktur auf, die vor allem die frühzeitige und individuelle Förderung aller Kinder im Blick hat.	☐	☐
3.	Das deutsche Bildungswesen sorgt dafür, dass keine sozialen Benachteiligungen entstehen.	☐	☐
4.	Die Durchlässigkeit des dreigliedrigen Schulsystems garantiert auch Schülern mit Benachteiligungen den Aufstieg in höhere Schularten.	☐	☐
5.	Familien mit gutem Einkommen, die ihre Kinder selbst optimal fördern können, müssen sich um ihre Kinder keine Sorgen machen.	☐	☐
6.	Schüler, die in eine Förderschule eingruppiert wurden, kommen leicht wieder in die höher qualifizierten Regelklassen zurück.	☐	☐

● Beschreiben Sie mögliche Schullaufbahnen nach dem Modell und dem Text. Entscheiden Sie vorher, ob das Kind ein Junge oder Mädchen sein soll.

1. Kind aus einem Akademikerhaushalt, in dem die Mutter sich ausschließlich der Betreuung ihrer Kinder widmet
2. Kind, das im Alter von neun Jahren mit seinen Eltern aus Kasachstan nach Deutschland eingewandert ist und seitdem in einer Parallelgesellschaft lebt
3. Kind mit einer leichten Lernverzögerung, das Eltern hat, die gut verdienen, in ihrem gesellschaftlichen Umfeld anerkannt und bekannt sind und die Zeit für ihr Kind haben
4. durchschnittliches Kind, dessen deutsche Eltern beide um ihre berufliche und soziale Integration kämpfen und sich aus diesem Grund wenig um ihr Kind kümmern können

▶ zu 2. Der Junge kommt zuerst einmal in die vierte Klasse der Grundschule. Er ist vielleicht begabt, kann aber nicht so gut Deutsch wie seine Klassenkameraden und versteht deswegen vieles nicht. In Mathe ist er gut, aber bei Textaufgaben versagt er manchmal. Deswegen bekommt er nur eine Empfehlung für die Hauptschule.

Worterklärung
▶ Parallelgesellschaft: Deutsche und Ausländer leben nebeneinander, aber streng isoliert.

● Bilden Sie aus den beiden Kästen sinnvolle und logische Satzverknüpfungen mit *je ... desto*. Es gibt mehrere Lösungsmöglichkeiten.

▶ **Je** schlechter ein Kind aus dem Ausland in die deutsche Gesellschaft integriert ist, **desto** höher ist die Wahrscheinlichkeit, dass es eine schlechte Bildung oder Ausbildung bekommt.

1. Ein Kind aus dem Ausland ist **schlecht** in die deutsche Gesellschaft integriert.
2. **Viele** Übergänge zu verschiedenen Schularten werden angeboten.
3. Das Schulsystem ist **durchlässig**.
4. Eltern müssen sich **früh** für eine bestimmte Schulart entscheiden.
5. Das Schulsystem und seine Abschlüsse sind **vielfältig**.
6. Der Sozialstatus der Eltern ist **hoch**.
7. Die Familien sind **bildungsfern**.
8. Ein Kind beherrscht die deutsche Sprache **schlecht**.
9. Ein Kind kommt **früh** in die Hauptschule.
10. Die soziale Schicht, aus der ein Kind kommt, ist **tief**.
11. Ein Kind muss **lange** in der Schule bleiben.
12. Ein Kind muss eine Klassenstufe **oft** wiederholen.
13. Für die Kinder werden **viele** Ganztagsschulen eingerichtet.

Die Wahrscheinlichkeit wird **hoch**, dass das Kind die falsche Schullaufbahn einschlägt.
Die Wahrscheinlichkeit ist **groß**, dass es dort auch bleibt.
Die Eigenverantwortung der Eltern für ihre Kinder ist **groß**.
▶ Die Wahrscheinlichkeit ist **hoch**, dass es eine schlechte Bildung und Ausbildung bekommt.
Es ist für die Familien **sozial**.
Eltern und Kinder können **eher** eine einmal beschlossene Schullaufbahnentscheidung wieder korrigieren.
Man findet ihr Kind **sicher** auf dem Gymnasium.
Die Wahrscheinlichkeit ist **hoch**, dass ihre Kinder eine Sonderschule besuchen müssen.
Es hat **wenige** Bildungschancen.
Der Gesellschaft kostet das **viel**.
Es kommt **schnell** in eine Sonderschule.
Die Chancen auf einen Abschluss sind **gering**.
Die Bildungschancen für Kinder aus Migrantenfamilien oder aus sozial benachteiligten Schichten sind **gut**.

B5 Hauptschulen in Baden-Württemberg

Lesen Sie den Text aus der *Stuttgarter Zeitung* und erläutern Sie die Grafiken.

Baden-Württemberg will Hauptschulen retten

Haupt- und Sonderschüler in Baden-Württemberg sollen es künftig leichter bei der Berufswahl haben. Das Land will sie dabei frühzeitig unterstützen und führt deshalb an allen Haupt- und Sonderschulen eine sogenannte Kompetenzanalyse ein. Damit könnten nach Ansicht des Kultusministers Helmut Rau Schüler ihre besonderen Stärken und Schwächen feststellen. Ziel der Maßnahme ist, dass die Schüler die Schule ausbildungsreif verlassen und somit der weitere Anstieg von Jugendarbeitslosigkeit verhindert wird.

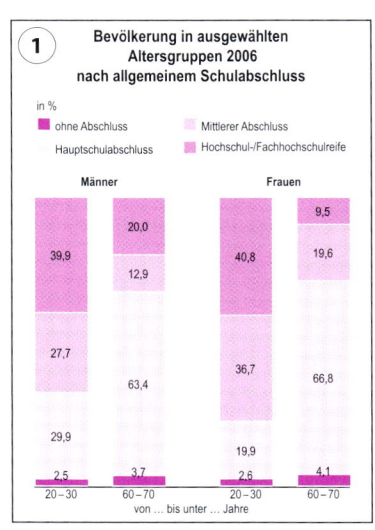

In der Kompetenzanalyse wird ermittelt, wie gut die Schüler in den Klassenstufen 7 strukturiert arbeiten und wie sie sich in eine Gruppe einfügen können. Weiterhin will man ihre Kommunikationskompetenz und ihre organisatorischen Fähigkeiten feststellen. Rau geht davon aus, dass Jugendlichen mit schlechten beruflichen Zukunftschancen so am besten geholfen wird. Die Kosten für das Projekt, das auf drei Jahre anberaumt ist, belaufen sich auf etwa 10 Millionen Euro, von denen 7,5 Millionen aus dem Europäischen Sozialfonds kommen.

Auch die Regionaldirektion für Arbeit, die in der Kompetenzanalyse eine gute Vorbereitung auf das Berufsleben sieht, unterstützt das Projekt und steuert 3,2 Millionen Euro bei. Nach ihren Angaben waren im März rund 23 000 Jugendliche im Alter von unter 25 Jahren arbeitslos gemeldet. Von diesen haben etwa 60 Prozent keine Ausbildung. Rund jeder sechste der jungen Menschen bricht außerdem seine Ausbildung vorzeitig ab.

Keine Zustimmung findet das Projekt bei den Gegnern des dreigliedrigen Schulsystems. Diese wollen weiterhin dessen Änderung und die Abschaffung der Hauptschule. Der Hauptgeschäftsführer des Handwerkstags, Hartmut Richter, sagte, die Hauptschule sei nicht mehr zu retten: „Da nützt auch das beste pädagogische Programm nichts mehr. Das Spiel läuft im dreigliedrigen Schulsystem gegen sie." Einführen sollte man stattdessen eine achtjährige gemeinsame Basisschule, in der die Kinder nicht mehr so einfach sortiert werden. Die Kompetenzanalyse für Haupt- und Sonderschüler sei zwar ein Schritt in die richtige Richtung, komme aber rund zehn Jahre zu spät.

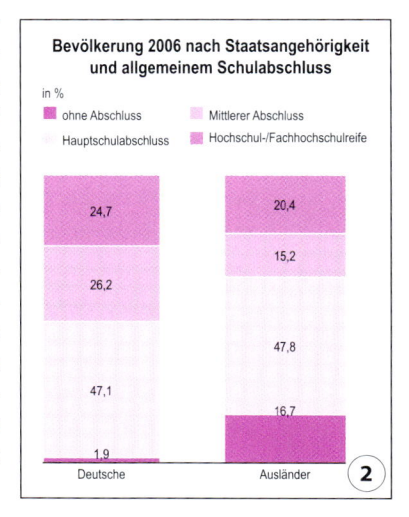

● Tragen Sie die Informationen aus dem Text in die Tabelle ein.

Kompetenzanalyse

Was wird darunter verstanden?	
Wo wird sie gemacht?	Haupt- und Sonderschulen
Welche Personen sind betroffen?	
Ziel der Maßnahme?	
Kosten?	
Wie wird das Projekt finanziert?	1. 2.

Reaktionen und Einstellungen

Regionaldirektion für Arbeit	....
	....
Handwerkstag	....
	....
Regierung selbst	....

● Beantworten Sie die Fragen zum Text.

1. Warum haben die Redakteure der Zeitung einen Vertreter des Handwerkstags befragt?
2. Was wird über die Zahl der jugendlichen Arbeitslosen gesagt?
3. Was könnten die Gründe dafür sein, dass rund 17 % der Auszubildenden ihre Lehre vorzeitig abbrechen?

C Schulleben in Deutschland

C1 Lehrer über ihren Beruf

Lesen Sie zuerst die Texte. Was haben die dargestellten Lehrer gemeinsam – was unterscheidet sie? Inwieweit finden Sie Ihre Erwartungen „an den deutschen Lehrer" bestätigt/nicht bestätigt?

Cornelia El Amrani, Berufliche Schule Riedlingen

„Ich unterrichte seit 11 Jahren an dieser Schule. Eigentlich bin ich Lehrerin für das allgemeinbildende Gymnasium für Deutsch und Geschichte. Nach meinem zweiten Staatsexamen vor 20 Jahren war ich zunächst einmal von der großen Lehrerarbeitslosigkeit betroffen. Diese Situation änderte sich vor 12 Jahren schlagartig. Es gab zu wenig Lehrer an den beruflichen Schulen, somit hatte ich die Chance, als Beamtin eingestellt zu werden.
Hier werde ich in allen Schulformen eingesetzt. Das Spektrum reicht von Förderschülern bis zu angehenden Abiturienten und bietet somit Jugendlichen die Möglichkeit, auf dem zweiten Bildungsweg bestimmte Schulabschlüsse zu erreichen. Trotzdem sind viele Schüler nicht motiviert und strengen sich nicht an. Einige sehen ihren Schulalltag nur als eine Notlösung an. Viel lieber hätten sie Ausbildungsplätze, die trotz des Wirtschaftswachstums immer noch rar sind oder für die sie nicht qualifiziert genug sind.
Neben mangelnder Motivation haben viele Schüler auch mit geringen Grundkenntnissen zu kämpfen. Da die berufliche Schule am Ende der Schullaufbahn steht, können diese oft nicht behoben werden. Trotz allem gibt es auch Lichtblicke. Gerade unter den Aussiedlerinnen beobachte ich begabte und leistungswillige Mädchen, die ehrgeizig ihr Ziel verfolgen. Aus diesen Beispielen schöpfe ich meine Kraft für den Schulalltag."

Wolfgang Sigloch (Ehingen)

„35 Jahre lang war ich Lehrer an einem Gymnasium. Ich habe die Fächer Deutsch, Geschichte und Gemeinschaftskunde unterrichtet. Seit einem Jahr bin ich im Ruhestand und erinnere mich an die Schulstunden und die Schulklassen, die mir über all die Jahre oft, aber nicht immer viel Freude und so manches Erfolgerlebnis beschert haben, denn ich habe gerne unterrichtet. Aber der Beruf des Lehrers ist auch noch mit vielen anderen Aufgaben verbunden, die man nicht gerne, aber pflichtbewusst erfüllt. Vor allem die vielen Korrekturen haben mich häufig über die Wochenenden in Anspruch genommen. Deshalb habe ich nie verstanden, dass viele Leute meinen, die Lehrer hätten zu viel Freizeit.
Natürlich haben die Lehrer auch noch Ferien, aber die kann ein Lehrer, wenn er etwa eine Reise macht, zur Weiterbildung nutzen, weil ja das alte Sprichwort gilt: Reisen bildet. Und immer ist es mir gelungen, von solchen Reisen etwas für meinen Unterricht mitzubringen: Wissen, Erfahrungen und Erkenntnisse, die auch meine Schüler weitergebracht haben."

Bernhard Häussler, Berufliche Schule Riedlingen

„In Riedlingen bringe ich angehenden Metallfacharbeitern die theoretischen und praktischen Grundlagen ihres Berufs bei. Ich bin Diplom-Ingenieur und komme selbst aus der Praxis. 2001 begann ich als Quereinsteiger mit der Ausbildung zum Berufsschullehrer. Schon bald stellte ich fest, dass die Theorie der Ausbildung sich in der Praxis oft nicht umsetzen lässt. Viele Ansätze, die uns der Rahmenlehrplan vorgibt, scheitern an zu großen Klassen und zu geringen Vorkenntnissen einzelner Schüler. Deshalb sind wir oft gezwungen, Grundkenntnisse zu vermitteln, die wir als bereits erlerntes Wissen eigentlich voraussetzen müssten.

Das Lehrerbild, so wie wir es noch aus unserer Schulzeit her kennen, hat sich stark gewandelt. War der Lehrer früher noch Pädagoge im eigenen Klassenzimmer, wandelt er sich heute immer mehr zu einem Manager, der für viele Teilbereiche, auch außerhalb seines eigenen Klassenzimmers, tätig ist.

Trotzdem freut es mich sehr, wenn meine Schüler durch Interesse und Leistungsbereitschaft einen guten Ausbildungsabschluss erreichen. Von der Gesellschaft und der Politik würde ich mir eine größere Akzeptanz für den Lehrerberuf wünschen."

C2 Am Beruflichen Schulzentrum Riedlingen

Lesen Sie zuerst den Text und geben Sie ihn dann mit Ihren eigenen Worten wieder.

Mit zu den kleinsten beruflichen Schulen in Baden-Württemberg gehört die an der Bundesstraße nach Reutlingen gelegene Gewerbliche, Kaufmännische und Hauswirtschaftliche Schule Riedlingen. Sie umfasst neun Schularten in 22 Klassen mit insgesamt etwa 500 Schülern und 40 Lehrkräften. Das gepflegte Schulgebäude, in dem früher einmal das städtische Krankenhaus untergebracht war, liegt in einem großen parkähnlichen Gelände und vermittelt Schülern und Lehrern so etwas wie Campus-Atmosphäre in Deutschland. Der Landkreis Biberach unterstützt als Schulträger entsprechend seinem dezentralen Leitgedanken die Schule vorbildlich. So wurden z. B. in den letzten Jahren der Chemieraum, der großzügige Raum für die Übungsfirma, das zukunftsweisende Labor für Steuerungstechnik (in dem zum Beispiel angehende Industriemechaniker das Programmieren einer CNC-Maschine üben und simulieren können) und eine moderne Schulküche eingebaut.

C3 Oberstudiendirektor Manfred Rieger zum Beruflichen Schulwesen

In Riedlingen ist der Oberstudiendirektor Manfred Rieger Chef einer kleinen Beruflichen Schule im Land Baden-Württemberg, in der Schüler in Metallberufen sowie kaufmännischen Berufen ausgebildet werden. Er hat Automations- und Feinwerktechnik an einer Fachhochschule und Feinwerktechnik und Biomedizinische Technik an der TU Berlin studiert. Er kennt das Berufliche Schulwesen sehr genau. Schließlich absolvierte er selbst einmal eine Berufsausbildung im Metallbereich, bevor er über den zweiten Bildungsweg sein Studium antrat.

● Hören Sie zunächst das Interview mit Oberstudiendirektor Manfred Rieger und kreuzen Sie dann die richtigen Antworten in der Tabelle an.

2.3

	richtig	falsch
1. Unter einer Beruflichen Schule muss man sich ein komplexes System aus verschiedenen Schularten vorstellen.	☐	☐
2. Die eigentliche Berufsschule ist keine Vollzeitschule.	☐	☐
3. Normale allgemeinbildende Gymnasien finden sich ebenfalls in Beruflichen Schulen.	☐	☐
4. Die Beruflichen Schulen trainieren die Auszubildenden, damit die Unternehmen sie gleich als vollwertige Arbeitskräfte einsetzen können.	☐	☐
5. Die Qualität der Ausbildung wird von den Kammern und den Schulen gemeinsam überwacht.	☐	☐
6. Auch die Beruflichen Schulen müssen sich ständig verbessern.	☐	☐
7. Grundsätzlich bilden alle Unternehmen gleich gut aus.	☐	☐
8. Die Beruflichen Schulen werden immer mehr zu Vollzeitschulen, weil viele Unternehmen nicht mehr richtig ausbilden können.	☐	☐
9. Auch allgemeinbildende Schulen können die Aufgaben einer beruflichen Schule wahrnehmen.	☐	☐
10. Auf eine gute Grundausbildung kann man in den beruflichen Schulen verzichten.	☐	☐

● Notieren Sie: Was sagt Manfred Rieger zu den folgenden Themen?

berufliche Schulen: ....
....

duale Ausbildung: ....
....
....

Qualitätssicherung: ....
....
....

Unternehmen und Ausbildung: ....
....
....
....

Lehrer: ....
....

Exportwege neu, Kursbuch 2, Kapitel 7

● Finden Sie sinnvolle Ergänzungen.

1. Je vielfältiger das Angebot an Bildungsmöglichkeiten ist, *desto* ....
   ....
2. Je größer das Wirtschaftswachstum ist, ...
3. Je mehr die Unternehmen ihre Produktion spezialisieren, ...
   ....
4. Je besser die Schulbehörden und die IHKs die Inhalte der Ausbildung überwachen, ...
   ....
5. Je höher das Ausbildungsniveau der Schüler ist, ...
   ....

G Grammatik

G1 Je ... desto/umso ...

Nebensatz	Hauptsatz
je – Komparativ – Subjekt ... finites Verb	**desto** – Komparativ – finites Verb ... **umso**

Je früher die Kinder in eine höhere Schulbildung kommen, — **desto** besser kann man sie ausbilden.

Je mehr Schulen zur Auswahl stehen, — **desto** individueller kann man die Kinder fördern.

Der mit *je* eingeleitete Nebensatz gibt einen Grund/eine Bedingung an, der mit *desto/umso* eingeleitete Hauptsatz die Folge/das Ergebnis.

In der Regel steht bei der Doppelkonjunktion *je ... desto* der Nebensatz vor dem Hauptsatz.
▶ Je früher die Kinder nach Leistungen eingestuft werden, umso/desto weniger werden Kinder aus sozial schwächeren Schichten gefördert.
▶ Je länger die Kinder in einer Schule zusammenbleiben können, umso/desto geringer wird die soziale Benachteiligung.

Wird aber das Satzgefüge mit der Folge eingeleitet, steht der HS vor dem NS.
▶ Die soziale Benachteiligung wird umso/desto geringer, je länger die Kinder in einer Schule zusammenbleiben können.

G2 Die Doppelkonjunktion: einerseits ... andererseits

Hauptsatz	Hauptsatz
einerseits – finites Verb – Subjekt ...	**andererseits** – finites Verb ...

Einerseits brauchen die Unternehmen gute Facharbeiter, — **andererseits** sind ihnen die Lehrlinge zu teuer.

Einerseits verlangt die Gesellschaft gute Schulen, — **andererseits** kürzt der Staat die Gehälter der Lehrer.

Ü Übungen

Ü1 Steigerungen

Ergänzen Sie die fehlenden Adjektivformen.

1. alt ....
2. .... mehr ....
3. .... am kältesten
4. .... näher ....
5. gern ....
6. .... besser ....
7. hoch ....
8. .... klüger ....
9. dumm ....
10. .... teurer ....
11. groß ....

Ü2 Nationalitäten und Vorurteile

Vorurteile sind immer falsch und trotzdem richtig. Und deswegen dürfen Sie hier auch einmal ein Vorurteil nach dem anderen von sich geben. Nach dem Motto: Die Spanier sind die feurigsten Liebhaber und die Deutschen die langweiligsten.

Deutsche
Russen/Russinnen
Italiener/Italienerinnen
Franzosen/Französinnen
Engländer/Engländerinnen
Amerikaner
Japaner
Chinesen
Spanier
natürlich auch die Brasilianer/Brasilianerinnen … u. a.

Autofahrer
Manager
Organisatoren
Verkäufer/Einkäufer
Menschen
Hausmänner/Hausfrauen

Köchinnen/Köche
Väter/Mütter
Liebhaber
Freunde/Gesellschafter
Fußballspieler
Tänzer
Schauspieler u. a.

gut – schlecht
großzügig – geizig
fleißig – faul
witzig – langweilig
schnell – langsam
organisiert – chaotisch

pünktlich – unpünktlich
viel – wenig
schön – hässlich
humorvoll – humorlos
fantasievoll – fantasielos

einparken/rückwärts fahren können
kochen/Speisen zubereiten
Tore schießen/mit dem Ball umgehen/eine (gute/schlechte) Technik haben
Fantasie haben
unterhalten

▶ Die Deutschen sind die besseren Organisatoren, aber die humorloseren Menschen.
▶ Die Italiener sind die besten Liebhaber, aber die schlechtesten Ehemänner.
  Das halte ich für ein Gerücht. Die Polen sind in der Liebe noch viel fantasievoller und dazu noch die besten Ehemänner.

Ü3 Aus dem Familienalbum

Bilden Sie Sätze und verwenden Sie Komparativ und Superlativ. Setzen Sie dabei die Adjektive in der richtigen Form ein. Die Adjektive können mehrfach verwendet werden.

▸ alt ▸ jung ▸ allerliebst ▸ nah ▸ uralt ▸ groß

Das ist meine Familie im Jahr 2008. Auf dem ersten Bild, der mit den blonden Haaren, das bin ich, Jakob. Mit meinem Vetter und meinen Cousinen sind wir bei den Großeltern zu Besuch und schauen gerade Fotoalben an.

Der in der Mitte, das ist mein Vetter David. Der ist acht Jahre .... als ich und studiert Mathematik an der Universität Ulm. Und rechts neben ihm sitzt seine .... Schwester Leonie. Ich bin elf Jahre .... als sie. Ich gehe noch in die Realschule und sie schließt bald ihr Universitätsstudium ab. Das andere Mädchen neben ihm ist Davids Freundin Federica aus Italien. Sie ist ein bisschen .... als er. Wir mögen sie alle, aber ich glaube, mein Vetter David hat sie am .... Ganz rechts außen, das ist meine Cousine Ronja. Sie ist vier Jahre .... als ich. Wir beide sind die .... in der Familie. Ronja ist aber .... als ich. Trotzdem bin ich der ....

Auf den beiden Fotos unten sieht man unsere Großeltern. Meine Oma ist sechs Jahre .... als mein Opa und in einem Jahr achtmal .... als meine Cousine heute. Unser Opa ist schon sehr .... Ruben sagt sogar, er ist .... Er ist überhaupt der .... von uns allen. Stein................ eben. Und .... Jahr feiert er mit seiner Frau die Diamantene Hochzeit. „Das feiert man, wenn man es 60 Jahre miteinander ausgehalten hat und dann noch am Leben ist", sagt mein Vater.

Opa hat noch als .... Mann den Krieg erlebt und als er so .... war wie meine Cousine Ronja jetzt ist, ist Hitler an die Macht gekommen. Am Ende des Krieges war er dann so .... wie mein Vetter David heute. David sagt zu Federica: „Unser Opa ist sechsmal so .... wie Jakob und dieses Jahr wird er dreimal so .... wie meine Schwester Leonie plus dem Alter von Ronja, oder wenn du so willst, exakt fünfmal .... als du. Und wenn man den Altersunterschied zwischen dir und Ruben ebenfalls mal fünf nimmt, bekommt man das Alter von Ronja." Daneben auf dem Bild sieht man meinen Onkel Armin und meine Tante Regina zusammen mit ihrem .... Sohn Ruben, er ist sieben Jahre .... als seine Schwester Ronja. Das ist der mit den ganz kurzen Haaren und so halb auf ihm sitzt sein .... Vetter Philipp. Philipp ist natürlich auch mein Vetter. Er ist auch zwei Jahre .... und mindestens einen halben Meter .... als ich.

● Aufgaben zum Text.

1. Wie alt ist Jakobs Opa? Wann wurde er geboren?
2. Wie alt ist Jakob?
3. Und wie alt sind die anderen Familienmitglieder?
4. Bringen Sie Fotos von Ihrer Familie mit und stellen Sie sie vor.

Ü4 Der faule Max und der nicht so fleißige Moritz

„Also lautet der Beschluss, dass der Mensch was lernen muss." Mit diesen Versen leitet Wilhelm Busch (1832–1908) den vierten Streich von „Max und Moritz" ein, in dem die beiden bösen Buben Max und Moritz ihren Lehrer Lämpel um seine Sonntagsruhe bringen.
Die 1865 erstmals veröffentlichte satirische Bildergeschichte machte den Maler und Karikaturisten Wilhelm Busch weltberühmt.

● Vervollständigen Sie zunächst den Lückentext. Überlegen Sie sich dann, was beide gemeinsam haben und/oder worin sie sich unterscheiden.

1. Beide Buben sind **faul**. Aber Max ist ein bisschen .... als sein Bruder.
2. Max lernt in der Schule **wenig**. Moritz lernt ein bisschen ....
3. Max ist in der Schule **schlecht**. Moritz ist ein bisschen ....
4. **Schlau** sind sie beide nicht allzu sehr, aber Moritz ist immer ein bisschen .... als Max. Deswegen bekommt er auch nicht so oft Prügel wie sein Bruder.
5. Max ist ziemlich **dumm**. Moritz dagegen ist ein bisschen ....
6. Max ist in Wahrheit wirklich nicht sehr **gescheit**. Sein Bruder ist viel ....
7. Moritz ist manchmal sogar ziemlich **klug**. Max dagegen ist sehr viel ....
8. Max und Moritz sind beide recht **frech**, aber Max ist immer ein bisschen ....
9. In Mathe ist Max wirklich nicht **gut**. Moritz ist da schon ein bisschen ....
10. In die Schule gehen sie beide nicht **gern**. Dafür sind sie .... den ganzen Tag auf der Straße.
11. Zur Witwe Bolte waren die beiden nicht so **nett**, aber zum Lehrer Lämpel, da waren sie noch viel ....
12. Die Idee mit den Maikäfern war nicht so **gut**, und der Streich mit dem durchgesägten Brückensteg war nicht viel .... , aber die Idee mit den aufgeschlitzten Getreidesäcken, die war nun wirklich am ....

▶ zu 1. Beide Buben sind faul. Aber Max ist ein bisschen *fauler* als sein Bruder.

● Schreiben Sie die Adjektive aus dem Text heraus und finden Sie ihr Gegenteil. Ergänzen Sie dann zu beiden Formen Komparativ und Superlativ.

▶ faul – fauler – am faulsten → fleißig – fleißiger – am fleißigsten

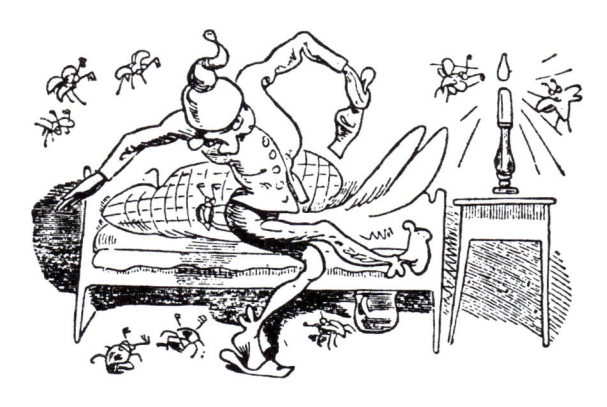

Ü5 Und nun sind Sie gefragt.

Bilden Sie zu Ü4 jetzt Sätze mit *je … desto*.

▶ Je fauler die beiden Buben sind, desto weniger lernen sie.

Ü6 Wer bekommt welchen Firmenwagen?

Welchen Geschäftswagen bekommt der Chef? Und mit welchem muss der Praktikant fahren? Begründen Sie. Verwenden Sie sowohl die Adjektive aus dem oberen Kasten als auch die Verben aus dem unteren.

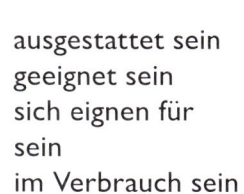

alt	gut	sportlich
bequem	hoch	stark
groß	langsam	teuer
gut	praktisch	viel
klein	schlecht	wenig
neu	schnell	umwelt-
billig	schwach	freundlich
günstig	sicher	

ausgestattet sein	im Unterhalt sein
geeignet sein	verbrauchen
sich eignen für	kosten
sein	fahren
im Verbrauch sein	

▶ Der Rolls ist bequemer als der 2CV, aber er ist auch viel teurer.
▶ Der 2CV ist besser geeignet für den Praktikanten, weil er viel kleiner ist und weniger kostet.
▶ Der Rolls fährt schneller als der Citroën, aber er verbraucht auch viel mehr Benzin.

Ü7 Finnland in der PISA-Studie

Setzen Sie die Adjektive in der richtigen Form in die Lücken ein.

▶ geringfügig ▶ gut (2 x) ▶ hoch (2 x) ▶ jung ▶ leistungsschwach ▶ mathematisch ▶ niedrig ▶ realitätsnah ▶ schlecht ▶ überdurchschnittlich

Spitzenreiter Finnland kann sich bei PISA weiter verbessern

Finnland erzielte bei der .... PISA-Studie der Lernkompetenzen 15-Jähriger erneut die .... Ergebnisse und konnte aufgrund der .... Leistungen in Mathematik und Naturwissenschaften mit asiatischen Schulsystemen in Hongkong (China), Japan und Korea gleichziehen. Dagegen verzeichneten einige der .... Länder nur .... Verbesserungen oder schnitten sogar *schlechter* ab. Damit vergrößerte sich der Abstand zwischen den Ländern mit den .... und den .... Leistungsniveaus weiter.

Über 250 000 Schüler aus 41 Ländern nahmen an der zweiten PISA-Erhebung 2003 teil. Im Rahmen dieses Tests beantworteten die Schülerinnen und Schüler Aufgaben, die insgesamt zwei Stunden dauerten. Bei PISA 2003 lag der Schwerpunkt auf der .... Grundbildung. Gleichzeitig untersuchte man jedoch auch die Leistungen der Schüler in den Bereichen Problemlösen, Naturwissenschaften und Lesekompetenz sowie ihre Lernansätze und ihre Einstellung zur Schule.

Finnland, das bei PISA 2000 im Lesekompetenztest bereits die .... Ergebnisse erzielt hatte, konnte seine Spitzenposition in diesem Bereich halten und zugleich seine .... Leistungen in Mathematik und Naturwissenschaften weiter verbessern. Im Bereich Mathematik wurde 2003 besonders getestet, inwieweit die Schüler in der Lage sind, für .... Aufgaben mathematische Modelle zu entwickeln und anzuwenden. Hier gehörten auch die Niederlande zu den OECD-Ländern mit den besten Ergebnissen.

Ü8 PISA-Vergleiche

Sehen Sie sich zuerst die Statistiken an.

Internationaler Vergleich PISA-Studie 2003

Naturwissenschaften
1. Finnland 563*
2. Kanada 534
3. Taiwan 532
4. Estland 531
5. Japan 531
6. Neuseeland 530
7. Australien 527
8. Niederlande 525
9. Korea 522
10. Slowenien 519
11. Deutschland 516
14. Schweiz 512
15. Österreich 511
OECD-Schnitt 500

Lesen
1. Korea 556
2. Finnland 547
3. Kanada 527
4. Neuseeland 521
5. Irland 517
6. Australien 513
7. Polen 508
8. Schweden 507
9. Niederlande 507
10. Belgien 501
12. Schweiz 499
15. Deutschland 495
OECD-Schnitt 492
18. Österreich 400

Mathematik
1. Taiwan 549
2. Finnland 548
3. Korea 547
4. Niederlande 531
5. Schweiz 530
6. Kanada 527
7. Japan 523
8. Neuseeland 522
9. Belgien 520
10. Australien 520
15. Österreich 505
17. Deutschland 504
OECD-Schnitt 498

Bundesländervergleich in der PISA-Studie 2003
Erreichte Mittelwerte auf nationaler Basis bei der zweiten von der OECD durchgeführten internationalen Schulbildungsuntersuchung

	Mathematische Kompetenz	Lesekompetenz	Naturwissenschaftliche Kompetenz	Problemlösekompetenz
Bayern (BY)	533	BY 518	BY 530	BY 534
Sachsen (SN)	523	BW 507	SN 522	SN 527
Baden-Württemberg (BW)	512	SN 504	BW 513	BW 521
Thüringen (TH)	510	OE 494	TH 508	D 513
Deutschland (D)	503	TH 494	SL 504	TH 511
Sachsen-Anhalt (ST)	502	D 491	ST 503	SH 509
OECD-Durchschnitt (OE)	500	SH 488	D 502	RP 508
Saarland (SL)	498	SL 485	OE 500	BE 507
Schleswig-Holstein (SH)	497	RP 485	NI 498	HE 507
Hessen (HE)	497	HE 484	SH 497	NI 506
Niedersachsen (NI)	494	ST 482	RP 497	HH 505
Mecklenburg-Vorp. (MV)	493	NI 481	BE 493	BB 504
Rheinland-Pfalz (RP)	493	BE 481	MV 491	MV 502
Brandenburg (BB)	492	HE 480	NW 489	ST 501
Berlin (BE)	488	HH 478	HH 489	OE 500
Nordrhein-Westfalen (NW)	488	BB 478	HH 487	NW 500
Hamburg (HH)	481	MV 473	BB 486	SL 500
Bremen (HB)	497	HB 467	HB 477	HB 481

* Die Schülerleistungen misst PISA in „Kompetenzpunkten". Auf der Basis der Kompetenzpunkte erfolgt der Vergleich zwischen den verschiedenen Ländern.

● Bilden Sie Vergleiche mit den Angaben aus den Statistiken, indem Sie Sätze bilden und die nachfolgenden Adjektive in den Komparativ und Superlativ setzen.

▶ Die finnischen Schüler haben in der PISA-Studie in allen drei Fachkompetenzen am besten abgeschnitten. Die finnischen Schüler sind die besten. In Naturwissenschaften sind sie viel besser als die Deutschen.

> gut sein in
> gut/schlecht abschneiden in
> einen guten Platz belegen/erreichen
> stark sein in
> hoch

Ü9 Einstein war ein überdurchschnittlich guter Schüler: Anekdoten sind nicht immer wahr.

Setzen Sie die passenden Adjektive in der richtigen Form ein.

▶ brillant ▶ exzentrisch ▶ genial ▶ getrennt ▶ gut ▶ miserabel
▶ schlecht (2 x) ▶ überdurchschnittlich gut ▶ wichtig

Albert Einstein war nicht nur ein .... Kopf, sondern auch eine .... Persönlichkeit, über die zahlreiche Anekdoten berichtet werden. Nicht alle davon sind allerdings auch wahr. So heißt es immer wieder, Einstein sei ein .... Schüler und ein .... Student gewesen. Das stimmt jedoch nicht. Einstein war sogar ein .... Schüler, die .... Noten hatte er in Mathematik und Physik, die .... in Italienisch und Französisch. Als Student nahm er das Selbststudium meist .... als den Besuch von Lehrveranstaltungen. Belegt ist jedoch, dass Einstein meist keine Socken trug. „Man kann in Schuhen genauso gut ohne Socken laufen wie mit. Außerdem ist meine Frau nicht ständig mit dem Stopfen von Löchern beschäftigt", meinte er.
Zu Hause hatte Einsteins Ehefrau Elsa keinen Zutritt zu seinem Arbeitszimmer. Dort wollte er völlig ungestört sein, betonte der Forscher. Elsa und Albert hatten auch .... Schlafzimmer, denn nach Auskunft seiner Frau schnarchte der .... Physiker unglaublich laut.

Exportwege neu, Kursbuch 2, Kapitel 7

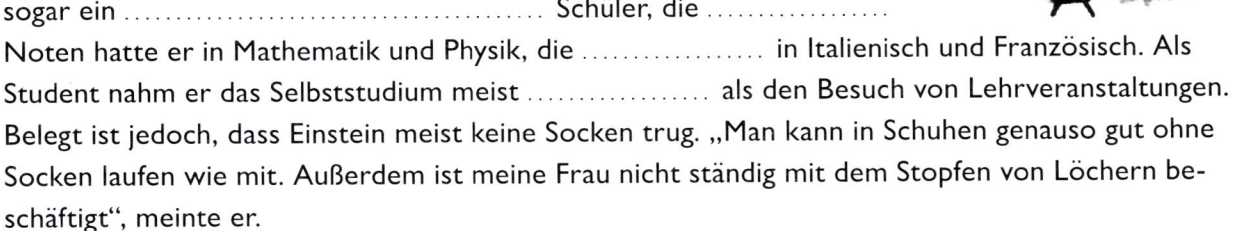

Ü 10 Die Geschichte von den unterschiedlichen Drillingen X, Y und Z

Setzen Sie in die Lücken das passende Adjektiv in der richtigen Form (manchmal substantiviert) ein. Ein und dasselbe Adjektiv kann dabei mehrmals benutzt werden.

▸ berühmt ▸ deutsch ▸ früh ▸ gescheit ▸ lieb ▸ unterschiedlich

Das Leben beginnt mit der Geburt und damit beginnt auch schon das Lernen. Manche Psychologen sagen, dass gerade das Lernen schon viel ...., nämlich im Bauch der Mutter, beginnt, aber das interessiert uns am Beispiel der .... Drillinge X, Y und Z der .... Familie Alpha nicht. Von ihren Eltern Latino und Phönizia bekamen sie die Namen X, Y und Z, weil diese zuvor schon 23 .... Kinder hatten und ihnen aus diesem Grund keine .... Namen mehr einfielen, die sie sich merken konnten. Fest steht, dass diese Drillinge .... nicht sein konnten. Damit waren sie ein Fall für die Wissenschaft.

▸ alt (5 x) ▸ allerjüngst ▸ früh ▸ gleich ▸ jung (2 x) ▸ klein ▸ spät

Natürlich kamen alle drei am .... Tag auf die Welt und sind somit gleich .... Doch X kam als Erster exakt zwei Minuten .... als Y, die als Zweite das Licht der Welt erblickte. Als Letzte kam Z, die drei Minuten .... als ihre Schwester Y geboren wurde.

Z ist somit die .... von den Dreien, auch ihre 23 älteren Geschwister sagen: „Z, du bist definitiv die .... in unserer nicht so .... Familie, denn Y ist drei Minuten .... als du und X sogar fünf Minuten. Von euch dreien ist er der .... Natürlich ist auch X viel .... als wir alle. So ist A, unsere ...., genau 23 Jahre .... als du."

▸ fleißig ▸ langsam ▸ groß ▸ früh (3 x) ▸ klein (4 x) ▸ viel ▸ schnell (4 x) ▸ unhöflich (2 x) ▸ wenig ▸ höflich

Ganz anders verhielt es sich mit dem Wachstum der Drillinge. X wuchs zum Beispiel sehr *langsam* heran, so dass sein Vater manchmal sogar richtig Angst um ihn hatte. Y wurde viel .... groß und Z wuchs sogar am .... So kam es, dass Z die .... von den Drillingen wurde, Y .... als Z war und X schließlich mit 1,55 Meter genau 55 Zentimeter .... als Z und 25 Zentimeter .... als Y der .... der Drillinge wurde.

Schuld daran war Mutter Phönizia, wie .... Wissenschaftler aufgrund mehrerer Studien herausfanden. Sie fand, dass X ein bisschen .... und arg .... gewesen war und ihr dabei die meisten Schmerzen bereitet hatte. Deswegen gab sie X immer als letztem die Brust, so dass er am .... Muttermilch von allen bekam. „X, du hast gedrängelt", sagte sie dazu gewöhnlich. „Du warst .... und viel zu .... Warum warst du nicht .... zu deinen beiden Schwestern? Na ja, bei Y wissen wir ja nicht so genau; ist sie ein Mädchen oder ein Junge. Jetzt musst du warten und kommst als Letzter dran. Deine beiden Schwestern kommen .... dran, basta." So musste X schon .... lernen, dass das Leben auch manchmal diejenigen bestraft, die zu .... kommen, und denen eine Chance gibt, die sich etwas .... Zeit lassen.

8 Berufsausbildung und Bewerbung

Themen: **A** Wege in den Beruf   **B** Studium in Deutschland   **C** Bewerbung und Einstellung
D Die Bewerbung   **E** Frauen und Karriere

A Wege in den Beruf

A1 Die beliebtesten Ausbildungsberufe

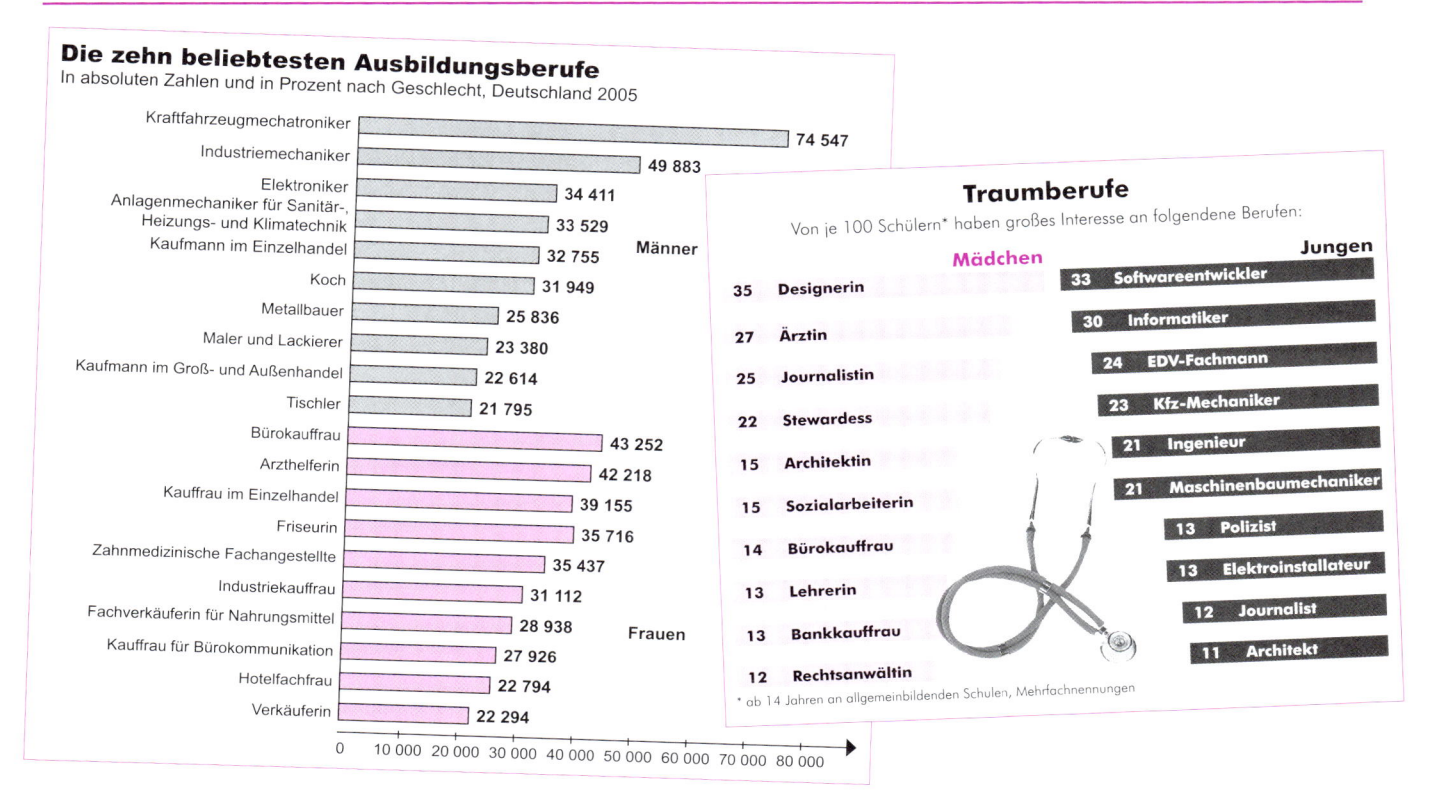

Die zehn beliebtesten Ausbildungsberufe
In absoluten Zahlen und in Prozent nach Geschlecht, Deutschland 2005

Männer:
- Kraftfahrzeugmechatroniker: 74 547
- Industriemechaniker: 49 883
- Elektroniker: 34 411
- Anlagenmechaniker für Sanitär-, Heizungs- und Klimatechnik: 33 529
- Kaufmann im Einzelhandel: 32 755
- Koch: 31 949
- Metallbauer: 25 836
- Maler und Lackierer: 23 380
- Kaufmann im Groß- und Außenhandel: 22 614
- Tischler: 21 795

Frauen:
- Bürokauffrau: 43 252
- Arzthelferin: 42 218
- Kauffrau im Einzelhandel: 39 155
- Friseurin: 35 716
- Zahnmedizinische Fachangestellte: 35 437
- Industriekauffrau: 31 112
- Fachverkäuferin für Nahrungsmittel: 28 938
- Kauffrau für Bürokommunikation: 27 926
- Hotelfachfrau: 22 794
- Verkäuferin: 22 294

Traumberufe
Von je 100 Schülern* haben großes Interesse an folgenden Berufen:

Mädchen:
- 35 Designerin
- 27 Ärztin
- 25 Journalistin
- 22 Stewardess
- 15 Architektin
- 15 Sozialarbeiterin
- 14 Bürokauffrau
- 13 Lehrerin
- 13 Bankkauffrau
- 12 Rechtsanwältin

Jungen:
- 33 Softwareentwickler
- 30 Informatiker
- 24 EDV-Fachmann
- 23 Kfz-Mechaniker
- 21 Ingenieur
- 21 Maschinenbaumechaniker
- 13 Polizist
- 13 Elektroinstallateur
- 12 Journalist
- 11 Architekt

* ab 14 Jahren an allgemeinbildenden Schulen, Mehrfachnennungen

● Finden Sie beim Studium der beiden Tabellen eventuell Berufe, die Ihnen noch unbekannt sind? Dann fragen Sie sich gegenseitig im Plenum und finden Sie Definitionen.

A: Sag mal, was macht eigentlich ein Koch?
B: Das ist doch klar, ein Koch bereitet in Restaurants, Gaststätten, Kantinen oder Hotels Essen zu. Ein Koch muss kochen können.
C: Ja, aber er muss auch organisieren und richtig einkaufen können …

● Präsentieren Sie die Tabellen.

▶ In Deutschland ist der beliebteste Beruf bei den Jungen der Kfz-Mechatroniker. Er steht an erster Stelle der zehn beliebtesten Ausbildungsberufe. 74 547 Jungen haben 2005 eine Ausbildung zum Kfz-Mechatroniker angefangen.

▶ In der linken Tabelle finden sich nur Ausbildungsberufe, in der Tabelle rechts …

▶ Mädchen haben ein großes Interesse am Beruf der Designerin. Von 100 befragten Mädchen möchten 35 gern in diesem Berufsfeld arbeiten. Doch die meisten jungen Mädchen werden dann doch lieber Bürokauffrau oder Arzthelferin. Jeweils mehr als 42 000 Mädchen haben 2005 eine Ausbildung in diesem Bereich begonnen …

Exportwege neu, Kursbuch 2, Kapitel 8

A2 54 Auszubildende starten bei TRUMPF ins Berufsleben ⇨ G I

Kurzfristig zehn Lehrstellen neu geschaffen

54 Auszubildende nehmen bei dem Ditzinger Werkzeugmaschinen- und Industrielaserhersteller *TRUMPF* am 4. September 2006 ihre Ausbildung auf. Das sind zehn junge Menschen mehr als ursprünglich geplant – zehn junge Menschen, die so nicht auf der Straße stehen.

44 Ausbildungsplätze bietet das Unternehmen pro Jahr an den Standorten Ditzingen und Hettingen. Schon im Winter 2005 waren alle Stellen für das Ausbildungsjahr 2006 besetzt. Angesichts von 30 000 fehlenden Ausbildungsplätzen in Deutschland traf *TRUMPF*-Personalgeschäftsführer Dr. Gerhard Rübling Ende Juni die Entscheidung: Das Unternehmen sollte in diesem Jahr mehr tun. „Jugend ohne Perspektive, das ist etwas, das wir nicht tatenlos hinnehmen dürfen. Als Unternehmen sind wir Teil der Gesellschaft. Der damit verbundenen Verantwortung wollten wir nachkommen. Deshalb haben wir unsere Lehrstellenzahl um zehn erhöht", so Rübling über seine Beweggründe.

Über die *TRUMPF*-Website, die Industrie- und Handelskammern und die Agentur für Arbeit veröffentlichte das Unternehmen die freien Stellen. 300 Bewerbungen gingen dafür ein. Andreas Schneider, Leiter der Ausbildung bei *TRUMPF*, und sein Team wählten daraus innerhalb von fünf Wochen die zehn neuen Mitarbeiter aus. Dazu Schneider: „Das sind junge Menschen, die aus unterschiedlichen Gründen, nicht zuletzt aufgrund ihrer mittelmäßigen Schulnoten, nur Absagen erhalten hatten. Unser Standard-Auswahlverfahren, bestehend aus einem Test und einem Vorstellungsgespräch, durchliefen sie erfolgreich. Und sie sind aufgrund dieser unverhofften Chance außerordentlich motiviert."

Und so beginnen am 4. September zusätzlich zu den 44 längst erwarteten Auszubildenden vier Industriemechaniker, zwei Mechatroniker, zwei Kauffrauen für Bürokommunikation, ein Elektroniker für Automatisierungstechnik und ein Fachlagerist ihre Ausbildung an den *TRUMPF*-Standorten Ditzingen und Hettingen.

Einziger Unterschied zu den übrigen *TRUMPF*-Auszubildenden: Sie erhalten zunächst keine vertraglich verankerte Übernahmegarantie. Für die Jugendlichen ist das aber kein Problem. Im Gegenteil, es ist ein Anreiz, sich noch mehr anzustrengen. Denn natürlich wird das Unternehmen, sofern sie sich bewähren, alles dafür tun, um sie nach erfolgreichem Abschluss ihrer Ausbildung als Mitarbeiter behalten zu können.

● Das ist ein Pressebericht nach klassischem Muster. Formulieren Sie möglichst viele W-Fragen (sowie ihre Kurzantworten), die der Schreiber in diesem Bericht abgearbeitet hat.

▶ Was ist passiert? → 54 junge Menschen beginnen bei TRUMPF eine Ausbildung.
▶ Wann war das? → am 4. September 2006
▶ Was ist daran etwas Besonderes? → …

● Warum hat *TRUMPF* 2006 mehr Ausbildungsplätze zur Verfügung gestellt? Was ist das Besondere an den zehn außerordentlichen Ausbildungsplätzen? Recherchieren Sie im Internet und bereiten Sie dann ein Gespräch mit Dr. Gerhard Rübling und Andreas Schneider vor.

● Das Mädchen auf dem Bild erhält gerade ihr Abschlusszeugnis als Industriemechanikerin. Sie war drei Jahre allein mit 60 Jungen in der Klasse und wurde dann Klassenbeste. Wie mag sie sich fühlen? Welche Ziele dürfte sie haben?

A3 Konjunkturzyklen und Ausbildungsmarkt

1 „...erstaunlich, wie sehr sich die Jugend heute schon für Politik und Wirtschaft interessiert" — Lehrstellenmarkt

2 SCHULE — „Los, hauen Sie ab! Wir waren als ERSTE hier!"

● Beschreiben Sie die Karikaturen. Finden Sie Unterschiede und begründen Sie sie.

Bild 1: Das Mädchen studiert die Anzeigen, weil ...
Bild 2: Die Unternehmen warten vor den Schulen bereits auf die Schulabgänger, weil ...

● *Redemittel:* **Konjunktur**

Die Konjunktur ist gut/schlecht. Die Unternehmen stellen (keine) Auszubildenden/Bewerber ein. Sie finden keine/genügend qualifizierte Bewerber.	Die Wirtschaft boomt. Das Wirtschaftswachstum geht zurück. Die Aussichten auf dem Ausbildungsmarkt/Stellenmarkt sind rosig/günstig ⟷ schlecht.

● Welche Zusammenhänge könnten zur Lehrstellenlücke führen? Konzentrieren Sie sich auf die folgenden Themengebiete:

1. Konjunktur und Wirtschaftswachstum
2. Bevölkerungsentwicklung
3. Qualifikation der Bewerber
4. Ausbildungswünsche der Bewerber

Nutzen Sie auch die abgebildete Grafik.

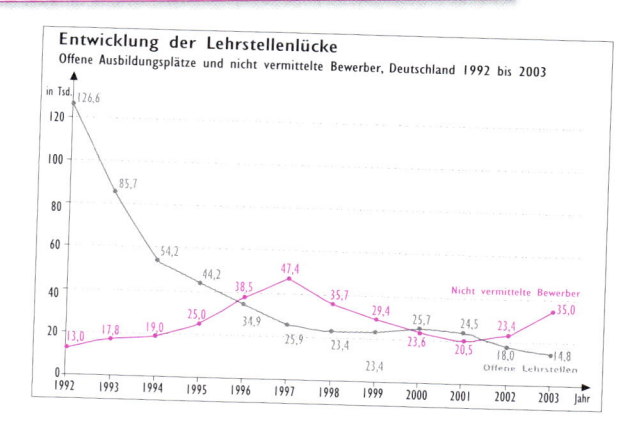

Entwicklung der Lehrstellenlücke
Offene Ausbildungsplätze und nicht vermittelte Bewerber, Deutschland 1992 bis 2003

B Studium in Deutschland

B1 Lohn des Lernens: Ein Rundfunkbericht über eine *OECD*-Studie

Bestimmen Sie nach dem ersten Hören das Thema des Beitrags, indem Sie den Lückentext mit den Satzgliedern ausfüllen.

2.4 ▶ private und gesellschaftliche Investitionen ▶ langfristig mit hohen Renditen ▶ die Ergebnisse einer *OECD*-Studie ▶ in die Bildung und Ausbildung von Kindern und Jugendlichen ▶ der Rundfunkbericht „Lohn des Lernens"

.... thematisiert/hat zum Thema/berichtet über/präsentiert ...., nach der sich ....
....
.... bezahlt machen.

Exportwege *neu*, Kursbuch 2, Kapitel 8

● Beim zweiten Hören notieren Sie nur die Zahlen, die zu den einzelnen Begriffen genannt werden.

1. Verzinsung einer akademischen Qualifikation in Deutschland etwa .... %
2. Verzinsung einer akademischen Qualifikation in den USA, GB   15 %
3. durchschnittliche Studienquote in Deutschland .... %
4. durchschnittliche Studienquote in den *OECD*-Ländern .... %
5. Studienquote in Skandinavien, Polen, Neuseeland .... %
6. Abschluss der Sekundarstufe II aufgrund des dualen Bildungssystems .... %
7. Die Hochschulreife erreichen in Deutschland .... %
8. Anteil der Jugendlichen, die ein Hochschulstudium aufnehmen, seit .... von .... auf .... %
9. Anteil der Jugendlichen ohne Abschluss nach 9 Jahren .... %
10. Anteil der Auslandsstudenten in Deutschland .... %

● Hören Sie den Bericht noch einmal und überprüfen Sie die folgenden Behauptungen auf ihre Richtigkeit.

	richtig	nicht thematisiert	falsch
1. Andreas Schleicher ist Bildungsexperte der *OECD*.	☐	☐	☐
2. Er hat die Ergebnisse der Bundesregierung vorgestellt.	☐	☐	☐
3. „Bildung auf einen Blick" ist das Standardwerk der Bundesregierung.	☐	☐	☐
4. Die *OECD* sieht Bildung als eine Ware an, die Geld bringen muss.	☐	☐	☐
5. Bildung kann man genauso wie Geld zur Bank bringen und davon Zinsen bekommen.	☐	☐	☐
6. Weil ein Akademiker später einmal sehr viel mehr als ein Nicht-Studierter verdient, macht sich Bildung bezahlt.	☐	☐	☐
7. In Deutschland beträgt die Verzinsung etwa 9 %, in den USA ist sie mit bis zu 15 % sehr viel höher.	☐	☐	☐
8. In Deutschland studieren im Durchschnitt mehr Menschen als in den übrigen *OECD*-Ländern.	☐	☐	☐
9. 90 % der Jugendlichen in Deutschland schließen mit der Sekundarstufe II ab – und das bedeutet Studierfähigkeit.	☐	☐	☐
10. 66 % der Jugendlichen in den *OECD*-Ländern können nach der Schule eine Hochschule besuchen.	☐	☐	☐
11. Schleicher fordert, dass man nach einer beruflichen Ausbildung leichter auf eine Hochschule gehen kann.	☐	☐	☐
12. In diesem Zusammenhang steht auch die Forderung nach neuen Studiengängen.	☐	☐	☐
13. Die Bundesregierung und die Politiker reagierten erfreut und bildeten sofort eine Reformkommission.	☐	☐	☐

● Welche der drei Zusammenfassungen gibt den Bericht am besten wieder?

1

Andreas Schleicher hat der Regierung einen Bericht vorgestellt und behauptet, dass man die Bildung und Ausbildung der Jugend verzinsen muss. Bildung ist zwar keine Ware, aber weil sie Geld kostet, muss man trotzdem einmal daran denken, ob sich das auch lohnt. In Deutschland ist der Betrag viel niedriger als in den USA, weil das Studium dort weniger kostet. In Deutschland hat man schon sehr viel für die Bildung getan, weil über 90 % der Jugendlichen mit der Sekundarstufe II abschließen und dann zur Hochschule gehen. Deswegen sind die Politiker mit Schleicher und der *OECD* auch nicht zufrieden und meinen, dass er immer an allem rumkritisiert. Die Regierung sagt auch, dass man die Zahl der Studenten vermindern muss, die ihr Studium vorzeitig abbrechen. Und das finden sie viel wichtiger, als dass jeder zur Hochschule gehen kann. Auch kommen sehr viele Ausländer nach Deutschland zum Studieren. Da steht das Land an dritter Stelle, was beweist, dass alles in Ordnung ist.

2

Durchschnittlich mit 9 % – Frauen etwas weniger – verzinst einer in Deutschland seine Ausgaben in seine akademische Ausbildung, wenn er später sehr viel mehr verdient als einer, der nicht studiert hat. Das wenigstens hat die *OECD* in ihrer Studie „Bildung auf einen Blick" ausgerechnet. Ihr Chef-Bildungsexperte Andreas Schleicher hat die Ergebnisse kürzlich in Berlin vorgestellt.

Dabei kritisierte er auch die ausbleibenden Bildungsreformen in Deutschland, wo die Politiker noch immer am dreigliedrigen Schulsystem festhalten. So erreichen mit 36 % noch immer viel zu wenig Jugendliche einen Schulabschluss, der es ihnen erlaubt, eine Hochschule zu besuchen. Gefordert wurde hier mindestens der *OECD*-Durchschnitt, und der liegt bei 66 %. Dabei lassen die *OECD*-Experten auch nicht gelten, dass in Deutschland über das duale Bildungswesen über 90 % der Jugendlichen einen Abschluss der Sekundarstufe II erreichen. Entscheidend seien die Studierfähigkeit und die Quote der Jugendlichen, die ein Studium beginnen. Hier fordert die *OECD* die Einrichtung von flexibleren Übergängen von beruflicher und akademischer Ausbildung, etwa mit Bachelor- und Masterstudiengängen. Gleichzeitig wird moniert, dass in Deutschland noch immer fast jeder zehnte Jugendliche die Schule ohne Abschluss verlässt.

3

Die kürzlich in Berlin vorgestellte *OECD*-Studie „Bildung auf einen Blick" hatte sich auch mit dem Problem Kosten und Nutzen von Investitionen in die Bildung und Ausbildung befasst. Ihr überraschendes Ergebnis dabei lautet, dass Ausgaben in die Bildung höhere Renditen abwerfen als jedes Wertpapier. Das treffe auch auf Deutschland zu, meint der *OECD*-Bildungsexperte Andreas Schleicher. Die mit 9 % deutlich geringere Verzinsung im Vergleich zu den USA und GB, wo bis zu 15 % erreicht werden, sieht er in den längeren Studienzeiten begründet, was zur Folge hat, dass die Akademiker sehr viel später ins Berufsleben einsteigen. Das aber ist für die *OECD* nicht der einzige Nachteil am deutschen Bildungssystem. Viel gravierender wirke sich das dreigliedrige Schulsystem aus, demzufolge im Durchschnitt nur 36 % eines Geburtenjahrgangs die Hochschulreife erlangen, während es im *OECD*-Durchschnitt mehr als 66 % sind.

Weit entfernt von *PISA*-Siegern wie etwa Finnland und Japan, aber auch von seinem Nachbarland Polen liegt Deutschland, was die Zahl der Studienanfänger eines Jahrgangs betrifft. Während in Finnland oder Polen zum Beispiel rund 70 % eines Geburtenjahrgangs nach dem Schulabschluss ein Studium beginnen, sind es in Deutschland nur etwas mehr als 32 %. Damit studieren hierzulande viel zu wenig Jugendliche, was zur Folge haben wird, dass Deutschland bald auf den Import von akademisch ausgebildeten Fachkräften angewiesen sein wird.

● Bereiten Sie eine Experten-Diskussionsrunde vor: Studieren oder Berufsausbildung in der globalisierten Welt? Greifen Sie dabei auch auf die Inhalte des vorigen Kapitels zurück.

B2 Bevorzugte Studiengänge von deutschen Abiturienten ⇨ Ü1

Welche Studiengänge sind am beliebtesten? Sprechen Sie über die folgende Grafik.

Die Top Ten der Studienfächer

Studenten an deutschen Hochschulen in den am stärksten besetzten Studienfächern
Wintersemester 2003/04 | 2007/08 ● Frauenanteil in Prozent

Fach (2003/04)	Studenten	%	Fach (2007/08)	Studenten	%
Betriebswirtschaftslehre	141 731	44,1	Betriebswirtschaftslehre	151 014	46,6
Rechtswissenschaft	88 684	48,6	Rechtswissenschaft	83 683	52,8
Germanistik	76 454	75,5	Germanistik	82 110	76,6
Medizin	72 013	58,3	Medizin	78 545	61,0
Wirtschaftswissenschaften	71 755	38,4	Maschinenbau/-wesen	77 425	8,7
Informatik	68 728	12,2	Informatik	66 566	12,3
Maschinenbau/-wesen	60 978	8,5	Wirtschaftswissenschaften	66 136	42,7
Erziehungswissenschaften	46 423	74,4	Wirtschaftsingenieurwesen	57 763	20,3
Elektrotechnik/Elektronik	43 162	5,4	Elektrotechnik	50 554	7,6
Anglistik/Englisch	41 742	71,7	Mathematik	47 167	51,0
Studenten insgesamt	1 773 329	47,2	Studenten insgesamt	1 941 405	47,7

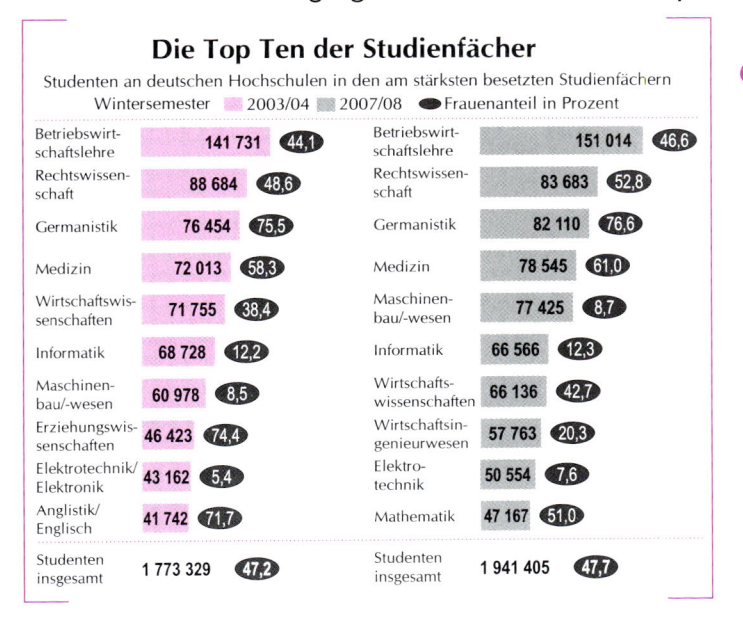

● *Redemittel:* **Über eine Grafik sprechen**

> Am beliebtesten ist das Fach …
>
> Einen starken Anstieg seit … verzeichnet das Fach …
>
> Zurückgefallen ist dagegen …
>
> Nicht so beliebt bei …
>
> ist …

B3 Was für ein Studientyp sind Sie?

Ergänzen Sie die Fragen und ordnen Sie sie zu: FH oder Uni. Testen Sie sich selbst.

1. Wie sollte dein/Ihr zukünftiges Studium aussehen?
   - [A] Es sollte sich möglichst tief gehend auch mit Themen befassen, von denen ich weiß, dass ich sie nicht alle für meinen zukünftigen Beruf benötigen werde.
   - [B] Es sollte vor allem nur das Wissen vermitteln, was ich für den späteren Beruf benötige.

2. Was interessiert dich/Sie mehr, theoretisches Denken oder praktisches Handeln?
   - [A] Ich durchdenke gerne Probleme.
   - [B] Ich bin eher der praktische Typ.

3. Wie gerne liest du/lesen Sie?
   - [A] Ich lese überaus gerne, nicht nur für die Schule, auch privat. Schulisches Wissen kann ich mir gut aus Büchern erschließen.
   - [B] Ich lese durchaus mal das eine oder andere Buch. Aber lieber frage ich zunächst den Lehrer, wenn ich etwas im Unterricht nicht verstehe.

4. Arbeitest du/Arbeiten Sie gern selbstständig?
   - [A] In der Regel kann ich auch ohne äußere Vorgaben wunderbar arbeiten. Ein verschultes System finde ich nicht sehr gut.
   - [B] Mir ist es schon ganz recht, wenn jemand von außen darauf achtet, wie ich selbstständig arbeite.

Auswertung:
mehr A als B → (eher) Uni-Typ
mehr B als A → (eher) FH-Typ
A und B gleich → keine eindeutige Aussage

B4 Universität oder Fachhochschule?   ⇨ Ü 2–4

Universität Die Universität ist die klassische Form der Hochschule. Die Vermittlung von methodischem und theoretischem Wissen gehört zu ihren Aufgaben. Forschung und Lehre sind hier eng miteinander verknüpft. Die meisten Universitäten sind Volluniversitäten, die das gesamte Spektrum der Wissenschaften anbieten. Das Fächerangebot umfasst die Theologie, Rechtswissenschaften (Jura), Geistes- und Kulturwissenschaften, Natur- und Wirtschaftswissenschaften, die Lehrerausbildung sowie Medizin.

Da die Universitäten den wissenschaftlichen Nachwuchs heranbilden sollen, haben nur sie das Promotions- und Habilitationsrecht.

Einige Universitäten haben einen starken technisch orientierten Schwerpunkt und bezeichnen sich daher als Technische Universität (TU) oder Technische Hochschule (TH). Aber auch dort können heute zunehmend geistes- und sozialwissenschaftliche Fächer studiert werden.

Die Universitäten legen großen Wert auf Grundlagenforschung. Der Grundsatz der Freiheit von Forschung und Lehre ist an deutschen Hochschulen ein hohes Gut, d. h., die Professoren können ihren Unterricht frei gestalten und nach ihren Vorstellungen abhalten. Studenten werden zum eigenständigen Denken und Handeln angehalten. Wer an der Universität studieren will, muss daher viel Eigeninitiative zeigen, denn es gibt keine direkten Kontrollen. Studenten müssen sich also immer wieder selbst motivieren.

Fachhochschulen In der Bundesrepublik gibt es 167 Fachhochschulen (FHS). Viele von ihnen tragen in ihrem Namen zusätzlich die englische Bezeichnung „University of Applied Sciences" („Universität für angewandte Wissenschaften"). Typisch für sie ist der Praxisbezug und eine starke Anbindung an die Arbeitswelt. Wer an Fachhochschulen studiert, wird stärker als Studierende an Universitäten auf den Einsatz in bestimmten Branchen und Arbeitsbereichen vorbereitet. Sie bieten Studiengänge im Bereich Technik, Wirtschaft, Sozialwesen sowie in Medien und Gestaltung. Ein Jura-, Lehramts- oder Medizinstudium kann man an FHS aber nicht absolvieren.

Viele Dozenten und Professoren bringen Berufserfahrungen aus Industrie, Wirtschaft oder Sozialarbeit mit. So können sie den Studenten Einblicke in die Abläufe, Arbeitsweisen und Erwartungen von Unternehmen oder sozialen und kulturellen Einrichtungen vermitteln.

Das Studium an den Fachhochschulen ist kürzer und wegen der Stundenpläne und der ständigen Leistungskontrollen sehr stark strukturiert. Außerdem sind in der Regel zwei Praxissemester Pflicht, d. h., die Studenten absolvieren in Unternehmen Praktika.

Sowohl an Universitäten als auch Fachhochschulen können Studenten seit 2002 den Bachelor- und Masterabschluss erwerben. Auch an Fachhochschulen kann man promovieren, aber man muss dazu einen Universitätsprofessor als Betreuer finden.

Und was wollen Arbeitgeber?
Bachelor- und Masterabschlüsse der beiden Hochschulen werden mittlerweile als gleichwertig betrachtet. Oft bevorzugen Arbeitgeber wegen der praxisorientierten Ausbildung Fachhochschulabsolventen. Meist haben aber Universitätsabschlüsse noch den besseren Ruf. Wie auch bei Ausbildungsberufen legen Arbeitgeber auf gute Noten großen Wert: Darüber hinaus spielen sogenannte „Soft Skills" wie soziale Kompetenz, die Stärken und das Interesse der Bewerber eine wichtige Rolle.

● Tragen Sie in die Tabelle die Unterschiede zwischen Fachhochschulen und Universitäten ein.

	Universität	Fachhochschule
Studiengänge		
Studiendauer		
Merkmale des Studiums		
Anforderungen an Studenten		
Abschlüsse		
Einstellung der Unternehmen		

C Bewerbung und Einstellung

C 1 Aufgaben eines Personalchefs

Interview mit Silke Buchholz, Personalleiterin *TRUMPF Werkzeugmaschinen GmbH + Co. KG*, Ditzingen.
Ordnen Sie zuerst den Begriffen die richtigen Erklärungen zu.

- A Marktanforderung
- B Personalbedarf
- C Personalmarketingaktionen
- D Mitarbeiterwachstum
- E Qualifizierungsprogramm
- F Vergütungsmodell
- G Arbeitszeitregelung
- H Absatzpotenzial
- I Weiterentwicklungsmöglichkeit

1. alles, was der Markt fordert: *A*
2. Aktionen, die dazu dienen, neues Personal anzuwerben: ....
3. die Zahl der Mitarbeiter wird größer: ....
4. die Möglichkeit, dass mehr verkauft werden kann: ....
5. Möglichkeiten, die dazu dienen, dass sich das Unternehmen weiterentwickelt: ....
6. Vereinbarungen, die regeln, wie lange im Betrieb jeweils gearbeitet wird: ....
7. Man braucht neue Mitarbeiter: ....
8. Programme, mit welchen die Eignungen und Leistungen der Mitarbeiter gesteigert werden sollen: ....
9. Modell, nach dem das Unternehmen und der Betriebsrat die Gehälter regeln, die im Unternehmen bezahlt werden: ....

● Lesen Sie nun die Fragen, die Silke Buchholz gestellt werden. Hören Sie dann den ersten Teil des Interviews mit Silke Buchholz und machen Sie sich Notizen.

2.5

1. Welche Aufgaben hat die Personalführung in einem Unternehmen, das in Deutschland mehr als 4 000 Mitarbeiter beschäftigt und weltweit rund 8 000 Angestellte hat?

2. Sie haben im letzten Jahr 770 neue Mitarbeiter eingestellt. Das entspricht einem Zuwachs von mehr als 10 Prozent. Wie kann man den erklären?

3. Man spricht heute oft von einem Fachkräftemangel. Bekommen Sie überhaupt noch genug ausreichend qualifizierte Ingenieure? Und wie rekrutieren Sie Ihre Mitarbeiter?

4. Das Ingenieurstudium gilt unter Studenten als schwierig. Außerdem ist es lang und das Semesterprogramm sehr umfangreich. So können Studenten – wie in Deutschland oft üblich – in der Regel nicht neben dem Studium arbeiten. Bieten Sie im In- und Ausland Praktika und Ausbildungshilfen an; und wie kann sich ein Student/eine Studentin bewerben? Binden Sie potenzielle Mitarbeiter schon früh an sich?

5. In Zeiten fortgeschrittener Globalisierung ist es längst selbstverständlich, dass die Unternehmen bei der Einstellung nicht auf die Nationalität des Bewerbers, sondern auf seine Qualifikation schauen. Darf man trotzdem fragen, wie sich Ihr Personal zusammensetzt?

6. Wie wird die innerbetriebliche Weiterbildung in Ihrem Unternehmen organisiert?

● Hören Sie den ersten Teil des Interviews noch einmal und ordnen Sie dann die folgenden Kurzzusammenfassungen bzw. Stichwortnotizen den einzelnen Fragen zu. Besprechen Sie dann im Plenum die einzelnen Punkte.

2.5

A
Wachstum und positive Wirtschaftslage erfordern vermehrte Neueinstellungen.
Gründung von Tochtergesellschaften in Ländern mit günstigen Absatzpotenzialen
Frage Nr.: ....

B
Die Landesnationalität überwiegt an vielen Standorten.
Erfolgreiche Zusammenarbeit durch Forcierung des internationalen Austauschs innerhalb der TRUMPF-Gruppe
Frage Nr.: ....

C
Deutliche Verschärfung des Wettbewerbs um qualifiziertes Personal, besonders bei Ingenieuren
Deswegen:
• intensive Kontakte zu Universitäten
• frühe Praktikanten- und Diplomandenprogramme
• anspruchsvolle Aufgaben für die Entwicklung der Kreativität und der Persönlichkeit
Frage Nr.: ....

D
Frühe Kontaktaufnahme, Präsenz auf Hochschulmessen
Möglichkeiten für Praktika und Diplomarbeiten
Ausführliche Bewerbungsunterlagen an Personalabteilung der Standorte
Zentrale Vergabe der Auslandspraktika
Möglichkeit von Werkverträgen im Anschluss an Praktika
Frühe Bindung und Aufrechterhaltung des Kontakts
Frage Nr.: ....

E
Langfristiger Erfolg durch Wachstum entsprechend den Marktanforderungen und attraktive Arbeitsplätze
Deckung des qualitativen und quantitativen Personalbedarfs
Langfristige Bindung der Mitarbeiter an das Unternehmen, z. B. durch Personalmarketingaktionen, Ausbildungs- und Qualifizierungsprogramme, Sozialleistungen
Frage Nr.: ....

F
Weiterbildungsprogramme für Führungskräfte und Mitarbeiter:
• Grundlagenseminare
• Fachtraining entsprechend Aufgabengebiet
• Management-Development-Programme für Nachwuchs
Frage Nr.: ....

● Hören Sie nun den zweiten Teil des Interviews mit Silke Buchholz und ergänzen Sie die Lücken nach dem Hören.

2.6

7. TRUMPF bildet in .... und .... Berufen aus. Außerdem besteht .... mit der Berufsakademie.

8. TRUMPF stellt an .... Auszubildenden die .... Anforderungen im Bereich der ....
   ....

   Im Bereich der sozialen Kompetenzen sind das:
   ▸ Integrität und ....
   ▸ Verantwortungsbewusstsein und ....
   ▸ Veränderungs- und ....
       ....
   ▸ Intelligenz und ....

   Bei den fachlichen Qualifikationen sind das:
   ▸ technisches .... und räumliches ....
   ▸ manuelles ...., ... sowie ....

9. TRUMPF bietet folgende Perspektiven:
   ▸ ....
   ▸ .... bis zum ....
   ▸ ....

10./11. Die zehn zusätzlich eingestellten Bewerber hatten ...., aber die .... waren vom Auswahlverfahren positiv überrascht. Denn die Bewerber waren sehr .... und verfügten .... in ihrem angestrebten .... Das Experiment hat sich bewährt, denn die Lehrlinge haben ihre Chance .... und sich in der .... sehr engagiert gezeigt. In ein paar wenigen Fällen bekommen sie nach ihrer Ausbildung zuerst einmal einen ....

12. Die Zusammenarbeit mit der Berufsschule gestaltet sich in einem .... und im gegenseitigen ....

13. Die demografischen Veränderungen stellen .... an die Personalbereiche und Fachabteilungen. Grundlage ist .... der jeweiligen Personal- und Altersstruktur. Darauf aufbauend entwickeln wir Programme und Maßnahmen, die den .... der Mitarbeiter sicherstellen. So gestalten wir altersgerechte und alternsgerechte .... Präventiv bieten wir verstärkt Maßnahmen .... an.

● Bereiten Sie jetzt eine mündliche Präsentation mit dem Thema „Personalpolitik bei TRUMPF" vor, bei der Sie die wesentlichen Inhalte aus dem Interview thematisch geordnet wiedergeben.

C2 Stellenanzeigen – Stellenausschreibungen ⇨ G2, G3, Ü5, Ü6

Ordnen Sie den Gliederungspunkten die entsprechenden Stellen aus den beiden Anzeigen zu.

▶ Adresse
  → Nr.: ....

▶ Ausbildung des Bewerbers
  → Nr.: ....

▶ Berufserfahrung des Bewerbers
  → Nr.: ....

▶ Vorstellung der Firma/Unternehmenspräsentation
  → Nr.: ....

▶ Beschreibung der Aufgaben/Tätigkeitsfeld
  → Nr.: ....

▶ Bezeichnung der ausgeschriebenen Stelle
  → Nr.: ....

▶ Eigenschaften des Bewerbers
  → Nr.: ....

▶ Firmenlogo
  → Nr.: ....

▶ weiterführende Informationen
  → Nr.: ....

● Welche der beiden Anzeigen liest sich leichter? Warum?

● Vom Telegrammstil zum Satz: Lösen Sie die Nominalisierungen in Anzeige 2 auf:

1. eigenverantwortliche Durchführung von Entwicklungsprojekten als Projektleiter → *Der (gesuchte) Projektleiter führt Entwicklungsprojekte eigenverantwortlich durch.*

2. Der (gesuchte) Ingenieur konstruiert ....

3. Der (gesuchte) Ingenieur erstellt ....
   ....

4. Er betreut ...., während die Produktion ....

5. Er erstellt .... für Neuprodukte und er
   .... Schulungen für neue Produkte ....

6. Der gesuchte Ingenieur hat .... studiert und mit dem ....
   abgeschlossen und .... sich mit einem 3-D-CAD-System (möglichst Unigraphics NX3) ....

7. Er kennt sich mit .... sehr gut aus und ....
   gut Englisch.

● Formulieren Sie jetzt mit eigenen Worten den Inhalt von Anzeige 2.

  ▶ Die *Walter AG* in Tübingen will einen Entwicklungsingenieur einstellen. Seine künftigen Aufgaben sind …

● Bearbeiten Sie jetzt Anzeige 1. Sagen Sie es mit Ihren eigenen Worten.

1. Unsere Produkte stehen weltweit für hervorragende Qualität bei stetiger Innovation in Funktion und Design. → *Wir stellen ausgezeichnete Produkte her und bleiben dabei immer auf dem neuesten Stand.*

2. Sie bearbeiten als Projektleiter Effizienzsteigerungsprojekte im konzernweiten Produktionsumfeld. → ....

3. Sie implementieren die erarbeiteten Lösungen mit den Linienverantwortlichen und berichten direkt dem Leiter des Unternehmensstabes Technik/Koordination. → ....

4. Sie verfügen über ein hohes Maß an Methodenkompetenz im Bereich der Produktionsorganisation. → ....

5. Wir setzen eine strukturierte und zielorientierte Arbeitsweise sowie Durchsetzungsvermögen voraus. → ....

6. Erste Informationen über uns erhalten Sie auch im Internet, telefonische Anfragen beantwortet Herr Simon unter (0 73 31) 25 82 74. → ....

● Welche der folgenden positiv bzw. negativ formulierten Paraphrasen passt zu welchem der oben genannten Sätze?

1 Wir erwarten von dem Bewerber, dass er dem Konzern einen hohen Nutzen verschafft. **Satz:** ….

2 Wir wollen eine Person, die weiß, was sie will, und die dies auch für sich selbst und gegenüber anderen gut umsetzen kann. **Satz:** ….

3 Sie sorgen dafür, dass die Produktion im ganzen Konzern effektiver wird. **Satz:** ….

4 Wir wollen auf keinen Fall Bewerbungen lesen müssen, die vollkommen an unseren Wünschen vorbeigehen. **Satz:** ….

5 Wenn es darum geht, die Produktion richtig zu organisieren, kennen Sie sich bestens aus. **Satz:** ….

6 Sobald Sie Ergebnisse haben, müssen Sie diese auch vor Ort umsetzen und Ihren Vorgesetzten darüber direkt informieren. **Satz:** ….

7 Schauen Sie im Internet genau nach und greifen Sie zum Telefon, bevor Sie Ihre Bewerbung schreiben. **Satz:** ….

8 Wir wollen auf keinen Fall eine Schlafmütze, der wir alles vorgeben müssen und die ihre Leute nicht führen kann. **Satz:** ….

9 Kreative Chaoten, die keine Vorstellungen davon haben, wie sie an die Aufgaben herangehen sollen, sind auch nicht erwünscht. **Satz:** ….

● Erstellen Sie jeweils ein Anforderungsprofil der beiden gewünschten Bewerber.

	sehr wichtig	wichtig	weniger wichtig	unwichtig
1. Ausbildung/Qualifikation	☐	☐	☐	☐
2. Studienabschluss/Note	☐	☐	☐	☐
3. Fachkenntnisse	☐	☐	☐	☐
4. Berufserfahrung	☐	☐	☐	☐
5. Referenzen	☐	☐	☐	☐
6. Intelligenz	☐	☐	☐	☐
7. Allgemeinbildung	☐	☐	☐	☐
8. Charakter	☐	☐	☐	☐
9. Teamfähigkeit	☐	☐	☐	☐
10. Motivationsfähigkeit	☐	☐	☐	☐
11. Fremdsprachen	☐	☐	☐	☐

● Stellen Sie sich vor, Sie würden bei einer der beiden Firmen aus Anzeige 1 oder 2 anrufen und sich um die ausgeschriebene Stelle bewerben. Was würden Sie sagen/fragen? Verwenden Sie dazu auch die Redemittel aus D 2. Spielen Sie das Telefongespräch in der Gruppe.

● Entwerfen Sie jetzt eine eigene Stellenausschreibung.

1. Ihr Deutschkurs/Ihr Sprachinstitut sucht einen Lehrer/eine Lehrerin.
2. In Ihrem Sprachenzentrum ist die Stelle des Direktors/der Direktorin frei geworden.
3. Die Firma *Calcinelli* sucht einen versierten Handelsvertreter für ihre Küchen in Deutschland.
4. Am Studentensekretariat soll die Stelle eines Projektmanagers für Auslandsstipendien besetzt werden.

Entscheiden Sie zuerst, welcher „Typ" gesucht wird, und erstellen Sie ein Anforderungsprofil. Suchen Sie anschließend nach der besten Formulierung in der Ausschreibung.

	Eigenschaften des Bewerbers / Beschreibung des Unternehmens z. B. Lehrer für Sprachinstitut	Formulierungsvorschlag für die Anzeige
Bewerber	Jung und nett soll er/sie sein???	Gesucht wird ein echt cooler Typ für Superunterricht mit möglichst fundierten Surf- und Segelkenntnissen.
Unternehmen	Smarte Schule für Aufsteiger	

D Die Bewerbung

D1 Bewerbungstraining mit Profis

An der Beruflichen Schule Riedlingen hat der Wettlauf um den Ausbildungsplatz mit einem zweitägigen, von Experten geleiteten Intensivtraining seinen vorläufigen Abschluss gefunden. Geleitet haben das Seminar „Berufsfindung und Bewerbungstraining" in den Berufsfachschulklassen Wirtschaft der Sozialpädagoge Heinz Rahm sowie die Betriebswirte Reinhold Rehm und Carolin Bücheler, beide von der Volksbank-Raiffeisenbank Riedlingen.

Liegt es an der geballten Präsenz von Erwachsenen im Klassenzimmer oder an den Ohrringen des Experten oder an dem Fotografen mit seiner Kamera oder einfach daran, dass das Thema plötzlich so interessant ist? Das Rätsel wird sich wohl kaum ergründen lassen. Tatsache bleibt aber, dass 22 Mädchen und ein Junge fast schon mit offenem Mund den Ausführungen des Sozialpädagogen zu dem auf den ersten Blick so banalen Thema „Das Telefon als Bewerbungshelfer" lauschen und plötzlich eifrig mit ihm die Frage nach dem richtigen Telefonieren erörtern. Denn mit einem Male haben sie gemerkt, dass sie mit ihren Problemen und Ängsten rund um die Hatz um eine Ausbildung sehr ernst genommen werden. Wo sie von anderen Erwachsenen vielleicht mit lapidaren Sätzen wie „Da ruft man doch einfach einmal die verschiedenen Betriebe an!" alleingelassen werden, ergründet Rahm mit ihnen auch noch die scheinbar nebensächlichsten Dinge, baut Ängste ab, indem er sie ernst nimmt, erstellt eine Checkliste der gezielten Telefonansprache und tröstet schon vorab, dass Gespräche auch einmal scheitern können.

„Deswegen solltet ihr die Telefonate ruhig ein paar Mal allein oder mit einer Freundin durchüben, euch Antworten in ganzen Sätzen zurechtlegen und ruhig vorher schon einmal aufschreiben", hakt im Anschluss gleich darauf Reinhold Rehm noch einmal nach. Mit dem Bereichsleiter Privatkunden, der in seinem Betrieb seit 15 Jahren Erfahrungen in der Personalarbeit sammeln konnte, gehen die Schülerinnen und der Schüler das Thema „Bewerbungsschreiben und Einstellungsgespräch" durch. Auch hier wirkt das Übliche um vieles authentischer. Dass bei einem wie ihm kein fehlerhaftes Bewerbungsschreiben in die Post geht, kaufen sie ihm ab. „Da gibt es nicht weniger oder mehr Fehler. Da zählt nur überhaupt kein Fehler."

Beifälliges Nicken bei diesen für sie fast schon vernichtenden Sätzen, während der beobachtende Lehrer im Raum daran denkt, wie oft er gerade diese Jugendlichen daran erinnert hat, dass man nach „Sehr geehrte Damen und Herren" doch bitte ein Komma zu setzen hat und sich „geehrt" ohne „h" und mit nur einem „e" nun wirklich ganz schlecht in einer Bewerbung macht. Gleich darauf bittet Rehm auch schon zum Vorstellungsgespräch; auch hier punktet er mit dem Expertenstatus, zeigt den Schülerinnen genau die Bereiche auf, in denen sie entscheidende Vorteile für sich herausholen und ihre Vorzüge zur Geltung bringen können, so dass man sich eine engere Kooperation zwischen Wirtschaft und Schule wünscht. Nur ob die Schüler dann auf die Dauer auch so brav mitmachen würden?

● Fragen zum Text

1. Warum wird das Bewerbertraining durchgeführt?
2. Wer veranstaltet das Training? Woher kommen die Trainer?
3. Die Schule hat das Bewerbungstraining vorbereitet. Warum hat sie es nicht einfach mit ihren eigenen Lehrkräften durchgeführt?
4. Wie erklärt sich in diesem Zusammenhang die Reaktion des Lehrers, der als Beobachter an der Veranstaltung teilgenommen hat?
5. Welche Tipps geben die Trainer den jungen Leuten? Ergänzen Sie die Checkliste (D 2) zum Telefongespräch.

D2 Checkliste: Vorbereitung Telefongespräch

- ☑ Welche Informationen möchten Sie erhalten?
- ☑ Geben Sie einen Überblick über Ihre Qualifikationen.
- ☑ Recherchieren Sie Informationen über das Unternehmen.
- ☑ Halten Sie Unterlagen über Ihre Schulausbildung/Ihren beruflichen Werdegang bereit.
- ☑ Überlegen Sie sich Antworten auf die folgenden Fragen: Was können Sie? Warum wollen Sie sich bewerben?
- ☑ Halten Sie Papier und Bleistift bereit.
- ☑ ....

● Redemittel: **Gespräch am Telefon**

Einstieg	Guten Tag, ich bin …/Mein Name ist … Ich habe Ihre Anzeige gelesen und bin an der (ausgeschriebenen) Stelle als … (sehr) interessiert.
Hauptteil	Ich bin … und habe … studiert. Während des Studiums habe ich als … Vorher habe ich als … Erfahrungen sammeln können. Bevor ich mich bei Ihnen schriftlich bewerbe, hätte ich noch ein paar/fünf Fragen …
Qualifikation	In der Anzeige steht, Sie hätten gern einen promovierten Maschinenbauer. Ich stehe erst am Anfang meiner Laufbahn. Die Promotion möchte ich später noch machen. Denken Sie, dass meine Bewerbung da einen Sinn macht?/Halten Sie meine Bewerbung für sinnvoll/aussichtsreich?
Fragen (Beispiele)	Könnten Sie mir das künftige Aufgabengebiet etwas näher beschreiben? Ich bin gern mobil/ein reisefreudiger Mensch. Wo habe ich denn schwerpunktmäßig zu tun? Wie viele Mitarbeiter hat Ihr Betrieb und wie groß sind die Teams? Wo liegen die Schwerpunkte in Ihrem Betrieb? Über meine Gehaltsvorstellungen möchte ich mich mit Ihnen persönlich unterhalten. [Antwort auf die Frage nach Ihren Gehaltswünschen bzw. wenn danach in der Stellenanzeige gefragt wird] Herr X, das was Sie mir über die Stelle erzählt haben, hört sich für mich sehr gut an/hat mein Interesse an der Stelle noch verstärkt. Ich möchte mich gerne bei Ihnen persönlich vorstellen. Ist es Ihnen am Dienstag um 9.30 Uhr recht oder passt es Ihnen am Donnerstag um 15 Uhr besser? Kann ich die Bewerbungsunterlagen zu Ihren Händen schicken?
Schluss	Vielen Dank für das (informative/interessante) Telefongespräch. Wie besprochen sende ich Ihnen meine Bewerbungsunterlagen. Ich freue mich auf unser gemeinsames Gespräch am … um … Uhr in Ihrem Hause. … (Ich wünsche Ihnen) noch einen schönen (Arbeits-)tag, Herr X, (und) auf Wiedersehen/-hören.

D3 Die schriftliche Bewerbung

An Onlinebewerbungen werden dieselben Anforderungen an Qualität und Stil gestellt wie an solche, die mit der Post geschickt werden.
Auch Muttersprachler tun sich schwer, wenn sie eine Bewerbung für sich selbst schreiben müssen. Lassen Sie also Bewerbungen, die Sie auf Deutsch verfassen, immer von einem fachkompetenten Muttersprachler gegenlesen.

● Projektaufgaben

1. Bewerben Sie sich beim *DAAD* (Deutscher Akademischer Austauschdienst) schriftlich um ein Stipendium.
2. Bewerben Sie sich bei einem der Unternehmen, die in diesem Lehrwerk vorgestellt werden, schriftlich um ein Praktikum in Ihren Semesterferien.
3. Verfassen Sie ein Bewerbungsschreiben für eine der beiden Anzeigen in C2.
4. Entscheiden Sie sich jeweils in Gruppen für eine bestimmte Branche. Suchen Sie sich dann entsprechende Unternehmen und befragen Sie am besten per E-Mail einen Personalchef, welche Voraussetzungen er an „seinen idealen Mitarbeiter" stellt und wie man seine Einstellungschancen am besten verbessern könnte.

D4 Checkliste für die Bewerbung und das Vorstellungsgespräch ⇨ Ü7

Die Checkliste unten ist ein bisschen durcheinander. Was gehört zur schriftlichen Bewerbung, was zum Vorstellungsgespräch? Und in welcher Reihenfolge sollte man die Dinge angehen?

Checklisten-Durcheinander

1. Schreiben Sie die Bewerbungsunterlagen mit dem Computer, drucken Sie sie auf weißem, unlinierten DIN-A4-Papier aus und lassen Sie rechts und links 2,5 cm Rand.
2. Achten Sie auf die Körpersprache (aufrechte Haltung, offener Blickkontakt).
3. Der Umschlag muss ausreichend frankiert sein. Lassen Sie ihn auf der Post notfalls zur Sicherheit nachwiegen. Es wäre peinlich für Sie, wenn das Unternehmen ein Nachporto für Sie entrichten müsste.
4. Schicken Sie Bewerbungsschreiben und Lebenslauf immer im Original, Zeugnisse und Bescheinigungen/Zertifikate nur als Kopie.
5. Vermeiden Sie Rechtschreib- und Kommasetzungsfehler.
6. Verhalten Sie sich natürlich, höflich und freundlich. Lächeln!
7. Merken Sie sich den Namen des Gesprächspartners und verwenden Sie diesen.
8. Seien Sie ausgeruht und kommen Sie pünktlich (ca. 10 bis 15 Minuten vor dem Termin).
9. Sammeln Sie wichtige Informationen über das Unternehmen (Gesellschaftsform, Beschäftigte usw. …).
10. Vergessen Sie nicht, auch auf den Umschlag Ihren Namen, Ihre Adresse und den richtigen Empfänger zu schreiben.
11. Legen Sie die Dokumente sorgfältig in eine saubere und ansprechende Bewerbungsmappe: Sie beinhaltet ein Deckblatt, das Anschreiben, den Lebenslauf und die Zeugnisse.
12. Zeigen Sie Interesse und fragen Sie nach, wenn Sie etwas nicht verstanden haben.
13. Arbeitgeber können kein Bewerbungsfoto verlangen, aber es wird empfohlen. Das Foto kann auf dem Deckblatt (in der Mitte) oder dem Lebenslauf befestigt werden. Schreiben Sie Ihren Namen auf das Foto.
14. Hören Sie aufmerksam zu und lassen Sie Ihren Gesprächspartner ausreden.
15. Achten Sie auf saubere, seriöse und nicht zu farbenfrohe Kleidung. Frauen sollten sich nicht zu sehr schminken und nicht zu viel Schmuck tragen.
16. Lassen Sie sich durch provokante Fragen nicht aus der Ruhe bringen.
17. Nach der Anrede steht ein Komma. Danach schreibt man klein weiter.

schriftliche Bewerbung   9

Vorstellungsgespräch

D5 Bewerbungsschreiben und Lebenslauf

Hier sind Mustervorlagen für ein Anschreiben und einen Lebenslauf. Suchen Sie sich eine Anzeige und formulieren Sie ein Bewerbungsschreiben. Berücksichtigen Sie dabei auch die Tipps von D 4.

Christina Meier
Goethestraße 4
12345 Musterstadt
Tel.: 01 23/5 67
E-Mail: meier@meier.de

Musterstadt, 3.5. …

Muster AG
Herrn Andreas Mustermann
Personalabteilung
Boschstraße 9
12345 Musterstadt

Bewerbung um … im …
Ihre Anzeige in … vom …

Sehr geehrter Herr Mustermann,

Ihr Stellenangebot in … habe ich mit großem Interesse gelesen. Dabei haben mich vor allem das Aufgabenspektrum und … angesprochen. Aus diesem Grund bewerbe ich mich um … in Ihrem Hause.

Zurzeit studiere ich … mit dem Schwerpunkt … und werde das Studium voraussichtlich … abschließen … *[weitere Gründe …]*. Während meines Studiums beschäftige ich mich vor allem mit … Während eines Praktikums bei … habe ich Einblick in … erhalten.

Über eine Einladung zu einem persönlichen Gespräch/Vorstellungsgespräch würde ich mich freuen.

Mit freundlichen Grüßen
Christina Meier
Christina Meier

Anlagen: Lebenslauf
Zeugniskopien

Lebenslauf

Name:	Christina Meier
Adresse:	Goethestraße 4
	12345 Musterstadt
	Tel.: 01 23/5 67
	E-Mail: meier@meier.de
Geburtsdatum, -ort:	…
Staatsangehörigkeit:	deutsch
Familienstand:	ledig/verheiratet
Schulbildung:	
1995 – 2004	Goethe-Gymnasium Musterstadt
27.06.2004	Allgemeine Hochschulreife
Studium:	
seit 10/2004	Studium der … an der Goethe-Universität in …
Praktika (oder Berufstätigkeit):	
08/2005	Praktikum bei …
Auslandsaufenthalt:	
08/2006 – 10/2006	Italienischsprachkurs (Universita degli Studi di Perugia, Italien)
Kenntnisse und Interessen:	
Fremdsprachen:	Englisch (gut), Französisch (fließend), Italienisch (Grundkenntnisse)
PC-Kenntnisse:	MS Office: Word, Excel …

Musterstadt, 3.5. …
Christina Meier
Christina Meier

D6 Und wenn man abgelehnt wird?

1. Um was für eine Stelle hatte sich die Kandidatin beworben?
2. Was für eine Berufsausbildung hat die Bewerberin?
3. Welche Schlüsse auf den Verlauf des Vorstellungsgesprächs können aus dem Schreiben gezogen werden?
4. Welche Gründe werden für die Absage aufgeführt?
5. Wie geht man mit einer Absage um?
6. Wenn Sie selbst Chef sind oder es einmal werden wollen: Wie sollte man Absagen formulieren?

---

jan-friedrich verlagshaus
stuttgart

Sabine Schulze
Feldstraße 15
04257 Leipzig

Stuttgart, 16.10. …

Ihre Bewerbung als Volontärin

Sehr geehrte Frau Schulze,

bei Ihrem Bewerbungsgespräch am 14.10. hatten Sie vielleicht nicht den glücklichsten Tag. An verschiedenen kleinen Einzelheiten fiel uns auf, dass im Vordergrund Ihres Denkens offenbar die langfristige Versorgung steht, nicht der Wunsch, etwas Neues kennen und prüfen zu lernen. Die Neugier, Hauptkennzeichen des journalistischen Berufes – auch im Umfeld der Wissenschaft –, die konnten Sie uns nicht als Ihren Charakterzug vermitteln.

Ihr wiederholter Hinweis auf naturheilkundliche Vorlieben machte uns vollends deutlich, dass wir es schwer miteinander haben würden.

Ihre Unsicherheit im Auftritt, nach den häufigen Wechseln im klinischen Umfeld für uns nicht verständlich, lassen uns zweifeln, dass wir Sie als Repräsentantin unserer Redaktionen nach draußen entsenden könnten.

Wir wünschen Ihnen viel Erfolg für Ihre berufliche Zukunft und verbleiben mit freundlichen Grüßen

Matthias Schmidt
Matthias Schmidt
Leiter Zeitschriftenlektorate

Anlagen:
Ihre Unterlagen mit Dank zurück

Hans-Ferdinand-Weg 33 ▪ 70173 Stuttgart
Tel.: (07 11) 5 88 74 53 ▪ Fax: (07 11) 5 88 74 55

E Frauen und Karriere

E1 Chefin oder Chef gesucht?

Beschreiben Sie die Frauen auf den Passbildern. Wie wirken sie? Eher feminin oder etwas maskulin?

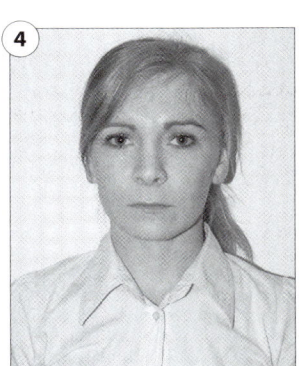

1 2 3 4

● Hören Sie jetzt den Bericht. Bringen Sie die folgenden Überschriften zu den einzelnen Abschnitten des Berichts in die richtige Reihenfolge.

2.7
- ○ Warum eigentlich eine Bewerbung mit Lichtbild?
- ○ Gegenprobe beweist das geschlechterstereotype Verhalten
- ○ Maskuline Merkmale verleihen Durchsetzungsqualitäten und Führungskompetenz
- ○ Warnung vor negativen Effekten
- ○ Die Kenntnis der Stereotype ermöglicht gezieltes Gegensteuern
- ○ Wirkung ist wichtiger als gutes Aussehen
- ○ Maskuline Ausstrahlung ist entscheidendes Stereotyp für Managerqualitäten

● Fassen Sie das Wesentliche in drei Sätzen zusammen.

1. ▶ die Ergebnisse der Mannheimer Forschungsgruppe „Geschlechterstereotype und Führung"
   ▶ als betont weibliche Frauen oder Männer mit femininer Ausstrahlung ▶ stellt … vor
   ▶ danach haben männlich wirkende Bewerber ▶ in dem Bericht „Chefin mit Ecken und Kanten" ▶ die Hörfunkjournalistin Ulrike Till ▶ höhere Chancen auf einen Chefposten

   In dem Bericht „Chefin mit Ecken und Kanten" ....

2. ▶ und bei der Wahl ihrer Kleidung ▶ für die Bewerbung ▶ sollten dies … berücksichtigen
   ▶ für höhere Positionen im Management ▶ Bewerberinnen ▶ bei der Auswahl ihres Fotos
   ▶ für das Vorstellungsgespräch

   Bewerberinnen ....

3. ▶ allerdings ▶ sollten … nicht übertreiben ▶ sie ▶ dabei ▶ da ▶ bei der Entscheidung
   ▶ auch Sympathiewerte ▶ eine wichtige Rolle spielen

   Allerdings ....

● Ergänzen Sie die folgenden Sätze.

1. Je mehr Weiblichkeit eine Bewerberin für einen Chefposten ausstrahlt, ...

2. Je männlicher ein Bewerber auf die Personalchefs wirkt, ...

3. Je nüchterner und sachlicher ein Bewerber sich für das Vorstellungsgespräch kleidet, ...

4. Je mehr Lippenstift eine Frau aufträgt, ...

● Welche Schlussfolgerungen können Sie aus dem Beitrag für eine erfolgreiche Bewerbungsstrategie ziehen, welche nicht? Kreuzen Sie an.

		erfolgreich	weniger erfolgreich
1.	Wenn ich Passfotos für meine Bewerbungsunterlagen mache, lege ich etwas mehr Make-up auf und schminke mich besonders gut.	☐	☐
2.	Bei dem Passfoto habe ich schon darauf geachtet, dass ich nicht allzu mädchenhaft und unbedarft wirke. In das Vorstellungsgespräch gehe ich in schickem, unauffälligen Businesslook. Beim Vorstellungsgespräch bleibe ich möglichst natürlich, aber ruhig und sachlich. Ich lache und lächle nicht allzu oft.	☐	☐
3.	Für das Vorstellungsgespräch uniformiere ich mich wie eine Gefängniswärterin und style mich besonders streng.	☐	☐
4.	Wenn ich zu einem Vorstellungsgespräch gehe, verkleide ich mich als Mann und spreche nur mit tiefer, männlicher Stimme.	☐	☐
5.	Zum Vorstellungsgespräch wähle ich die etwas tiefer ausgeschnittene Bluse und den kürzeren Rock.	☐	☐
6.	Das Foto ist mir nicht wichtig. Für meine Bewerbung entscheide ich mich für das nächstbeste Passfoto.	☐	☐
7.	Für das Bewerbungsgespräch ziehe ich dezente dunklere Business-Kleidung an und verzichte auf Schmuck und Schminke.	☐	☐
8.	Im Vorstellungsgespräch versuche ich besonders charmant und verführerisch zu wirken und verhalte mich in Mimik und Körperhaltung entsprechend.	☐	☐
9.	Für meine Bewerbungsunterlagen lasse ich mich von Fachkräften beraten. Für das Foto gehe ich zum Fotografen.	☐	☐

E2 Frauen und Karriere

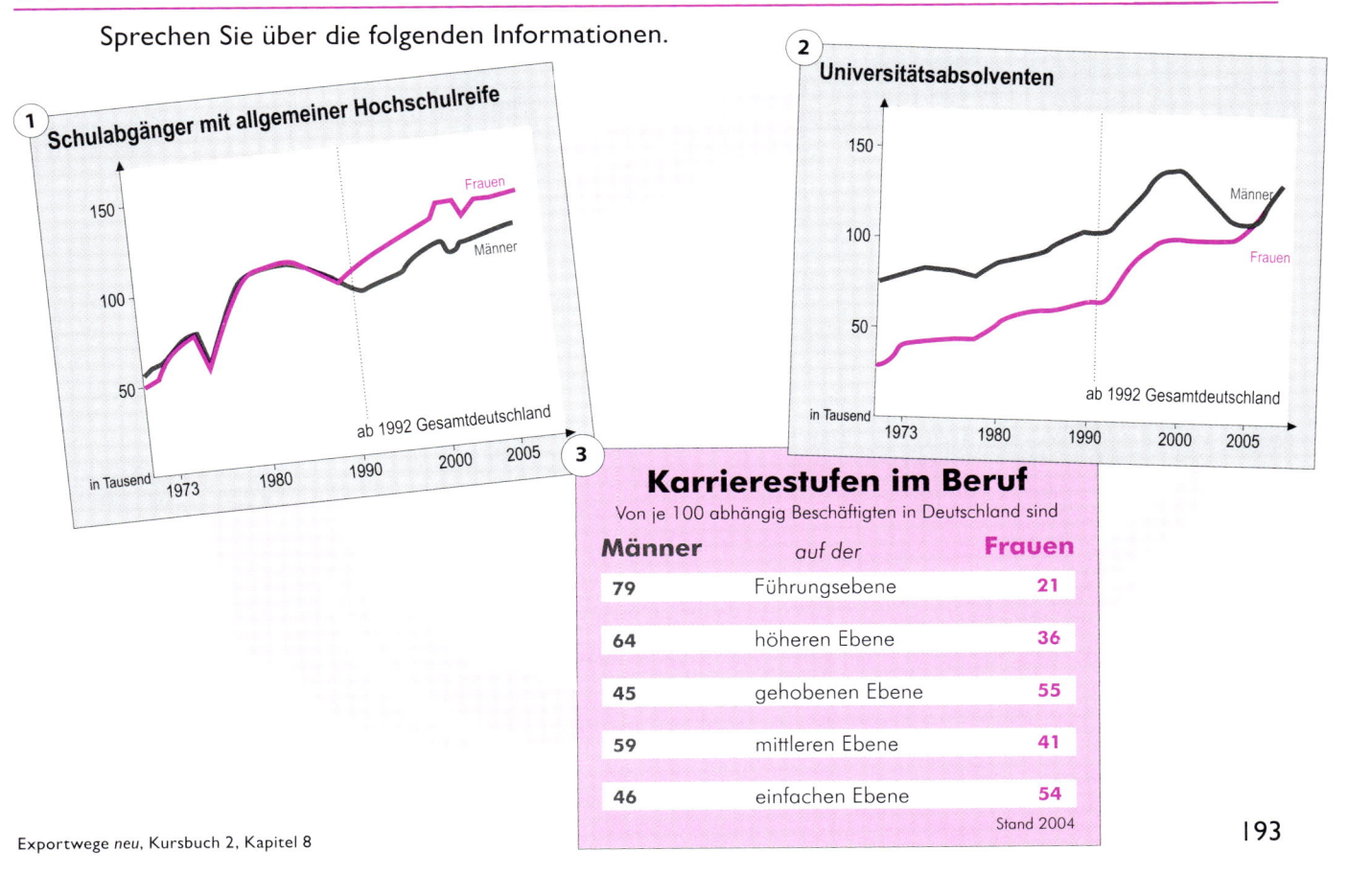

Sprechen Sie über die folgenden Informationen.

1 Schulabgänger mit allgemeiner Hochschulreife (in Tausend, 1973–2005, ab 1992 Gesamtdeutschland) — Frauen, Männer

2 Universitätsabsolventen (in Tausend, 1973–2005, ab 1992 Gesamtdeutschland) — Männer, Frauen

3 Karrierestufen im Beruf
Von je 100 abhängig Beschäftigten in Deutschland sind

Männer	auf der	Frauen
79	Führungsebene	21
64	höheren Ebene	36
45	gehobenen Ebene	55
59	mittleren Ebene	41
46	einfachen Ebene	54

Stand 2004

E3 Interview mit einer Jura-Studentin aus Brasilien

Hören Sie das Gespräch mit Lucenia einmal komplett und bestimmen Sie dann die Themen, über die sie spricht.

2.8
1. ....
2. Zweitstudium mit Staatsexamen oder Promotion?
3. ....
4. ....
5. ....

● Hören Sie den folgenden Abschnitt noch einmal und füllen Sie die Lücken aus.

Das deutsche Jurastudium zeichnet sich ....
aus. .... für ein gelungenes Studium sind ein eiserner Wille,
Fleiß und .... Die ....
.... ist in Brasilien anders, nicht so .... wie
hier. Hier sind die Regeln .... völlig andere, was am Anfang riesige Schwierigkeiten bereitet, weil man bisher mit einem anderen System gearbeitet hat. Um die Praxis muss sich der Student in Brasilien selber kümmern. Hier in Deutschland sind alle Fälle .... In Brasilien dagegen werden bis zum Ende des Studiums Fragen in der Klausur gestellt. Erst beim Staatsexamen wird von den Bewerbern verlangt, ... Hier löst man Fälle von Anfang an. Man muss auch .... sein. Da Ausländer ....
.... nicht kennen, weil sie eben zum Beispiel ein anderes Schulsystem durchlaufen haben, müssen sie extra daran arbeiten. Deswegen ist es für den Erfolg sehr wichtig, dass man sich gut .... hineinlebt. Die Integration mit deutschen Studenten ist zwar schwer, muss aber zum Bestreben eines ausländischen Studenten gehören. Denn nur so lernst du, dich .... hineinzuversetzen.

● Notieren Sie in Stichworten Lucenias Äußerungen zu den folgenden Punkten.

Jura in Deutschland und Brasilien	Studium	Familie/ Mutterrolle	Existenzsicherung/ Berufsziele

● Tauschen Sie anschließend in Gruppen Ihre Ergebnisse aus und bereiten Sie gemeinsam kurze Zusammenfassungen zu den oben aufgeführten Punkten vor.

▶ Zu dem Thema „Rechtswissenschaft" in ihrer Heimat Brasilien und Deutschland stellt Lucenia zunächst einmal fest, dass die Unterschiede so groß sind, dass sie nicht von einer Wiederholung ihres Studiums sprechen will. Für sie …

G Grammatik

G1 Verben und Adjektive mit Präpositionalobjekt von A bis Z

Sie haben bereits einige Verben mit Präpositionen kennengelernt (Kap. 1, 2). Bei den Präpositionalobjekten wird die Präposition vom zugehörigen Verb oder Adjektiv bestimmt.

▶ Er träumt von einem tollen Job.
▶ Sie ist mit ihrem Arbeitsplatz zufrieden.

Hier sind nun die wichtigsten Verben und Adjektive mit Präpositionalobjekt. Tragen Sie die Übersetzungen in Ihrer Muttersprache in die Tabelle ein.

abhängen von (D)	sich freuen auf/über (A)	sprechen mit (D)
es hängt ab von (D)	führen zu (D)	über (A)/von (D)
abhängig sein von (D)	sich fürchten vor (D)	sterben an (D)
jmdn. abmelden von (D)	gehören zu (D)	jmdn. stören bei (D)
achten auf (A)	geraten in (A)	streiten mit (D) um (A)
etwas ändern an (D)	sich gewöhnen an (A)	studieren an (D)
anfangen mit (D)	sich gliedern in (A)	bei (D)
sich anpassen an (A)	halten für (A)	teilnehmen an (D)
sich ärgern über (A)	halten von (D)	sich trennen von (D)
aufhören mit (D)	handeln um (A)	zu tun haben mit (D)
beginnen mit (D)	etwas herstellen aus (D)	typisch sein für (A)
beitragen zu (D)	hoffen auf (A)	überzeugt sein von (D)
sich beklagen über (A)	höflich sein zu (D)	umstellen auf (A)
sich bemühen um (A)	(sich) informieren über (A)	sich unterhalten
sich beschäftigen mit (D)	sich interessieren für (A)	über (A) mit (D)
sich beschweren über (A)	kämpfen für/gegen/	verfügen über (A)
etwas besetzen mit (D)	um (A) mit (D)	vergleichen mit (D)
sich bewerben um (A)	es kommt an auf (A)	verkaufen an (A)
bezahlen mit (D)	sich konzentrieren auf (A)	verlangen von (D)
jmdn. bitten um (A)	sich kümmern um (A)	sich verlassen auf (A)
brauchen für (A)	lachen über (A)	sich verlieben in (A)
jmdn. danken für (A)	leiden an (D)/unter (D)	verliebt sein in (A)
denken an (A)	etwas lernen aus (D)	vertrauen auf (A)
diskutieren	es liegt an (D)	verwechseln mit (D)
mit (D) über (A)	jmdm. liegt an (D)	verzichten auf (A)
jmdn. einladen zu (D)	jmdn. machen zu (D)	sich vorbereiten auf (A)
sich einschreiben	nachdenken über (A)	jmdn. warnen vor (D)
für (A) an (D)	jmdm. raten zu (D)	warten auf (A)
einverstanden sein	rechnen mit (D)	sich wenden an (A)
mit (D)	sagen zu (D)	wichtig sein für (A)
sich entscheiden für (A)	schließen aus (D)	sich wundern über (A)
sich entschuldigen für (A)	schreiben an (A) über (A)	zahlen an (A)
sich erinnern an (A)	sich schützen vor (D)	zählen zu (D)
sich erkundigen nach (D)	sich sehnen nach (D)	zufrieden sein mit (D)
jmdn. fragen nach (D)	etwas senden an (A)	zulassen zu (D)
frei sein von (D)	sorgen für (A)	zweifeln an (D)

G2 Wortbildung

Adjektive, Verben, Substantive können die Wortart wechseln.
Hier erfahren Sie, wie aus Adjektiven Substantive werden bzw. umgekehrt.

Adjektivbildung durch Suffixe (-ig, -isch, -iert, -lich, -voll, -los, -bewusst)

- der Fleiß → fleißig
- der Geiz → geizig
- der Verlass → zuverlässig/verlässlich
- der Mut → mutig

- die Technik → technisch
- die Sympathie → sympathisch

- die Verantwortung → verantwortungsbewusst, verantwortungsvoll, verantwortungslos

- das Engagement/engagieren → engagiert
- die Motivation/motivieren → motiviert
- die Promotion/promovieren → promoviert
- die Kultur → kultiviert

- das Vertrauen → vertraulich
- das Herz → herzlich

Substantivbildung mit Suffixen (-heit, -keit, -schaft, -ation, -enz, -anz, -ität, -ät)

- schön → die Schönheit
- bescheiden → die Bescheidenheit

- der Freund → die Freundschaft

- intelligent → die Intelligenz
- kompetent → die Kompetenz

- akzeptieren → die Akzeptanz

- eitel → die Eitelkeit
- ehrlich → die Ehrlichkeit

- das Motiv → die Motivation

- passiv → die Passivität
- professionell → die Professionalität
- stabil → die Stabilität

G3 Relativpronomen ⇨ Kap. 4

Sie kennen bereits die Relativpronomen aus Kapitel 4.

	maskulin	feminin	neutral	Plural
	Der Manager,	Die Firma,	Das Unternehmen,	Die Unternehmen,
Nom.	**der** die Firma leitet, **welcher** …	**die** Computer verkauft, **welche** …	**das** Computer verkauft, **welches** …	**die** Autos verkaufen, **welche** …
Gen.	**dessen** Büro ich suche,	**deren** Büro ich suche,	**dessen** Produkte gut sind,	**deren** Autos gut sind,
Akk.	**den** ich kenne, **welchen** …	**die** ich kenne, **welche** …	**das** ich kenne, **welches** …	**die** man kennt, **welche** …
Dat.	**dem** ich schreibe, **welchem** …	**der** ich schreibe, **welcher** …	**dem** ich schreibe, **welchem** …	**denen** man schreibt, **welchen** …
mit Präp.	**mit dem** ich arbeite, **mit welchem** …	**für die** ich arbeite, **für welche** …	**für das** ich arbeite, **für welches** …	**für die** wir arbeiten, **für welche** …
	heißt Max Müller.	heißt XYZ.	ist in Hamburg.	sind in Süddeutschland.

Das Relativpronomen *welcher, welches, welche* wird selten verwendet. Um Doppelungen zu vermeiden, wird es aber gern eingesetzt.
- ▶ Die Firma, die die Prospekte für unsere neue Maschine herstellen soll, hat momentan Produktionsengpässe.
  - → Die Firma, welche die Prospekte …
- ▶ Ich zeige dir jetzt das Unternehmen, das das beste Produkt auf der Messe vorgestellt hat.
  - → Das Unternehmen, welches das beste Produkt …

Bezieht sich der Attributsatz auf ein präpositionales Objekt, wird er immer mit der Präposition und dem Relativpronomen eingeleitet.
- ▶ Das Unternehmen stellt hohe Anforderungen an seine Mitarbeiter. Du hast dich bei diesem Unternehmen beworben.
  - → Das Unternehmen, bei dem du dich beworben hast, stellt hohe Anforderungen an seine Mitarbeiter.

Mit *wer* und *was* können ebenfalls Relativsätze gebildet werden. Man nennt sie freie Relativsätze. Das Bezugswort muss man sich hinzudenken.
- ▶ Wer sich bewirbt, sollte sich vorher über das Unternehmen informieren.
  - → Derjenige/Der Student, der sich bewirbt, sollte sich vorher über das Unternehmen informieren.
- ▶ Der Student lernt, was er für die Prüfung wissen muss.
  - → Er lernt das, was (= das Thema, das …) er für die Prüfung wissen muss.

Die Formen entsprechen denen des Interrogativpronomens:

	Person	Sache
Nominativ	wer	was
Akkusativ	wen	was
Dativ	wem	(was)
Genitiv	wessen	wessen

Kennen Sie diese Zitate/Sprüche?
- ▶ Wer A sagt, muss auch B sagen.
- ▶ Wer sich nicht wehrt, lebt verkehrt.
- ▶ Wer sich nicht bewirbt, verdirbt.
- ▶ Was Hänschen nicht lernen will, lernt Hans nie mehr.
- ▶ Was ich nicht weiß, macht mich nicht heiß.
- ▶ Wer andern eine Grube gräbt, fällt selbst hinein.

Ü Übungen

Ü1 Student – Studentenleben

Was fällt Ihnen dazu ein? Welche Worte aus dem Wortfeld „Studium" kennen Sie?
- ▶ das Studium, studieren, der Student, das Studentensekretariat …

Ü2 An der Universität

Ergänzen Sie die Übersicht.

1. Von der Bewerbung zur Einschreibung

    - ▶ sich …… ein…… Studienplatz bewerben/die ……………-unterlagen wegschicken

        👍 …… ein…… Zusage warten

        👎 eine Abs…… bekommen/abgelehnt werden

zum Studium *zugelassen* werden:
- sich ...... d..... Universität *einschreiben* (*die* ....)
- sich ...... d..... Fachhochschule .... (*die Immatrikulation*)
- sich ...... d..... Kunstakademie ....
- sich für das ....semester oder das S................semester einschreiben
- einen ....ausweis bekommen/erhalten

2. Veranstaltungen an der Universität: das Vorlesungsverzeichnis lesen

   Das Studium gliedert sich in ein Grundstudium und in ein Haupt.....................
   - eine V................ hören/besuchen
     ein S................ besuchen *oder:* ...... ein...... S................ teilnehmen
     eine Ü................ besuchen *oder:* ....
   - ein Praktikum machen
   - ein Referat halten über *(A)*
     eine Hausarbeit ..../schreiben über *(A)*
     eine Klausur schreiben über *(A)*
   - eine Pr................ machen: eine s................ oder m................ Prüfung
   - einen Schein bekommen: Der .... ist benotet oder unbenotet.

3. Prüfungen an der Universität
   - die Diplomarbeit/Zulassungsarbeit/Abschlussarbeit/D................arbeit schreiben
     die Z................prüfung ablegen *oder:* das ....diplom ablegen
     die D................prüfung in ... ablegen
     das *Staats*examen in ... ablegen
     die Magisterprüfung ablegen
     das Rigorosum (= Promotionsprüfung) ablegen
   - zu ein...... Prüfung (nicht) zugelassen werden
     👍 eine Prüfung ....   👎 durch eine Prüfung fallen
                                              eine Prüfung nicht ....
   - Studientitel: M. A.: Master of Arts, Dipl.-...: ...., B. A.: Bachelor of Arts

Ü3 Studium an der Fachhochschule Nürnberg

Setzen Sie die Wörter aus Ü2 ein.

Kristina .... um einen Studienplatz an der Fachhochschule Nürnberg .... Sie will nämlich International Business .... und später einmal eine erfolgreiche Managerin .... Sie schickt ihre .... weg. Etwa drei Monate muss sie auf die .... Die deutschen Behörden arbeiten eben sehr langsam und die Bürokratie in Deutschland ist ausgesprochen effizient. Aber dann wird sie doch zum Studium .... Sie kann sich .... und erhält einen ....

Antonio hat weniger Glück. Er hat ein schlechtes Zeugnis. Deshalb bekommt er eine .... Seine Bewerbung wird ....

Isabelle aus Bordeaux in Südwestfrankreich .... ebenfalls an der FH Nürnberg. Sie besucht ein S................ über erfolgreiches Marketing von hochwertigen Genussmitteln. Logisch, ihr Onkel hat ja auch ein Weingut im Médoc und sie soll später im Vertrieb arbeiten. Deswegen schreibt sie auch ein R................ über die Konsumgewohnheiten der Deutschen. Dabei interessiert sie besonders die Frage, welche Weine die Deutschen am liebsten trinken und warum sie das tun. Dazu besucht sie eine V............... bei Professor Dr. Vinovero über das Thema „Von der Weinmarke zum Markenwein – vom Rausch der Produkte". Das gefällt ihr sehr gut, denn bei Professor Vinovero werden auch alle Weinsorten probiert. Isabelle wird also ihre A............... über deutsche Weintrinker schreiben.

● Beschreiben Sie nun das Studium in Ihrem Heimatland oder den Studienverlauf eines/r faulen/fleißigen Studenten/Studentin.
  ▶ Ich habe … studiert. Während des Studiums musste ich … besuchen …

Ü4 Rund ums Studium

Ergänzen Sie in den Texten die Präpositionen und Endungen.

1. Viele Studenten, die .... d..... Studium anfangen, hängen noch finanziell ...... d..... Eltern ab.
2. Studenten, die sich eher .... praktisch...... Fragen beschäftigen wollen, schreiben sich .... ein...... Fachhochschule ein.
3. Die Professoren achten .... d..... Qualität der Bewerber.
4. Ein guter Student kann sich .... ein...... Stipendium bewerben.
5. Die Studenten bitten andere Studenten .... Ratschläge für das Studium.
6. Sie diskutieren .... ihr...... Freunden .... d..... Studium.
7. Christoph erkundigt sich .... d..... Sprechstunden der Professoren.
8. Er fragt den Assistenten .... ein...... Termin.
9. Der Professor hält Christoph .... ein...... intelligent...... und fleißig...... Studenten.
10. Er kümmert sich .... d..... Abschlussarbeiten der Studenten.
11. Christoph nimmt .... ein...... Seminar über Lasertechnik teil.
12. In den Semesterferien bereitet er sich .... d..... Prüfungen vor.
13. Er wird .... Prüfung zugelassen.
14. Ungeduldig wartet Christoph .... d..... Prüfungsergebnis.
15. Er freut sich .... d..... bestanden...... Prüfung. Jetzt kann er sich .... d..... nächst...... Semester konzentrieren.

Ü5 Welche Eigenschaften sollten Bewerber haben/nicht haben?

Finden Sie die Substantive und bilden Sie Sätze. Suchen Sie zu den Substantiven die passenden Adjektive. Ergänzen Sie die Artikel und die Endungen *-heit* oder *-keit*.

die Selbstsicher*heit*	→ *selbstsicher*	..... Verantwortungsbewusstsein	→ ....
..... Fleiß	→	..... Offen........	→ ....
..... Intelligenz	→	..... Kleidung	→ ....
..... Durchsetzungsfähig......	→	..... Gesund........	→ ....
..... Engagement	→	..... Kontaktfreude	→ ....
..... Flexibilität	→	..... Jugend	→ ....
..... Bescheiden........	→	..... Geschmack	→ ....
..... Motivation	→	..... Bildung	→ ....
..... Erfahrung	→	..... Zuverlässig........	→ ....
..... Ehrlich........	→	..... Kreativität	→ ....
..... Sympathie	→	..... Selbstständig........	→ ....
..... Entscheidungsfreude	→		

▶ Wer an einer Universität studieren will, sollte meiner Meinung nach … sein.
▶ Was für Bewerber wichtig ist, ist meiner Meinung nach …

Ü6 Gute Information ist wichtig!

Setzen Sie die passenden Relativpronomen, evtl. mit Präposition, ein.

▶ *Wer* in Deutschland studieren will, sollte sich rechtzeitig über das Studium informieren.

1. Man sollte, ... auf der Homepage der Universitäten steht, gründlich studieren.
2. .... ein Studium an der Universität zu lange dauert, der kann auch an der FH studieren.
3. .... eine eher praktische Ausbildung interessiert, der ist an der FH besser aufgehoben.
4. Viele Studenten wissen nicht, ... sie nach dem Studium machen sollen.
5. Die Professoren, ... sie studieren, können ihnen vielleicht Ratschläge geben.
6. Viele Studenten besuchen auch Jobmessen, ... sie Kontakte zu potenziellen Arbeitgebern knüpfen können.
7. Diese Messen werden vor allem von jungen Leuten besucht, ... noch an einer Universität oder Fachhochschule studieren oder .... sie bereits abgeschlossen haben.
8. Die Unternehmen können so Absolventen, ... sich für ihr Unternehmen interessieren, über ihre Tätigkeit informieren.

Ü7 Sie besuchen eine Jobbörse in Stuttgart.

Stellen Sie Fragen an einen Unternehmensvertreter.

1. Einstellungsmöglichkeiten:
    ▶ Wie sind die Chancen bei Ihnen für Ingenieure?
    ▶ Stellen Sie Ingenieure ein?
    ▶ ....

2. Voraussetzungen/Qualifikationen:
    ▶ ....
    ▶ ....

3. Unternehmen/Produktportfolio:
    ▶ ....
    ▶ ....

4. Aufgabengebiet:
    ▶ ....
    ▶ ....

5. Aufstiegschancen:
    ▶ ....
    ▶ ....

6. Verdienstmöglichkeiten:
    ▶ ....
    ▶ ....

7. Möglichkeit von Praktika/Abschlussarbeiten:
    ▶ ....
    ▶ ....

9 Vorbereitung der Messe

Themen: **A** Vorbereitung einer Messebeteiligung **B** Überlegungen zum Messestand **C** Von Goethes Küche zur *Frankfurter Küche* **D** Deutsche und ihre Wohnung

A Vorbereitung einer Messebeteiligung

A1 Messebeteiligung eines italienischen Unternehmens

Cucine ist ein mittelständisches italienisches Unternehmen, das Küchen für Restaurants herstellt. In Deutschland hat es seit einigen Jahren eine Niederlassung in Nürnberg, die sich auf die Ausrüstung von Großküchen spezialisiert hat.

Jetzt hat die Zentrale in Italien beschlossen, ihr Engagement in Deutschland zu intensivieren und auch Einbauküchen für Privathaushalte anzubieten. Mit ihrem hochwertigen und preisgünstigen Programm *System3plus*, das einen besonderen Service einschließt, erhofft sich *Cucine* in Zukunft Chancen in der preisbewussten Mittelklasse.

Die deutsche Niederlassung ist deswegen damit beauftragt worden, ein Marketingkonzept zu erarbeiten. Dabei stellt sich die Frage, ob *Cucine* an der nächsten Internationalen Möbelmesse in Köln (*imm cologne*) oder an einer Regionalmesse teilnimmt. Das Unternehmen könnte auch in der Niederlassung in Deutschland eine Hausmesse organisieren.

● Präsentieren Sie kurz das Unternehmen *Cucine* (Produkte, Pläne usw.). Sammeln Sie dazu auch Informationen im Internet.

A2 Informationen zum Messeplatz Deutschland ⇨ Ü1, Ü2

Lesen Sie die Presseinformation des *AUMA* und beschreiben Sie mit eigenen Worten die Trends.

Die internationalen Messen in Deutschland konnten 2007 das beste Ergebnis seit dem Jahr 2000 verzeichnen, seit dem Höhepunkt des New-Economy-Booms. Die Aussteller-, Flächen- und Besucherzahlen der 141 Messen des Jahres 2007 sind nach vorläufigen Berechnungen des *AUMA* um 2,5 – 3 % gewachsen. Auch für die beiden nächsten Jahre sieht der *AUMA* Grund zum Optimismus: Die deutschen Aussteller wollen ihre Messeinvestitionen für 2008 und 2009 um 6 % steigern. Dies betonte Thomas H. Hagen, Vorsitzender des *AUMA*-Ausstellungs- und Messe-Ausschusses der Deutschen Wirtschaft, im Pressegespräch des Verbandes in Düsseldorf.

Die Ergebnisse im Einzelnen: Die Zahl der Aussteller ist gegenüber den Vorveranstaltungen um rund 3 % gewachsen. Noch vor einem Jahr lag das Plus nur bei 1,3 %. Bemerkenswert ist, dass auch die vermieteten Flächen um 3 % gewachsen sind (2006: + 0,7 %).

Der *AUMA*-Vorsitzende: „Ein Unternehmen braucht eine angemessene Standfläche. Hier geht es gar nicht um Repräsentation, sondern um eine angemessene Behandlung der Kunden. Wenn man nicht nur Prospekte verteilen will, sondern eine Atmosphäre für Gespräche und Geschäftsabschlüsse schaffen will, sollte das in entsprechendem Rahmen stattfinden."

Bei den Besucherzahlen rechnet der *AUMA* für 2007 mit einem Zuwachs von 2,5 % gegenüber den Vorveranstaltungen. Es gibt ein breites Spektrum von positiven Besucherzahlen, gerade auch bei Investitionsgütermessen. Die Maschinenbaumessen waren ohnehin die Gewinner des Messejahres 2007, sicherlich auch ein Signal der außergewöhnlich guten Konjunktur in diesem Sektor. Hagen: „Auch der Bereich Erneuerbare Energien hatte starke Aussteller- und Besucherzuwächse, von Wind- bis Solarenergie. Insofern profitiert die Messewirtschaft sogar von den hohen Öl- und Gaspreisen."

Insgesamt rechnet der *AUMA* auf den internationalen Messen dieses Jahres mit 164 000 Ausstellern, mehr als 6,6 Mio. m² vermieteter Fläche und über 10,4 Mio. Besuchern.

Worterklärungen
▶ *AUMA*: Ausstellungs- und Messeausschuss der deutschen Wirtschaft e. V. ▶ New Economy: Wirtschaft, die durch Verarbeitung und Verbreitung von Information gekennzeichnet ist. Das Internet ist das zentrale Transportmittel. Zur New Economy zählt man innovative Unternehmen der Telekommunikation, Biotechnologie und Multimedia.

● *Redemittel:* **Eine Messe beschreiben**

> (Im Jahre) ... besuchten ... Besucher (internationale) Messen.
>
> (Im Jahre) ... beteiligten sich ... Aussteller an (internationalen) Messe/an einer Messe.
>
> (Im Jahre) ... finden/fanden ... Messen statt.
>
> Die Zahl der ... ist .../ist im Vergleich zu ... um ... % gewachsen/gestiegen ←→ zurückgegangen.
>
> Das Plus liegt bei ... %/Es gibt/gab einen Zuwachs von ... % ←→ Das Minus liegt bei/Der Rückgang beträgt ...
>
> ... gehört/zählt zu den Gewinnern ←→ Verlierern.

A3 Statistiken zum Messeplatz Deutschland

Schauen Sie sich zuerst die Grafiken an.

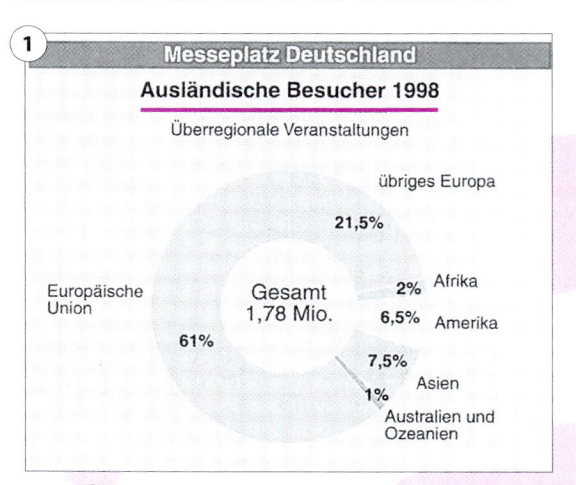

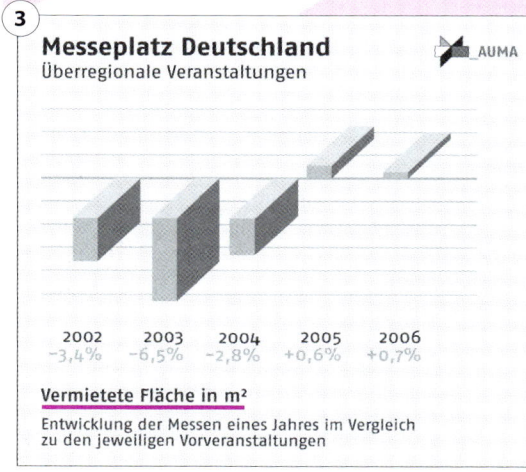

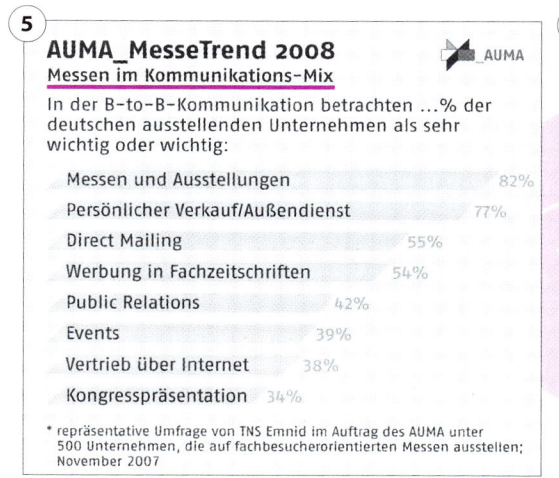

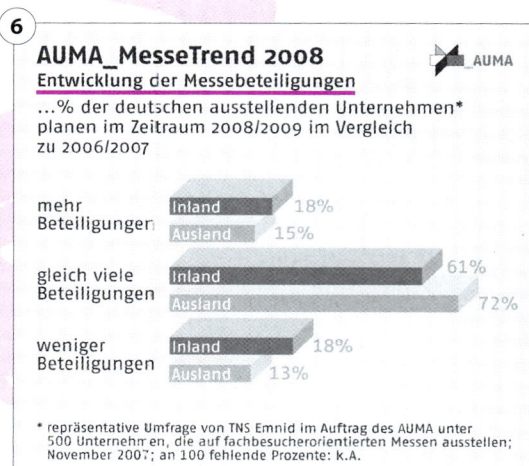

1 Messeplatz Deutschland — Ausländische Besucher 1998
Überregionale Veranstaltungen
- übriges Europa 21,5%
- Europäische Union 61%
- Afrika 2%
- Amerika 6,5%
- Asien 7,5%
- Australien und Ozeanien 1%
- Gesamt 1,78 Mio.

2 Messeplatz Deutschland 2006 — Ausländische Besucher (AUMA)
Überregionale Veranstaltungen
- Australien/Ozeanien 0,5%
- Süd- Ost- Zentral-Asien 8%
- Naher/Mittlerer Osten 3,5%
- Nordamerika 3%
- Lateinamerika 2%
- Afrika 2%
- übriges Europa 15%
- Europäische Union 66%
- Gesamt 2,13 Mio.

3 Messeplatz Deutschland (AUMA)
Überregionale Veranstaltungen

2002	2003	2004	2005	2006
-3,4%	-6,5%	-2,8%	+0,6%	+0,7%

Vermietete Fläche in m²
Entwicklung der Messen eines Jahres im Vergleich zu den jeweiligen Vorveranstaltungen

4 Messeplatz Deutschland (AUMA)
Überregionale Veranstaltungen

2002	2003	2004	2005	2006
9.218.276	9.536.187	9.675.845	9.593.075	9.727.793

Zahl der Besucher

5 AUMA_MesseTrend 2008 (AUMA)
Messen im Kommunikations-Mix
In der B-to-B-Kommunikation betrachten ...% der deutschen ausstellenden Unternehmen als sehr wichtig oder wichtig:

- Messen und Ausstellungen 82%
- Persönlicher Verkauf/Außendienst 77%
- Direct Mailing 55%
- Werbung in Fachzeitschriften 54%
- Public Relations 42%
- Events 39%
- Vertrieb über Internet 38%
- Kongresspräsentation 34%

* repräsentative Umfrage von TNS Emnid im Auftrag des AUMA unter 500 Unternehmen, die auf fachbesucherorientierten Messen ausstellen; November 2007

6 AUMA_MesseTrend 2008 (AUMA)
Entwicklung der Messebeteiligungen
...% der deutschen ausstellenden Unternehmen* planen im Zeitraum 2008/2009 im Vergleich zu 2006/2007

	Inland	Ausland
mehr Beteiligungen	18%	15%
gleich viele Beteiligungen	61%	72%
weniger Beteiligungen	18%	13%

* repräsentative Umfrage von TNS Emnid im Auftrag des AUMA unter 500 Unternehmen, die fachbesucherorientierten Messen ausstellen; November 2007; an 100 fehlende Prozente: k.A.

● Welche Interpretation gehört zu welcher Statistik? Korrigieren Sie eventuelle Fehler.

A Die Zahl der Besucher lag in den Jahren 2002 bis 2006 immer über 9 Millionen. Nach einem Rückgang im Jahre 2004 und einem leichten Anstieg im Jahre 2005 musste der Messeplatz Deutschland 2006 erneut einen leichten Rückgang verzeichnen.
Statistik Nr.:

B Die vermietete Fläche erreichte nach leichten Rückgängen in den Jahren 2002 bis 2004 wieder ein Plus von 0,7 %. Den stärksten Rückgang gab es im Jahr 2002.
Statistik Nr.:

C Insgesamt hat sich die Zahl der ausländischen Besucher in den letzten 10 Jahren auf 2,13 Millionen erhöht. Dabei kommen zwei Drittel aller ausländischen Besucher auf dem Messeplatz Deutschland aus den Ländern der Europäischen Union. Aus dem übrigen Europa reisen 5 % und aus Süd-Ost-Zentral-Asien inzwischen fast 18 % der ausländischen Besucher an. 6 % der Besucher stammten 1998 aus Afrika. 2006 lag der Anteil der Besucher aus Nordamerika bei 7 %.
Statistik Nr.:

D 18 % der deutschen Unternehmen planen mehr Beteiligungen im Ausland. 72 % der Unternehmen wollen sich im Ausland stärker an Messen beteiligen, 18 % wollen dagegen auf inländischen Messen weniger präsent sein.
Statistik Nr.:

E Messen und Ausstellungen zählen für ausländische Unternehmen zu den wichtigsten Kommunikationsinstrumenten, gefolgt vom persönlichen Verkauf und dem Außendienst. In der Kommunikation zwischen Unternehmen halten 38 % der Unternehmen die Werbung in Fachzeitschriften und den Vertrieb über das Internet für sehr wichtig (42 %).
Statistik Nr.:

F Zwei Drittel aller ausländischen Besucher auf dem Messeplatz Deutschland kommen aus Ländern der Europäischen Union. Insgesamt 1,78 Mill. ausländische Besucher nahmen an Messen in Deutschland teil.
Statistik Nr.:

● Analysieren Sie die Zahlen. Was spricht aus der Sicht von *Cucine* für eine Messebeteiligung?
▶ Für/Gegen eine Teilnahme spricht, dass … Eine Teilnahme ist sinnvoll, weil …

● Vergleichen Sie die Statistik zu den Besucherzahlen aus den Jahren 1998 und 2006. Warum hat sich der Anteil der Besucher aus der Europäischen Union erhöht? Diskutieren Sie.

A4 Checkliste für die Messebeteiligung ⇨ G1, G2, G4, Ü3–7

Einem Mitarbeiter von *Cucine* liegt die folgende Checkliste vor. Lesen Sie diese zuerst.

(1) Messeplanung und Vorbereitung
- ✓ Messeziele erarbeiten und genau definieren
- ✓ Absatzmöglichkeiten und Distribution überprüfen
- ✓ Kostenerwartungen
- ✓ Messeunterlagen anfordern
- ✓ Standgröße festlegen
- ✓ Anmeldung beim Veranstalter
- ✓ Auswahl der Exponate
- ✓ Standplanung
- ✓ Auswahl der Messebaufirma
- ✓ Außenwerbung
- ✓ Auftrag an die Messebaufirma
- ✓ Auswahl von Hostessen und externen Mitarbeitern
- ✓ Kataloge/Prospekte in Auftrag geben
- ✓ Kommunikationsleitungen, Strom, Wasser anfordern
- ✓ Mailings an Kunden/Einladungen
- ✓ Briefing Standmannschaft
- ✓ Ausstellerausweise
- ✓ Standabnahme/Übergabe des Standes von der Messebaufirma

(2) Messebeginn/Messedurchführung
- ✓ Besucherbefragung
- ✓ Erfolgskontrollen
- ✓ Beobachtung der Mitbewerber

(3) Messeende/Messenachbearbeitung
- ✓ Standabbau und Rücktransport
- ✓ Analyse der Beteiligung
- ✓ Kostenerfassung
- ✓ Konsequenzen für die Zukunft
- ✓ Dokumentation

Worterklärungen:
▶ das Exponat: das Produkt, das auf der Messe gezeigt wird
▶ die Standabnahme: Nach dem Aufbau des Stands wird überprüft, ob alles den Vorgaben entspricht.

● Ordnen Sie die einzelnen Aufgaben den Phasen 1, 2 oder 3 zu.

- ○ Namensschilder
- ○ Auswahl der Messen
- ○ Eintrag in den Messekatalog
- ○ Gesprächsprotokolle
- ○ Werbegeschenke
- ○ Budgetfestlegung
- ○ Nachbearbeiten der Messekontakte
- ○ Abschlussbericht

● Diskussion in der Geschäftsleitung und im Firmenteam von *Cucine*. Bilden Sie Gruppen und formulieren Sie die folgenden drei Aufgaben nach Wichtigkeit (z. B. sofort/rechtzeitig/frühzeitig/in drei Monaten/vor der Messe/nach der Messe/zu Beginn der Messe).

1. Messeplanung:
   ▶ Wir müssen die Messe rechtzeitig planen. Die Messe muss … geplant werden.
2. Informationsbeschaffung:
   ▶ Wir müssen … Informationen über … beschaffen. Informationen müssen … beschafft werden.
3. Auswahl der Messen:
   ▶ Wir müssen … eine Messe auswählen.

A5 Der Messenutzen-Check des *AUMA*

Der *AUMA* bietet auf seiner Homepage einen Messenutzen-Check für Aussteller an und unterstützt sie so bei der Planung der Messebeteiligung. Auch das Projektteam von *Cucine* nutzt die Möglichkeit, Messeziele zu formulieren.

MESSEZIELE

1. **Kontaktziele:**
   - Stammkundenpflege
   - Neukundengewinnung
   - Gewinnung neuer Kooperationspartner
   - Gewinnung neuer Mitarbeiter
   - VIP-Betreuung – Kontakte zu Politikern und zur Wirtschaft

2. **Kommunikations-/Informationsziele:**
   - Bekanntheitsgrad steigern: Unternehmen/Produkte/Leistungen
   - Imageverbesserung des Unternehmens
   - Aufbau und Pflege von Beziehungen zu den Medien
   - Marktforschung: Kundenverhalten, Trends, Produktakzeptanz
   - Qualifizierung der Vertriebsmitarbeiter

3. **Präsentationsziele:**
   - Präsentation von Produkten/Leistungen/technischen Verfahren

4. **Vertriebs- und Verkaufsziele:**
   - Verkaufs- und Vertragsabschlüsse während und nach der Messe
   - Durchsetzen neuer Konditionen
   - Erschließung neuer Märkte
   - Aufbau neuer Vertriebswege

● Formulieren Sie die Messeziele in Sätzen.

▶ *Cucine* sollte auf der Messe vor allem Kontakte zu den Stammkunden pflegen/sich um Stammkunden kümmern. Die Stammkundenpflege ist wichtig, weil …

▶ *Cucine* kann Kontakte zu Politikern aufbauen. Die Kontaktaufnahme zu Politikern ist (nicht) so wichtig, weil …

● Bilden Sie Gruppen. Lesen Sie noch einmal die Vorstellung des Unternehmens in A1 und formulieren Sie die aus Ihrer Sicht fünf wichtigsten Ziele für *Cucine*. Begründen Sie Ihre Meinung. Stellen Sie Ihre Ergebnisse im Plenum vor.

A6 Kostenfaktoren einer Messebeteiligung

Gerade für kleine und mittelständische Unternehmen wie *Cucine* ist eine Messebeteiligung sehr kostspielig. Deshalb ist es vorher wichtig, die Kosten zu kalkulieren. Der *AUMA* hat in verschiedenen Erhebungen die durchschnittlichen Kosten einer Messebeteiligung ermittelt bzw. hochgerechnet. Bei internationalen Messen in Deutschland liegt demnach der Durchschnittswert pro Quadratmeter Standfläche zwischen 750 € und 950 €.

Messekosten der Aussteller
Kostenstruktur bei Beteiligungen in Deutschland
Durchschnitt aller Veranstaltungstypen

- Standservice Kommunikation 12%
- Standbau-/ausstattung/-gestaltung 39%
- Transport Entsorgung 3%
- Grundkosten (Standmiete u.a.) 20%
- andere Kosten 5%
- Personal- und Reisekosten 21%

● Der *AUMA* hat die Messekosten in einer Checkliste noch näher differenziert. Ordnen Sie die Kostenarten den Oberbegriffen zu. Finden Sie noch weitere Kostenarten.

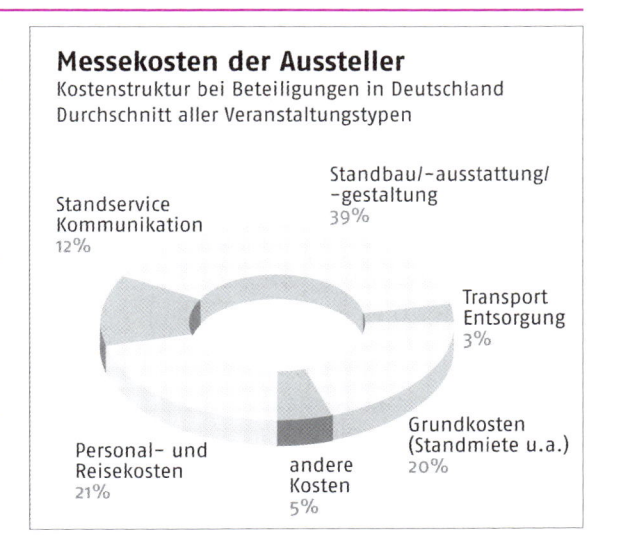

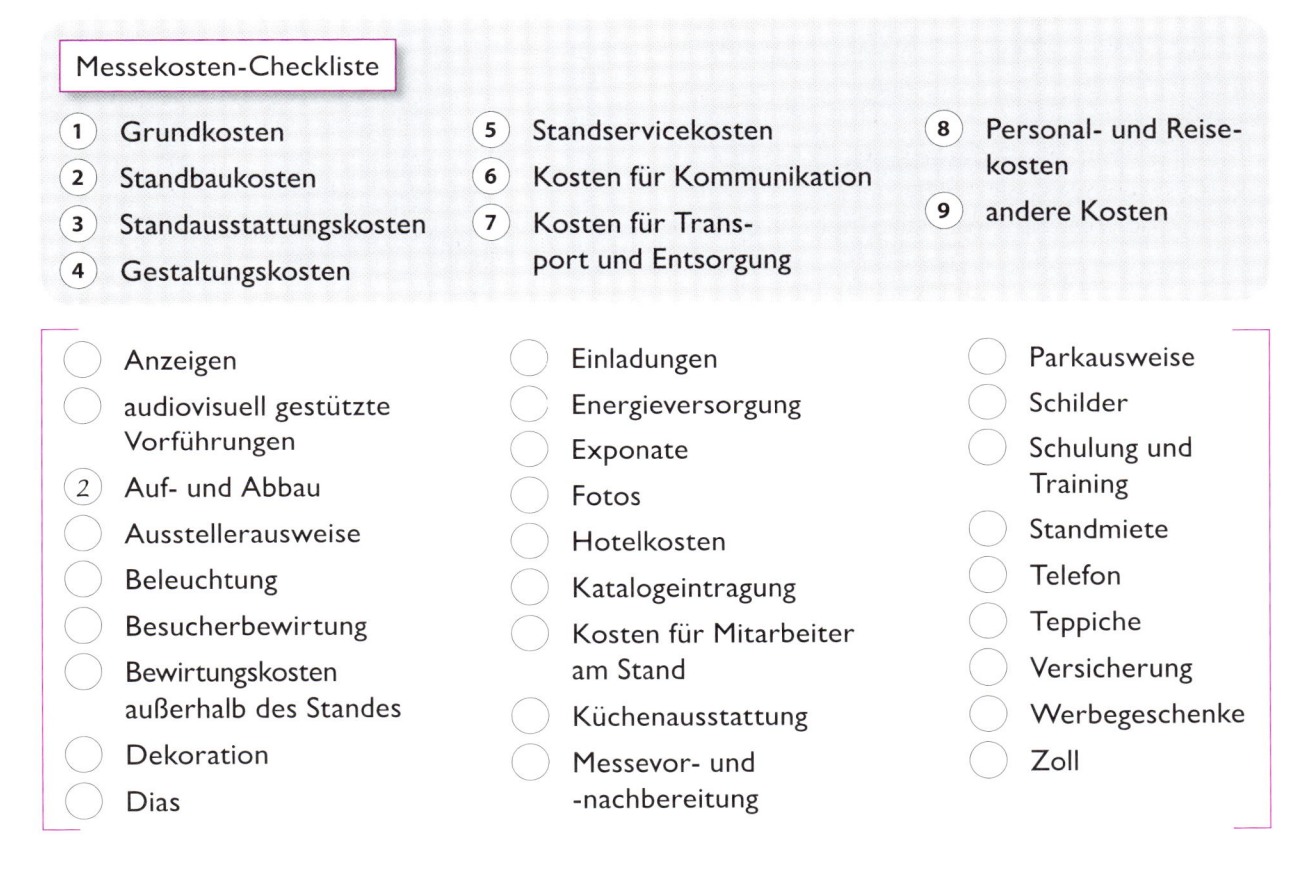

Messekosten-Checkliste

1. Grundkosten
2. Standbaukosten
3. Standausstattungskosten
4. Gestaltungskosten
5. Standservicekosten
6. Kosten für Kommunikation
7. Kosten für Transport und Entsorgung
8. Personal- und Reisekosten
9. andere Kosten

- ( ) Anzeigen
- ( ) audiovisuell gestützte Vorführungen
- (2) Auf- und Abbau
- ( ) Ausstellerausweise
- ( ) Beleuchtung
- ( ) Besucherbewirtung
- ( ) Bewirtungskosten außerhalb des Standes
- ( ) Dekoration
- ( ) Dias
- ( ) Einladungen
- ( ) Energieversorgung
- ( ) Exponate
- ( ) Fotos
- ( ) Hotelkosten
- ( ) Katalogeintragung
- ( ) Kosten für Mitarbeiter am Stand
- ( ) Küchenausstattung
- ( ) Messevor- und -nachbereitung
- ( ) Parkausweise
- ( ) Schilder
- ( ) Schulung und Training
- ( ) Standmiete
- ( ) Telefon
- ( ) Teppiche
- ( ) Versicherung
- ( ) Werbegeschenke
- ( ) Zoll

● *Redemittel:* **Kosten kalkulieren**

> 20 % der Kosten entfallen auf … *(Akk.)*
> Für … muss *Cucine* … €/… % der Kosten aufwenden …
> Für … müssen wir … Kosten in Höhe von … veranschlagen/kalkulieren.
> *Cucine* muss mit … Kosten für … rechnen.
> Kosten entstehen auch für …
> *Cucine* muss auch Kosten für … einkalkulieren.
> *Cucine* muss bei der Kalkulation/Berechnung auch Kosten für … berücksichtigen …
> Personal- und Reisekosten schlagen mit … % zu Buche.

● Welche Kosten kommen auf *Cucine* zu? Formulieren Sie Sätze.

B Überlegungen zum Messestand

Cucine möchte sich an der *imm cologne* beteiligen. Dort will *Cucine* „System3plus – die Küche zum Leben fürs Leben" vorstellen. Der Stand soll aus einer großen Wohnküche von *System3plus* bestehen, in die der Besucher wie ein Gast des Hauses integriert wird. *Cucine* will dabei den Besucher nicht nur als Fachmann ansprechen, sondern ihm die Küche als Kommunikationszentrum präsentieren.

B1 Aufbau eines Standes: Funktionsbereiche

Jeder Stand, ob groß oder klein, gliedert sich in drei Funktionsbereiche, die die Gesamtgröße des Standes bestimmen. Ergänzen Sie den Lückentext mit den folgenden Begriffen.

- ▶ Aktionen ▶ Bar ▶ Bewirtungsplätze ▶ Büro
- ▶ Exponate ▶ Größe ▶ Kabinen ▶ Infotafeln
- ▶ Produkte ▶ Messeziele ▶ Personalräume
- ▶ Video ▶ Zahl ▶ Stand-Information ▶ Lager
- ▶ Küche

1. Präsentationsfläche

Wie groß ein Messestand sein muss, ergibt sich aus der .... und .... der *Produkte* sowie aus den .... Zum Präsentationsbereich gehören sämtliche Flächen für ...., ..., ..., Vorführungen und ....

2. Besprechungsbereiche

Je nach Produkt und Art der Gespräche kann es Sitzgruppen oder .... geben. Neben diesen Bereichen stehen auch die *Stand-Information*, die .... und .... im Dienst der persönlichen Kommunikation.

3. Nebenräume

Zu diesen Räumen zählen ...., ..., Garderobe, technische Nebenräume, ... und ....

- ● Zeichnen Sie nun die Funktionsbereiche in die nebenstehende Abbildung ein.

- ● Wählen Sie eine Messe aus und planen Sie einen Stand für ein Unternehmen Ihrer Wahl. Stellen Sie Ihre Standplanung der Gruppe vor.

B2 Das Basismodell von *System3plus*

Ordnen Sie den einzelnen Komponenten die Begriffe zu und beschreiben Sie die Küche.

① der Herd
② die Kochstelle
③ der Dunstabzug
④ der Küchenstuhl, -stühle
⑤ die Schubladen
⑥ die Ablagen
⑦ die Spüle
⑧ der Arbeits-/Küchentisch
⑨ der Hängeschrank
⑩ der Kühlschrank
⑪ der Backofen

▶ Der Tisch steht in der Mitte/an der Wand/vor dem Fenster/in der Ecke …

B3 Im Verkaufsraum von *Cucine*: Präsentation des *Systems3plus*

Das Ehepaar Haller schaut sich die Küche im Verkaufsraum von *Cucine* in der Niederlassung an und unterhält sich. Lesen Sie das Gespräch und beantworten Sie dann die folgenden Fragen.

Frau Haller: Sagen Sie mal, da fehlt ja der Backofen. Unter dem Herd ist er ja nicht.

Verkäufer: Das haben Sie sehr gut beobachtet, Frau Haller. Unter dem Herd haben wir die Ablage für die Töpfe und Pfannen angebracht, die beim Kochen ständig gebraucht werden. Und den Backofen haben wir hier in diesen Hochschrank eingebaut. Hier neben den Mikrowellenherd. Das ist praktischer. Da muss man sich nicht die ganze Zeit bücken.

Herr Haller: *System3plus* – sagen Sie. Können Sie das mal erklären?

Verkäufer: Aber selbstverständlich. Unsere Küche heißt *System3plus*, weil wir davon ausgehen, dass der Mensch in seinem Leben maximal drei Küchen kauft. Nämlich die erste, wenn er jung ist und den ersten Hausstand gründet. Da hat er vielleicht noch nicht so viel Geld und kauft sich eine, die nicht so teuer ist.

Frau Haller: Genau wie wir. Unsere erste Küche hat aber zehn Jahre gehalten.

Verkäufer: Sie sagen es ja schon: Und nach 10, 15 Jahren kauft er sich dann die zweite. Die muss dann schon besser sein. Und da hat er dann schon mehr Geräte und vielleicht auch mehr Platz. – Ja, und die dritte Küche, die kauft er sich vielleicht, wenn die Kinder aus dem Haus sind und …

Herr Haller: … und er zu Geld gekommen ist. Ihre Küchen sind schließlich nicht gerade billig.

Verkäufer: Stimmt. Qualität hat eben ihren Preis. Und wir bieten die drei Küchen in einer.

Herr Haller: Ja, und trotzdem habe ich nur eine Küche.

Verkäufer:	Sie brauchen ja auch nur eine. Sie können ja immer nur in einer Küche kochen. Aber genau da setzen wir ein: Indem wir unser System stufenlos und nahezu unbegrenzt variierbar und ergänzbar machen, bekommt der Kunde bei uns die Option auf diese drei Küchen.
Frau Haller:	Und wenn ich einmal die ganze Küche nicht mehr will?
Verkäufer:	Dann geben Sie sie uns einfach wieder zurück. Schließlich haben wir das *System3plus* ja in mehreren Varianten. – Die Rücknahmegarantie zu einem vernünftigen Preis ist Bestandteil unseres zusätzlichen Servicepakets.
Herr Haller:	Wenn ich Sie recht verstehe, heißt das, dass wir die ganze Küche oder Komponenten wieder zurückgeben können, wenn wir vergrößern oder verkleinern wollen?
Verkäufer:	Richtig. Wir verkaufen dem Kunden eben nicht nur eine Küche, liefern sie ihm, bauen sie vielleicht noch auf, kassieren ab und lassen ihn dann mit seiner Küche alleine. Nein, wir verkaufen eine Dienstleistung, und das ist ein lebenslanges Versprechen.
Frau Haller:	Ja, und wenn ich einmal eine Küche von einem anderen Hersteller kaufen will. Was ist dann?
Verkäufer:	Na ja, also dann, … alles hat eben seine Grenze. Schauen Sie, Frau Haller, wenn Sie Ihren Mann verlassen und zu einem anderen gehn, dann können Sie doch von Ihrem Ex-Mann auch nicht verlangen, dass er Ihnen das neue Schlafzimmer einrichtet und bezahlt.
Herr Haller:	Ha, ha. Da würde ich mich schön bedanken.
Verkäufer:	Na, Scherz beiseite. Es kommt allerdings sehr selten vor, dass uns ein Kunde wieder verlässt. Wir bauen Küchen für das ganze Leben – aus den besten Materialien in einem zeitlosen Design. Aber es kann doch passieren, dass Sie aus beruflichen Gründen umziehen müssen. Flexibilität und Mobilität – das wird doch immer mehr verlangt. Ja, und dann? – Dann ist Ihre Küche vielleicht noch gar nicht so alt.
Frau Haller:	Da haben Sie recht, Herr Braun. Wir sind in den letzten zehn Jahren schon dreimal umgezogen.
Verkäufer:	Und in die neue Wohnung passt Ihre Küche nicht rein. Was machen Sie dann? Werfen Sie sie dann weg?
Frau Haller:	Auf keinen Fall.
Verkäufer:	Sehen Sie. Und da kommen wir und übernehmen alles für Sie. Egal, wann Sie die Küche bei uns gekauft haben, wir schicken Ihnen einen Fachmann, der Sie berät, Ihre Küche in der neuen Wohnung anpasst, Komponenten ergänzt oder reduziert, und dann die Küche aufbaut, so dass Sie spätestens einen Tag nach Ihrem Einzug eine funktionierende Küche in Ihrer neuen Wohnung haben.
Frau Haller:	Ist ja traumhaft.
Verkäufer:	Und das ist umsonst. Das kostet Sie nur einen Telefonanruf zum Ortstarif. Sie bezahlen nur die Teile, die Sie neu kaufen, wobei wir das, was Sie zurückgeben, selbstverständlich verrechnen.
Herr Haller:	Na also, Schatz, da sollten wir uns die Küche doch einmal ernsthaft anschauen. Sehen Sie, Herr Braun. Das ist der Plan von unserer Küche …

● Fragen zum Dialog

1. Wie reagiert Herr Haller auf die Küche? Wie reagiert seine Frau (interessiert/skeptisch/neugierig/gelangweilt/abweisend …)?
2. Über welche Komponenten und Gegenstände sprechen sie?
3. Warum hat *Cucine* die Küche *System3plus* genannt?
4. Nennen Sie die wichtigsten Merkmale des Systems.
5. Welche Dienstleistungen und welchen Service verkauft *Cucine* mit *System3plus*?
6. Welches Ziel verfolgt *Cucine* mit diesem System?
7. Vergleichen Sie das Verhalten der Kunden am Anfang und am Ende des Gesprächs. Welches Verkaufsargument hat sie überzeugt? Warum wohl?

B4 Der Text für die Infotafel

Sarah Mandani arbeitet im Projektteam und soll mit dem folgenden Katalogtext einen Text für die Infotafel formulieren.

> ¹Eine gute Küche ist einer der vielseitigsten Räume des Hauses. Schon während der Vorbereitungsarbeit ist der Mensch nicht gern allein. Kommunikation ist das Stichwort: Wo wäre sie besser möglich als bei allen Tätigkeiten rund ums Essen? Aber warum sollen die Kinder nicht in der Küche ihre Schulaufgaben machen, warum soll man hier nicht in Ruhe ein Buch lesen, den nächsten Urlaub planen, die Steuererklärung vorbereiten oder auch die Lieferung von einigen Kisten Wein in die Wege leiten? Ja, warum nicht, wenn die Küche klug geplant und ausgestattet ist.
>
> Die Geschichte des Alltagslebens zeigt uns deutlich, dass sich die übrigen Räume immer um die Küche als Zentrum des Hauses gruppierten. Das war in Europa zum Teil aus der Not geboren, weil vom Wetter diktiert: Die Küche war der einzige warme Raum im Haus. Zum Kochen war das Feuer unabdingbar, nur zum Heizen war es zu teuer. Also traf sich die ganze Familie nach getaner Arbeit in der Küche.

Worterklärungen
▶ etwas in die Wege leiten: organisieren ▶ aus der Not geboren: entstand aus der Not ▶ unabdingbar sein: absolut notwendig sein

● Finden Sie zu den folgenden Paraphrasen die zutreffenden Textstellen.

1. Zum Kochen brauchte man nämlich das Feuer, aber zum Heizen war es zu teuer. Also saßen die Menschen abends in der Küche.
2. In einer guten Küche kann man auch andere Dinge tun als nur kochen. Denn die Küche war immer das Zentrum des Hauses, da früher nur die Küchen geheizt wurden.
3. In einer guten Küche kann man fast alles tun. Der Mensch arbeitet und kocht nicht gern allein und am besten kann man sich beim Kochen und Essen unterhalten.

● Sarah soll den Katalogtext für die Infotafel in kurzen Begriffen wiedergeben und gleichzeitig die wichtigsten Informationen über *System3plus* zusammenfassen (⇨ B 3). Helfen Sie ihr dabei.

▶ Die Küche – ein .... Raum …
System3plus …

C Von Goethes Küche zur Frankfurter Einbauküche

C1 Ein Haushalt am Übergang zur industriellen Gesellschaft ⇨ G 3, Ü 8, Ü 9

Das Elternhaus Goethes

Zur Zeit von Goethes* Jugend hatte Frankfurt am Main ungefähr 40 000 Einwohner. Es war eine reiche Handels- und Messestadt. Damals sagte man: „In Frankfurt ist mehr Wein in den Kellern als Wasser in den Brunnen."

Auch die Familie Goethe gehörte zur reichen Oberschicht. Der Großvater des Dichters, der aus Thüringen nach Frankfurt eingewandert war, hatte mit dem Weinhandel die Grundlagen für den Reichtum der Familie gelegt. Bei seinem Tod betrug sein Vermögen fast eine Million Mark.

Goethes Mutter war 17 Jahre alt, als sie heiratete. Nach ihrer Heirat leitete sie ein mittleres Unternehmen mit zahlreichen Angestellten. Sie organisierte und kontrollierte die Hausarbeiten und führte das Haushaltungsbuch. Sie selbst konnte wahrscheinlich nicht kochen: Als ihre Köchin einmal krank war, musste sie auswärts essen, da sie „nichts Ordentliches bei sich zu essen hatte". Das Haus der Goethes war groß, hatte zahlreiche Zimmer, eine große Küche und verfügte über viele Vorratsräume. Vor der Stadt besaßen die Goethes große Obstgärten, Äcker, Wiesen und Weingärten.

Nur weniges kaufte Frau Goethe im Laden: Essig, Öl, Tee, Kaffee, Zucker und Gewürze. Der Bäcker, der Metzger und der Schreiner belieferten die Goethes mit Waren. Auf der Messe oder auf dem Markt kauften die Goethes Stoffe, Haushaltsgeräte, Geschirr und Bücher ein. Spezialitäten bezogen sie aus der näheren Umgebung, so den Wein vom Rhein und die Wurst aus Göttingen.

Viele Güter wurden im Urzustand gekauft und erst im Haus verarbeitet. So wurde im Herbst ein Schwein geschlachtet, wurden Gänse und Rindfleisch geräuchert. Außerdem ließen die Goethes Obst und Gemüse einmachen und machten ihren Wein noch selbst.

* Der Dichter Johann Wolfgang von Goethe wurde 1749 in Frankfurt/Main geboren und starb 1832 in Weimar.

● Welche Unterschiede sehen Sie zwischen Goethes Mutter und einer Hausfrau von heute?

Hausfrau zu Goethes Zeiten/Goethes Mutter	Hausfrau von heute
....	....
....	....
....	....

C2 Küchen in Deutschland um 1900: Wohnküche oder Wohnung mit Kochgelegenheit?

Beschreiben Sie die Küchen auf den Bildern und überlegen Sie sich Bildunterschriften.

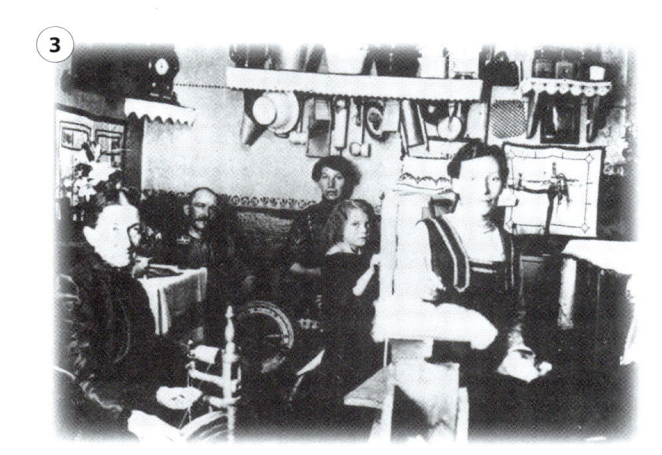

1

.... ☐

2

.... ☐

3

.... ☐

4

.... ☐

● Welche Probleme gibt es bei diesen Küchen?

● Ordnen Sie die Sätze den Abbildungen zu.

[A] Während des 19. Jahrhunderts strömten die Menschen auf der Suche nach Arbeit in die Städte. Dort mussten sie oft in einem Raum schlafen, kochen und wohnen. Mehrere Generationen teilten sich häufig ein Zimmer.

[B] Nachdem die Elektrizität entdeckt worden war und man den Strom nutzbar gemacht hatte, wurden die offenen Feuerstellen in den Küchen bald überflüssig.

[C] Die bürgerlichen Haushalte verfügten über zahlreiche Dienstboten. Diese Küche aus dem späten 19. Jahrhundert hatte man gebaut, bevor die Wohnungen mit fließendem Wasser ausgestattet wurden. Nach der Erfindung der Glühbirne verdrängte das elektrische Licht das Gas.

[D] In dieser Küche kochte und badete man, bevor das Haus ein Badezimmer bekam. Wahrscheinlich können wir uns heute nicht mehr vorstellen, was für einen Luxus ein Warmwasserboiler darstellte.

C3 Die Erfinderin der modernen Einbauküche ⇨ Ü 10–12

Die Wiener Architektin Grete Schütte-Lihotzky (1897–2000) ist die Erfinderin der sogenannten *Frankfurter Küche*. Zwischen 1926 und 1930 wurde diese Küche bei Ernst May im Hochbauamt der Stadt am Main in mehreren Varianten entwickelt und in einer Serie von über zehntausend Stück gebaut.

● Hören Sie, was Grete Schütte-Lihotzky über die Entwicklung der Einbauküche sagt, und kreuzen Sie an.

2.9

		ja	nein
1.	Die Menschen lebten in den Küchen, weil sie die übrigen Räume nicht heizen konnten.	☐	☐
2.	Wohnküchen sind eine Erfindung der Stadt.	☐	☐
3.	Wer ein Wohnzimmer hat, hat nur noch eine Essküche.	☐	☐
4.	Die Küchen hatten schon immer fließend Wasser.	☐	☐
5.	Die Wohnküche war schon immer die bessere Art zu wohnen.	☐	☐
6.	Frau Schütte-Lihotzky dachte nicht nur an die Frau als Köchin, sondern auch an die Frau als Mutter.	☐	☐

● Hören Sie den Text noch einmal und ergänzen Sie dann sinngemäß die folgenden Sätze.

2.9

In der Siedlerbewegung in Wien entwarfen sie zuerst ....
Die Arbeiter heizen in ihren Wohnungen nur den Herd, weil ....
.... Die Wohnküche kam ....
...., wo die Menschen um das Feuer wohnten.
Die heutigen Küchen sind eigentlich keine Wohnküchen, denn die Menschen
.... Für Grete Schütte-Lihotzky war
die Arbeiterküche eine niedere Wohnform, weil ....
.... Fließendes Wasser ....
....

Für die Planungsgruppe um Schütte-Lihotzky waren folgende Punkte besonders wichtig:

1. .... sollte gering sein.

2. Man konnte ....

● Betrachten Sie die Grundrisse. Welche Küchenform gibt es vor allem in Ihrem Heimatland? Erstellen Sie eine Skizze Ihrer Küche und beschreiben Sie sie den anderen Kursteilnehmern.

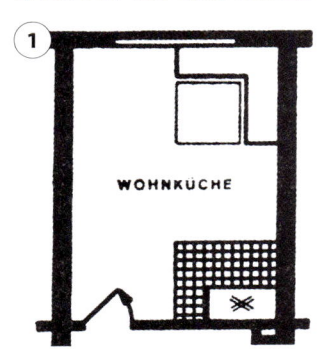

1 ALTE WOHNKÜCHE

Der Dunst vom Herd durchnässt das Zimmer.

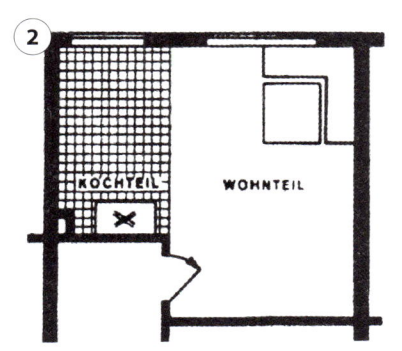

2 WOHNKÜCHE MIT KOCHNISCHE

Der Wirtschaftsteil ist in einer Nische der Wohnküche untergebracht. Dunst dringt immer noch in den Wohnteil.

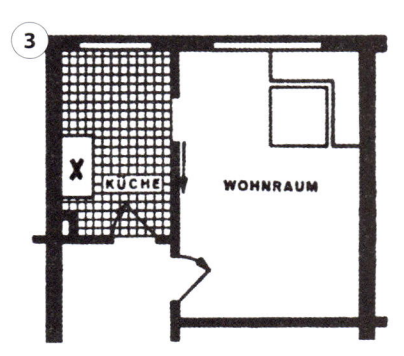

3 *FRANKFURTER KÜCHE*

Das Wirtschaften vollzieht sich in dem gänzlich abgetrennten Kochteil: der Küche. Die enge organische Verbindung mit dem Wohnraum ist durch eine Schiebetür aufrechterhalten.

C4 „Vom Kochtopf zur Fassade": Die Geburt der modernen Einbauküche ⇨ G4

1

Goethes großbürgerliche *Frankfurter Küche* stand wahrlich nicht Pate, als 1927 auf der Frankfurter Messe ein neuer Küchentyp vorgestellt wurde, der als die *Frankfurter Küche* Vorbild für alle modernen Einbauküchen werden sollte. Denn es war gerade der Bruch mit allen Traditionen, der zu ihrer Entwicklung führte. Die industrielle Revolution im 19. Jahrhundert hatte die Gesellschaft so sehr verändert, die bäuerlich-agrarische Gesellschaft aufgelöst und eine neue industrielle Gesellschaft geschaffen, dass zu Beginn des 20. Jahrhunderts neue Wege zur Lösung der sozialen Probleme gesucht werden mussten.

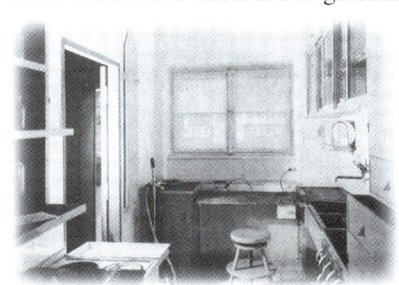

2

Das größte Problem war das Wohnungselend. Die Massen, die während des 19. Jahrhunderts auf der Suche nach Arbeit in die Städte und Industriezentren gezogen waren, lebten dort oft unter primitivsten Bedingungen: Platz, Licht und Luft fehlten und die hygienischen Zustände waren katastrophal.

3

In Frankfurt versuchte man im Rahmen des Siedlungs- und Wohnungsbauprogramms, diese Probleme mit billigen, funktionalen Wohnungen zu lösen. Von 1925 bis 1930 leitete der Baudezernent Ernst May das Projekt. Er berief die Wiener Architektin Grete Lihotzky in sein Team und gab ihr die Verantwortung für die Küchengestaltung und Arbeitserleichterung in der Hauswirtschaft. Denn die Küche war das Herzstück des Programms. Von der Küche ging man aus und gestaltete von da die neue Wohnung. Eine Abgeordnete des Reichstags formulierte es einmal so: „Man muss also endlich dazu kommen, vom Kochtopf zur Fassade zu bauen."

4

Ökonomie und Hygiene waren die obersten Ziele von Grete Lihotzky, deren Eltern noch an Tuberkulose gestorben waren. Sie verglich eine moderne Küche gern mit einem Labor oder einer Apotheke. Den Frauen, die zusätzlich zu ihrer Rolle als Hausfrau oft gleichzeitig berufstätig waren, wollte Grete Lihotzky die Haushaltsführung erleichtern. Die Hausfrau sollte die Küchenarbeiten mit möglichst geringem Energieaufwand ausführen und ihre Küche einfach und effektiv sauber halten können. Viele Frauen mussten auch auf ihre Kinder aufpassen, während sie kochten. Auch daran dachte Frau Lihotzky. Und so bestimmte eine neue Raum-Zeit-Ökonomie das Projekt. Ganz im Sinne des Taylorismus maß Grete Lihotzky die Zeit und berechnete die Wege, die die Hausfrau in der Küche zurücklegen musste.

5

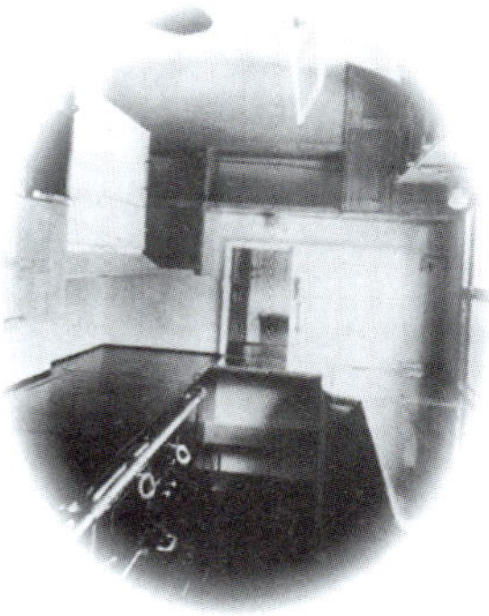

Küchen in billigen Wohnungen waren notgedrungen klein. Kleine Küchen müssen aber nicht schlecht sein. Sie können sogar besser sein als große, wenn sie richtig geplant und mit der richtigen Technik ausgestattet werden. So betrug zum Beispiel in einer herkömmlichen Küche der Weg, den die Hausfrau bei einem Arbeitsgang zurücklegen musste, 19 Meter, während es bei der *Frankfurter Küche* nur noch 6 Meter waren. Die Bahn lieferte das Vorbild. Das klassische Muster für die neue Küche wurde die Speisewagenküche von *Mitropa*: Auf einem Grundriss von nicht einmal 6 m² bedienten die Köche während einer 15-stündigen Fahrt weit über 400 Gäste.

6

Normierte Küchen brauchen normierte Küchenmöbel. So entwickelte sich langsam die moderne Einbau- und Komponentenküche aus den Vorgaben der *Frankfurter Küche* heraus. Die neue Raum-Zeit-Ökonomie blieb dabei immer die Basis des modernen Küchenbaus. Sicher wollen wir heute nicht wieder zur Sterilität der reinen Arbeitsküche zurück, aber noch immer gilt für uns die Devise, dass die Küche das Herzstück der Wohnung ist.

Worterklärungen
▶ der Baudezernent: Sachbearbeiter in der Verwaltung, der für das Wohnungsbauprogramm zuständig ist ▶ der Taylorismus: nach dem amerikanischen Ingenieur F. W. Taylor (1856–1915): System der wissenschaftlichen Betriebsführung. Ziel ist es, einen möglichst wirtschaftlichen Betriebsablauf zu erzielen. ▶ die *Mitropa*: Mitteleuropäische Schlaf- und Speisewagen-Aktiengesellschaft der Deutschen Reichsbahn

● Ordnen Sie die folgenden Überschriften den Abschnitten zu. Die Kennbuchstaben ergeben in der richtigen Reihenfolge dieses Lösungswort: ....

- [C] Vom Kochtopf zur Fassade – die Küche als Zentrum
- [H] Vorbild: ein Speisewagen
- [U] Wohnungen für die Massen
- [E] Norm schafft Norm
- [K] Die Einbauküche – Ergebnis der Industrialisierung
- [E] Grete Lihotzky und das „Neue Frankfurt"

● Welcher der folgenden drei Sätze fasst den Inhalt am besten zusammen?

1. Nachdem man festgestellt hatte, dass man in kleinen Küchen sehr gut kochen kann, wurde zu Beginn des 20. Jahrhunderts die Einbauküche erfunden.
2. Da die modernen Frauen kleine Küchen wollten, die sie leicht sauber halten konnten, erfand Grete Schütte-Lihotzky die moderne Einbauküche.
3. Raumnot in den Großstädten und die Doppelrolle der Frau führten zur Entwicklung der modernen Einbauküche.

● Was bedeuten die Aussagen im Text? Kreuzen Sie an.

1. Es war der Bruch mit allen Traditionen, der zur Entwicklung der *Frankfurter Küche* führte.
   - ☐ Die industrielle Revolution hat die agrarische Gesellschaft grundlegend verändert. Und deshalb musste auch eine neue Küche entwickelt werden, weil die sozialen Probleme so groß waren.
   - ☐ Man wollte die Traditionen bewahren und hat deshalb die *Frankfurter Küche* entwickelt.

2. Wohnungselend bedeutet:
   - ☐ Die Massen (die Fabrikarbeiter) lebten in großen Altbauwohnungen.
   - ☐ Die Arbeiterwohnungen waren primitiv, klein, dunkel und unhygienisch sowie überbelegt.

3. Ernst May gab ihr die Verantwortung für die Küchengestaltung und Arbeitserleichterung in der Hauswirtschaft.
   - ☐ Ernst May war verantwortlich und sollte die Küchen gestalten und so die Arbeit der Frauen erleichtern.
   - ☐ Grete Schütte-Lihotzky sollte neue Küchen planen und so die Arbeit der Hausfrauen erleichtern.
   - ☐ Ernst May übernahm die Verantwortung für die Küchenkonzeption.

4. Eine neue Raum-Zeit-Ökonomie bestimmte das Projekt.
   - ☐ Die Projektleiter wollten mit dem neuen Küchenprojekt viel Geld verdienen
   - ☐ Mit der neuen Küchenkonzeption sollten die Frauen Platz zum Arbeiten haben.
   - ☐ Die Küchenarbeit sollte für die Frauen einfacher werden und sie konnten so Zeit und Energie sparen.

● Beantworten Sie die Fragen.

1. Was war das Ziel des Frankfurter Wohnungsbauprogramms?
2. Was bedeutet der Titel „Vom Kochtopf zur Fassade"?
3. Warum diente der *Mitropa*-Speisewagen als Vorbild?

● Notieren Sie in Stichworten die Merkmale der *Frankfurter Küche* (Gründe für die Entstehung, Konzeption, Ausstattung, Größe). Bereiten Sie einen kleinen Vortrag über Grete Schütte-Lihotzky und die Entstehung der *Frankfurter Küche* vor. Verwenden Sie dazu auch die Informationen aus C3 und C4. Präsentieren Sie ihn Ihrer Gruppe.

Exportwege neu, Kursbuch 2, Kapitel 9

D Deutsche und ihre Wohnung

D1 Harry Walter berichtet.

Unsere Wohnung in Stuttgart-Bad Cannstatt

Harry Walter lebt mit seiner Frau Mechthild und seiner Tochter Karoline im Stuttgarter Stadtteil Bad Cannstatt.

Die drei Fotos von Wohnzimmer, Küche und Arbeitszimmer sind einfach geknipst worden, ohne was arrangiert zu haben. Vielleicht sind sie auch nur doof, wie unsere ganze Wohnung, in der das, was andere Stilpluralismus nennen, höchstwahrscheinlich bloß das Resultat einer hoch entwickelten Stilphobie ist.

Unsere Eigentumswohnung – ein Wohnzimmer, ein Schlafzimmer, ein Kinderzimmer, zwei Arbeitszimmer, Küche, Bad, Toilette, Balkon – repräsentiert vollkommen den Zustand des Sich-nicht-entscheiden-Wollens. Von daher könnte sie wiederum repräsentativ sein für eine ganze Generation von akademisch veredelten Nicht-Einsteigern. Der richtige Mix aus Ererbtem, auf dem Sperrmüll Gefundenem und neu Gekauftem sorgt dennoch für seelisches Gleichgewicht, zumindest für meines.

Die 3 000 (in Worten: dreitausend) Bücher in meinem Arbeitszimmer demonstrieren allerdings nicht mehr wie früher Bildung, sondern ausgeuferte Neugier einerseits und Brennwert andererseits.

Für die Katze auf meinem Schoß bin ich nicht viel mehr als ein relativ stabiles Wärmekissen. Während das Arbeitszimmer – in dem übrigens tatsächlich gearbeitet wird – den Rückzug nach innen, ins Reich des Sinnes, ermöglicht, ist die Küche, wie eigentlich überall, trotz oder wegen ihrer Funktionalität der Ort des intimen Gesprächs.

Das Wohnzimmer hingegen ist eher schön und wird deswegen gemieden. Wenn Gäste kommen, gelten andere Regeln. Auf jeden Fall fühle ich mich in unserer Wohnung wohl. Wie Frau und Tochter darüber denken, müsste ich bei Gelegenheit mal in der Küche erfragen. Von unseren beiden Hauskatzen werde ich es wohl nie erfahren.

Worterklärungen
▶ knipsen: fotografieren ▶ was *(umgangssprachlich, ugs.)*: etwas ▶ doof *(ugs.)*: uninteressant, langweilig ▶ eine Stilphobie haben: etwas gegen einen bestimmten Stil haben ▶ Sich-nicht-entscheiden-Wollen: Man will sich nicht für einen bestimmten Stil entscheiden. ▶ der Nicht-Einsteiger: Mensch, der nicht voll in die Gesellschaft integriert ist ▶ akademisch veredelt *(ironisch)*: Mensch, der eine akademische Bildung hat ▶ das Ererbte: Dinge, die man z. B. von den Eltern geerbt hat ▶ der Sperrmüll: Möbel, die man nicht mehr braucht und wegwirft ▶ Brennwert: man kann etwas verbrennen

● Beschreiben Sie die Fotos und charakterisieren Sie die Familie (Beruf, Sozialstatus, Einstellung zum Leben/Wohnen). Vergleichen Sie auch mit B 5.

● Wie beschreibt Harry Walter seine Wohnung? Notieren Sie die Informationen über:

die Wohnungsgröße	das Arbeitszimmer	die Küche	das Wohnzimmer

D2 Was meint Harry Walter?

Harry Walters Sprachstil ist sehr individualistisch und kompliziert. Was bedeuten die einzelnen Sätze? Kreuzen Sie die korrekten Paraphrasen an.

1. „Was andere Stilpluralismus nennen, ist höchstwahrscheinlich bloß das Resultat einer hoch entwickelten Stilphobie."
   - [ ] Einige Menschen entscheiden sich bewusst für verschiedene Stile in ihrer Wohnung, aber Harry Walter wollte seine Wohnung nur in einem bestimmten Stil einrichten.
   - [ ] Einige Menschen lehnen den Einrichtungsstil von Harry Walter ab, weil sie wollen, dass Wohnungen nur in einem Stil eingerichtet werden.
   - [ ] Die Vermischung von Stilen nennt man Stilpluralismus. Aber Harry Walter hat sich nicht bewusst dafür entschieden. Er konnte und wollte seine Wohnung nicht in einem bestimmten Stil einrichten.

2. Die Wohnung „repräsentiert den Zustand des Sich-nicht-entscheiden-Wollens. Von daher könnte sie wiederum repräsentativ sein für eine ganze Generation von akademisch veredelten Nicht-Einsteigern".
   - [ ] Die Wohnung ist typisch für Menschen, die studiert haben, aber in der Gesellschaft keine Karriere gemacht haben oder nicht machen wollten.
   - [ ] Die Wohnung ist typisch für Menschen, die gebildet sind und Karriere gemacht haben.
   - [ ] Die Wohnung ist typisch für Menschen, die studiert haben und am Rande der Gesellschaft leben.

3. Die 3 000 Bücher „demonstrieren nicht mehr Bildung, sondern ausgeuferte Neugier einerseits und Brennwert andererseits".
   - [ ] Harry Walter ist eigentlich nicht gebildet. Er sammelt nur wertlose Bücher.
   - [ ] Die Bücher sind nicht Ausdruck seiner Zugehörigkeit zum Bildungsbürgertum, sondern zeigen, dass er neugierig ist und gern liest. Er hat aber auch sehr viele wertlose Bücher.
   - [ ] Harry Walter hat viele Bücher, weil er antiquarische und wertvolle Bücher sammelt.

Exportwege *neu*, Kursbuch 2, Kapitel 9

G Grammatik

G1 Einfache Substantivierungen und Ableitungen

Verben und Adjektive können wie Substantive verwendet, d. h. substantiviert werden. Sie werden dann dekliniert und groß geschrieben: kochen – das Kochen, präsentieren – die Präsentation, austauschen – der Austausch, schön – das Schöne, bekannt – der/die Bekannte.

Substantivierung

kochen	–	das Kochen
lesen	–	das Lesen
schreiben	–	das Schreiben

Ableitung

sprechen	–	das Gespräch
ausbauen	–	der Ausbau
besuchen	–	der Besuch
auswählen	–	die Auswahl
bestellen	–	die Bestellung
beobachten	–	die Beobachtung
entscheiden	–	die Entscheidung
präsentieren	–	die Präsentation
demonstrieren	–	die Demonstration
reservieren	–	die Reservierung
aktualisieren	–	die Aktualisierung

G2 Substantivierungen und ihre Auflösung

Substantivierungen kommen als Substantive mit Genitivattribut, mit Präpositionalattribut und als Komposita vor.
Hier sehen Sie nur die Substantivierung transitiver Verben (= Verben mit Akkusativobjekt).

Substantivierung

▶ die Erschließung neuer Märkte
   Substantiv + Genitivattribut

Auflösung

(unpersönlicher Aktivsatz)
Man erschließt neue Märkte.
Verb im Aktiv + Akkusativobjekt

(Passivsatz)
Neue Märkte werden erschlossen.
Subjekt (Nominativ) + Verb im Passiv

▶ Im Plural steht anstatt des Genitivs oft *von*. Die Auflösung bleibt dabei genauso.
   die Erschließung von neuen Zielgruppen

Man erschließt neue Zielgruppen.
Neue Zielgruppen werden erschlossen.

Auflösung von Komposita

Kompositum	der Standaufbau	die Messevorbereitung
Genitivattribut	der Aufbau des Standes	die Vorbereitung der Messe
Aktivsatz	Man baut den Stand auf.	Man bereitet die Messe vor.
Passivsatz	Der Stand wird aufgebaut.	Die Messe wird vorbereitet.

Bei diesen Komposita ist das Grundwort von einem transitiven Verb abgeleitet. Man kann sie daher mit einem Genitivattribut oder in einen Aktiv- oder Passivsatz auflösen.

G3 Das Plusquamperfekt

Zur Zeit von Goethes Jugend hatte Frankfurt am Main ungefähr 40 000 Einwohner. Frankfurt war eine reiche Handels- und Messestadt. Die Familie Goethe gehörte zur reichen Oberschicht. Der Großvater des Dichters, der aus Thüringen nach Frankfurt eingewandert war, hatte mit dem Weinhandel die Grundlagen für den Reichtum der Familie gelegt. Bei seinem Tod betrug sein Vermögen fast eine Million Mark.

Bildung: Präteritum von *haben* oder *sein* + Partizip Perfekt

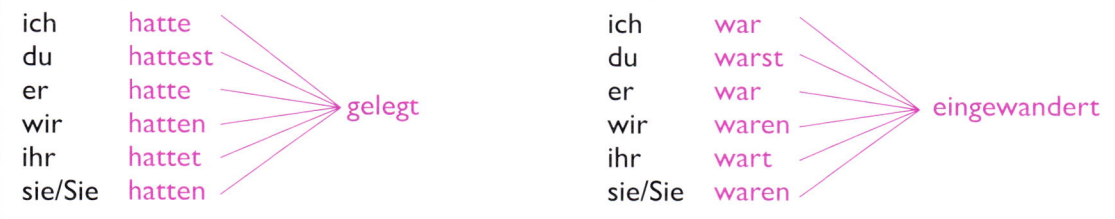

ich	hatte		ich	war	
du	hattest		du	warst	
er	hatte	gelegt	er	war	eingewandert
wir	hatten		wir	waren	
ihr	hattet		ihr	wart	
sie/Sie	hatten		sie/Sie	waren	

Gebrauch:

vor Goethes Zeit	*Zur Zeit von Goethes Jugend*	*Heute*
Der Großvater war aus Thüringen nach Frankfurt eingewandert und hatte mit dem Weinhandel die Grundlagen für den Reichtum der Familie gelegt.	Bei seinem Tod betrug sein Vermögen fast eine Million Mark.	Heute besichtigen viele Touristen Goethes Elternhaus in Frankfurt.
Ereignisse, die einem vergangenen Ereignis vorausgehen	Vergangenheit	Gegenwart
Plusquamperfekt	Präteritum	Präsens

Das Plusquamperfekt gebraucht man, wenn man ausdrücken will, dass eine Handlung einer anderen Handlung in der Vergangenheit vorausgeht.

G4 Temporale Beziehungen

Zeitliche Beziehungen zwischen verschiedenen Handlungen werden mit temporalen Nebensätzen oder präpositional ausgedrückt.

Temporale Nebensätze

Nebensatz	Hauptsatz
Als ihre Köchin einmal krank war,	musste sie auswärts essen, da sie „nichts Ordentliches bei sich zu essen hatte".
Während sie kochten,	mussten viele Frauen auch auf ihre Kinder aufpassen.
Wenn das Wasser kocht,	muss man die Nudeln hineingeben. (1)
(Immer) wenn sie Wasser brauchten,	mussten sie zu einem Brunnen gehen. (2)

- ▶ als   Die Konjunktion drückt ein einmaliges Ereignis in der Vergangenheit aus.
- ▶ während   Die Konjunktion drückt Gleichzeitigkeit aus: Zwei Handlungen finden gleichzeitig statt.
- ▶ wenn   (1) Sie drückt ein einmaliges Ereignis in der Gegenwart und Zukunft oder (2) eine wiederholte Handlung in der Vergangenheit oder Gegenwart aus.

Nebensatz	Hauptsatz
Bevor die Wohnungen mit fließendem ausgestattet wurden,	baute man diese Küche aus dem späten 19. Jahrhundert.
Nachdem die Elektrizität entdeckt worden war und man den Strom nutzbar gemacht hatte,	wurden die offenen Feuerstellen in den Küchen bald überflüssig.

- bevor = drückt Nachzeitigkeit aus: gleiche Zeit im Haupt- und Nebensatz
- nachdem = drückt Vorzeitigkeit aus: Nebensatz: Plusquamperfekt, Perfekt
  Hauptsatz: Präteritum, Präsens

Präpositionale Ausdrücke zum Ausdruck temporaler Beziehungen

Temporale Nebensätze werden oft zu präpositionalen Ausdrücken verkürzt.

Konjunktion → **Präposition**

als (Vergangenheit)	bei *(Dativ)*
Als sie heiratete, war Goethes Mutter 17 Jahre alt.	Bei ihrer Heirat war Goethes Mutter 17 Jahre alt.
Als Goethe starb, betrug sein Vermögen fast eine Million Mark.	Bei Goethes Tod betrug sein Vermögen fast eine Million Mark.

wenn (Gegenwart)	
Wenn man eine Messe plant, muss man an die Kosten denken.	Bei der Messeplanung muss man an die Kosten denken.

während	während *(Genitiv)*
Während sie kochten, mussten viele Frauen auch auf ihre Kinder aufpassen.	Während des Kochens mussten viele Frauen auch auf ihre Kinder aufpassen.

nachdem	nach *(Dativ)*
Nachdem die Glühbirne erfunden worden war, verdrängte das elektrische Licht das Gas.	Nach der Erfindung der Glühbirne verdrängte das elektrische Licht das Gas.

bevor	vor *(Dativ)*
Bevor die Wohnungen mit fließendem Wasser ausgestattet wurden, baute man diese Küche.	Diese Küche wurde vor der Ausstattung der Wohnung mit fließendem Wasser gebaut.

Ü Übungen

Ü1 Messe- und Ausstellungstypen

Ergänzen Sie in den Definitionen die Relativpronomen und – wenn nötig – die Präpositionen. Tragen Sie auch die Begriffe in die Definitionen ein.

Nach den *AUMA*-Leitsätzen zur Typologie von Messen und Ausstellungen gibt es folgende Unterscheidung:

> Fachmessen/Fachausstellungen
> Mehrbranchenmessen
> Messen und Ausstellungen
> Regionale Messen und Ausstellungen
> Ausstellung
> Messen
> überregionale Messen und Ausstellungen
> Branchenmessen

1. ....: Das sind Marktveranstaltungen, ... zeitlich begrenzt sind und ...... d......... Unternehmen das wesentliche Angebot eines oder mehrerer Wirtschaftszweige ausstellen. Bei den Besuchern, ... die Unternehmen ansprechen wollen, handelt es sich vor allem um Fachbesucher.

2. ....: Das ist ebenfalls eine Marktveranstaltung, ... zeitlich begrenzt ist und ...... d......... Unternehmen das Angebot, ... für bestimmte Wirtschaftszweige repräsentativ ist, ausstellen. Die Unternehmen wenden sich vor allem an das allgemeine Publikum, ... so über dieses Angebot informiert wird.

3. Die Besucher von .... kommen aus einem Einzugsgebiet, ... über die jeweilige Region deutlich hinausgeht.

4. .... haben ein Einzugsgebiet, ... auf die Region begrenzt ist.

5. Als international bezeichnet man ...., ... einen nennenswerten Anteil an ausländischen Ausstellern und Fachbesuchern, ... aus dem Ausland kommen, aufweisen.

6. Die .... zeigen heute das Angebot mehrerer Industrie- oder Handwerksbereiche. .... oder Special-Interest-Messen sind Veranstaltungen, ... sich auf einen oder wenige Hersteller oder auch auf bestimmte Dienstleistungen konzentrieren.

7. Die Messeart, ... heute am Messeplatz Deutschland vorherrscht, ist eindeutig die Fachmesse mit einem Programm, ... klar definiert ist. Es gibt .... für bestimmte Produkte, ... nach Herstellerbereichen gegliedert sind. Es gibt auch Fachmessen, ... d......... bestimmte Abnehmer angesprochen und bestimmte Techniken vorgestellt werden.

Ü2 Rund um die Messe

Definieren Sie folgende Begriffe mit einem Relativsatz.

1. Leitmesse
2. Ordermesse
3. Hausmesse
4. Investitionsgütermesse
5. Fachbesucher
6. Messestand
7. Messegesellschaft
8. Standpersonal
9. Messekatalog
10. Aussteller

▶ Eine Leitmesse ist eine Messe, die für eine Branche führend ist.

Exportwege *neu*, Kursbuch 2, Kapitel 9

Ü3 Was gehört alles zu einer Messe dazu?

Ergänzen Sie die Ausdrücke mit den Verben. Mehrfachnennungen sind möglich.

1. einen Messestand ....
2. eine Standskizze ....
3. einen Hallenplan ....
4. sich nach der technische Ausstattung ....
5. die Standfläche ....
6. sich beim Messeveranstalter ....
7. Bestellformulare .... / ....

> entwerfen
> reservieren
> buchen
> planen
> anfordern
> festlegen
> bestellen
> ausfüllen
> anmelden
> erkundigen

Ü4 Was müssen Aussteller/-innen auf der Messe tun?

Finden Sie die Begriffe, die Messetätigkeiten beschreiben. Erstellen Sie eine Checkliste.

1. die Wettbewerber beobachten
2. mit den Hostessen flirten
3. neue Produkte vorführen
4. Kunden gezielt ansprechen
5. die Messestadt kennenlernen
6. das historische Museum der Stadt besuchen
7. die Meinungen der Kunden anhören
8. Waren liefern
9. die Angebote der Wettbewerber studieren
10. gut essen und die Lokalitäten genießen
11. neue Kunden gezielt in das Unternehmen integrieren
12. den Streit mit Konkurrenten suchen
13. Informationen mit Fachleuten austauschen
14. neue Vertreter für Produkte gewinnen
15. Kunden am Stand bewirten
16. Standpersonal auswählen
17. Hotelzimmer reservieren
18. eine Pressekonferenz organisieren
19. Veranstaltungen durchführen

☑ Auswahl des Standpersonals   ☑ Ansprache neuer Kunden   ☑ …

Ü5 Und jetzt Sie.

Bilden Sie temporale Nebensätze bzw. präpositionale Ausdrücke.

▶ Vor der Messe muss man die Messeziele festlegen.
  → Bevor man auf die Messe geht, muss man die Messeziele festlegen.

1. Bei der Messeplanung muss man die Kosten kalkulieren.
2. Vor der Anmeldung des Messestands muss man die Standgröße und Standart festlegen.
3. Vor der Hotelreservierung muss man ein geeignetes Hotel aussuchen.
4. Bei der Eröffnung der Messe waren Politiker und Wirtschaftsvertreter anwesend.
5. Die Praktikanten hören dem Verkaufsleiter bei der Produktpräsentation zu.

▶ Wenn man das Standpersonal auswählt, muss man die Qualifikation der Bewerber prüfen.
  → Bei der Auswahl des Standpersonals muss man die Qualifikation der Bewerber prüfen.

1. Nachdem man die Mitarbeiter ausgewählt hat, muss man sie schulen.
2. Während der Verkaufsleiter ein Verkaufsgespräch führt, klingelt sein Handy.
3. Bevor der Stand abgebaut wird, müssen die Exponate verpackt werden.

Ü 6 Messevorbereitung in einer Übungsfirma

Lesen Sie den Zeitungsartikel und beantworten Sie anschließend die Fragen.

Mit *easy-cooking* Messeluft schnuppern

An diesen Schultag werden sich Vanessa Buck, Jonas Kempter sowie ihre Klassenkameraden von der Beruflichen Schule Riedlingen noch lange erinnern. Zuerst einmal, weil er schon am frühen Morgen beginnt, obwohl er tags zuvor erst spät zu Ende gegangen war. Und dann natürlich, weil sie heute gar nicht als Schüler irgendeiner Schule gefragt sind, sondern gefordert werden als Team der *easy cooking GmbH*, des Unternehmens, das den Küchenalltag nicht nur für Hausfrauen leichter machen will.

Und also hatten sie noch am Montagabend den Lieferwagen mit den Messeutensilien beladen und startklar gemacht. So kann die Fahrt nach Hechingen am Dienstag früh beginnen. Um 6.40 Uhr fahren sie und zwei weitere Klassenkameraden mit den betreuenden Lehrern zur *ÜFM* nach Hechingen, während die übrigen 34 Mitglieder der Belegschaft den Messetag mit der Bahn etwas später antreten, weil das Betriebskapital nur eine Fahrt mit dem Württembergticket vorsieht.

ÜFM steht für Übungs-Firmen-Messe der beruflichen Schulen im Regierungsbezirk Tübingen, die in der Hechinger Stadthalle im nobleren Stadtteil unter der Hohenzollernburg stattfindet. 20 Übungsfirmen aus 20 Schulen präsentieren da für einen Tag ihre Arbeit, ihre Ideen, und alle wollen zeigen, was sie professionell gesehen schon so drauf haben, wenn sie ihre Firmen und Produkte vertreten oder andere Stände besuchen und – natürlich mit fast echtem Geld – ordern. Und weil die Messe selbst das Fach ist, macht dies das Angebot sehr reichhaltig: Von der *Body Talk GmbH*, dem Spezialisten für die ansprechenden Dessous, über die *Relaxy GmbH* mit dem Massagewohlfühlsessel bis zu *sportline* mit Heimtrainer und Fahrrad ist alles vertreten. Für Riedlingen tritt *easy cooking* an, die von zwei Klassen der Berufsfachschule Wirtschaft gemanagt und dabei natürlich noch von den sehr messeerfahrenen Fachlehrern Manfred Jonas und Andreas Häfele angeleitet werden, die in der GmbH sozusagen eine Art Aufsichtsratsfunktion einnehmen.

Kaum angekommen geht für Vanessa und Jonas der Stress auch schon los. Jetzt heißt es, den Stand aufbauen, den *Silit* samt dem blitzenden Geschirr aus Edelstahl gespendet hat. Rasch werden die einzelnen Produkte noch dekoriert, Vanessa schaut nach, ob auch genügend Prospekte ausliegen und das Schreibgerät für die zu erwartenden Bestellungen funktioniert, bevor sie sich in der ebenfalls von einer Schülerfirma betriebenen Cafeteria eine Brezel und eine Cola genehmigt. Schon strömen auch die ersten Besucher ein, denn pünktlich um zehn Uhr eröffnen wichtige Leute des öffentlichen Lebens die *ÜFM*, voran Hechingens Bürgermeister Jürgen Weber, der das rote Band nicht alleine durchschneidet.

Inzwischen ist auch die Nachhut eingetroffen und kann endlich aktiv in das Messegeschehen eingreifen. Vanessa und Jonas werden abgelöst von Stefanie Maurer und Ramona-Alina Gobs, die gleich heftig in Verkaufsgespräche verwickelt werden, während Studiendirektor Karl Rundel Interessenten Auskünfte über die Ausbildung und deren Ziele an Berufsfachschulen gibt.

Worterklärungen

▶ Württembergticket: billiges Bahnticket für fünf Personen in Baden-Württemberg   ▶ Silit: Hersteller von Küchengeschirr aus Edelstahl

● Fragen zum Text

1. Was ist die *ÜFM*?
2. Was zeigt *easy cooking* auf der Veranstaltung?
3. Was müssen die Schüler dort machen? Suchen Sie alle Begriffe „rund um die Messe".
4. Was halten Sie von dem Konzept einer Übungsfirma?

Ü7 Szenen einer Familie *oder:* Kinder, Küche und Computer ...

Susanne F., eine junge, erfolgreiche PR-Frau, hatte vor Kurzem ein Baby bekommen. Die ersten Monate nach der Geburt blieb sie zu Hause. Solange das Kind klein war, wollte sie ihre Arbeit von ihrer Wohnung aus am Computer erledigen. Aber eines Tages passierte etwas ... Ihr Mann war gerade auf einer Geschäftsreise in den USA.
Betrachten Sie die Gegenstände und Personen. Sie spielen in der Geschichte eine Rolle.

● Setzen Sie zuerst die Verben ins Präteritum bzw. Plusquamperfekt. Kombinieren Sie die Sätze in der linken Spalte mit den Sätzen in der rechten Spalte richtig. Dann wissen Sie, warum alles passiert ist: Die Sätze in der linken Spalte sind bereits in der richtigen Reihenfolge.

als
bevor
nachdem
während

1. Das Kind .... (schlafen) in seinem Bettchen.
2. Sie .... den Computer .... (einschalten). ⃞D
3. Das Kind .... nach zwanzig Minuten wieder .... (aufwachen) und .... (schreien). ⃞N
4. Sie .... (wollen) das Baby aus dem Bett nehmen. ⃞C
5. Sie .... (telefonieren) mit dem Baby auf dem Arm. ⃞N
6. Susanne .... (merken), dass die Küche .... (brennen). ⃞L
7. Die Feuerwehr .... (löschen) das Feuer. ⃞E

a) Sie .... die Feuerwehr .... (anrufen). (Die Feuerwehr kam.) ⃞L
b) Susanne .... (wollen) am Computer arbeiten.
c) Susanne F. .... (sitzen) verzweifelt mit ihrem Baby im Wohnzimmer. ⃞R
d) Sie .... (wollen) ihm in der Küche das Fläschchen geben. ⃞S
e) Sie .... (stellen) in der Küche einen Topf auf den Herd und .... (sterilisieren)/ .... darin ⃞⃞⃞ ⃞⃞⃞⃞⃞⃞⃞⃞⃞ des Babys .... (auskochen). ⃞E
f) Das Telefon .... (klingeln). (Ihre Chefin war am Apparat und wollte mit ihr dringend einen Auftrag besprechen.) ⃞H
g) Eine Nachbarin .... (klopfen) an die Tür und .... (wollen) ihr einen Kuchen vorbeibringen. ⃞U

▶ **Während** das Kind in seinem Bettchen schlief, wollte Susanne am Computer arbeiten. **Bevor** sie ...

Lösung: Sie hatte ⃞⃞⃞ ⃞⃞⃞⃞⃞⃞⃞⃞⃞ vergessen.

● „Was soll ich nur meinem Mann sagen?", dachte sie am Ende. Spielen Sie das Telefongespräch mit einem Kursteilnehmer/einer Kursteilnehmerin.

Ü 8 „Liebe geht durch den Magen" – oder doch nicht?

Erklären Sie das Sprichwort und schreiben Sie zu der Bildgeschichte einen Text in der Vergangenheit. Verwenden Sie die Konjunktionen *während, als, nachdem, bevor* ...

(Bild 3): „Mmh, das riecht aber gut... Sag' mal, hast du das auch gelesen?"

Erzählanfang 1:

„Na endlich gibt es bald etwas zu essen", dachte Emil Vogel zufrieden und verkroch sich hinter seiner Zeitung ...

Erzählanfang 2:

„Bin ich denn seine Sklavin?", fragte sich Mathilde Vogel, während sie missmutig im Kochtopf herumrührte. ...

- Der Mann schreibt einen Leserbrief an die Eheberaterin einer Zeitung und beklagt sich. Schreiben Sie den Brief für ihn. Die Frau unterhält sich mit ihrer besten Freundin. Spielen Sie den Dialog.

Exportwege *neu*, Kursbuch 2, Kapitel 9

Ü9 Ergonomie in der Küche

Der Küchenhersteller *bulthaup* beschreibt, wie er das Problem der Ergonomie gelöst hat.
Ordnen Sie die folgenden Texte den entsprechenden Abbildungen zu.

A
Wer an der Arbeitsplatte steht, will sich auf das Vorbereiten, Zubereiten und Kochen konzentrieren und sich nicht durch einen schmerzenden Rücken ablenken lassen. Durch Arbeitsflächen, die höher gelegt wurden, erreicht *bulthaup*, dass niemand mehr lange mit gebeugtem Rücken in der Küche stehen muss.

B
Die Ergonomie steht im Mittelpunkt der Konzeption von *system 25*. Anders gesagt: Die Küche soll den normalen Bewegungs- und Arbeitsmöglichkeiten angepasst werden. Das Kochen, gerade wenn es aufwendig ist und länger dauert, ist anstrengend. Aber je besser die Einrichtung der Küche sinnvolle Arbeitsabläufe bei entspannter Körperhaltung ermöglicht, desto öfter wird sie benutzt.

C
Die Nische zwischen Arbeitsfläche und den oberen Funktionselementen wird oft benutzt. Sie befindet sich im Zentrum des Sichtfeldes. Es bietet sich deshalb an, die Nische intensiv zu nutzen. Voraussetzung dafür sind flexible Ausstattungen und der jeweiligen Situation angepasste Lichtquellen.

D
Der Raum, in dem Menschen Dinge ergreifen können, ohne sich fortzubewegen, umfasst eine Halbkugel. Ergonomisch ist es am günstigsten, wenn sich alle Werkzeuge und Zutaten innerhalb dieses Greifraums befinden.

E
In Unterschränken wird ein Großteil der Gegenstände aufbewahrt, mit denen jeder in der Küche hantiert. Unterschränke muss man leicht einräumen können und man sollte genauso leicht Dinge entnehmen können.

Worterklärung
▶ die Ergonomie, ergonomisch: so gestaltet, dass bei der Arbeit keine Zeit und Energie verschwendet werden, jemandes Gesundheit nicht unnötig belastet wird. Man gestaltet einen Arbeitsplatz/Büromöbel/eine Küche ergonomisch.

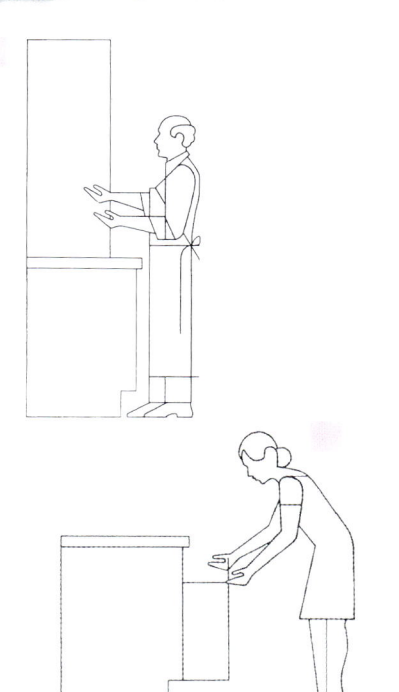

● Warum muss man eine Küche ergonomisch gestalten?

● Welchen Vorteil hat eine ergonomisch gestaltete Küche? Kreuzen Sie alle möglichen richtigen Antworten an.

- [ ] Man kann Geld sparen.
- [ ] Man kann sich auf die Zubereitung des Essens konzentrieren.
- [ ] Das Essen schmeckt besser.
- [ ] Man ist nicht verkrampft und kann entspannt arbeiten.
- [ ] Man kann die Küchengeräte leicht erreichen und unterbringen.
- [ ] Man kann besser telefonieren.

● Nennen Sie Merkmale der ergonomisch gestalteten Küche.

▸ Die Nische zwischen Arbeitsfläche und Hochschränken/Regalen wird intensiv genutzt.
1. ....
2. ....
3. ....

● Planen Sie selbst mit einem Küchenplaner eine ergonomisch gestaltete Küche. Einige Küchenhersteller bieten im Internet auf ihren Seiten Onlineplaner an. Stellen Sie dann Ihre Küche der Gruppe vor.

Ü 10 Grete Schütte-Lihotzky – ein bewegtes Leben

Formulieren Sie die Biografie von Grete Schütte-Lihotzky in der Vergangenheit (Präteritum/Plusquamperfekt) und ergänzen Sie die Konjunktionen (als, nachdem, bevor …) und temporalen Präpositionen (nach).

Grete Schütte-Lihotzky .... (werden) am 23.1.1897 in Wien geboren. .... sie in Wien als erste Frau an der Wiener Kunstgewerbeschule (1915–1919) ...., (studieren), ... (erhalten) sie Aufträge für Wohnungsbauten, Kleingartensiedlungen und Kindergärten. Im Jahre 1926 .... sie von Ernst May nach Frankfurt .... (berufen werden), wo sie ihre berühmte *Frankfurter Küche* .... (entwerfen). Von 1930 bis 1937 .... (arbeiten) sie mit der Gruppe May als Spezialistin für Kinderbauten in Russland. .... ihrem Russlandaufenthalt .... (gehen) sie nach Istanbul ins Exil. .... sie 1940 als Mitglied einer österreichischen Widerstandsgruppe nach Österreich .... (einreisen), ... sie .... (verhaftet werden) und bis Ende des Krieges im Zuchthaus eingesperrt. .... dem Zweiten Weltkrieg .... (leiten) sie die Baudirektion Sofia (Bulgarien). In den darauffolgenden Jahren .... (erhalten) sie mehrere Aufträge in Kuba, Österreich und Berlin. 1980 .... sie mit dem Architekturpreis der Stadt Wien .... (ausgezeichnet werden). 1991 .... (entwickeln) sie Wohnbauprojekte für die *EXPO* 1995 in Wien. .... sie ihren 103. Geburtstag .... (feiern können), ... (sterben) sie am 18. Januar 2000 in Wien.

● Warum kann man Grete Schütte-Lihotzky als sozial und politisch engagierte Architektin bezeichnen?

● Recherchieren Sie im Internet nach weiteren Projekten von Grete Schütte-Lihotzky.

● Wenn Sie Architektur studieren oder an Architektur besonders interessiert sind, dann präsentieren Sie weitere bekannte Architekten (z. B. Walter Gropius – den Begründer des Bauhauses in Dessau, Friedensreich Hundertwasser, Le Corbusier, Oscar Niemeyer).

Ü 11 Und jetzt sind Sie gefragt!

Hören Sie noch einmal, was Grete Schütte-Lihotzky zur Entwicklung der Küche sagt, und lesen Sie dann die gekürzte Transkription ihrer Rede. Machen Sie daraus einen schriftlichen Bericht. Dafür müssen die erzählenden Teile im Präteritum stehen.

2.9

„Wir in Wien hatten nämlich in der Siedlerbewegung zuerst Wohnküchen gemacht. Warum? Weil es kein Brennmaterial gegeben hat. Die Leute haben nur den Herd geheizt und haben da auch wohnen wollen, weil sie nicht genug Brennmaterial gehabt haben, um noch mehrere Öfen zu heizen. Dies ist die Grundlage für die Wohnküche in Wien gewesen, die aus der Bauernküche kommt, aus dem Bauernhaus, wo ja die Menschen auch um das Feuer gewohnt haben. Und in dem Moment, wo man Gas und Elektrizität hat, fällt ja dieses Moment weg.

Die Leute sprechen heute von Wohnküchen, die gar keine Wohnküchen sind. Sie haben nämlich extra alle noch ein Wohnzimmer. Dann ist das ja schon keine Wohnküche, dann ist das höchstens eine Essküche. Also über diese Frage haben wir da beraten.

Damals – und das bedenkt die Jugend heute nicht – hat es kein fließendes Wasser gegeben, da war es nicht so, dass man immer den Hahn aufdreht und warmes Wasser hat. Das Wasser ist am Herd gewärmt und dann ausgeschüttet worden, nicht wahr. Es hat alles nicht gegeben, was eine Küche wirklich ganz sauber und hygienisch macht. So dass die Wohnküche eine in unseren Augen niedrigere Wohnform war, weil alles, der Schmutz, der Dreck, das Gemüseputzen, die Schalen, der Abfall, alles im Wohnzimmer war, nicht wahr."

Wir in Wien hatten nämlich zuerst Wohnküchen gemacht, weil es kein Brennmaterial gab. Die Leute heizten nur den Herd und wollten ....

Und in dem Moment, wo es Gas und Elektrizität gab, entfiel dieser Grund.

Worterklärungen

▶ Siedlerbewegung: Diese Bewegung beschäftigte sich mit dem Neubau von Wohnungen. ▶ dieses Moment: dieser Aspekt, d. h. die Tatsache, dass die Menschen früher um das Feuer herum saßen

10 Der Messeauftritt

Themen: **A** Schein und Sein: Zur Funktion des Designs **B** Messeaktivitäten **C** Vom Projekt zum Produkt **D** Vom Ereignis zur Information: Medien in Deutschland

A Schein und Sein: Zur Funktion des Designs

A1 Kunst und Design

Beschreiben Sie die Gegenstände und erklären Sie die Funktion.

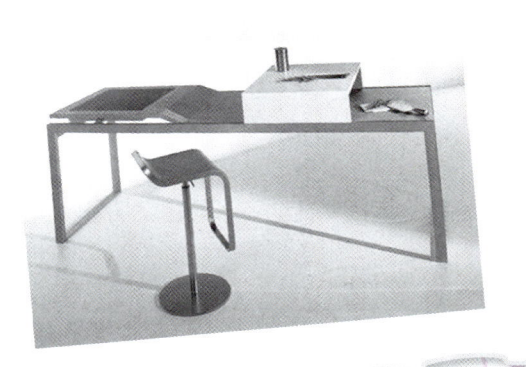

● *Redemittel:* **Gegenstände beschreiben**

Ganz eindeutig, das ist …	So ein Gegenstand dient zu … *(Dat.)*
Also meiner Meinung nach handelt es sich da um … *(Akk.)*	Den Gegenstand braucht man zu … *(Dat.)*
Nein! Ich denke eher, dass es ein … ist.	Mit diesem Gegenstand/Möbel kann man …

Die Form ist praktisch/funktional/einfach/geradlinig/verspielt/modern/klassisch/avantgardistisch …

A2 Rund ums Design

Lesen Sie zuerst die Lexikoneinträge zu „Design" und notieren Sie die wichtigsten Informationen. Was ist schön/hässlich? Was heißt „ästhetisch"? Diskutieren Sie Ihre Ergebnisse.

> **Design:** ästhetische Gestaltung von Produktionsmustern und ihr Ergebnis, im Gegensatz zur Formgebung aus rein funktioneller Sicht.
>
> **Industriedesign** *(Industrial Design)*: zunächst in Großbritannien verwendete Bezeichnung für eine speziell den Erfordernissen der Massenproduktion angepasste Gestaltung von Gegenständen und Geräten aller Art. Am Beginn der modernen Formgebung standen in Großbritannien das Arts und Crafts Movement, in Deutschland die Künstler des Jugendstils, der Deutsche Werkbund und das Bauhaus. Bezeichnend für das zeitgenössische Industriedesign sind schnell wachsende Trends … und die Verwischung der Grenze zwischen Kunst und Design.
>
> **Grafikdesign** *(früher Gebrauchsgrafik)*: Gestaltung von Vorlagen für reproduzierbare Bild-, Druck- und Bildschirmmedien. Im modernen Sprachgebrauch findet dafür auch der Begriff visuelle Kommunikation Verwendung. Die Umsetzung von Information in visuelle Eindrücke erfolgt mittels Schrifttype, Bild- und Fototechniken sowie Computerprogrammen.

A3 Gespräch mit dem Industriedesigner Klaus Lehmann

Klaus Lehmann ist emeritierter Professor für Industriedesign und ehemaliger Direktor der Akademie der Bildenden Künste Stuttgart.

● Hören Sie den ersten Teil des Gesprächs einmal vollständig. Notieren Sie die beiden Themen.

2.10

1. .... 2. ....

A4 Sichtweisen

Ergänzen Sie beim zweiten Hören das Schaubild.

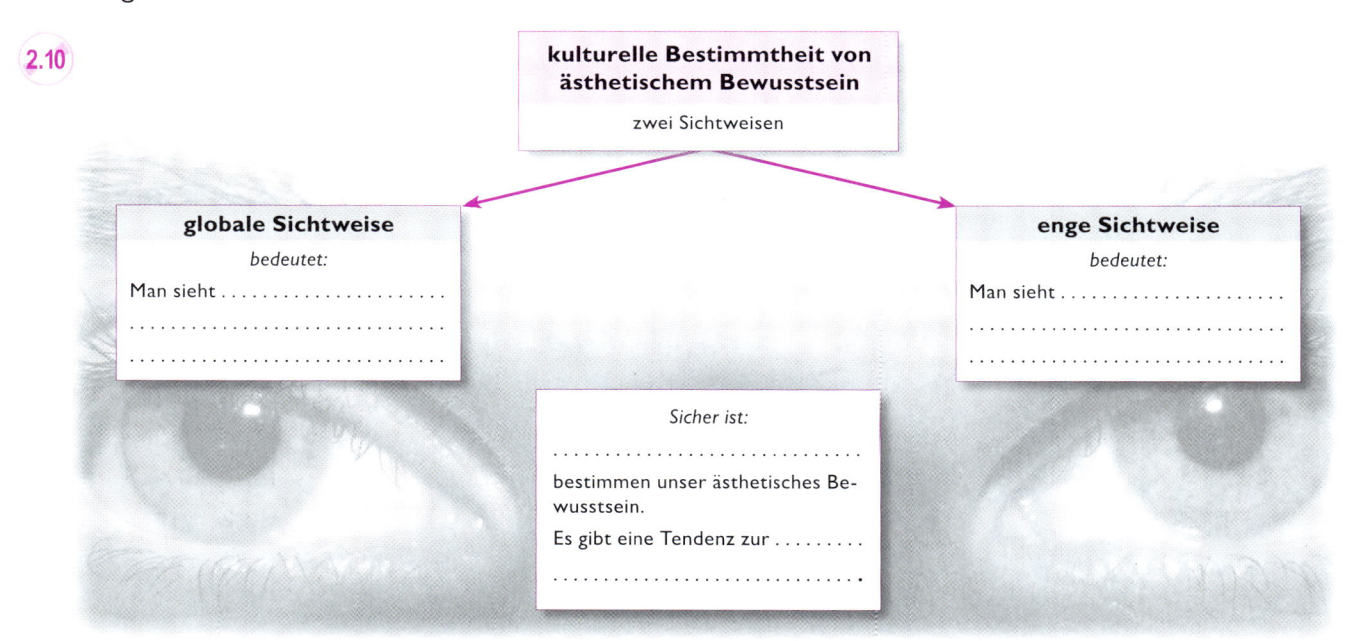

2.10

kulturelle Bestimmtheit von ästhetischem Bewusstsein
zwei Sichtweisen

globale Sichtweise
bedeutet:
Man sieht ....
....
....

enge Sichtweise
bedeutet:
Man sieht ....
....
....

Sicher ist:
....
bestimmen unser ästhetisches Bewusstsein.
Es gibt eine Tendenz zur ....
....

Worterklärungen zu den Stichwörtern „Bauhaus" und „Ulmer Schule"

▶ Das Bauhaus: wurde im Jahre 1919 von dem Architekten Walter Gropius in Weimar gegründet. Wichtige Prinzipien des Bauhauses waren z. B. die Überwindung der Trennung zwischen freier und angewandter Kunst und klare, sachliche Formen. Wichtige Lehrer am Bauhaus waren: Feininger, Klee, Kandinsky, Mies van der Rohe.

▶ Ulmer Schule: Max Bill wollte noch einmal mit der Gründung der Hochschule für Gestaltung in Ulm (1955–56) an die Tradition des Bauhauses in Weimar anknüpfen. Nach seinem Abschied 1956 wurde das Institut immer mehr zu einer Designerschule. 1968 wurde die Hochschule für Gestaltung (HfG) geschlossen. 2008 beschloss die Stiftung HfG ein neues Nutzungskonzept für das HfG-Gebäude: Designnahe Firmen und Institutionen können die Räumlichkeiten mieten.

● Was bedeutet „Nivellierung des ästhetischen Bewusstseins"? Welche Definition trifft zu?
- [ ] Die Menschen wissen nicht, was schön ist.
- [ ] Der Geschmack und damit auch die Produkte gleichen sich weltweit an.
- [ ] Die Menschen verlieren das Bewusstsein für das, was schön ist.

A5 Was sagt Professor Lehmann?

Tragen Sie die folgenden Begriffe in die Aussagen von Professor Lehmann ein.

▶ Globalisierung ▶ Weltdesign ▶ globale Märkte ▶ soziale Strömungen ▶ Nivellierung des ästhetischen Bewusstseins ▶ Massenprodukte ▶ Regionalisierung

1. Es gibt Tendenzen, die zu einer .... führen.
2. Das hängt mit den .... zusammen.
3. .... werden heute weltweit vermarktet.
4. Sie unterliegen einem ...., d. h. einer funktionalistischen Gestaltungsauffassung.
5. Man kann eine Tendenz zur .... feststellen.
6. Andererseits gibt es auch eine .... Das Design reagiert also auf .... und das ist ganz wichtig.

A6 Und jetzt Sie.

Machen Sie sich Notizen.

1. Unterschiede zwischen:

einem handwerklichen Produkt	und der Massenproduktion
....	....

2. Herausforderung für den Designer: ....
....

● *Redemittel:* **Einen Standpunkt beziehen**

Für Prof. Lehmann sind Kultur und ästhetisches Bewusstsein überregional. Er vertritt eine globale Sichtweise und spricht von einer europäischen Kultur. Seiner Auffassung/Meinung nach wird der Geschmack durch die Sozialisation/Bildung beeinflusst. Er meint, dass es Unterschiede in den Details gibt, die nur Spezialisten erkennen können.	👍 Das sehe ich auch so. Dem stimme ich zu. Ich bin derselben Ansicht. Meiner Auffassung nach … Meiner Meinung nach … Ich bin der Ansicht/Meinung, dass … 👎 Ich dagegen denke, dass … Ich meine aber, dass … Das sehe ich ganz anders.

● Wählen Sie eine der Aussagen, erklären Sie sie mit Beispielen. Bilden Sie Gruppen und diskutieren Sie.

1. Kulturelle Einflüsse beeinflussen unseren Geschmack.
2. Es gibt eine europäische Kultur. Nur der Spezialist kann kleine Unterschiede feststellen.
3. Massenprodukte werden weltweit vermarktet. Deshalb müssen sie in großen Mengen hergestellt werden und müssen daher einem Standard entsprechen.

A7 Als Mediendesigner rund um die Welt: Das Projekt *twocollect*

⇨ Ü 2–4

Die beiden Mediendesignerinnen Antonia Kühn und Julia Wolf haben nach ihrem Diplom an der Muthesius Kunsthochschule Kiel eine sechsmonatige Weltreise unternommen und dabei an verschiedenen Orten Arbeitserfahrungen gesammelt.

Interviewer: Normalerweise versuchen Mediendesigner nach ihrem Diplom, in einer Agentur unterzukommen. Warum seid ihr ins Ausland gegangen?

Antonia/Julia: Bevor wir gemeinsam die Weltreise antraten, hatte jeder von uns bereits Auslandserfahrungen gesammelt. Am bemerkenswertesten empfanden wir dabei, dass sich über eine Arbeitsroutine und die Teilnahme am landestypischen Alltag ganz andere Sichtweisen auf ein Land, seine Bewohner und deren Kultur erschließen. Anstatt von außen als Fremder auf eine neue Stadt zu blicken, erhielten wir über die Leute und die Arbeit einen sehr direkten Einblick.
So veranlasste uns vor allem die Neugier, mehr sehen und kennenlernen zu wollen, zu diesem Schritt. Gleichzeitig stellen die zahlreichen neuen, zum Teil ungewohnten Eindrücke eine tolle Inspirationsquelle dar.

Interviewer: Wie seid ihr auf die Idee zu *twocollect* gekommen?

Antonia/Julia: Die bereits erwähnten positiven Auslandserfahrungen haben uns dazu animiert, noch mehr sehen zu wollen – insbesondere in Bezug auf Design. In Anlehnung an die traditionelle Walz der Handwerksgesellen haben wir ein Konzept entwickelt, das auf dem Gedanken des Austauschs basiert. Diese Idee war für uns die Grundlage des gesamten Projektes: Erlerntes mitzubringen, anzubieten und dadurch Neues hinzuzulernen.

Interviewer: Wo habt ihr auf eurer Reise überall gearbeitet? Habt ihr dabei Geld verdient?

Antonia/Julia: Das waren etablierte Grafikdesignbüros, klassische Werbeagenturen, aber auch freiberufliche, selbstständige Grafikdesigner, Illustratoren, Mode-Designer und Fotografen.
Wir haben für unsere Arbeit keinen Lohn verlangt, sondern eine Art Unterstützung wie Essenseinladungen und Übernachtungsmöglichkeiten. Die Einblicke in die verschiedenen Kulturen und die intensiven Freundschaften, die wir in so kurzer Zeit gefunden haben, stellen für uns eine unbezahlbare Bereicherung dar.

Worterklärung

▶ die Walz: Handwerksgesellen gehen seit dem Spätmittelalter (vor allem im 18.–20. Jahrhundert) nach der Lehre auf Wanderschaft und sammeln bei Meistern Erfahrungen.

● Fassen Sie in einem kurzen Text die wesentlichen Informationen, die Antonia und Julia gegeben haben, zusammen.

● Was halten Sie von dem Projekt? Diskutieren Sie.

A8 Klaus Lehmann über die Entwicklung der Küche

Hören Sie den zweiten Teil des Interviews mit Klaus Lehmann und kreuzen Sie die Themen an, die Ihnen aus Kapitel 9 schon bekannt sind.

2.11

- [ ] 19. Jhd. Küche: Einzelmöbel
- [ ] 1920er-Jahre: *Frankfurter Küche*
- [ ] Doppelbelastung der Frau: Beruf und Haushalt
- [ ] Methoden des Taylorismus:
    1. Minimierung der Arbeitswege
    2. Erleichterung der Arbeit
- [ ] Weiterentwicklung der Küche in Skandinavien: → 1950er-Jahre: „Reimport" als Schwedenküche
- [ ] Zusammenarbeit zwischen Designer und Produzent → Design = Prozess in Phasen
- [ ] Designerküchen, z. B. Kugelküche von Luigi Colani in hoch technisierten Küchen: Tiefkühlkost
- [ ] Neuentwicklungen → Standards → Norm → Stagnieren der Entwicklung

A9 Hier sind Zitate aus dem Interview. ⇨ G 1, G 2, Ü 1

Geben Sie die Aussagen wieder.

▶ Im 19. Jahrhundert war die Küche ein Ort, wo man Einzelmöbel aufgestellt hat.

Er sagt, *dass* die Küche … ein Ort war, wo man Einzelmöbel aufgestellt hat.
Seiner Meinung nach beginnt die Geschichte der … Einbauküche mit der *Frankfurter Küche*.
Er sagt, die Geschichte der modernen Einbauküche *beginne* mit der *Frankfurter Küche*.

1. Die Entwicklung der Küche beginnt in den 20er-Jahren des 20. Jahrhunderts mit der Entwicklung der *Frankfurter Küche*.
2. Die Doppelbelastung der Frau war der Grund für diese Entwicklung.
3. Grete Schütte-Lihotzky hat die Methoden des Taylorismus angewendet und wollte die Arbeitswege minimieren und die Arbeit erleichtern.
4. Diese Küche wurde in Schweden weiterentwickelt und kam als Schwedenküche wieder nach Deutschland zurück.
5. Wenn ein Designer mit einem Produzenten zusammenarbeitet, so ist dies ein Prozess in Phasen, d. h. in einzelnen Arbeitsschritten. So kann man das Risiko minimieren, weil man immer wieder die Arbeit kontrolliert.
6. Designerküchen wie die Kugelküche von Luigi Colani waren oft „Messeheuler". Sie zeigten Trends an, aber man kochte nicht darin.
7. Das bessere Essen wird in einfachen Küchen zubereitet. Hightech-Küchen dienen nur dazu, Tiefkühlkost aufzutauen.
8. Die Entwicklung der Küchen ist heute durch Normen und Standards eingeschränkt. Durch die Normierung stagniert aber die Entwicklung.

● Klaus Lehmann spricht im Zusammenhang mit Designer-Küchen von sogenannten „Messeheulern". Was meint er damit?

AVANTGARDISTISCH: Die Kugelküche *experiment 70*, entwickelt in Zusammenarbeit mit dem Designer Luigi Colani, wird 1970 als experimentelles Modell für das Jahr 2000 vorgestellt.

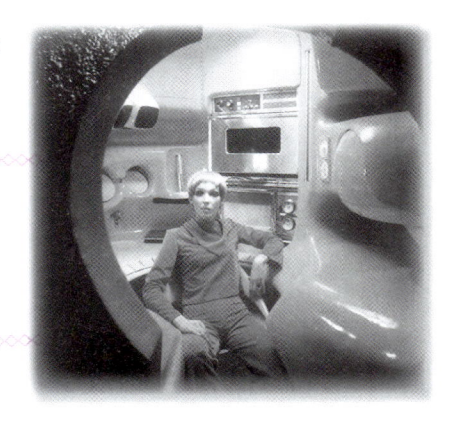

B Messeaktivitäten

B1 Zwei Gespräche am Stand von *Cucine* auf der Internationalen Möbelmesse in Köln

Ist das so richtig?

		ja	nein
2.12	1. Herr Neumann vertritt einen kleinen Küchenhersteller.	☐	☐
	2. Herr Neumann möchte nur große Küchen in seinem Programm haben.	☐	☐
2.13	3. Herr Neumann sucht noch Modelle für die obere Mittelklasse.	☐	☐
	4. *Cucine* kann *System3plus* ab 7 000 Euro anbieten.	☐	☐
	5. Herr Kindermann ist Inhaber eines Möbelhauses.	☐	☐
	6. Er möchte *System3plus* gern vertreiben.	☐	☐
	7. Die Kunden interessieren sich vor allem für Arbeitsplatten aus Massivholz.	☐	☐

● Machen Sie sich dazu Notizen.

	Erstes Gespräch	**Zweites Gespräch**
Wer spricht mit wem?	Herr Neumann, Francesca Dini, Sarah Mandani	Herr Kindermann, ...
Gesprächsthemen	1. Größe der Küchen und Küchengrundrisse	1. ....
	2.	2. ....
	3.	3. ....

B2 Protokolle

2.12 Sarah Mandani, die Assistentin des Niederlassungsleiters, hat sich Notizen von den Gesprächen
2.13 gemacht. Hören Sie die beiden Gespräche noch einmal und ergänzen Sie die Stichworte auf den beiden Protokollblättern.

---

① Datum: 14. Januar 20…, 12.30 Uhr
Partner: *Herr Neumann*
von: ....
mit: ....

Notizen:
Küche & Einrichtung ist ein großer *Küchenspezialist* mit .... in Deutschland. Herr Neumann leitet .... Herr Neumann ist an *System3plus* sehr .... sei wunderbar und auch die .... erfülle höchste ....

Herr Neumann überlegt, ob er es .... aufnimmt. Allerdings fragt er sich, ob *System3plus* für deutsche Küchengrundrisse nicht zu .... sei.

Für .... spielt .... eine wichtige Rolle. So betont er, dass .... für das Basismodell nicht höher .... sein dürfe.

---

② Datum: 14. Januar 20…, 16 Uhr
Partner: *Herr Kindermann*
von: ....

Notizen:
Das Unternehmen hat Interesse an ....

1. Oberflächen:
   reine Holzfronten → ....
   ....
   ....

2. ....
   Arbeitsplatten in Massivholz → ....
   ....

● Als Sarah das Protokoll geschrieben hat, hat sie genau unterschieden zwischen:

Tatsachen	der Wiedergabe von Zitaten
Was ist/macht Herr Neumann?	Was sagt Herr Neumann?
▶ Herr Neumann ist bei K&E für den Einkauf zuständig.	▶ Er sagt, das Design von System3plus sei einfach wunderbar.

B3 Ein Bericht für den Niederlassungsleiter ⇨ Ü5

Etwas später berichtet Sarah Mandani Herrn Claus, dem Niederlassungsleiter von *Cucine* in Deutschland, von den beiden Begegnungen.
Ergänzen Sie die korrekten Verbformen.

▶ würden sich … binden ▶ dürfe … liegen ▶ aufnehmen soll ▶ ist ▶ gefalle ▶ sei ▶ leitet
▶ würden … suchen ▶ denkt ▶ spielt ▶ bereit sei ▶ sagt ▶ sehe

Herr Neumann .... den Einkauf bei *Küche & Einrichtung*. Das .... ein großer Küchenverkäufer mit 30 Filialen in Deutschland. Herr Neumann ...., dass ihm *System3plus* von Design und Qualität her sehr gut .... So überlegt er, ob er *System3plus* in sein Programm .... Wie er sagt, ... sie bei *Küche & Einrichtung* Modelle für die obere Mittelklasse .... Allerdings *sehe* er noch Probleme mit der Größe und dem Preis. Er .... nämlich, dass *System3plus* zu groß für deutsche Küchengrundrisse .... Zweitens .... der Preis für ihn eine große Rolle. Denn die Kunden .... in erster Linie über den Preis an den Hersteller .... Die übergroße Mehrheit der Konsumenten .... nicht ...., mehr als 7 000 Euro für eine neue Küche auszugeben. Deswegen .... der Einstiegspreis für das Basismodell inklusive Markengeräte nicht höher ....

● Setzen Sie die Verben in der richtigen Form und im richtigen Modus ein. Die Verben sind schon in der zutreffenden Reihenfolge aufgeführt.

▶ sein ▶ haben ▶ anfertigen ▶ verkaufen ▶ interessieren ▶ umstellen wollen ▶ sein
▶ handhaben können

Herr Kindermann .... Möbelschreiner und Unternehmer und .... einen kleinen Familienbetrieb in Süddeutschland. Dort .... er individuelle Esszimmermöbel .... und .... auch hochwertige Küchen. Er .... sich vor allem für die verwendeten Materialien. Bei den Arbeitsplatten, betont er, ... das Unternehmen das Angebot langsam .... Da .... *System3plus* sehr interessant, weil man es sehr individuell ....

Exportwege neu, Kursbuch 2, Kapitel 10

C Vom Projekt zum Produkt

C1 Das Design-Studium an der Muthesius Kunsthochschule Kiel

Lesen Sie die Texte und lösen Sie dann die Aufgaben dazu.

Die Muthesius Kunsthochschule, die im Jahr 1907 gegründet wurde, baut auf einer bis auf den Werkbund zurückgehenden Tradition auf und bietet eine interdisziplinäre Ausbildung. Die Studenten haben die Wahl zwischen den Studiengängen Freie Kunst, Kommunikationsdesign, Industriedesign und Interior Design, die als sechssemestrige Studiengänge mit dem Abschluss Bachelor of Arts (B. A.) und als viersemestrige Masterstudiengänge (M. A.) angeboten werden, die auf dem B. A.-Studiengang aufbauen.

Im Rahmen des Studiengangs Industriedesign konzentriert sich der Studienschwerpunkt „Bauliches Design" mit den Gebieten Möbeldesign und Ausbauelemente im Grundstudium auf „konstruktives Entwerfen". Hier soll der Zusammenhang zwischen Form und Konstruktion deutlich gemacht werden. Ziel ist es zu vermitteln, dass nicht nur die Statik eines Produktes von der Konstruktion abhängig ist. Die Produkte sollen auch leicht zu montieren und die Teile leicht zu trennen sein.

Während ihres Studiums müssen die Studenten u. a. mehrere Projekte durchführen.

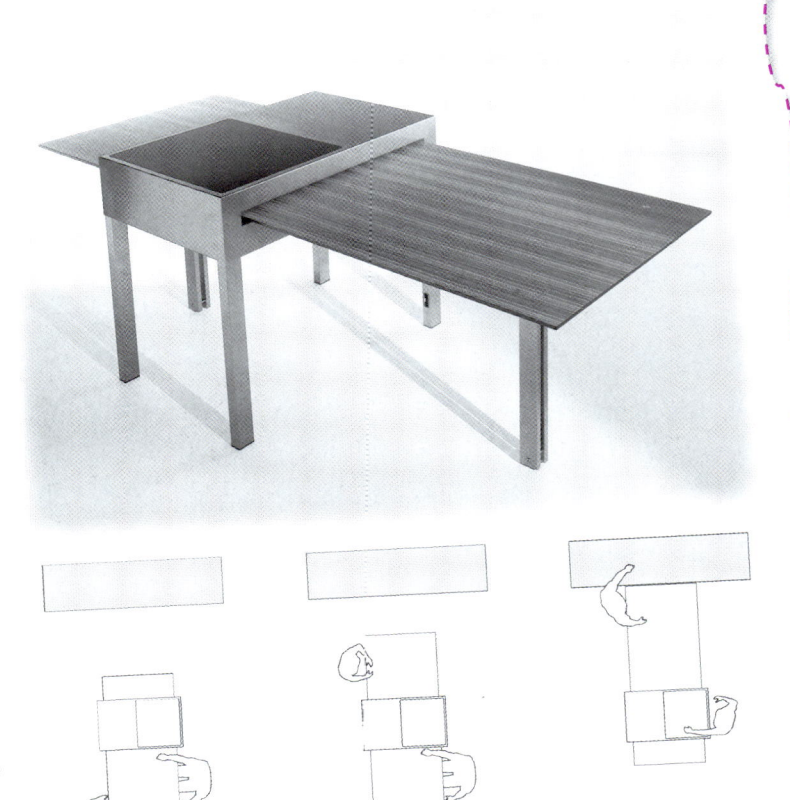

„Ein Tisch zum Kochen, ein Treffpunkt, ein neues Zentrum zwischen Küche und Wohnbereich." Der Tisch, bestehend aus einem feststehenden Kochblock und einer flexiblen Tischplatte, findet seinen Platz frei im Raum. Mühelos gleitet die Tischplatte durch den Kochblock und schafft so neue Arbeits- und Raumsituationen. Von direktem Kontakt zur Küchenzeile bis hin zu einem im Raum frei stehenden Tisch lässt sich der Tisch individuell an jede Alltagssituation anpassen.

Diese Arbeit entstand im Sommersemester 2005 im Projekt „Ein Tisch zum Kochen" und wurde von Prof. Dieter Zimmer betreut. Im 5. Semester wurde der Entwurf in einem Praktikum bei der Firma *ALNO AG* zur Serienreife weiterentwickelt. Der Tisch ist seit einigen Jahren im Handel erhältlich.

„Trauminseln" für moderne Küchen

Das Leben in der Küche spielte sich seit jeher rund um Herd und Küchentisch ab. Kochen, essen, reden, schmökern oder Hausaufgaben machen – am Küchentisch kein Problem. Auf der Idee, Herd und Tisch in der Küche zu kombinieren und wieder zum Zentrum des Lebens zu machen, basieren die neuen Kochtische der *ALNO AG*. Fünf junge Designer gestalteten solche „Trauminseln" für die moderne Küche.

Ausgangspunkt der Entwicklung waren Überlegungen von Dieter Zimmer, Professor an der Muthesius Kunsthochschule in Kiel, in Erinnerung an seine Kindheit. Alles in der Großfamilie spielte sich rund um Herd und Tisch ab, zwei untrennbare Pole. Was damals für die Großfamilie zutraf, trifft auch heute für die Kleinfamilien zu. Lediglich die Maßstäbe haben sich geändert, so Professor Zimmer.

So war die Aufgabenstellung für Studenten im dritten Semester im Sommer 2005 schnell definiert: „Entwickeln Sie einen Kochtisch neuen Typs, der Herd und Tisch vereint – jedoch unter der Berücksichtigung, dass sich Küchen von heute und damals in der Größe unterscheiden."

Die Studenten befassten sich intensiv mit Konstruktion, Fertigung, Versand und Montage, darüber hinaus auch mit der Nutzungsvielfalt des jeweiligen Entwurfs. Am Ende standen nach den Worten Prof. Zimmers „frappierende Ergebnisse, mit einem Standard, den ich in meiner 25-jährigen Laufbahn als Hochschullehrer in dieser Qualität bei Drittsemester-Studenten bisher noch nicht erlebt habe".

Auf der Jahresausstellung der Hochschule fielen sie Christiane Gebert, Leiterin Produktentwicklung-Design bei *ALNO*, ins Auge. Sie lud fünf der neun Studenten zur Präsentation nach Pfullendorf ein. Sie erhielten danach einen Vertrag für ein Praktikumssemester in der zentralen Produktentwicklung der *ALNO AG*, wo sie ihre Entwürfe zur Serienreife entwickelten.

● Aufgaben zu den Texten

1. Welche Studienmöglichkeiten gibt es an der Muthesius Kunsthochschule Kiel?
2. Welche Aufgabe hat der Studiengang „Bauliches Design"?
3. Beschreiben Sie kurz die von Prof. Zimmer betreute Projektarbeit: Aufgabenstellung, Konzeption, Realisierung durch die *ALNO AG*.
4. Stellen Sie sich vor, Sie sind die Produktentwickler. Entwerfen Sie einen kleinen Vortrag für eine Produktpräsentation.

C2 Design-Preise als Förderinstrument für Nachwuchsdesigner und die Wirtschaft

Lesen Sie zunächst die folgenden Texte über den *red dot design award*.

Der red dot design award

Der *red dot design award* ist ein international anerkannter Wettbewerb, dessen Auszeichnung, der *red dot*, als Qualitätssiegel für gutes Design in Fachkreisen hoch geschätzt wird. Mit mehr als 8 000 Anmeldungen aus insgesamt 60 Ländern zählt der *red dot design award* zu den größten Designwettbewerben weltweit. Dabei unterteilt sich der Wettbewerb in drei Bereiche, die unabhängig voneinander ausgeschrieben und juriert werden: product design, communication design und design concept, der seit 2005 jährlich in Singapur ausgeschrieben wird. Begehrte Trophäe ist der *red dot*, das internationale Siegel für Designqualität.

Der *red dot* wird an Arbeiten verliehen, die sich durch herausragende Designqualität auszeichnen. Namhafte Designer und Designexperten aus aller Welt werden ausgesucht, um eine möglichst hohe Objektivität bei der Auswahl der Gewinnerprodukte zu garantieren. Sie entscheiden selbstständig und unabhängig, welche der zahlreichen Produkte einen *red dot* erhalten. Die Jury bewertet die eingereichten Produkte nach verschiedenen Kriterien, wie Innovation, Funktionalität, formale Qualität, Ergonomie, symbolischer und emotionaler Gehalt.

ALNO wird mit fünf *red dot design awards* ausgezeichnet – Designpreis für Premium-Innenausstattung und vier Kochtische

Preisregen für *ALNO*: Mit gleich fünf der begehrten *red dot design awards* zeichnet das Design Zentrum Nordrhein-Westfalen Produkte von *ALNO* und den zum *ALNO*-Konzern gehörenden Herstellern *Wellmann*, *Geba* und *Impuls* aus. Die Preise werden für die neue Premium-Innenausstattung von *ALNO* und vier Kochtische verliehen, mit denen der Küchenhersteller bereits im vergangenen Jahr für Aufsehen gesorgt hatte: Die Modelle longIsland (*ALNO*), palmIsland (*Impuls*), cookIsland (*Wellmann*) und blockIsland (*Geba*) wurden ausgezeichnet.

„Wir freuen uns über den großen Erfolg. Er zeigt uns, dass wir mit unseren innovativen und wegweisenden Produkten eine höchst erfolgreiche Strategie verfolgen. Die Auszeichnungen spornen uns dazu an, unsere eingeschlagene Richtung weiterzugehen", sagte Dr. Frank Gebert, Vorstandsvorsitzender der *ALNO AG*, nach Bekanntwerden der Gewinner.

Besonders freue man sich, dass aus der Reihe der zahlreichen Neuheiten aus dem Hause *ALNO* gerade die Premium-Innenausstattung und die Kochtische als Kooperation zwischen *ALNO* und jungen Designern ausgezeichnet wurden, betonte Berthold Müller, Produktmanager bei *ALNO*. „Bei dem Projekt Kochtische haben wir gezielt auf die Designer von morgen gesetzt. Uns war es wichtig, den Studenten eine Plattform zur fachlichen und persönlichen Weiterentwicklung zu bieten und ihnen die Möglichkeit zu geben, an einer solch anspruchsvollen Aufgabe zu wachsen. Dass die Kochtische der Nachwuchsdesigner jetzt mit einem *red dot* ausgezeichnet wurden, ist für die jungen Designer ein unglaublicher Erfolg und eine denkbar günstige Voraussetzung für einen erfolgreichen Einstieg ins Berufsleben", ergänzte der Produktmanager.

Studenten der Muthesius Kunsthochschule in Kiel hatten gemeinsam mit ihrem Professor Dieter Zimmer Kochtische der neuen Generation entworfen: An ihnen sollte das Zubereiten von Speisen sowie geselliges Beisammensein und Essen gleichzeitig möglich werden. *ALNO* brachte fünf der Entwürfe der Kochtische gemeinsam mit den jungen Designern zur Serienreife. Im vergangenen Jahr wurden die Tische im Rahmen eines Designevents in Hamburg der Presse vorgestellt.

Worterklärung: ▶ ansporen: motivieren

● Ergänzen Sie in Stichworten die Informationen über den *red dot design award* und die Preisverleihung für *ALNO* bzw. die Studenten der Muthesius Kunsthochschule Kiel.

Der *red dot design award*	Auszeichnung für *ALNO*
▶ allgemeine Informationen:	....
▶ Bereiche:	....
▶ Kriterien für die Beurteilung:	....

● Wie beurteilen der Vorstandsvorsitzende der *ALNO AG* und der Produktmanager den Preis?

....

● Sie sind Journalist. Setzen Sie die Aussagen von Frank Gebert und Berthold Müller in die indirekte Rede.

▶ Frank Gebert sagte, sie freuten sich …

C3 Der Design-Preis der Bundesrepublik Deutschland

„Preis der Preise" – so wird der Designpreis der Bundesrepublik Deutschland genannt. Er ist die höchste offizielle deutsche Auszeichnung im Bereich Design. Der Grund: Kein anderer Design-Wettbewerb stellt so hohe Anforderungen an die Teilnehmer. Unternehmen können sich nicht selbst vorschlagen, sie werden vielmehr von den Wirtschaftsministerien und -senatoren der Länder bzw. durch das Bundesministerium für Wirtschaft und Technologie benannt. Außerdem werden nur Produkte zugelassen, die eine nationale oder internationale Auszeichnung erhalten haben. Der Preis umfasst alle Kategorien von Industrie-, Produkt- bis Kommunikationsdesign. Seit 2006 wird dieser Preis im Rahmen der *Ambiente* in Frankfurt verliehen.

● Fragen und Aufgaben zum Text

1. Worin unterscheidet sich der Design-Preis der BRD vom *red dot design award*?
2. Bringen Sie die Informationen über den Weg eines Produkts vom Entwurf zum Designpreis in eine richtige Reihenfolge und formulieren Sie Sätze.

   ○ einen Preis verleihen
   ○ eine Auszeichnung erhalten
   ○ ein Produkt entwerfen
   ○ ein Produkt konstruieren
   ○ den Entwurf vorstellen
   ○ das Produkt zur Serienreife bringen
   ○ sich für einen Wettbewerb anmelden
   ○ einen Entwurf einreichen
   ○ einen Entwurf korrigieren
   ○ für einen Preis benannt werden

3. Recherchieren Sie aktuelle Preisträger.

C4 Zwei Interviews zum „Kochtisch"

I Interview mit dem Designer Andi Kern

Notieren Sie sich stichwortartig die Informationen zu den folgenden Fragen, die die Journalistin stellt.

(2.14)

1. Herr Kern, könnten Sie sich kurz vorstellen?
2. Warum haben Sie sich für das Design-Studium an der Muthesius Kunsthochschule entschieden?
3. Heutzutage kann man an der Hochschule den B. A.- und M. A.-Abschluss erwerben. Wie sah Ihr Studium aus? Könnten Sie es kurz beschreiben?
4. Im Grundstudiums mussten Sie im Rahmen einer Semesteraufgabe einen „Tisch zum Kochen" entwickeln. Wie sahen die einzelnen Schritte eines solchen Projekts aus?
5. Welche Bedeutung hatte es für Sie als Student, dass Sie Ihren Entwurf während eines Praktikums bei *ALNO* zur Serienreife bringen konnten?
6. Gab es einen Praxis-Schock? Wenn ja, inwiefern?
7. Was haben Sie durch das Praktikum gelernt?
8. Sie haben mit dem „Kochtisch" auch mehrere Preise gewonnen. Welche Preise waren das? Was hat sich durch die Kooperation mit *ALNO* und die Preise für Sie verändert?
9. Sie haben sich im Hauptstudium für „Interface Design" entschieden. Was muss man sich darunter vorstellen? Und welche Pläne haben Sie nach dem Studium?

II Interview mit Berthold Müller, Produktmanager bei der ALNO AG

Das Interview ist etwas schwierig. Ein Student hat sich Notizen gemacht, aber offensichtlich nicht alles richtig verstanden. Ergänzen Sie die Notizen und korrigieren Sie sie.

Die ALNO AG

- Die ALNO AG in Pfullendorf: .... Mitarbeiter, ... Mio. Euro Umsatz
- ALNO-Markenküchen: .... Preissegment
- Tochtergesellschaften (Impuls, pino, wellmann): Einstiegs- und ....
- Seit Herbst ....: Produktionsstätte in ....

Aufgaben des Produktmanagers | ja | nein

1. Zu seinem Produktportfolio gehören nur die ALNO-Küchenmöbel.
2. Er muss den Markt, den Wettbewerb und die Lieferanten beobachten. Aus zusätzlichen Informationen aus firmeninternen Netzwerken muss er strategische Maßnahmen ableiten, wie das Sortiment gestaltet und entwickelt wird.
3. Seine Mitarbeiterin koordiniert den Produktentwicklungsprozess.
4. Er ist für den Preis, die Namensfindung, aber auch für die Verkaufsargumentation und die Produktpräsentation zuständig.

Kooperationsprojekt Muthesius Kunsthochschule Kiel und ALNO

1. Präsentation der Entwürfe „Tische zum Kochen" in ....
2. Einladung von .... durch ....
3. Präsentation der .... vor der .... in Pfullendorf am Bodensee

Gründe für die serienmäßige Entwicklung | ja | nein

1. aktuelle Tendenz in den Küchen: offene Architektur zwischen Küche und Wohnraum
2. Koch- und Kommunikationsfunktion der Tische
3. unterschiedliche Tische als Zeichen für die Markenpositionierung und Innovationskraft der einzelnen Firmen der ALNO AG
4. Chance für junge Studenten, deren Väter/Mütter bei ALNO arbeiten

Phasen: Vom Entwurf zur Serienproduktion

- Rahmenbedingungen für die Praktikanten: ...., ... und ....
- Unterstützung durch .... und ....
- Die Tische wurden .... und in den Entscheidungsgremien, die aus den Funktionsverantwortlichen für ...., ... und .... bestehen, präsentiert.

Lernprozess und Erkenntnisse der Studenten	ja	nein	k. A.
1. Sie haben neue Freundschaften geschlossen.	☐	☐	☐
2. Sie haben eine schöne Region (Bodensee) und ihre Freizeitmöglichkeiten kennengelernt.	☐	☐	☐
3. Die Entwürfe wurden in den Produktionsprozess eingebettet.	☐	☐	☐
4. Die Projekte mussten innerhalb eines Zeitrahmens fertiggestellt werden.	☐	☐	☐
5. Die Studenten haben die Tische selbst gebaut.	☐	☐	☐
6. Sie waren für ihr Produkt verantwortlich und mussten es eigenständig präsentieren.	☐	☐	☐
7. Die Meinung der Händler und Lieferanten war sehr wichtig.	☐	☐	☐

Ratschläge für junge Designer und Designerinnen	ja	nein
1. Fachkompetenz und Führungskompetenz	☐	☐
2. Ideenreichtum	☐	☐
3. Herstellung und Pflege von Firmenkontakten, um praktische Erfahrungen zu sammeln	☐	☐
4. gutes Aussehen	☐	☐

D Vom Ereignis zur Information: Medien in Deutschland

„Es gibt nichts Gutes – außer man tut es." Diesen Spruch des deutschen Schriftstellers Erich Kästner könnte man so ergänzen: „Aber was nützt das schon, wenn es niemand erfährt."

D1 Der Weg von der Information zur Nachricht ⇨ Ü 7

Ergänzen Sie das Flussdiagramm mit den Verben und beschreiben Sie anschließend den Weg der Informationen zu den Adressaten.

- ▶ informieren über *(A)*   ▶ weiterleiten   ▶ anfragen bei   ▶ berichten über *(A)*   ▶ recherchieren
- ▶ auswählen   ▶ eine Mitteilung/einen Artikel verfassen   ▶ sich informieren   ▶ lesen

▶ Die Pressestellen *verfassen* Pressemitteilungen, in denen sie *über* die neuen Produkte der Unternehmen *informieren.* …

Pressestelle der Unternehmen / Messestände der Unternehmen
→ verfassen / anfragen bei → Pressestelle der … Messe
→ Pressedienste z. B. nationale und internationale Presseagenturen (dpa, AP)
→ informieren über *(A)*

- Wirtschaftsredaktionen: Tageszeitungen, Wochenzeitungen, Publikumszeitschriften, Onlinemagazine
- Redaktionen: Fachzeitschriften, Branchenzeitschriften, Verbandszeitschriften, Firmenzeitschriften
- Wirtschaftsredaktionen im Rundfunk (Bayerischer Rundfunk, Südwestrundfunk …)
- Wirtschaftsredaktionen im Fernsehen (ARD, ZDF …)

Verbraucher und Konsumenten …

● Tragen Sie in das Diagramm noch die Zielgruppen ein, für die die Informationen bestimmt sind.

▶ Verbraucher und Konsumenten allgemein ▶ die breite Öffentlichkeit ▶ Fachleute aus der Branche ▶ Fachjournalisten ▶ Fachverkäufer ▶ Händler ▶ Entscheidungsträger aus der Wirtschaft ▶ Fachleute aus der Branche

D2 Zeitungen und Zeitschriften in Deutschland

Ordnen Sie die abgebildeten Zeitschriften den Sparten im Flussdiagramm zu und beantworten Sie die Fragen.

Die **Frankfurter Allgemeine Zeitung** (FAZ) ist eine renommierte überregionale Tageszeitung mit internationaler Berichterstattung zu Politik, Wirtschaft, Zeitgeschehen und Kultur. Sie hat ein weltweites Korrespondentennetz. Besonders bedeutsam sind der Wirtschaftsteil und das Feuilleton. Die Zeitung ist im Politik- und Wirtschaftsteil eher konservativ. Das Feuilleton mit zum Teil ausführlichen Beiträgen zum Literatur-, Musik-, Kunst- und Theatergeschehen bietet dagegen ein differenzierteres Meinungsspektrum.

Die **WELT** ist eine unabhängige überregionale Tageszeitung, die über politisches und allgemeines Tagesgeschehen aus Berlin, Deutschland, Europa und aller Welt berichtet. Neben den Rubriken Sport, Wissenschaft und Kultur hat sie einen ausführlichen Wirtschafts- und Finanzteil. DIE WELT ist die einzige überregionale Tageszeitung mit der Zentralredaktion in der Hauptstadt Berlin.

Die **Süddeutsche Zeitung** ist eine überregionale Tageszeitung, die seit 1945 in München herausgegeben wird. Schwerpunkt bildet der überregionale Nachrichtenteil mit Meldungen und Kommentaren aus dem In- und Ausland. Sie berichtet umfangreich aus Bayern. In der überregionalen Ausgabe ist der Bayern-Teil jedoch gekürzt.

Das **Handelsblatt** erscheint in Düsseldorf und ist eine der wichtigsten und größten Wirtschaftszeitungen Deutschlands. Die Tageszeitung enthält aktuelle Nachrichten zur Wirtschafts- und Finanzpolitik aus Deutschland, Europa und der Welt. Weiter berichtet sie über die Entwicklungen auf den Finanzmärkten sowie über Veränderungen bei wichtigen Wirtschaftsunternehmen.

Der **SPIEGEL** erscheint seit 1947. Das Hamburger Nachrichtenmagazin ist das national und international bekannteste politische Magazin Deutschlands. Der SPIEGEL hat schon zahlreiche politische Skandale in der Bundesrepublik aufgedeckt.

Der **Focus** ist eine Wochenzeitschrift, die seit 1993 in München erscheint und aktuell aus Politik, Wirtschaft, Kultur, Forschung und Technik, Entertainment und modernem Leben sowie zu Auto, Medien und Sport im In- und Ausland berichtet. Die Artikel umfassen in der Regel nicht mehr als zwei Seiten, das Titel- bzw. Schwerpunktthema ist allerdings umfangreicher. Die Artikel des Focus sind sprachlich leichter verständlich als die SPIEGEL-Artikel.

Capital ist ein Ratgebermagazin mit Berichten, Analysen, Reportagen und Interviews über Wirtschaftsunternehmen, aktuelle Wirtschaftsentwicklungen und Wirtschaftspolitik. Jedes Heft widmet sich einem Spezialthema.

Der **design report** ist eine Designzeitschrift, die vom Rat für Formgebung/German Design Council mit Sitz in Frankfurt am Main herausgegeben wird und im Konradin Verlag Stuttgart erscheint. Das Themenspektrum umfasst alle Bereiche des Designs. Die Artikel beschäftigen sich mit den neuesten Entwicklungen im Produkt- und Kommunikationsdesign sowie im Interior Design und in der Architektur. 1953 beschloss der Deutsche Bundestag, den Rat für Formgebung/German Design Council zu gründen. Er sollte die Wirtschaft über die neuesten Entwicklungen im Design informieren. Seit mehr als 50 Jahren unterstützt er die Unternehmen und Gestaltungsdisziplinen mit Wettbewerben, Ausstellungen, Konferenzen, Beratungsleistungen, Recherchen und Publikationen.

* Alle Zeitungen und Zeitschriften haben auch Onlineausgaben: z. B. www.faz.net, www.sueddeutsche.de, www.spiegel.de. Weitere Wirtschaftszeitungen sind: *Managermagazin*, *WirtschaftsWoche*.

● Stimmen folgende Informationen? Überprüfen Sie sie und korrigieren Sie.

		ja	nein
1.	Der *SPIEGEL* ist ein Nachrichtenmagazin aus München.	☐	☐
2.	Die *WELT* erscheint in Düsseldorf.	☐	☐
3.	Das *Handelsblatt* ist eine Wochenzeitung aus Frankfurt.	☐	☐
4.	Der *Focus* ist ein Nachrichtenmagazin, das seit 1947 erscheint.	☐	☐
5.	Die *Süddeutsche Zeitung* berichtet hauptsächlich über Bayern.	☐	☐
6.	Die *FAZ* ist eine linksliberale Tageszeitung.	☐	☐
7.	Eine überregionale Zeitung erscheint in ganz Deutschland.	☐	☐
8.	Das Feuilleton ist der Kulturteil einer Zeitung.	☐	☐
9.	*Capital* ist eine Tageszeitung für Wirtschaft.	☐	☐
10.	Der *design report* wird von der Bundesregierung herausgegeben und berichtet ausschließlich über Architektur.	☐	☐

D3 Aus dem Abschlussbericht der *imm cologne* 2008: Einrichtungstrends → Ü 6–8

Trend-Pressekonferenz zur *imm cologne* 2008

Eine klar positive Bilanz zog die internationale Einrichtungsbranche zum Abschluss ihrer Leitmesse in Köln. Rund 107 000 Besucher aus diesmal über 130 Ländern nutzten die Gelegenheit, sich umfassend über die weltweiten Wohn- und Einrichtungstrends zu informieren. Die Gesamtbesucherzahl stieg damit leicht (2007: 105 984 aus 128 Ländern), wobei die Fachbesucherzahl deutlich um ca. 6 Prozent wuchs. Wolfgang Kranz, Geschäftsführer der Kölnmesse, unterstrich in seinem Messeresümee besonders die hohe Internationalität der *imm cologne*. „Wir haben eine sehr gute Möbelmesse erlebt. Bezogen auf das Angebot ist Köln in punkto Internationalität weltweit gesehen die erste Adresse. Das haben die Besucher mit deutlich mehr Frequenz belohnt. Vor allem aus Europa, dem Exportmarkt Nr. 1 der deutschen und europäischen Möbelindustrie, konnten wir signifikant zulegen", so der Geschäftsführer weiter. Sehr zufrieden zeigte sich auch der Hauptgeschäftsführer des Verbandes der Deutschen Möbelindustrie, Dirk-Uwe Klaas: „Die *imm cologne* hat der Möbelwelt ein wahres Feuerwerk an Wohnkonzepten und Einrichtungsideen präsentiert. Für die deutsche Möbelindustrie war es ein ebenso kraftvoller wie schwungvoller Start in das Jahr 2008."

Hr. Grothkopp, Hr. Klaas, Hr. Kranz, Hr. Majerus (v. l. n. r.)

Trends sind u. a.:
- Bei den Farben dominiert die Farbe Weiß.
- Küchen im Highclass-Segment bestechen durch professionelle Technik.
- *Green Line*-Möbel, die aus Naturmaterialien hergestellt sind, umweltfreundlich produziert werden und später auch umweltfreundlich entsorgt werden können

● Markieren Sie die korrekten Informationen.

1. Die Veranstalter sind mit der Messe
   - [ ] zufrieden.
   - [ ] unzufrieden.
   - [ ] von ihr enttäuscht.

2. Die Besucherzahlen aus Europa sind
   - [ ] gestiegen.
   - [ ] gefallen.
   - [ ] zurückgegangen.

3. Auf der Messe
   - [ ] wurde eine Vielzahl von
   - [ ] wurden keine neuen
   - [ ] wurden nur wenige

   → Einrichtungsideen gezeigt.

4. Die Technik wird insbesondere in den teuren Küchen
   - [ ] wichtiger.
   - [ ] unwichtiger.
   - [ ] unbedeutend.

5. Die Kunden legen
   - [ ] immer mehr
   - [ ] keinen
   - [ ] nur geringen

   → Wert auf umweltfreundliche Produkte.

G Grammatik

G1 Der Konjunktiv I

Der **Konjunktiv I** (oder Konjunktiv Präsens) wird vor allem in der Schriftsprache verwendet, insbesondere in Pressetexten und in wissenschaftlichen Texten zur Wiedergabe von schriftlichen und mündlichen Äußerungen (indirekten Rede). In der mündlichen Kommunikation wird der Indikativ gegenüber dem Konjunktiv bevorzugt.

Konjunktiv I (Gegenwart)

	sein	haben	sagen	geben	werden	Ersatzform
ich	sei	habe	sage	gebe	werde	→ hätte/würde
du	seiest	habest	sagest	gebest	werdest	
er/sie/es/man	sei	habe	sage	gebe	werde	
wir	seien	haben	sagen	geben	werden	→ hätten/würden
ihr	seiet	habet	saget	gebet	werdet	
sie/Sie	seien	haben	sagen	geben	werden	→ hätten/würden

Modalverben im Konjunktiv I (Gegenwart)

	können	dürfen	müssen	wollen	sollen
ich	könne	dürfe	müsse	wolle	solle
du	könnest	dürfest	müssest	wollest	sollest
er/sie/es/man	könne	dürfe	müsse	wolle	solle
wir	können	dürfen	müssen	wollen	sollen
ihr	könnet	dürfet	müsset	wollet	sollet
sie/Sie	können	dürfen	müssen	wollen	sollen

Wenn sich Indikativ und Konjunktiv nicht unterscheiden, gebraucht man die Umschreibung mit *würden* oder den Konjunktiv II.

Indikativ Präsens: ich sage/gebe sie sagen/geben
Konjunktiv Präsens: ich sage/gebe sie sagen/geben
Konjunktiv II: ich sagte/gäbe sie sagten/gäben
   oder: ich würde sagen/geben sie würden sagen/geben

▶ Laut Aussage des Marketingchefs würden die neuen Modelle gut verkauft.
▶ Diese Modelle könnten sie in Deutschland gut verkaufen, meinte der Marketingchef.
▶ Sie hätten damit einen großen Erfolg. Darüber freuten sie sich (*oder:* würden sie sich freuen).

Konjunktiv I (Vergangenheit)

	haben	Partizip II		sein	Partizip II
ich	habe	gesagt	→ hätte gesagt	sei	gewesen
du	habest	gekauft		seiest	gefahren
er/sie/es/man	habe	gegessen		sei	gegangen
wir	haben	geschlafen	→ hätten geschlafen	seien	angekommen
ihr	habet	verkauft		seiet	verreist
sie/Sie	haben	bekommen	→ hätten bekommen	seien	geworden

G2 Die indirekte Rede

Die **indirekte Rede** wird formal häufig gekennzeichnet durch:

1. redeeinleitende Verben im Hauptsatz
2. die Nebensatzform
3. den Konjunktiv

Diese drei Punkte sind allerdings nicht obligatorisch. So kann man die indirekte Rede durchaus auch mit dem Indikativ kennzeichnen, wenn man ein Verb des Sagens verwendet. (⇨ G 1 und G 2)

Wichtige redeeinleitende Verben:
▶ anmerken ▶ äußern ▶ behaupten ▶ berichten ▶ betonen ▶ erzählen ▶ fragen
▶ die Frage stellen ▶ verlangen ▶ wissen wollen ▶ wünschen

Wiedergabe von Zitaten im Indikativ

Klaus Lehmann sagt,	dass	es eine Tendenz zu einer Globalisierung der Kultur gibt.
	–	es gibt eine Tendenz zur Globalisierung.
Klaus Lehmann sagt,	dass	die Küche im 19. Jahrhundert noch ein Ort war, …
	–	die Küche im 19. Jahrhundert war noch ein Ort, …
		… wo man Einzelmöbel aufgestellt hat.
Der Besucher fragt,	ob	das die neuen Modelle sind.
	wie	teuer die Modelle sind.

Einleitung des Zitats durch ein Verb des Sagens und Meinens: *sagen, meinen, fragen, glauben …*	dass	Das Zitat steht im Nebensatz. Es wird durch die Konjunktion *dass* eingeleitet. Das Zitat kann aber auch in einem Hauptsatz stehen. Dann fällt die Konjunktion *dass* weg.
	ob / wie	Indirekte Fragen werden mit *ob* bzw. einem Fragewort eingeleitet. (⇨ Kap. 5)

Wiedergabe von Zitaten im Konjunktiv I

Klaus Lehmann sagt,	dass	es eine Tendenz zu einer Globalisierung der Kultur gebe.
		es gebe eine Tendenz zur Globalisierung.
Klaus Lehmann sagt,	dass	die Küche im 19. Jahrhundert noch ein Ort gewesen sei, wo man Einzelmöbel aufgestellt habe.
Herr Neumann fragt,	ob	*System3plus* für deutsche Küchen nicht zu groß sei.

Mit dem Konjunktiv gibt der Sprecher zu verstehen, dass er eine „fremde" Äußerung wiedergibt und sich von ihr distanziert.
Hängt die indirekte Rede jedoch als *dass*-Satz oder indirekter Fragesatz von Verben wie *sagen, behaupten, fragen, schreiben* usw. ab, dann ist der Konjunktiv nicht unbedingt notwendig. Man versteht den Satz auch im Indikativ als indirekte Rede.

Originaltext

Prof. Lehmann: „Ja, und das hängt mit den globalen Märkten zusammen. Massenprodukte werden heute weltweit vermarktet und sie können auch nur erfolgreich sein, wenn sie in großen Mengen hergestellt werden, wie z. B. Kühlschränke oder Computer. Sie unterliegen einem – man könnte sagen – Weltdesign, mehr oder weniger einem Standard in der Gestaltungsauffassung. Sie verkörpern also eine ziemlich funktionalistische Gestaltungsauffassung, die auch weltweit vermarktet werden kann."

Zitat

Laut Professor Lehmann **hänge** die Globalisierung des Geschmacks mit der wirtschaftlichen Entwicklung zusammen. Bedingt durch die Globalisierung der Märkte **unterlägen** Massenprodukte zunehmend einem einheitlichen Design. Prof. Lehmann **spricht** hier von einem Weltdesign und **meint**, **dass** Massenprodukte eine ziemlich funktionalistische Gestaltungsauffassung **verkörpern würden**, die weltweit **vermarktet werden könne**.

Beim Zitieren vermeidet man eine ständige Wiederholung von *dass*-Sätzen und Konjunktiven. Der Journalist fasst nach Möglichkeit die Aussagen zusammen.

Ü Übungen

Ü 1 Und jetzt sind Sie gefragt.

Ergänzen Sie in der Tabelle mit den Formen des Indikativ, Konjunktiv I und II.

	sein	haben	kommen	kaufen
Indikativ Präsens	er/sie ist sie sind	....	....	....
Indikativ Perfekt	er/sie ist gewesen sie sind gewesen	....	....	....
Konjunktiv I (Gegenwart)	er/sie sei sie seien	....	....	....
Konjunktiv I (Vergangenheit)	er/sie sei gewesen sie	er/sie habe gehabt	....	....
Konjunktiv II (Gegenwart)	er/sie wäre sie	....	....	....
Umschreibung mit *würde*	....	....	er/sie .... sie	er/sie würde kaufen sie ....
Konjunktiv II (Vergangenheit)	er/sie wäre gewesen sie	....	....	....

Ü2 Katharina und Arne, zwei Design-Studenten, erzählen.

Setzen Sie ihre Aussagen in die indirekte Rede.

> Mein Name ist Katharina. Ich komme aus Hamburg und studiere im 3. Semester an der Muthesius Kunsthochschule in Kiel Industriedesign. Ich habe mich für das Design-Studium entschieden, weil ich später gern für einen Möbelhersteller arbeiten möchte. Ich habe vor meinem Studium schon eine Schreinerlehre gemacht und dabei festgestellt, dass mich der Möbelbau besonders fasziniert. **(1)**

> Ich heiße Arne und komme aus Schleswig-Holstein. Ich studiere zusammen mit Katharina. In diesem Semester machen wir gemeinsam eine Projektarbeit: Wir müssen praktische Kindermöbel entwerfen. Zunächst erstellen wir Entwürfe, die wir unseren Professoren vorstellen. Wenn die Projekte fertig sind, werden sie am Ende des Studienjahres der Öffentlichkeit in einer Ausstellung präsentiert. Einige Unternehmen sind schon auf unsere Arbeiten aufmerksam geworden. Einige von uns haben auf diese Weise bereits Kontakte zu Unternehmen geknüpft und dort ein Praktikum absolviert. **(2)**

▶ *Katharina sagt, sie komme …*

▶ *Arne erzählt, dass er aus Schleswig-Holstein komme* ……

Ü3 Der Bericht eines Journalisten

Ein Journalist hat die Antworten der beiden Designerinnen von *twocollect* in die indirekte Rede gesetzt. Tragen Sie die richtige Form ein.

Die beiden Designerinnen von *twocollect* antworteten auf die Frage, warum sie ins Ausland gegangen *seien* (seien/sind/sein), dass sich über die Arbeit im Ausland andere Sichtweisen …………… (erschließen/erschlössen/erschließe). Man …………… (begriffe/begreife/begreift) ein Land auf eine andere Weise. Die neuen Eindrücke …………… (stellen/stellten/stellt) eine tolle Inspirationsquelle dar. Sie …………… (haben/hätten/hatten) die Weltreise unternommen, weil sie Erlerntes mitnehmen und Neues hinzulernen …………… (wollten/wollen/wollen).

Auf ihrer Reise …………… (haben wir/hätten wir/hätten sie) in Grafikbüros, aber auch bei einem Fotografen gearbeitet. …………… (Er habe sie/habe uns/hat sie) gebeten, eine Homepage für ihn zu gestalten. Sie sagten, dass sie für ihre Arbeit nicht bezahlt …………… (worden sind/worden seien/worden sei).

Ü4 Antonia Kühn und Julia Wolf von *twocollect* im Gespräch

Lesen Sie das Interview über ihr Studium an der Muthesius Kunsthochschule, machen Sie sich Notizen zum Studium, zur Tätigkeit und zur Akquisition der Aufträge. Fassen Sie dann die Aussagen für eine Studentenbroschüre zusammen.

Interviewer:	Julia und Antonia, Sie haben an der Kunsthochschule in Kiel Kommunikationsdesign studiert. Können Sie das Studium kurz vorstellen?
Antonia/Julia:	Zunächst absolviert man ein Grundstudium in den verschiedenen Ausrichtungen des Grafikdesigns und belegt breit gefächert Kurse, um alles nötige Basiswissen für das Berufsfeld eines Grafikdesigners zu erlangen. Zudem werden handwerkliche Fähigkeiten geschult, die Benutzung der Werkstätten gezeigt und die Studenten werden in den Umgang mit dem Computer eingeführt, um sich so sukzessive das nötige Wissen anzueignen, das zur Umsetzung eigener Projekte notwendig ist. Diese Kurse sind sowohl theoretisch als auch praktisch orientiert. Mit dieser Grundausbildung spezialisiert man sich im Hauptstudium auf ein Interessengebiet, in dem man dann am Ende seine Diplomarbeit entwickelt. Das Hauptstudium besteht hauptsächlich aus Projektarbeiten, die, im Team oder alleine, über ein Semester hinweg bearbeitet werden. Begleitet von theoretischen Vorlesungen und Korrekturen während des Arbeitsprozesses hat man so Zeit, sich in ein Thema zu vertiefen und seinen eigenen Stil zu entwickeln. Es ergeben sich oft Überschneidungen der einzelnen Fachrichtungen, für die interdisziplinäre Teams gebildet werden, in denen die Studenten gegenseitig voneinander lernen.
Interviewer:	Werden dort noch andere Designer ausgebildet?
Antonia/Julia:	An der Muthesius Kunsthochschule kann man neben Grafik- und Industriedesign auch Raumstrategien und Kunst studieren.
Interviewer:	Heute arbeiten Sie als freischaffende Grafikerinnen. Worauf haben Sie sich spezialisiert?
Antonia/Julia:	Während Julia ihren Arbeitsbereich vor allem in raumorientierten Projekten ansiedelt, hat sich Antonia auf Illustration und Film spezialisiert. Darüber hinaus ergeben sich immer wieder Gelegenheiten für uns, als Team in einer äußerst bereichernden Zusammenarbeit Projekte zu realisieren.
Interviewer:	Wie akquirieren Sie Ihre Aufträge?
Antonia/Julia:	Durch gezielte Initiativbewerbungen bei Studios oder potenziellen Auftraggebern, die eine verwandte Formensprache benutzen und sich ähnlichen Inhalten zuwenden. Ebenso befinden wir uns in einem Netzwerk aus freien Kommunikationsdesignern, das sich während der Studienzeit aufgebaut hat und aus dem heraus sich immer wieder Aufträge und Teamarbeiten ergeben. Wir selbst sind ebenso bemüht, so oft wie möglich andere Gestalter mit zu involvieren.
Interviewer:	Wie sieht die Zusammenarbeit mit Ihren Auftraggebern aus? Kommen die Auftraggeber schon mit konkreten Vorstellungen auf Sie zu? Ist es eher ein Prozess?
Antonia/Julia:	Das ist sehr unterschiedlich. Oft treten Kunden mit konkreten Vorstellungen an uns heran, die sich dann in ausführlichen Gesprächen aber noch verändern, da wir unser Wissen einbringen und projektbezogen bzw. kundenorientiert anwenden.

Ü 5 Als Einkäufer auf der *imm cologne*

Sie kommen als Einkäufer für einen großen Küchenverkäufer auf der *imm cologne* zum Stand von *Cucine*. Die ausgestellte Küche interessiert Sie, weil Sie Ihr Programm in der oberen Mittelklasse erweitern wollen. Sie haben bisher nur einfache bis mittlere Standardküchen verkauft und wollen jetzt ein gehobeneres Programm anbieten.
Ergänzen Sie den Dialog.

Fragen Sie nach: ▶ Preis und Käuferschicht ▶ Material ▶ individuellen Variationsmöglichkeiten des Programms ▶ Geräten ▶ Lieferfristen
▶ Bitten Sie um Kataloge und tauschen Sie die Visitenkarten.

Sarah: Guten Tag. Was kann ich für Sie tun?
Einkäufer: ....

Sarah: Aber gern. Das hier ist unser Programm *NewStyle*. Gefällt es Ihnen?
Einkäufer: ....

Sarah: Natürlich sind unsere Küchen nicht billig. Bei dieser Qualität ist das auch nicht möglich. Mit unserem Programm zielen wir auf den gehobenen Mittelstand. Sagen wir vom mittleren Angestellten an aufwärts. In der Grundausstattung kommt diese Küche auf etwa 15 000 Euro.

Einkäufer: ....
Sarah: Selbstverständlich mit Geräten. Nach oben sind dann keine Grenzen gesetzt.
Einkäufer: ....
Sarah: Unsere Komponenten bestehen aus Holz, Massivholz und hochwertigen Furnieren, Edelstahl, Glas und Kunststoff.
Einkäufer: ....
Sarah: Die Arbeitsplatten gibt es in Kunststoffdekor, in Holznachbildung. Wir können aber auch Massivholzplatten (in Buche) oder Granitplatten liefern.
Einkäufer: ....
Sarah: Die Oberflächen der Fronten sind furniert. Sie sind aber auch hochglänzend oder seidenmatt lackiert lieferbar.
Einkäufer: ....
Sarah: Das können Sie praktisch unendlich variieren. Ich denke, mit unserem Programm können Sie auch auf ganz individuelle Kundenwünsche eingehen.
Einkäufer: ....
Sarah: Wir verwenden nur namhafte Markengeräte, aber ich denke, dass wir das auch dem Kunden überlassen sollten, welchen Herd er in seiner Küche haben will. Da sind Sie ganz frei.
Einkäufer: ....
Sarah: In der Regel können wir innerhalb Europas sehr zügig liefern, also ungefähr drei Monate nach Eingang der Bestellung.
Einkäufer: ....

Sarah: Aber selbstverständlich. Herr Franz wird Ihnen gleich das geeignete Material zusammenstellen. Und hier ist meine Karte. Moment, die Durchwahl hat sich geändert. Das ist jetzt die 329. Rufen Sie mich doch an, ich bin immer für Sie zu sprechen.
Einkäufer: ....
Sarah: Auf Wiedersehen, Herr Gonzales.

2.16

● Hören Sie jetzt einen Beispieldialog und vergleichen Sie mit Ihrem Text.

Ü6 Sie sind als Journalist auf der *imm cologne*.

Setzen Sie die Aussagen in die indirekte Rede.

Original-Aussage 1

Wolfgang Kranz, Geschäftsführer der Kölnmesse, betonte die Internationalität der Messe: „Wir haben eine sehr gute Möbelmesse erlebt. Bezogen auf das Angebot ist Köln in punkto Internationalität weltweit gesehen die erste Adresse. Das haben die Besucher mit deutlich mehr Frequenz belohnt. Vor allem aus Europa, dem Exportmarkt Nr. 1 der deutschen und europäischen Möbelindustrie, konnten wir signifikant zulegen", so der Geschäftsführer weiter.

Indirekte Rede: Aussage 1

Wolfgang Kranz sagte, sie .... (haben) eine gute Möbelmesse erlebt. Die Möbelmesse .... (sein) gerade wegen ihrer Internationalität die erste Adresse. Deswegen .... (sein) in diesem Jahr auch mehr Besucher gekommen. Insbesondere die Zahl der Besucher aus Europa, dem Exportmarkt Nr. 1 der deutschen und europäischen Möbelindustrie, ... (sein) gestiegen.

Original-Aussage 2

Sehr zufrieden zeigte sich auch der Hauptgeschäftsführer des Verbandes der Deutschen Möbelindustrie, Dirk-Uwe Klaas: „Die *imm cologne* hat der Möbelwelt ein wahres Feuerwerk an Wohnkonzepten und Einrichtungsideen präsentiert. Für die deutsche Möbelindustrie war es ein ebenso kraftvoller wie schwungvoller Start in das Jahr 2008."

Indirekte Rede: Aussage 2

Auch Dirk-Uwe Klaas äußerte sich sichtlich zufrieden, denn die Aussteller .... (haben) sehr viele neue Wohnkonzepte und Einrichtungsideen präsentiert. Seiner Meinung nach .... (sein) die Messe ein guter Start in das Jahr 2008 gewesen.

Ü7 Branchenzeitschriften

Wer Anzeigen schalten will, kann sich anhand der Mediadaten informieren, ob es sich um die richtige Zeitschrift handelt. Beschreiben Sie einige Zeitschriften und wählen Sie eine davon aus. Informieren Sie sich im Internet.

1. Sie sind Porzellanhersteller.
2. Sie vertreiben Wärmepumpen oder Sanitäreinrichtungen (z. B. Duschen usw.).
3. Sie stellen Polstermöbel oder Lampen her.

● *Redemittel:* **Eine Zeitschrift beschreiben**

An wen wendet sich die Zeitschrift?	Die Zeitschrift wendet sich an … (Akk.)
Worüber informiert sie …?	Sie informiert über …
Um was für eine Zeitschrift handelt es sich?	Es handelt sich um eine …zeitschrift. … ist eine …zeitschrift.
Wie oft erscheint die Zeitschrift?	monatlich/4 x jährlich/alle 3 Monate/wöchentlich
Welche Auflage hat die Zeitschrift?	… hat eine Auflage von … Exemplaren.
Wie sieht die Verbreitung aus?	Die … wird vor allem in … gelesen.
Was kostet …?	Das Abonnement kostet … Das Einzelexemplar kostet …

Internet: www.design-report.de

Charakteristik

design report wird herausgegeben vom Rat für Formgebung/German Design Council, Frankfurt am Main. Das Themenspektrum umfasst alle Bereiche des Designs. Über die neuesten Entwicklungen im Produktdesign und Kommunikationsdesign wird genauso berichtet wie über Interior Design und Architektur.

Zielgruppen

Designer, Architekten, Innenarchitekten, Fachleute aus Marketing und Werbung, designorientierte Konsumenten, Studenten entsprechender Fachrichtungen

Verbreitung

design report ist eine Abonnementzeitschrift, weitere Exemplare werden über den Zeitschriftenhandel verbreitet.

weitere Publikationen

Als unabhängiges Fachmedium für Design bringt der *design report* in Kooperation mit Messegesellschaften Sonderhefte heraus.

Auflage/Erscheinungsweise

Verbreitete Auflage: 8 374 (IVW I/2008)
Erscheinungsweise: 11 x jährlich

Charakteristik

Das redaktionelle Konzept wurde aktuell in Zusammenarbeit mit Architekten und Bauingenieuren hinsichtlich deren Informationsbedürfnis und verändertem Leseverhalten überarbeitet.

Zielgruppen

bba erreicht durch diese Konzeption die Personen in Architektur- und Bauingenieurbüros, die System- und Produktentscheidungen treffen oder maßgeblich beeinflussen.

Verbreitung

bba – bau beratung architektur ist die einzige Kennzifferzeitschrift* für Architekten, Planer und Bauingenieure. Über 200 000 Leseranfragen auf redaktionelle Veröffentlichungen oder Anzeigen wurden 2006/07 an die Anbieter von Produkten und Dienstleistungen weitergeleitet.

Auflage/Erscheinungsweise

Verbreitete Auflage: 20 038 (IVW I/2008)
Erscheinungsweise: 10 x jährlich

* Kennzifferzeitschrift: Bei dieser Zeitschrift steht die Kennziffer/Chiffre hinter der Anzeige. Der Kunde kann den Verlag anschreiben und erhält dann Informationen über das betreffende Produkt. Der Verlag und das Unternehmen bekommen so die Adresse eines möglichen Kunden.

Internet: www.bba-online.de

Internet: www.meisenbach.de

Charakteristik

stil & markt ist das Fachmagazin für Tisch und Küche, Geschenke und Lifestyle.

Zielgruppen

Personen und Firmen im In- und Ausland, die sich kommerziell mit Produkten für Tisch, Küche und Lifestyle sowie Geschenkartikeln befassen

Verbreitung

stil & markt erscheint monatlich, im Februar und August kommen zwei Messe-Specials.

Auflage/Erscheinungsweise

Erscheinungsweise: 12 x jährlich
Druckauflage: 9 680 (IVW I/2008)
Verbreitung: 9 218
davon Ausland: 1 609

Format: 184 x 260 mm
Anzeigenpreis 1/1 S. s/w: 2 684 €
Anzeigenpreis 1/1 S. 4c: 3 982 €
Kl.-Anz.-Format: 1/16 Seite
                          90 x 27 mm

Worterklärungen

▶ Kl.-Anz.: Kleinanzeige ▶ s/w: schwarzweiß ▶ 4c: vierfarbig/four colour ▶ IVW: Informationsgemeinschaft zur Feststellung der Verbreitung von Werbeträgern. Sie kontrolliert die Auflagen der Zeitungen/Zeitschriften.

Unregelmäßige Verben

Infinitiv	3. Person Singular Präsens	3. Person Singular Präteritum	3. Person Singular Perfekt
abbiegen	er biegt ab	er bog ab	er ist abgebogen
abbrechen	er bricht ab	er brach ab	er hat abgebrochen
abfahren	er fährt ab	er fuhr ab	er ist abgefahren
abheben	er hebt ab	er hob ab	er hat abgehoben
abschließen	er schließt ab	er schloss ab	er hat abgeschlossen
anbieten	er bietet an	er bot an	er hat angeboten
anfangen	er fängt an	er fing an	er hat angefangen
ankommen	er kommt an	er kam an	er ist angekommen
annehmen	er nimmt an	er nahm an	er hat angenommen
anrufen	er ruft an	er rief an	er hat angerufen
ansprechen	er spricht an	er sprach an	er hat angesprochen
anstoßen	er stößt an	er stieß an	er hat angestoßen
aufgeben	er gibt auf	er gab auf	er hat aufgegeben
aufnehmen	er nimmt auf	er nahm auf	er hat aufgenommen
aufstehen	er steht auf	er stand auf	er ist aufgestanden
ausdenken	er denkt aus	er dachte aus	er hat ausgedacht
ausgehen (von)	er geht (von) aus	er ging (von) aus	er ist (von) ausgegangen
auskennen (sich)	er kennt (sich) aus	er kannte (sich) aus	er hat (sich) ausgekannt
ausschreiben	er schreibt aus	er schrieb aus	er hat ausgeschrieben
aussehen	er sieht aus	er sah aus	er hat ausgesehen
aussprechen	er spricht aus	er sprach aus	er hat ausgesprochen
aussteigen	er steigt aus	er stieg aus	er ist ausgestiegen
ausziehen (sich)	er zieht (sich) aus	er zog (sich) aus	er hat (sich) ausgezogen
befinden (sich)	er befindet (sich)	er befand (sich)	er hat (sich) befunden
beginnen	er beginnt	er begann	er hat begonnen
bekommen	er bekommt	er bekam	er hat bekommen
beladen	er belädt	er belud	er hat beladen
beraten	er berät	er beriet	er hat beraten
berufen	er beruft	er berief	er hat berufen
beschließen	er beschließt	er beschloss	er hat beschlossen
beschreiben	er beschreibt	er beschrieb	er hat beschrieben
besprechen	er bespricht	er besprach	er hat besprochen
bestehen	er besteht	er bestand	er hat bestanden
betragen	er beträgt	er betrug	er hat betragen
betreiben	er betreibt	er betrieb	er hat betrieben
bewerben (sich)	er bewirbt (sich)	er bewarb (sich)	er hat (sich) beworben
biegen	er biegt	er bog	er hat gebogen
bieten	er bietet	er bot	er hat geboten
binden	er bindet	er band	er hat gebunden
bitten	er bittet	er bat	er hat gebeten
bleiben	er bleibt	er blieb	er ist geblieben
bringen	er bringt	er brachte	er hat gebracht
denken	er denkt	er dachte	er hat gedacht
dürfen	er darf	er durfte	er hat gedurft/dürfen
einfallen	er fällt ein	er fiel ein	er ist eingefallen
einladen	er lädt ein	er lud ein	er hat eingeladen
einschreiben (sich)	er schreibt (sich) ein	er schrieb (sich) ein	er hat (sich) eingeschrieben
einsteigen	er steigt ein	er stieg ein	er ist eingestiegen
eintragen	er trägt ein	er trug ein	er hat eingetragen
empfehlen	er empfiehlt	er empfahl	er hat empfohlen
entlassen	er entlässt	er entließ	er hat entlassen
entsprechen	er entspricht	er entsprach	er hat entsprochen
entstehen	er entsteht	er entstand	er ist entstanden

Exportwege neu, Kursbuch 2, Unregelmäßige Verben

Infinitiv	3. Person Singular Präsens	3. Person Singular Präteritum	3. Person Singular Perfekt
entwerfen	er entwirft	er entwarf	er hat entworfen
erfahren	er erfährt	er erfuhr	er hat erfahren
erfinden	er erfindet	er erfand	er hat erfunden
ergreifen	er ergreift	er ergriff	er hat ergriffen
erhalten	er erhält	er erhielt	er hat erhalten
erkennen	er erkennt	er erkannte	er hat erkannt
erscheinen	er erscheint	er erschien	er ist erschienen
erwerben	er erwirbt	er erwarb	er hat erworben
essen	er isst	er aß	er hat gegessen
fahren	er fährt	er fuhr	er ist gefahren
fallen	er fällt	er fiel	er ist gefallen
fernsehen	er sieht fern	er sah fern	er hat ferngesehen
finden	er findet	er fand	er hat gefunden
fliegen	er fliegt	er flog	er ist geflogen
fliehen	er flieht	er floh	er ist geflohen
fließen	er fließt	er floss	er ist geflossen
geben	er gibt	er gab	er hat gegeben
gefallen	er gefällt	er gefiel	er hat gefallen
gehen	er geht	er ging	er ist gegangen
gelten	er gilt	er galt	er hat gegolten
geschehen	er geschieht	er geschah	er ist geschehen
gewinnen	er gewinnt	er gewann	er hat gewonnen
gutschreiben (etwas)	er schreibt (etwas) gut	er schrieb (etwas) gut	er hat (etwas) gutgeschrieben
haben	er hat	er hatte	er hat gehabt
halten	er hält	er hielt	er hat gehalten
hängen	er hängt	er hing	er hat gehangen
heißen	er heißt	er hieß	er hat geheißen
helfen	er hilft	er half	er hat geholfen
herausgeben	er gibt heraus	er gab heraus	er hat herausgegeben
kennen	er kennt	er kannte	er hat gekannt
kommen	er kommt	er kam	er ist gekommen
können	er kann	er konnte	er hat gekonnt/können
lassen	er lässt	er ließ	er hat gelassen
laufen	er läuft	er lief	er ist gelaufen
leihen	er leiht	er lieh	er hat geliehen
lesen	er liest	er las	er hat gelesen
liegen	er liegt	er lag	er hat gelegen
losfahren	er fährt los	er fuhr los	er ist losgefahren
lügen	er lügt	er log	er hat gelogen
messen	er misst	er maß	er hat gemessen
mitbringen	er bringt mit	er brachte mit	er hat mitgebracht
mitkommen	er kommt mit	er kam mit	er ist mitgekommen
mitnehmen	er nimmt mit	er nahm mit	er hat mitgenommen
mögen	er mag	er mochte	er hat gemocht/mögen
müssen	er muss	er musste	er hat gemusst/müssen
nehmen	er nimmt	er nahm	er hat genommen
nennen	er nennt	er nannte	er hat genannt
niederlassen (sich)	er lässt (sich) nieder	er ließ (sich) nieder	er hat (sich) niedergelassen
reiten	er reitet	er ritt	er ist geritten
rufen	er ruft	er rief	er hat gerufen
scheinen	er scheint	er schien	er hat geschienen
schieben	er schiebt	er schob	er hat geschoben
schlafen	er schläft	er schlief	er hat geschlafen
schließen	er schließt	er schloss	er hat geschlossen
schneiden	er schneidet	er schnitt	er hat geschnitten
schreiben	er schreibt	er schrieb	er hat geschrieben

Infinitiv	3. Person Singular Präsens	3. Person Singular Präteritum	3. Person Singular Perfekt
schwimmen	er schwimmt	er schwamm	er ist geschwommen
sehen	er sieht	er sah	er hat gesehen
sein	er ist	er war	er ist gewesen
singen	er singt	er sang	er hat gesungen
sinken	er sinkt	er sank	er ist gesunken
sitzen	er sitzt	er saß	er hat gesessen
sollen	er soll	er sollte	er hat gesollt/sollen
sprechen	er spricht	er sprach	er hat gesprochen
stattfinden	er findet statt	er fand stand	er hat stattgefunden
stehen	er steht	er stand	er hat gestanden
steigen	er steigt	er stieg	er ist gestiegen
sterben	er stirbt	er starb	er ist gestorben
teilnehmen	er nimmt teil	er nahm teil	er hat teilgenommen
tragen	er trägt	er trug	er hat getragen
treffen	er trifft	er traf	er hat getroffen
trinken	er trinkt	er trank	er hat getrunken
tun	er tut	er tat	er hat getan
übernehmen	er übernimmt	er übernahm	er hat übernommen
überstehen	er übersteht	er überstand	er hat überstanden
übertragen	er überträgt	er übertrug	er hat übertragen
übertreiben	er übertreibt	er übertrieb	er hat übertrieben
umsteigen	er steigt um	er stieg um	er ist umgestiegen
unterbringen	er bringt unter	er brachte unter	er hat untergebracht
unterhalten (sich)	er unterhält (sich)	er unterhielt (sich)	er hat (sich) unterhalten
unterscheiden	er unterscheidet	er unterschied	er hat unterschieden
unterschreiben	er unterschreibt	er unterschrieb	er hat unterschrieben
verbinden	er verbindet	er verband	er hat verbunden
vergeben	er vergibt	er vergab	er hat vergeben
vergehen	er vergeht	er verging	er ist vergangen
vergessen	er vergisst	er vergaß	er hat vergessen
vergleichen	er vergleicht	er verglich	er hat verglichen
verhalten	er verhält	er verhielt	er hat verhalten
verlassen	er verlässt	er verließ	er hat verlassen
verleihen	er verleiht	er verlieh	er hat verliehen
verlieren	er verliert	er verlor	er hat verloren
verraten	er verrät	er verriet	er hat verraten
verschieben	er verschiebt	er verschob	er hat verschoben
verschwinden	er verschwindet	er verschwand	er ist verschwunden
versprechen	er verspricht	er versprach	er hat versprochen
verstehen	er versteht	er verstand	er hat verstanden
vertreten	er vertritt	er vertrat	er hat vertreten
vorbehalten	er behält vor	er behielt vor	er hat vorbehalten
vornehmen	er nimmt vor	er nahm vor	er hat vorgenommen
vorschlagen	er schlägt vor	er schlug vor	er hat vorgeschlagen
wachsen	er wächst	er wuchs	er ist gewachsen
waschen	er wäscht	er wusch	er hat gewaschen
wegwerfen	er wirft weg	er warf weg	er hat weggeworfen
wehtun (sich)	er tut (sich) weh	er tat (sich) weh	er hat (sich) wehgetan
wenden an (sich)	er wendet (sich) an	er wandte (sich) an	er hat (sich) gewandt an
werben	er wirbt	er warb	er hat geworben
werden	er wird	er wurde	er ist geworden
wissen	er weiß	er wusste	er hat gewusst
wollen	er will	er wollte	er hat gewollt/wollen
zulassen	er lässt zu	er ließ zu	er hat zugelassen
zurückgehen	er geht zurück	er ging zurück	er ist zurückgegangen
zusammenschließen	er schließt zusammen	er schloss zusammen	er hat zusammengeschlossen
zwingen	er zwingt	er zwang	er hat gezwungen

Quellenverzeichnis

S. 10 © P. G. Meister/pixelio (2), © O. Weber/pixelio (4); **S. 14** www.pixelio.de (1), © D. Poschmann/pixelio (2); **S. 16, 17, 22, 26** D. Volgnandt, Ehingen; **S. 28** © C. Hautumm/pixelio (1), D. Volgnandt, Ehingen (2); **S. 31** © J. Oberguggenberger/pixelio; **S. 35** Lieferbedingungen: „Incoterms 2000" (www.ihk-nordwestfalen.de), „Incoterms" (www.sparkasse-dueren.de); **S. 37** MSI Motor Service International GmbH (Kolbenschmidt AG, Neckarsulm); **S. 45** Arbeitslosenquoten: www.statistik.arbeitsagentur.de/statistik; **S. 49** © L. A. Seidel/pixelio (1), D. Volgnandt, Ehingen (2), www.pixelio.de (3); **S. 50** © C. Hautumm/pixelio (2); **S. 51** T. Bode/pixelio; **S. 52** Formularvordrucke: Sparkasse; **S. 54** Texte nach: „Online Banking", „PIN-TAN-Verfahren" und „Das HBCI-Verfahren" (www.infos-finanzen.de); **S. 57** „Schema eines einfachen Dokumentenakkreditivs" (www.suedwestbank.de), „Dokumentenakkreditiv (www.swn-online.de), „Grundzüge der Exportkreditgarantien" (www.agaportal.de); **S. 58** „EU-Standardüberweisung" und „IBAN/BIC" (www.bankenverband.de), Formular EU-Überweisung: Sparkasse; **S. 59** Zahlungsauftrag Außenhandel www. naspa.de; **S. 61** „Hermesdeckung" (www.agaportal.de); **S. 62** Statistiken: © Creditreform Dresden Aumüller KG; **S. 68** www.pixelio.de; **S. 69** www.pixelio.de (1), © D. Gast/pixelio (2); **S. 70** „leisten": www. dwds.de; **S. 71** www.wikipedia.org (1, 2); **S. 72** www.wikipedia.org; **S. 73** www.pixelio.de (1), © E. Rose/pixelio (2); **S. 74** Texte nach: www.finanzlexikon.de, www.infos-finanzen.de, Statistik: www.bankenverband.de; **S. 76** © D. Gast/pixelio.de (1), www.pixelio.de (2), „DAX: Kurse im XETRA-Handel am 20.12.2007 um 13:00 Uhr" (www.de.news.yahoo.com); **S. 77** © M. Hein/pixelio.de (1), www.messefrankfurt.com (2), Text nach: www.frankfurt-interaktiv.de; **S. 78** www.pixelio.de (1, 3), © P. Hollerbach/pixelio.de (2); **S. 81** © D. Meinert/pixelio.de (1, 2); **S. 85** Text nach: www.zukunft-maschinenbau.de; **S. 86** „KMU-Definition" nach: www.ec.europa.de und Amtsblatt der Europäischen Union vom 20.5.2003 (L 124/36); **S. 87** Statistik 1 nach: „IKB Branchenbericht – Werkzeugmaschinenbau.pdf", S. 3 (www.ikb-pe.de); **S. 88** Statistik 2 nach: „IKB Branchenbericht – Werkzeugmaschinenbau.pdf", S. 3 (www.ikb-pe.de), Statistik 3 nach: „IKB Branchenbericht – Werkzeugmaschinenbau.pdf", S. 7 (www.ikb-pe.de), © S. Hofschlaeger/pixelio.de; **S. 89** Text nach: Speth/Hartmann/Härter: Betriebswirtschaftslehre für das kaufmännische Berufskolleg I. Merkur Verlag Rinteln, 7. Auflage. 2002, S. 292, 295, 298, 301, 309, 312, 314, 316 und www.gruenderleitfaden.de, „Holding" nach: G. B. Hartmann: Theorie und Praxis der Volkswirtschaftspolitik. Merkur Verlag Rinteln, 2004. S. 196–197; **S. 92** MSI Motor Service International GmbH (Kolbenschmidt AG, Neckarsulm) (1–5); **S. 97** Miele & Cie, Gütersloh; **S. 99** Text nach: FAZ vom 26.4.1997, S. 21, Abb.: Maggi GmbH; **S. 100** www.pixelio.de (1), Kampagnenmotiv „Auftakt.pdf": www.innovatives.niedersachsen.de; **S. 101** Text nach: www.kulturhauptstadt-europas.de, www.pixelio.de (1), © T. M. Müller/pixelio.de (2); **S. 102** www.pixelio.de (1), © B. Hupfeld, Fotodesign, „Kokereigas" nach: www.de.wikipedia.org; **S. 103** Aus: Heinrich Böll: „Erzählungen, Hörspiele, Aufsätze" © 1961 by Verlag Kiepenheuer & Witsch, Köln; **S. 104** Schubert, Leipzig (1–3, 8), © M. Barnebeck/pixelio.de (4), © S. Kabitz/pixelio.de (5, 7), © U. Kortengräber/pixelio.de (6); **S. 105** Text nach: Der Vertrag zur deutschen Einheit, Insel: Frankfurt 1990, S. 142–217; **S. 107** www.ftd.de, nach: Sendung des Bayerischen Rundfunks vom 24.04.1997; **S. 109** Flugplan nach: www.lufthansa.com; **S. 110** © M. Stark/pixelio.de (4); **S. 112** Verlustmeldungsformular: © Deutsche Lufthansa; **S. 113** www.lufthansa.com (1), © B. Berlin/pixelio.de (2), www.pixelio.de (3); **S. 115** Fahrplanauszug der Deutschen Bahn (www.deutschebahn.de), Fahrpreise nach: „Tickets & Preise 2008" (www.vvs.de), Liniennetzplan nach: „S-Bahn-Liniennetz (pdf)" (www.vvs.de), D. Volgnandt, Ehingen (1–3); **S. 117** www.pixelio.de (1), © R. Sturm/pixelio.de (2); **S. 118** Text nach: „Jetlag" (www.lufthansa.com); **S. 122** Text nach: Wirtschaftswoche Nr. 36 vom 3.9.2007; **S. 128** © R. Sturm/pixelio.de; **S. 130** Ibn Battuta zitiert nach: „Reisen ans Ende der Welt. 1325–1353 – Das größte Abenteuer des Mittelalters", hg. von Hans Leicht, Tübingen 1974, S. 178; **S. 132** TRUMPF GmbH + Co. KG; **S. 133** Text nach: Stuttgarter Zeitung, Nr. 296 vom 22.12.2007, TRUMPF GmbH + Co. KG; **S. 134** TRUMPF GmbH + Co. KG (1–4); **S. 137** TRUMPF GmbH + Co. KG; **S. 138** Text nach: „Familien stützen die Wirtschaft" (www.welt.de), TRUMPF GmbH + Co. KG; **S. 139** Text nach: Informationen aus der Politik, Journal für Deutschland April/Mai 1997; **S. 140** „Franchising" nach: Nolden, Bizer, Blass, Windisch: Industriebetriebslehre, Stam Verlag, Köln, 1987, S. 374; **S. 141** Statistik nach: „Warum selbstständig werden?" (www.immobilienscout24.de), „Werdende Gründer in Deutschland nach Motiven der Gründung 2005–2006" aus: GEM-National Report Germany 2006.pdf, S. 18 (www.gemconsortium.org), Text nach: „Schlüsselzahlen des Mittelstandes in Deutschland 2006/2007" (www.ifm-bonn.org), „Existenzgründungen durch Frauen" (www.bundesregierung.de) und „Die Gründereigenschaften" (www.akademie.de) und „Übliche Ursachen des Scheiterns von Gründern" (www.unternehmerinfo.de); **S. 142** www.pixelio.de, Text nach: „Existenzgründung – Weg in die Selbstständigkeit" (www.existenzgruender.de); **S. 143** TRUMPF GmbH + Co. KG; **S. 147** TRUMPF GmbH + Co. KG (1–3); **S. 150, 154** D. Volgnandt, Ehingen; **S. 159** Tabelle nach: „Der 1. Nationale Bildungsbericht (2006)" (www.bildungsbericht.de); **S. 160** Statistik Schweiz: Staatssekretariat für Bildung und Forschung SBF, Statistik Österreich nach: „Bildungssystem in Österreich" (www.wikipedia.de); **S. 161** Text nach: Pressemitteilung zur Vorstellung des Bildungsberichts, Frankfurt 2.6.2006, Bundesministerium für Bildung und Forschung, S. 11–13, Statistik: Bildung in Deutschland. Hrsg. Konsortium Bildungsberichterstattung im Auftrag der Kultusministerkonferenz und des Bundesministeriums für Bildung und Forschung. W. Bertelsmann Verlag, Bielefeld, 2006; **S. 164** Text nach: Stuttgarter Zeitung, 20.5.2008, Statistiken nach: „Der 1. Nationale Bildungsbericht (2006)" (www.bildungsbericht.de); **S. 165, 166, 167, 170** D. Volgnandt, Ehingen; **S. 171** Zeichnungen aus „Wilhelm Busch für Kinder", Kinderbuchverlag Berlin 1979, S. 49, 87; **S. 172** © M. Barnebeck/pixelio.de (1, 2), Text nach: „Spitzenreiter Finnland kann sich bei PISA weiter verbessern" (www.oecd.org); **S. 173** Statistiken nach: „Lernen für die Welt von morgen (pdf, S. 390 ff.)" (www.oecd.org), Schubert, Leipzig; **S. 175** Statistik 1 nach: „Situation von Frauen und Männern am Arbeits- und Ausbildungsmarkt (pdf, S. 11 und 12)" (www.arbeitsagentur.de), Statisik 2 nach: Institut für Demoskopie Allensbach; **S. 176** Text nach: „54 Auszubildende starten bei TRUMPF in Berufsleben" (www.trumpf.com), D. Volgnandt, Ehingen; **S. 177** Statistik nach: „Ausbildungsstellensituation 2003" (www.bmbf.de), Text nach: Pressemitteilung anlässlich der OECD-Studie und Zusammenfassung eines Rundfunkberichtes von Karl Heinz Heinemann im SWR 2 vom 8.3.2003; **S. 179** Statistik nach: „Studierende an Hochschulen Wintersemester 2003/2004 (Fachserie 11, Reihe 4.1 – 2004) und „Studierende an Hochschulen Wintersemester 2007/2008 (Fachserie 11, Reihe 4.1 – 2008)" (www-ec.destatis.de); **S. 180** Texte nach: „Uni oder Fachhochschule" (www.studentenpilot.de); **S. 183** TRUMPF GmbH + Co. KG; **S. 184** Stellenanzeige WMF aus: Stuttgarter Zeitung vom 7.6.2008, Stellenanzeige Walter AG aus: Stuttgarter Zeitung vom 25.7.2008; **S. 187** Text nach: Schwäbische Zeitung, Oktober 2007, D. Volgnandt, Ehingen; **S. 189** Checkliste […] Schwerpunkt: Stichwort Bewerbung", hrsg. vo Oktober 2007, www.pixelio.de; **S. 191** D. V des Deutschlandfunks, Redaktion Campus u www.destatis.de; **S. 194** D. Volgnandt, I Herbst-Pressgespräch (Nr_21)" (www.auma **S. 202** Statistiken 1–6: AUMA_Ausstellun Wirtschaft e. V.; **S. 203** Checkliste nach: „ pdf" (www.auma-messen.de); **S. 204** „Me **S. 205** Statistik aus: „Erfolgreiche Mes **S. 206** Aufbau eines Standes nach: „Erfol auma-messen.de), koelnmesse; **S. 207** ALI Nachbildung cognac, Bild: 2123483600.jpg bulthaup Buch, S. 5, © bulthaup GmbH & C „Oikos – Von der Feuerstelle zur Mikrowelle S. 26; **S. 210** „Oikos – Von der Feuerstel ßen, 1992, S. 37, 70, 80, 51 (1–4); **S. 21 krowelle", Anabas-Verlag. Gießen, 1992, S. Frankfurter Küche" von J. Krausse aus „Oikos Anabas-Verlag, Gießen, 1992, S. 96, 101, **S. 219** Ausstellungstypen nach: „Erfolgreic messen.de); **S. 221** Text nach: Schwäbi **S. 224** Das bulthaup Buch, S. 74, © bult „Margarete Schütte-Lihotzky" (www.museumderdinge.de); S. 227 […] Kunstschule Kiel; **S. 228** © G. Peters/pixelio.de; **S. 230** L. Colani und Poggenpohl: „experiment 70", Poggenpohl Katalog: „100 Jahre Poggenpohl, Tradition, die in die Zukunft wirkt (S. 20)"; **S. 231** D. Volgnandt, Ehingen; **S. 232** © R. Sturm/pixelio.de; **S. 233** ALNO: Programme: ALNOSOFT: 866 Birke cognac, Bild: 2126088600.jpg (www.alno.de); **S. 234** Design/Industriedesign/Bauliches Design/ ALNO Kochtisch Andi Kern ALNO, Pfullendorf; **S. 235** www.red-dot.de; **S. 236** Text nach: Pressemitteilung von ALNO AG vom 15.3.2007, www.red-dot.de; **S. 237** © www.designpreis.de, Andi Kern ALNO, Pfullendorf; **S. 238** AlnoHaus.jpg (www.alno.de); **S. 240, 241** D. Becker, Leipzig; **S. 242** Text aus: „Schlussbericht Köln zeigt die weltweiten Einrichtungstrends 2008" (www.imm-cologne.de), Fotos: Koelnmesse; **S. 249** © E. Rose/pixelio.de; **S. 250** „design report", „bba" Nr. 10/2008, „stil & markt"; Copyright SCHUBERT-Verlag und dessen Lizenzgeber. Alle Rechte vorbehalten: **S. 7** (1); **S. 8** (1); **S. 9** (1); **S. 10** (1, 3); **S. 21** (1); **S. 29** (1, 2); **S. 31** (1); **S. 33** (1); **S. 34** (1); **S. 65** (1); **S. 69** (3); **S. 89** (2); **S. 98** (1, 2); **S. 110** (1–3, 5–8); **S. 114** (1); **S. 115** (1); **S. 116** (1); **S. 120** (1); **S. 121** (1, 2); **S. 129** (1); **S. 130** (1); **S. 131** (1, 2); **S. 136** (1); **S. 141** (1); **S. 145** (1, 2); **S. 146** (1); **S. 151** (1); **S. 156** (2); **S. 159** (1–3); **S. 169** (1); **S. 200** (1); **S. 204** (1); **S. 222** (1–3)

Trotz intensiver Bemühungen konnten nicht alle Rechteinhaber ausfindig gemacht werden. Für entsprechende Hinweise ist der Verlag dankbar.